東洋古典譯註叢書 65

譯註 東萊博議 4

著者 呂祖謙
책임번역 鄭太鉉
공동번역 金炳愛

전통문화연구회

國譯委員

責任飜譯　鄭太鉉
共同飜譯　金炳愛
常任原文校閱　吳圭根
潤　　文　南賢熙
校　　訂　郭成龍 南賢熙 田炳秀 李孝宰
諮問委員　吳圭根
出　　版　金主賢 李承俊
管　　理　咸明淑
普　　及　徐源英

東洋古典譯註叢書를 발간하면서

우리의 古典國譯事業은 민족문화 진흥의 기초사업으로 1960년대부터 政府 支援으로 古文獻 現代化 작업을 추진하여 많은 成果를 거두었다. 당시 이 사업 추진의 先行課題로 東洋古典이라 일컬어지는 중국의 基本古典을 먼저 飜譯하여야 한다는 學界의 주장이 있었음에도 불구하고 우리 고전이 아니라는 일부의 偏狹한 視角과 財政 事情 등으로 인하여 배제되어 왔다.

전통적으로 중국의 기본고전은 우리 歷史와 함께 숨 쉬며 각종 교육기관의 敎科書로 활용됨은 물론이고 지식인들의 必讀書가 되어 왔으며, 우리 文化의 基底에 자리 잡고 거의 모든 방면의 體系와 根幹을 형성하여 왔다. 그래서 학문연구의 기본서 역할을 해 왔을 뿐만 아니라 오늘날에도 우리의 國學徒 및 東洋學 硏究者들에게 같은 역할을 하고 있음은 주지의 사실이다. 그럼에도 불구하고 中國古典은 우리 것이 아니라 하여 專門機關의 飜譯對象에 포함하지 않음으로써, 대부분 原典에서의 직접 번역이 아닌 重譯이나 拔萃譯의 방식이 주를 이루면서 敎養水準으로 出版되어 왔다.

오늘날 東洋 三國 중에서 우리의 東洋學 연구가 가장 부진한 이유는, 東洋基本古典에 대한 폭넓은 이해의 부족과 漢文古典 讀解力의 저하에 기인함을 우리는 솔직히 인정하여야 한다. 따라서 이들 중국고전에 대한 신뢰할 만한 國譯이 이루어지는 것이 한국학 연구를 촉진시키는 시급한 先行課題라 할 수 있다.

이에 韓國學 및 東洋學의 연구와 古典現代化의 基盤構築을 위해서는, 전문기관으로 하여금 동양고전을 단기간에 각 분야의 專門 硏究者와 漢學者가 상호 협동하여 연구·번역하여 飜譯의 傳統性과 效率性, 硏究의 專門性을 높일 수 있도록 政策的 配慮가 있어야 한다.

이에 本會에서는 元老 및 中堅 漢學者와 斯界의 專攻者로 하여금 協同硏究飜譯하여 공부하는 사람들이 믿고 引用하거나 깊이 있는 註釋 등을 활용할 수 있게 하고, 知識人들의 敎養을 증진시켜 줄 수 있는 東洋古典의 國譯書 간행을 지속적으로 추진해 왔다. 근래에 다행히 이 사업에 대하여 각계 지도층의 폭넓은 이해와 지원에 힘입어 2001년도부터 國庫補助를 받아 東洋古典譯註叢書를 간행하게 되었다. 이를 계기로 우리 先學의 註釋과 見解를 반영하는 등 국역사업의 內實을 기하게 되었음을 이 자리를 빌려 衷心으로 감사드리며, 아울러 國譯에 參與하신 관계자 여러분의 勞苦에 깊은 謝意를 표한다.

끝으로 우리의 이러한 작업은 오랜 역사 위에 축적된 先賢들의 業績과 現代學問을 이어주는 튼튼한 架橋와 礎石이 되어 진정한 韓國學과 東洋學 발전에 기여할 것을 굳게 믿으며, 21세기를 우리 文化의 世紀로 열어 가는 밑거름이 되도록 우리의 力量을 本 事業에 경주하고자 한다. 江湖諸賢의 부단한 관심과 지원을 기대해 마지않는다.

社團法人 傳統文化硏究會 會長 李啓晃

凡 例

1. 본서는 東洋古典譯註叢書 ≪譯註 東萊博議≫ 제4책이다.
2. 본서는 中宗 年間에 간행된 乙亥字本 ≪新刊詳增補註東萊先生左氏博議≫(국립중앙도서관 소장)를 저본으로 하되, 全25권 가운데 일부만이 소장(권1~2, 권9~11, 권23~25)되어 있어 日本 宮內廳 書陵部 소장의 同一本 서책으로 缺本을 대체하였다. 四庫全書의 ≪左氏博議≫(이하 '사고전서본'으로 약칭)와 臺灣 三民書局印行의 ≪新譯 東萊左氏博議≫(이하 '삼민서국본'으로 약칭), ≪精選東萊先生左氏博議句解≫(이하 '精選本'으로 약칭)를 참조하여 교감, 번역하였다.
3. 본서는 원전의 傳統性과 번역의 現代性을 구현하기 위해 노력하였다.
4. 번역은 原義의 충실하게 하되, 이해가 어려운 부분은 意譯 또는 보충역을 하였다.
5. ≪春秋左氏傳≫ 인용문과 ≪東萊博議≫ 본문에 懸吐하고 飜譯하였다. ≪춘추좌씨전≫의 인용문은 【左傳】으로 구분하였으며, 저본의 間註는 완역하였다.
6. ≪春秋左氏傳≫ 인용문에 대한 懸吐, 飜譯, 譯註는 譯者인 鄭太鉉의 ≪譯註 春秋左氏傳≫(전통문화연구회)에 의거하여 약간의 수정을 가하여 인용하였으며, 인용문이 두 개 이상일 경우에는 각각 일련번호를 부여하여 찾아보기에 용이하도록 하였다.
7. 저본에서는 ≪春秋左氏傳≫ 인용문・≪東萊博議≫ 본문・간주에 모두 避諱를 적용하였는데, 본서에서는 매 편의 처음 나온 부분에만 주석을 달았다.

   예) 威公 : 춘추시대 齊 桓公을 가리킨다. 北宋 欽宗의 이름이 '桓'이므로 '桓'을 諱하기 위해 '威'로 바꿔 쓴 것이다.
8. 譯者의 주석은 〔역주〕로 표시하여 原註와 구분하였다.
9. 본서에 사용된 주요 符號는 다음과 같다.

   " " : 對話, 각종 引用

   ' ' : 再引用, 强調

「 」: ‘ ’ 안에서의 再引用, 强調

( ) : 원문에서는 漢字의 音, 同字, 通用字

번역문에서는 간단한 註釋

〔역주〕: 역자의 주석과 교감

*) : 間註에 대한 역자의 주석

≪ ≫ : 書名, 出典

〈 〉 : 篇章節名, 作品名, 補充譯, 補充字

10. 본서의 校勘에 사용된 符號는 다음과 같다.

( )〔 〕: ( ) 안은 저본의 글자, 〔 〕 안은 校勘한 글자

( ) : 원문의 衍文

〔 〕: 번역문이나 주석의 의미를 명확히 하기 위해 보충한 漢字나 引用文

□ : 저본의 闕字

參考文獻

◇ 底本

- ≪新刊詳增補註東萊先生左氏博議≫, 呂祖謙 撰, 乙亥字本, 國立中央圖書館 所藏(승계貴1235-61), 1511.

◇ 底本 관련자료

- ≪新刊詳增補註東萊先生左氏博議≫, 呂祖謙 撰, 日本 宮內廳 書陵部 所藏, 1511.
- ≪左氏博議≫, 呂祖謙 撰, 文淵閣四庫全書, 臺灣商務印書館, 1986.
- ≪精選東萊先生左氏博議句解≫, 呂祖謙 撰, 國立中央圖書館 所藏(古貴2205-10-4).

◇ 經部

- ≪經典釋文≫, 陸德明 撰, 文淵閣四庫全書, 臺灣商務印書館, 1986.
- ≪論語集註大全≫, 朱熹 集註, 胡廣 等 編, 朝鮮 內閣本, 影印本, 學民文化社.
- ≪大戴禮記詳解≫, 王聘珍 撰, 中華書局, 1989.
- ≪大學章句大全≫, 朱熹 集註, 胡廣 等 編, 朝鮮 內閣本, 影印本, 學民文化社.
- ≪孟子集註大全≫, 朱熹 集註, 胡廣 等 編, 朝鮮 內閣本, 影印本, 學民文化社.
- ≪書傳大全≫, 蔡沈 集傳, 胡廣 等 編, 朝鮮 內閣本, 影印本, 學民文化社.
- ≪說文解字≫, 許愼 撰, 文淵閣四庫全書, 臺灣商務印書館, 1986.
- ≪詩傳大全≫, 朱熹 集傳, 胡廣 等 編, 朝鮮 內閣本, 影印本, 學民文化社.
- ≪呂氏家塾讀詩記≫, 呂祖謙 撰, 文淵閣四庫全書, 臺灣商務印書館, 1986.
- ≪禮記集說大全≫, 陳澔 集說, 胡廣 等 編, 朝鮮 內閣本, 影印本, 學民文化社.
- ≪儀禮注疏≫, 鄭玄 註, 賈公彦 疏, 北京大學出版社, 1999.
- ≪爾雅注疏≫, 郭璞 註, 邢昺 疏, 北京大學出版社, 1999.

• ≪周禮注疏≫, 鄭玄 註, 賈公彦 疏, 北京大學出版社, 1999.
• ≪周易傳義大全≫, 程頤 傳, 朱熹 本義, 胡廣 等 編, 朝鮮 內閣本, 影印本, 學民文化社.
• ≪中庸章句大全≫, 朱熹 集註, 胡廣 等 編, 朝鮮 內閣本, 影印本, 學民文化社.
• ≪春秋穀梁傳注疏≫, 范寧 註, 楊士勛 疏, 北京大學出版社, 2000.
• ≪春秋公羊傳注疏≫, 何休 註, 徐彦 疏, 北京大學出版社, 2000.
• ≪春秋左氏傳注疏≫, 杜預 註, 孔穎達 疏, 北京大學出版社, 2000.
• ≪孝經注疏≫, 唐 玄宗 注, 邢昺 疏, 北京大學出版社, 1999.

◇ 史 部

• ≪舊唐書≫, 劉昫 撰, 中華書局, 1975.
• ≪國語≫, 左丘明 撰, 文淵閣四庫全書, 臺灣商務印書館, 1986.
• ≪大事記≫, 呂祖謙 撰, 文淵閣四庫全書, 臺灣商務印書館, 1986.
• ≪史記≫, 司馬遷 撰, 中華書局, 1999.
• ≪三國志≫, 陳壽 撰, 影印本, 景仁文化社, 1975.
• ≪水經注≫, 酈道元 撰, 文淵閣四庫全書, 臺灣商務印書館, 1986.
• ≪新唐書≫, 歐陽脩・宋祁 撰, 中華書局, 1975.
• ≪御批資治通鑑綱目≫, 朱熹 撰, 文淵閣四庫全書, 臺灣商務印書館, 1986.
• ≪晏子春秋≫, 晏嬰 撰, 文淵閣四庫全書, 臺灣商務印書館, 1986.
• ≪資治通鑑≫, 司馬光 撰, 文淵閣四庫全書, 臺灣商務印書館, 1986.
• ≪戰國策≫, 劉向 撰, 高誘 注, 文淵閣四庫全書, 臺灣商務印書館, 1986.
• ≪漢書≫, 班固 撰, 中華書局, 1962.
• ≪後漢書≫, 范曄・司馬彪 撰, 中華書局. 1965.

◇ 子 部

• ≪說郛≫, 陶宗儀 撰, 文淵閣四庫全書, 臺灣商務印書館, 1986.
• ≪孔子家語≫, 王肅 注, 文淵閣四庫全書, 臺灣商務印書館, 1986.
• ≪論衡≫, 王充 撰, 文淵閣四庫全書, 臺灣商務印書館, 1986.
• ≪白虎通義≫, 班固 撰, 文淵閣四庫全書, 臺灣商務印書館, 1986.

- ≪說苑≫, 劉向 撰, 文淵閣四庫全書, 臺灣商務印書館, 1986.
- ≪世說新語≫, 劉義慶 撰, 文淵閣四庫全書, 臺灣商務印書館, 1986.
- ≪新書≫, 賈誼 撰, 文淵閣四庫全書, 臺灣商務印書館, 1986.
- ≪新序≫, 劉向 撰, 文淵閣四庫全書, 臺灣商務印書館, 1986.
- ≪揚子法言≫, 揚雄 撰, 李軌・柳宗元 注, 文淵閣四庫全書, 臺灣商務印書館, 1986.
- ≪呂氏春秋≫, 呂不韋 編, 高誘 注, 文淵閣四庫全書, 臺灣商務印書館, 1986.
- ≪列子≫, 張湛 注, 文淵閣四庫全書, 臺灣商務印書館, 1986.
- ≪藝文類聚≫, 歐陽詢 撰, 文淵閣四庫全書, 臺灣商務印書館, 1986.
- ≪莊子集釋≫, 莊周 撰, 郭象 注, 陸德明 釋文, 成玄英 疏, 郭慶藩 輯, 中華書局, 1961.

◇ 集部

- ≪古文關鍵≫, 呂祖謙 撰, 文淵閣四庫全書, 臺灣商務印書館, 1986.
- ≪朱子語類≫(全8冊), 黎靖德 編, 王星賢 點校, 中華書局, 1994.
- ≪二程文集≫, 程頤・程顥 撰, 文淵閣四庫全書, 臺灣商務印書館, 1986.

◇ 研究論著 및 飜譯書

〔韓 國〕

- ≪논술의 백미 동래박의≫, 吳在錫 譯, 中和堂, 1995.
- ≪譯註 國語≫(全2冊), 許鎬九 外 譯註, 傳統文化研究會, 2005~2006.
- ≪譯註 近思錄集解≫(全3冊), 成伯曉 譯註, 傳統文化研究會, 2003~2004.
- ≪譯註 東萊博議 1~3≫, 鄭太鉉・金炳愛 譯註, 傳統文化研究會, 2010~2012.
- ≪譯註 春秋左氏傳≫(全8冊), 鄭太鉉 譯註, 傳統文化研究會, 2001~2009.
- ≪譯註 通鑑節要≫(全9冊), 成百曉 譯註, 傳統文化研究會, 2005~2009.

〔中 國〕

- ≪東萊博議≫, 張明德 外 著, 北京市中國書店, 1936.
- ≪呂祖謙年譜≫, 杜海軍 著, 中華書局, 2007.
- ≪史記註譯≫, 王利器 著, 三秦, 1997.

- ≪新譯東萊左氏博議≫, 李進興·簡宗梧 註譯, 三民書局, 1991.
- ≪莊子讀本≫, 黃錦鋐 著, 三民書局, 2007.
- ≪春秋譯註≫, 上海古籍出版社, 2004.
- ≪春秋左傳注≫, 楊伯峻 著, 中華書局, 1983.

〔日 本〕

- ≪左氏會箋≫, 竹添鴻光 著, 新文豊出版有限公司印行, 1978.

◇ 辭 典

- ≪大漢和辭典≫, 諸橋轍次 著, 大修館書店, 1956.
- ≪春秋左傳詞典≫, 楊伯峻·徐提編 著, 中華書局, 1985.
- ≪漢語大詞典≫, 漢語大詞典出版社, 1992.
- ≪漢語大字典≫, 湖北辭書出版社·四川辭書出版社, 1990.

◇ 데이터베이스(DB) 자료

- 한국고전종합DB(http://db.itkc.or.kr)
- 동양고전종합DB(http://db.cyberseodang.or.kr)
- 電子版 文淵閣四庫全書, 上海古籍出版社.

目 次

東萊博議 卷18

東萊博議 卷19

東萊博議 卷20

東萊博議 卷21

東萊博議 卷22

〔附 錄〕

東萊博議 卷16

16-01 先軫死狄師　先軫이 狄의 軍中으로 뛰어들어가 죽다

【左傳】 僖三十三年이라 狄伐晉하야 及箕하니 晉侯敗狄于箕하고 郤缺獲白狄子[1)]하다 先軫曰 匹夫逞志於君[2)]이로되 而無討하니 敢不自討乎아하고 免冑入狄師하야 死焉하다 狄人歸其元하니 面如生[3)]이러라

1) 〔역주〕 郤缺獲白狄子 : 白狄은 狄의 別種이다. 옛 西河郡에 白部胡가 있다.〈杜注〉 白狄의 임금은 子爵이다.〈附注〉

2) 〔역주〕 匹夫逞志於君 : 고개도 돌리지 않은 채 침을 뱉은 일을 말한 것이다.〈杜注〉

3) 〔역주〕 面如生 : 보통 사람과 달랐음을 말한 것이다.〈杜注〉

僖公 33년, 狄人이 晉나라를 侵伐하여 箕에까지 쳐들어오니 晉侯가 狄의 군대를 箕에서 敗北시키고, 郤缺이 白狄子를 사로잡았다. 先軫이 말하기를 "匹夫로서 임금의 面前에서 속 시원히〔逞志〕 화풀이를 하였는데도 懲罰〔討〕하지 않으셨으니, 감히 스스로를 징벌하지 않을 수 있겠는가."라고 하고서 투구를 벗고 狄의 軍中으로 뛰어들어가 죽었다. 狄人이 그의 머리를 돌려보냈는데 얼굴이 살아 있는 것 같았다.

【主意】 悔心難發也나 尤難持也라 先軫悔其無禮於君하야 伐狄之役에 輕棄其身하야 驕敗辱國하니 蓋有悔心而不能持也라

후회하는 마음은 일으키기도 어렵지만 견지하기가 더욱 어렵다. 先軫은 자기가 임금에게 무례하게 굴었던 일을 후회하여, 狄을 토벌하는 전쟁에서 자기의 身命을 가벼이 버리고서 상대를 깔보다가 패전하여 나라를 욕되게 하였으니, 그는 후회하는 마음을 가졌으나 그 마음을 견지하지는 못한 것이다.

至難發者는 悔心也[1)]며 至難持者도 亦悔心也[2)]라 凡人之過[3)]에 狠者遂之[4)]하고 詐者文之[5)]하며 愚者蔽之[6)]하고 吝者執之[7)]하며 誇者諱之[8)]하고 怠者安之[9)]하니 孰能盡出數累之外而悔心獨發者乎[10)]아 是悔也[11)]가 未發則憂其難發[12)]이요 既發則憂其難持[13)]라 曷爲其難持也오 悔心初發[14)]에 自厭・自愧・自怨・自咎[15)]하고 戚然焦然하야

不能以一日安[16)]이라 苟無以持之[17)]면 則自厭者苟且弛縱[18)]하야 必入於自肆矣[19)]며 自愧者退縮羞赧[20)]하야 必入於自棄矣[21)]며 自怨者鬱積繳(교)繞[22)]하야 必入於自懟矣[23)]며 自咎者憂憤感激[24)]하야 必入於自殘矣[25)]리니 是悔固可以生善[26)]이어니와 亦可以生不善也[27)]라 萬斛之舟[28)]가 放乎滄海에 非遇大風則不回[29)]나 苟操舟者無以持之[30)]면 固有因風力之勁하야 而反致覆溺者矣[31)]라 舟之所以回者는 風也요 舟之所以溺者도 亦風也라 一念之悔가 其勁烈蓋甚於風[32)]하니 烏可不知所以持之耶[33)]아

1) 至難發者 悔心也 : 知過而悔 已爲難事

허물을 알고서 뉘우치는 것도 이미 하기 어려운 일이다.

2) 至難持者 亦悔心也 : 悔過而不自持 先軫之事是也 此句一篇主意

허물을 뉘우치고도 그 마음을 스스로 굳게 지키지 못한 것은 바로 先軫의 일이 그것이다. 이 句가 이 한 篇의 主意이다.

3) 凡人之過 : 此下言悔心之難發

이 이하는 후회하는 마음을 일으키기 어려움을 말한 것이다.

4) 狠者遂之 : 狠戾之人 遂非爲惡

패려궂은 사람은 잘못을 키워 악행이 되게 한다.

5) 詐者文之 : 詐僞之人 文過自飾

거짓으로 남을 속이는 사람은 허물을 어름어름 꾸며댄다.

6) 愚者蔽之 : 愚闇之人 蒙蔽不知

어리석은 사람은 알지 못하는 것을 덮어 가린다.

7) 吝者執之 : 鄙吝之人 執迷不復

속이 좁은 사람은 미혹된 것을 고집해 돌이키지 못한다.

8) 誇者諱之 : 誇大之人 聞過則諱

과장하는 사람은 허물을 들으면 숨긴다.

9) 怠者安之 : 怠惰之人 知過苟

게으른 사람은 허물을 알고도 구차하다.

10) 孰能盡出數累之外而悔心獨發者乎 : 數累 指上文六等人 總結悔心難發之意

數累는 上文에 말한 여섯 유형의 사람을 가리킨 것이니, 후회하는 마음을 일으키기 어렵다는 뜻을 하나로 묶어 맺은 것이다.

11) 是悔也 : 轉說悔心難持

후회하는 마음을 堅持하기 어려움을 돌려서 말한 것이다.

12) 未發則憂其難發 : 前六等人是也

앞에서 말한 여섯 등급의 사람들이 이에 해당한다.

13) 旣發則憂其難持 : 先軫是也

先軫이 이에 해당한다.

14) 悔心初發 : 此下發明難持

이 이하는 〈후회하는 마음을〉 견지하기 어려움을 설명한 것이다.

15) 自厭・自愧・自怨・自咎 : 悔前日之所爲 故有四者之狀

전일의 행위를 후회하기 때문에 이런 네 가지 상황이 있는 것이다.

16) 戚然焦然 不能以一日安 : 此心憂戚不寧 若無容身之地

이 마음이 근심과 슬픔으로 편치 못하여, 마치 몸을 용납할 곳이 없는 것 같음이다.

17) 苟無以持之 : 反說不能持者

〈후회하는 마음을〉 견지할 수 없는 경우를 반대로 말한 것이다.

18) 則自厭者苟且弛縱 : 四字形容自厭之意 謂放肆也

네 글자(苟且弛縱)는 스스로 증오하는 뜻을 형용한 것이니, 放肆함을 이른다.

19) 必入於自肆矣 : 自厭之極如此

스스로를 증오하는 지극함이 이와 같다.

20) 自愧者退縮羞赧 : 四字形容自愧之意 謂慙沮也

네 글자(退縮羞赧)는 스스로 부끄러운 뜻을 형용한 것이니, 부끄러워 의기소침함을 이른다.

21) 必入於自棄矣 : 自愧之極如此

스스로를 부끄러워하는 지극함이 이와 같다.

22) 自怨者鬱積繳(교)繞 : 四字形容自怨之意 謂不舒也

네 글자(鬱積繳繞)는 스스로 원망하는 뜻을 형용한 것이니, 마음이 유쾌하지 않음을 이른다.

23) 必入於自懟矣 : 懟 亦怨也 自怨之極如此

懟도 원망함이다. 스스로를 원망하는 지극함이 이와 같다.

24) 自咎者憂憤感激 : 四字形容自咎之意 謂不安也

네 글자(憂憤感激)는 스스로 죄스러워하는 뜻을 형용한 것이니, 마음이 불안함을 이른다.

25) 必入於自殘矣 : 自咎之極如此 先軫正坐此條

스스로를 죄스러워하는 지극함이 이와 같다. 先軫이 바로 이 조항에 걸렸다.

26) 是悔固可以生善 : 悔而能改 善莫大焉

허물을 뉘우치고서 고칠 수 있으면 이보다 큰 善이 없다.

27) 亦可以生不善也 : 悔而不能自持 反有四者之失

후회하고도 그 마음을 스스로 견지하지 못하면 도리어 네 가지(自肆・自棄・自懟・自殘) 잘못이 있게 될 것이다.

28) 萬斛之舟 : 譬如大舟能載萬斛

비유하면 큰 배가 많은 양의 곡식을 실을 수 있는 것과 같다.

29) 放乎滄海 非遇大風則不回：海舟張帆 必得順風而後能回

바다로 나간 배가 돛을 펼치면 반드시 순풍을 만난 뒤에야 돌아올 수 있다는 말이다.

30) 苟操舟者無以持之：然必善操舟者 能維持之

그러나 반드시 배를 잘 조종하는 자라야 배를 維持(보호)할 수 있다는 말이다.

31) 固有因風力之勁 而反致覆溺者矣：不能持之 則因風而覆舟溺水

배를 유지하지 못하면 바람으로 인해 배가 전복되어 溺死하게 될 것이다.

32) 舟之所以回者……其勁烈蓋甚於風：悔心之發如此

뉘우치는 마음이 일어나는 것이 이와 같다.

33) 烏可不知所以持之耶：持此心者 尤難於持舟也

이 마음을 견지하는 것이 배를 유지하는 것보다 더욱 어렵다.

일으키기 지극히 어려운 것이 후회하는 마음이고, 堅持하기 지극히 어려운 것도 후회하는 마음이다. 대체로 사람이 허물을 지을 경우, 사나운 자는 그 허물을 키우고, 간사한 자는 그 허물을 꾸며대며, 어리석은 자는 허물을 가리고, 속이 좁은 자는 허물을 고집하며, 과장하는 자는 허물을 숨기고, 게으른 자는 허물을 편안히 여긴다. 그러니 누가 이 몇 가지 罪累 밖으로 완전히 벗어나서 후회하는 마음만 홀로 일어나게 할 수 있겠는가? 후회하는 이 마음이 일어나기 전에는 일어나기 어려움이 걱정이고, 일어난 뒤에는 견지하기 어려움이 걱정이다.

어째서 〈후회하는 마음을〉 견지하기 어려운가? 후회하는 마음이 처음 일어날 때에는 스스로 厭惡(증오)스럽고 부끄러우며 원망스럽고 죄스러워서, 마음이 상하고 초조하여 하루도 편안할 수 없다. 그런데도 만약 〈후회하는 마음을〉 견지하지 못한다면 자신을 증오하던 자는 구차하고 방종하여 반드시 放肆로 흐르고, 자신을 부끄러워하던 자는 위축되고 치욕스러워 반드시 自暴自棄로 흐르고, 자신을 원망하던 자는 마음에 鬱氣가 쌓이고 뒤얽혀 반드시 자신을 원망하는 데로 흐르고, 자신을 허물하던 자는 근심과 분노로 감정이 격해져서 반드시 자신을 해치는 데로 흐를 것이다. 그러므로 후회는 본래 좋은 결과를 낳을 수도 있지만 좋지 못한 결과를 낳을 수도 있다.

많은 양의 곡식을 실을 수 있는 큰 배가 바다를 항해할 때에 큰 바람을 만나지 못하면 回航할 수 없다. 그러나 〈큰 바람을 만나더라도〉 만약 배를 조종하는 자가 배를 維持(보호)하지 않으면 반드시 강한 바람의 힘으로 인해 도리어 배가 전복되어 침몰하게 될 것이다. 배가 회항할 수 있게 하는 것은 바람이고, 배가 전복되어 침몰하게 하는 것도 바람이다. 一念의 후회가 그 강렬함이 바람보다 심하니 어찌 堅持하는 방법을 몰라서야 되겠는가?

吾讀左氏라가 至先軫之死[1)]하얀 未嘗不嘉其悔[2)]而又傷其無以持悔也[3)]로라 軫以晉襄公之縱秦囚로 不顧而唾[4)]하니 無禮於君[5)]甚矣라 及箕之役[6)]하야 深悔前過[7)]하고 免胄而死於狄師[8)]하니라 其一念之勁烈如此[9)]하니 使有以持之[10)]면 固可以一日而收克己復禮之功矣[11)]어늘 惟其無以持之[12)]ㄹ새 不用是力於禮義하고 而用是力於血氣[13)]하니라 身爲元帥[14)]하야 總三軍之重[15)]코도 而輕棄其身[16)]하야 身死無名[17)]하고 驕敵辱國[18)]하니 沒有餘責이 殆與自經於溝瀆者等耳[19)]라 先軫所犯者는 晉君也요 所死者는 狄師也라 前日犯君者는 謂之悖요 今日死狄者는 謂之狂이라 聞以義掩利矣요 聞以善掩惡矣어니와 曰悖曰狂은 其過惟均이니 豈聞有爲狂而能掩悖者乎아 先軫未能改前日之過가 而適所以生今日之過也라 先軫意在於改過나 而反至於生過[20)]하니 失不在於悔요 而在於不能持其悔也[21)]라 風之無力者는 不能回舟어니와 至於風勁者하야도 惟善操舟者라야 爲能持之[22)]니라 悔之無力者는 不能遷善[23)]이어니와 至於悔力之勁者[24)]하야도 惟善治心者라야 爲能持之[25)]니라 如使人之有過者가 不自厭・自愧・自怨・自咎면 則終始如此而已矣라

1) 吾讀左氏 至先軫之死：入本題事

〈여기부터〉 본편의 일로 들어간다.

2) 未嘗不嘉其悔：先揚

먼저 추켜세운 것이다.

3) 又傷其無以持悔也：後抑 ○主意在此 以斷先軫之事

뒤에 억제한 것이다. ○主意가 여기에 있다. 이로써 先軫의 일을 論斷하였다.

4) 軫以晉襄公之縱秦囚 不顧而唾：僖三十(二)〔三〕[*)]年 夏晉敗秦師于殽 獲百里・孟明視・西乞術・白乙丙以歸 文嬴請三帥使歸 公舍之 先軫怒曰 武夫力而拘諸原 婦人暫而免諸國 墮軍實而長寇讐 亡無日矣 不顧而唾

僖公 33년, 여름에 晉軍이 殽山에서 秦軍을 敗北시키고서 百里・孟明視・西乞術・白乙丙을 잡아 데리고 돌아왔다. 文嬴이 세 장수를 放免하여 돌려보내기를 요청하니 晉 襄公이 그들을 놓아주었다. 그러자 先軫이 노하여 말하기를 "武夫들이 힘을 다해 戰場에서 잡은 자들

을 婦人이 갑자기 나라 안에서 풀어주어, 우리의 戰果〔軍實〕를 무너뜨려 寇讐(秦을 이름)의 氣勢를 키워주었으니 나라가 망할 날이 머지않았습니다."라고 하고서 고개도 돌리지 않은 채 땅에 침을 뱉고 나갔다.

*) 〔역주〕 (二)〔三〕: 저본에는 '二'로 되어 있으나, ≪春秋左氏傳≫에 의거하여 '三'으로 바로 잡았다.

5) 無禮於君 : 以臣唾君 無禮之甚

신하로서 임금에게 침을 뱉었으니 無禮함이 심하였다.

6) 及箕之役 : 是年狄伐晉及箕

이해에 狄人이 晉나라를 侵伐하여 箕에까지 쳐들어왔다.

7) 深悔前過 : 深悔唾君之過

임금에게 침을 뱉은 허물을 깊이 뉘우친 것이다.

8) 免胄而死於狄師 : 除去兜鍪 入於狄兵 以戰而死

투구를 벗고 狄의 軍中으로 뛰어들어가 싸우다가 죽었다.

9) 其一念之勁烈如此 : 甚於大風之回海舟

큰 바람이 航海하는 배를 回航시키는 것보다 심하다는 말이다.

10) 使有以持之 : 假使先軫能持其悔心

'가령 先軫이 후회하는 마음을 견지할 수 있었다면'의 뜻이다.

11) 固可以一日而收克己復禮之功矣 : 悔其過 以復於善 是克去已私 復還天理 可一日而天下歸仁矣

허물을 뉘우치고서 善으로 돌아가면 이것이 바로 자기의 私慾을 극복해 제거하고서 다시 天理로 돌아가는 것이니, 하루 만에 천하 사람들이 仁人으로 허여〔歸〕할 것이다.

12) 惟其無以持之 : 先軫之死 只緣不能持其悔心

先軫이 죽은 것은 단지 그 뉘우치는 마음을 견지하지 못하였기 때문이다.

13) 不用是力於禮義 而用是力於血氣 : 不爲禮義之勇 而爲血氣之勇

禮義의 勇에 힘쓰지 않고 血氣의 勇에 힘쓴 것이다.

14) 身爲元帥 : 先軫將中軍爲元帥

先軫이 中軍을 거느리는 元帥가 된 것이다.

15) 總三軍之重 : 中軍權重 故三軍皆總焉

中軍은 권한이 막중하기 때문에 三軍을 모두 거느린다.

16) 輕棄其身 : 免胄死狄

투구를 벗고 싸우다가 狄兵에게 죽었다.

17) 身死無名 : 輕生求死 不得殺身成仁之名

생명을 가벼이 여기고서 죽기를 구하였기 때문에 殺身成仁의 명성을 얻지 못한 것이다.

18) 驕敵辱國 : 外貽夷狄之笑 內爲國家之羞

밖으로는 夷狄에게 비웃음을 당하고, 안으로는 국가의 수치가 되었다.

19) 沒有餘責 殆與自經於溝瀆者等耳：與論語所謂匹夫匹婦自經於溝瀆者無異 自經 自縊也

≪論語≫ 〈憲問〉에 이른바 "〈작은 신의〔小信〕를 지키기 위해〉 스스로 도랑에서 목매어 죽은 匹夫匹婦"와 다른 것이 없다. 自經은 스스로 목매어 죽음이다.

20) 先軫意在於改過 而反至於生過：應前悔可以生善亦可以生不善也

앞에 "후회가 좋은 결과를 낳을 수도 있고, 좋지 못한 결과를 낳을 수도 있다."고 한 말을 호응한 것이다.

21) 失不在於悔 而在於不能持其悔也：斷前主意

앞의 注意를 論斷한 것이다.

22) 惟善操舟者 爲能持之：應前引喩一節

앞의 비유로 이끈 한 節을 호응한 것이다.

23) 悔之無力者 不能遷善：悔所以生善 猶風力之能回舟

후회가 좋은 결과를 만드는 것이, 마치 바람의 힘이 배를 回航시킬 수 있는 것과 같다.

24) 至於悔力之勁者：如風力之勁

〈후회하는 마음이 강력함은〉 바람의 힘이 강한 것과 같다.

25) 惟善治心者 爲能持之：治心 猶操舟者

마음을 다스리는 것이 배를 조종하는 것과 같다.

내가 ≪春秋左氏傳≫을 읽다가 先軫이 죽은 대목에 이르러서는 후회한 그의 마음을 아름답게 여기고, 또 그가 후회한 마음을 견지하지 못한 것을 가슴 아파하지 않은 적이 없었다. 先軫은 晉 襄公이 秦나라의 포로를 풀어준 까닭에 〈임금 앞인데도〉 고개를 돌리지 않은 채 침을 뱉었으니 임금에게 無禮함이 심하였다.

〈先軫은 뒤에 晉나라가 狄과〉 箕에서 전쟁할 때에 미쳐 지난날의 허물을 깊이 뉘우치고서 투구를 벗고 狄人의 軍中으로 들어가서 싸우다 죽었다. 그 一念(후회한 마음)의 강렬함이 이와 같았으니, 가령 그 일념을 견지하였다면 진실로 하루(단기간) 만에 자기의 사욕을 극복해 제거하고서 禮(天理)로 돌아가는〔克己復禮〕 효과를 거둘 수 있었을 것인데, 오직 그 일념을 견지하지 못하였기 때문에 그 강렬한 힘을 禮義에 쓰지 않고 血氣에 썼던 것이다. 元帥가 되어 三軍을 통솔하는 중책을 맡은 몸으로 身命을 가벼이 버려 죽어서도 〈殺身成仁의〉 명성을 얻지 못했으며 적을 교만하게 하고 국가를 욕되게 하였으니, 죽어서 남긴 罪責이 〈작은 신의〔小信〕를 지키기 위해〉 도랑에서 스스로 목매어 죽은 자와 거의 같을 뿐이다.

先軫이 침범한 상대는 晉나라 임금이고, 죽은 곳은 狄人의 軍中이다. 전일에 임금을 침범한 것은 悖逆이고, 오늘 적인의 군중에서 죽은 것은 狂妄이다. 道義로써 私利를 掩飾(私利를 도의인 양 가장함)하고 善行으로써 惡行을 엄식한다는 말은 들었지만, 패역과 광망은 동일한 罪過이니 어찌 광망한 짓을 하고서 悖逆으로 엄식하는 자가 있겠는가?

先軫이 지난날의 허물을 고치지 못한 것이 바로 오늘의 허물을 낳게 된 원인이다. 先軫은 생각이 허물을 고치는 데 있었지만 도리어 허물을 낳는 데 이른 것은 그 잘못의 원인이 후회를 한 데에 있지 않고 그 후회를 견지하지 못한 데에 있다.

바람에 힘이 없으면 배를 回航시킬 수 없지만, 바람의 힘이 강하여도 오직 배를 잘 조종하는 자만이 배를 유지(보호)할 수 있다. 〈이와 마찬가지로〉 후회하는 마음이 강력하지 못한 자는 改過遷善할 수 없지만, 후회하는 마음이 강력하여도 오직 마음을 잘 다스리는 자만이 〈후회하는 마음을〉 견지할 수 있다. 만약 잘못이 있는 자가 스스로 증오스러워하지도 부끄러워하지도 원망스러워하지도 죄스러워하지도 않는다면 〈그 사람은〉 처음부터 끝까지 이와 같을 뿐이다.

厭愧怨咎는 **正吾入德之門**이라 **然毫釐之差**면 **復**(부)**陷於過**니 **果**(可)〔何〕[1] **以持之乎**아 **曰負**(檐)〔擔〕[2] **而趍家者**는 **不勝其勞**어니와 **弛擔而至家者**는 **不勝其逸**이니 **負**(檐)〔擔〕**之勞**가 **乃所以爲弛擔之逸也**라 **悔過之初**엔 **厭愧怨咎**나 **改過之後**엔 **舒泰恬愉**라 **先軫悔過而至于殺其身**하니 **意者徒知悔而未知改乎**ㄴ저 **使軫果能持其悔**[3]하야 **亟改而歸之善**이면 **則舒泰恬愉之地**[4]에 **自有眞樂**[5]이니 **必不肯輕殺其身也**[6]리라 **旣歸家則忘其勞**하고 **旣改過則忘其悔**니 **豈有旣歸而猶勞**하고 **旣改而猶悔者乎**아 **是則勞〔獨當改〕**[7] **也**리오 **悔亦當改也**라

1) 〔역주〕 (可)〔何〕 : 저본에는 '可'로 되어 있으나, 四庫全書本에 의거하여 '何'로 바로잡았다.
2) 〔역주〕 (檐)〔擔〕 : 저본에는 '檐'으로 되어 있으나, 四庫全書本에 의거하여 '擔'으로 바로잡았다. 아래도 같다.
3) 使軫果能持其悔 : 假使先軫善治心 以持其悔
'가령 先軫이 마음을 잘 다스려 그 후회를 견지하였다면'의 뜻이다.
4) 亟改而歸之善 則舒泰恬愉之地 : 則此心 □[*1)]過者 □[*2)]舒泰恬愉 何厭愧怨咎之有
이 마음의 과오가 마음에 편안하고 쾌락할 것이니, 어찌 증오스러움·부끄러움·원망스

러움·죄스러움이 있겠는가?

*1) 〔역주〕 □ : 저본에는 1자 빈칸으로 되어 있다.

*2) 〔역주〕 □ : 저본에는 1자 빈칸으로 되어 있다.

5) 自有眞樂 : 眞樂油然而生

참된 즐거움이 저절로 생겨날 것이다.

6) 必不肯輕殺其身也 : 如此則爲善悔過

이와 같이 하면 허물을 잘 뉘우친 것이 된다.

7) 〔역주〕 〔獨當改〕 : 저본에는 '獨當改'가 없으나, 四庫全書本에 의거하여 보충하였다.

〈자신의 잘못을〉 증오하고 부끄러워하며 원망하고 죄스러워하는 것이 바로 자신이 德으로 進入하는 門戶이다. 그러나 털끝만치라도 어긋남이 있으면 다시 허물로 빠질 것이니 과연 〈후회하는 마음을〉 어떻게 견지해야 하겠는가?

비유하자면 짐을 지고 집으로 가는 자는 그 勞苦를 이루 말할 수 없으나, 집으로 돌아와서 짐을 내려놓은 뒤에는 그 安逸을 이루 말할 수 없다. 이는 짐을 졌던 노고가 도리어 짐을 내려놓은 뒤의 안일이 되었기 때문이다. 허물을 처음 뉘우칠 때는 자신이 증오스럽고 부끄러우며 원망스럽고 죄스러우나, 허물을 고친 뒤에는 〈마음이〉 상쾌하고 편안하며 恬淡하고 즐거워진다.

先軫은 허물을 뉘우치긴 했지만 자기의 몸을 살해하는 데 이르렀으니, 생각건대 그는 한갓 허물을 뉘우칠 줄만 알고 허물을 고칠 줄은 모른 듯하다. 가령 과연 先軫이 후회한 마음을 굳게 지켜 즉시 허물을 고치고서 善으로 돌아갔다면, 상쾌하고 편안하며 恬淡하고 즐거운 경지에 자연히 진정한 즐거움이 있었을 것이니, 반드시 경솔히 그 몸을 살해하려 하지 않았을 것이다.

〈짐을 진 자가〉 집으로 돌아온 뒤에는 짐을 졌던 노고를 잊게 되고, 〈허물을 뉘우친 자가〉 허물을 고친 뒤에는 후회했던 마음을 잊게 되니, 어찌 집에 돌아온 뒤에도 여전히 노고하고 허물을 고친 뒤에도 여전히 후회하겠는가? 그렇다면 노고만을 고쳐야 하겠는가? 뉘우침도 고쳐야 한다.

16-02 臼季擧郤缺 臼季가 郤缺을 천거하다

【左傳】 僖三十三年이라 初에 臼季使하야 過冀할새 見冀缺耨(누)에 其妻饁(엽)之[1)]하야 敬하야 相待如賓하고 與之歸하야 言諸文公曰 敬은 德之聚也니 能敬必有德이니이다 德以治民이니

君請用之하소서 臣聞之하니 出門如賓[2]하고 承事如祭[3]는 仁之則也[4]라하니이다 公曰 其父有罪하니 可乎[5]아 對曰 舜之罪也殛鯀이로되 其擧也興禹[6]하고 管敬仲은 桓之賊也[7]로되 實相以濟[8]하니이다 康誥曰 父不慈 子不祗 兄不友 弟不共이라도 不相及也[9]라하고 詩曰 采葑采菲는 無以下體라하니 君取節焉[10]이라 文公以爲下軍大夫하다 反自箕하야 襄公以三命命先且居將中軍[11]하고 以再命命先茅之縣賞胥臣曰 擧郤缺은 子之功也[12]라하고 以一命命郤缺爲卿[13]하고 復(부)與之冀[14]하니라

1) 〔역주〕 臼季使……其妻饁(엽)之 : 臼季는 胥臣이다. 冀은 晉나라 邑이다. 耨는 김을 매는 것이다. 밥을 들로 내어와 먹이는 것을 '饁'이라 한다.〈杜注〉 冀缺은 바로 郤缺이다.〈附注〉

2) 〔역주〕 出門如賓 : 큰손님을 만난 듯이 공경한다는 말이다.〈杜注〉

3) 〔역주〕 承事如祭 : 항상 삼가고 공경하는 것이다.〈杜注〉

4) 〔역주〕 仁之則也 : 공경을 重視〔主敬〕함이 이와 같다면 마음을 보존하여 잊지 않는다. 그러므로 仁의 準則이 되는 것이다.〈附注〉

5) 〔역주〕 其父有罪 可乎 : 冀缺의 아비 冀芮가 晉 文公을 죽이려 한 것이 ≪春秋左氏傳≫ 僖公 24년에 보인다.〈杜注〉

6) 〔역주〕 舜之罪也殛鯀 其擧也興禹 : 禹는 鯀의 아들이다.〈杜注〉 殛鯀은 舜이 鯀을 羽山으로 추방한 것이다.(≪孟子≫ 〈萬章 下〉)

7) 〔역주〕 管敬仲 桓之賊也 : 管仲이 齊 桓公에게 활을 쏘아 그 帶鉤(革帶를 잠그는 쇠붙이)를 맞혔기 때문에 '賊'이라고 한 것이다.〈附注〉

8) 〔역주〕 實相以濟 : 실로 齊 桓公을 도와서 伯業(霸業)을 이루었다는 말이다.〈附注〉

9) 〔역주〕 康誥曰……不相及也 : 〈康誥〉는 ≪書經≫ 〈周書〉이다. 祗는 敬이다. 이것은 左氏가 〈康誥〉의 뜻을 취하여 말을 만든 것이고 〈康誥〉의 글은 아니다. 罪가 있는 本人만을 處罰하고 父子兄弟에게 連累시키지 않는다는 말이다.

10) 〔역주〕 詩曰……君取節焉 : 詩는 ≪詩經≫ 〈邶風 谷風篇〉이다. 葑菲 등의 채소는 위의 순은 먹기에 좋고 밑의 뿌리는 먹기에 좋지 않다. 그러나 그것을 먹는 자들이 그 뿌리가 좋지 않다 하여 좋은 순까지 버리지 않으니, 그 좋은 마디〔節〕만을 取하라는 말이다.〈杜注〉

11) 〔역주〕 襄公以三命命先且居將中軍 : 先且居는 先軫의 아들이다. 그 아비 先軫이 敵과 싸우다가 죽었기 때문에 그 아들을 승진시킨 것이다.〈杜注〉

三命은 公·侯·伯의 卿이다. 命은 爵名이다. 諸侯의 上卿이 되면 비로소 天子의 朝廷 班列에 位次를 지정받아 天子의 신하가 된다. 아홉 등급의 官爵에 貴賤이 다르므로 禮

數 또한 같지 않다. 一命이 되면 비로소 職務를 주고, 再命이 되면 祭服을 주고, 三命이 되면 位次를 주고, 四命이 되면 祭器를 주고, 五命이 되면 采地를 주고, 六命이 되면 官屬을 주고, 七命이 되어야 나라를 주고, 八命으로 〈九州의〉 牧을 삼고, 九命으로 侯伯을 삼는다.(≪周禮≫ 〈春官 大宗伯〉)

周나라 때는 官爵을 아홉 등급으로 나누었는데, 上公은 九命, 侯·伯은 七命, 子·男은 五命이고, 天子의 三公은 八命, 卿은 六命, 大夫는 四命이며, 公의 孤卿은 四命, 卿은 三命, 大夫는 再命, 士는 壹命이며, 侯·伯의 卿·大夫·士도 이와 같으며, 子·男의 卿은 再命, 大夫는 壹命, 士는 無命이다.(≪周禮≫ 〈春官 典命〉)

12) 〔역주〕 擧郤缺 子之功也 : 先茅가 絶孫되었기 때문에 그 縣을 취하여 胥臣에게 賞으로 준 것이다.〈杜注〉

13) 〔역주〕 以一命命郤缺爲卿 : 郤缺이 白狄子를 잡은 功이 있기 때문에 임명해 下卿으로 삼은 것이다. ≪周禮≫에 '一命受職'이라 하였다.〈杜注〉

14) 〔역주〕 復與之冀 : 그 아버지에게 주었던 옛 邑을 되돌려준 것이다.〈杜注〉

僖公 33년, 當初에 臼季가 使臣이 되어 冀를 지날 때에, 밭에서 김을 매는 冀缺(郤缺)에게 그 아내가 밥을 내어다가 먹이는데, 공경하여 서로 손님 대하듯이 하는 것을 보고서, 그를 데리고 돌아와 晉 文公에게 말하였다.

"공경은 德이 모여 〈겉으로 드러난 것이니,〉 능히 공경한다면 반드시 德이 있을 것입니다. 德으로 백성을 다스리는 것이니 君께서는 그를 등용하소서. 신이 듣건대 '문을 나서면 손님을 대하듯이 하고 일을 처리함에는 제사를 받들 듯이 하는 것이 仁의 法則이다.'라고 하였습니다."

文公이 말하였다.

"그 아비에게 罪가 있는데 그를 등용할 수 있는가?"

부부가 서로를 손님 대하듯이 공경하다〔夫婦如賓〕

臼季가 대답하였다.

“舜이 罪人을 처벌할 때에 鯀을 추방하였으나 人材를 천거할 때는 그 아들 禹를 기용하였으며, 管敬仲(管仲)은 齊 桓公의 賊이었는데도 실로 桓公을 도와서 霸業을 이루었습니다. 〈康誥〉에 ‘아비가 慈愛하지 않고, 자식이 공경하지 않으며, 형이 友愛하지 않고, 아우가 공손하지 않는다 하더라도 〈그 罰이〉 서로에게 미치지 않는다.’고 하였고, ≪詩經≫에 ‘葑을 캐고 菲를 캐는 사람은 뿌리가 나쁘다 하여 좋은 순까지 버리지 않는다.’고 하였으니, 君께서는 그의 장점만을 취하소서.”

文公은 그를 下軍大夫로 삼았다.

箕에서 돌아와서 晉 襄公은 三命으로 先且居를 임명하여 中軍을 거느리게 하고, 再命으로 〈胥臣(臼季)을〉 先茅의 縣으로 임명하고서 胥臣에게 상으로 주며 말하기를 “郤缺을 천거한 것이 그대의 공이다.”라 하고, 一命으로 郤缺을 임명하여 卿(下卿)으로 삼고서 다시 冀를 주었다.

人之觀은 **隨所遇而變**하나니 **過朝廷則觀政**하고 **過障戍則觀備**하며 **過營壘則觀兵**하고 **過廛市則觀貨**하니 **所觀未嘗不隨所遇也**라 **惟因所遇而觀**이라 **故將求士者**는 **必之庠焉・序焉・校焉・塾焉**이라 **捨庠序校塾而適野**면 **則所見畎畝而已矣**요 **稼穡而已矣**요 **農夫而已矣**니 **於此而求士**는 **是猶求魚於山**이요 〔**求**〕[1]**獸於海**니 **果何從而得之哉**리오 **彼臼季出使而得冀缺於耕饁之間**하니 **其亦異於人之觀矣**로다 **臼季**는 **文公之近臣也**니 **居則華屋**이요 **出則雕軒**이라 **方其奉君命而使**에 **佩玉長裾**가 **光麗溢目**하고 **麾幢旌節**이 **貴震一時**라 **使他人居之**면 **則意必滿**하고 **氣必揚**이라 **下視農夫霑體塗足之勞**하야 **將顰**(빈)**蹙嘔噦**(얼)**而不肯觀矣**리라 **況東阡西陌**이 **不知其幾畝也**며 **前耘後耕**이 **不知其幾人也**며 **婦饁子餉**이 **不知其幾家也**라 **棼棼闐闐**(전전)하야 **往來如織**하니 **何以辨其孰肅・孰慢・孰莊・孰肆・孰敬・孰怠耶**아 **臼季於道路駐足之頃**에 **驟拔冀缺於千鎛**(박)**萬笠之間**하야 **擧之於君**하야 **列之於卿大夫之間**하니라 **迄爲名臣**하 **不負所擧**하니라 **吾不知臼季且何術以觀之也**라

1) 〔역주〕〔求〕: 저본에는 ‘求’가 없으나, 四庫全書本에 의거하여 보충하였다.

사람이 〈사물을〉 관찰함에는 만나는 환경에 따라 〈관찰하는 대상이〉 바뀐다. 朝廷을 지날 때는 정치의 得失을 관찰하게 되고, 국경수비지역을 지날 때는 방비의 虛實을 관

찰하게 되며, 軍營을 지날 때는 군대의 紀綱을 관찰하게 되고, 市廛을 지날 때에는 화물의 다소를 관찰하게 되니, 관찰하는 대상이 만나는 환경에 따라 바뀌지 않을 적이 없다.

만나는 환경에 따라 다르게 관찰하기 때문에 인재〔士〕를 구하고자 하는 자는 반드시 庠이나 序나 校나 塾 등 學校로 가서 찾는다. 庠·序·校·塾을 버리고 郊野로 가면 보이는 것은 논밭뿐이고 농작물뿐이고 농부뿐이다. 이곳에서 인재를 찾는 것은 산에 가서 물고기를 찾고 바다에 가서 짐승을 찾는 것과 같으니 과연 어디에서 인재를 얻을 수 있겠는가?

저 臼季는 出使하는 길에 밭을 가는 〈冀缺에게 그 아내가〉 점심밥을 먹이는 것을 보고서 冀缺을 발탁하였으니, 그 또한 다른 사람들이 관찰하는 것과 달랐다. 臼季는 晉文公의 친근한 신하이니, 주거하는 곳은 화려한 집이고 출입할 때는 화려한 수레를 탄다. 그가 임금의 명을 받들고 出使할 때에는 긴 옷자락에 찬 佩玉의 화려한 광채가 눈에 부시고, 儀仗과 旌節이 뒤따르니 존귀한 지위가 한때에 진동한다.

가령 다른 사람이 이런 지위에 있게 된다면 반드시 마음에 만족하여 의기양양할 것이다. 그래서 농부가 몸이 땀에 젖고 발이 흙투성이가 되는 수고를 얕잡아보고 장차 얼굴을 찡그리고 구역질을 하며 보려 하지 않을 것인데, 하물며 東西로 난 小路 사이의 田地가 몇 畝인지 알 수 없고, 전후로 김매고 밭가는 사람이 몇인지 알 수 없으며, 아내와 아들이 점심밥을 나르는 집이 몇 집인지 알 수 없다. 이 거리를 메운 많은 사람들이 끊임없이 오가니, 그중에 누가 엄숙하고 누가 거만하며, 누가 장중하고 누가 방자하며, 누가 경건하고 누가 나태한지를 어찌 변별할 수 있겠는가?

그런데 臼季는 길을 가다 잠시 걸음을 멈춘 사이에 많은 농부들 사이에서 단번에 冀缺을 알아보고서 발탁해 임금께 천거하여 卿大夫 반열에 오르게 하였다. 〈기결은〉 국가의 名臣이 되는 데 이르도록 자기를 천거한 臼季의 기대를 저버리지 않았다. 나는 臼季가 무슨 방법으로 〈冀缺을〉 관찰하였는지 모르겠다.

盖嘗聞之컨대 昔之在公卿之位者는 未嘗不以求士爲首務라 (朝)〔旦〕[1]之所思者도 士也요 暮之所思者도 士也며 在朝·退朝·出疆·入疆에 未嘗須臾忘士라하니라 思之旣深이라 故雖田野之間과 莽蒼之外의 寸長片善이라도 未有不投吾之意而動吾之目者면

〔吾〕[2]非數數(삭삭)然求見之也라 吾心在於求士하니 則士自見(현)於吾心也라 鑑은 以照物爲職하니 吾明旣徹이면 則物自入其照하고 公卿은 以求士爲職하니 吾誠旣立이면 則士自入其求라 如使本無求士之誠이면 則雖左顧右盼하며 見一人而問之하고 又見一人而質之하야 體煩目眩하고 精耗神竭이라도 而所謂眞賢實能者未必不失之交臂之間矣리라 觀茅容之避雨者에 未有知容之賢者也로되 而郭泰獨知之者는 非泰之觀이 異於衆人이라 泰求士之心이 異於衆人也[3]ㄹ새니라 過冀缺之耕饁者에 未有知缺之敬者也로되 而臼季獨知之者는 非季之見이 異於衆人이라 季求士之心이 異於衆人也ㄹ새니라 苟所觀者以目而不以心이면 則見避雨而偶不箕踞者콘 遽謂之茅容이라하고 見耕饁而偶不嫚侮者콘 遽謂之冀缺이리니 可邪(야)아

1) 〔역주〕(朝)〔旦〕: 저본에는 '朝'로 되어 있으나, 四庫全書本·三民書局本에 의거하여 '旦'으로 바로잡았다. '朝'는 朝鮮 太祖 李旦을 避諱한 글자이다.

2) 〔역주〕〔吾〕: 저본에는 '吾'가 없으나, 四庫全書本·三民書局本에 의거하여 보충하였다.

3) 觀茅容之避雨者……異於衆人也 : 後漢茅容 耕於野時 與等輩避雨樹下 衆皆夷踞相對 容獨危坐愈恭 林宗行見而奇其異 遂與共言 因勸令學 卒以成德

後漢의 茅容이 들에서 밭을 갈 때 〈갑자기 비가 내려〉 同年輩들과 나무 밑에서 비를 피하였는데, 다른 사람들은 모두 다리를 뻗고서 서로 마주앉았지만, 모용은 홀로 단정히 앉아 더욱 공손하였다. 林宗(郭泰)이 이곳을 지나다가 보고서 그 남다름을 기특하게 여겨, 드디어 그와 이야기를 나누고서 학문을 하도록 권하였는데, 〈학문을 하여〉 마침내 德을 이루었다.

일찍이 듣건대, 이전에 公卿의 지위에 있던 이들은 인재〔士〕 구하는 일을 가장 중요한 일로 여기지 않은 적이 없었다. 그래서 아침에 생각하는 것도 인재이고, 저녁에 생각하는 것도 인재였으며, 조정에 있거나 조정에서 물러나거나, 외국으로 出使하거나 국내로 돌아올 적에 어느 때이고 잠시도 인재를 잊은 적이 없다고 한다.

〈인재 구하기를〉 생각하는 마음이 이미 깊기 때문에 비록 田野 사이와 郊野 밖의 작은 장점과 미세한 善行이라도 나의 마음에 맞고 나의 눈을 끄는 점이 있으면 나는 일일이 찾아가서 만나보기를 구하지 않은 적이 없다. 나의 마음이 인재를 구하는 데 있기 때문에 인재가 저절로 내 마음에 나타난다. 거울은 사물을 비추는 것이 本職이니 나(거울)의 밝음이 이미 淸徹하다면 사물이 저절로 비추는 속으로 들어오고, 公卿은 인재 구하는 것이 본직이니 나(공경)의 성의가 이미 확립되었으면 인재가 스스로 내가 구하

는 속으로 들어올 것이다. 만약 본래 인재를 구하는 성의가 없다면 비록 좌우를 돌아보며 한 사람을 만나면 물어보고 또 한 사람을 만나면 질문하여, 몸이 번거롭고 눈이 어지러우며 정신이 소모되고 힘이 고갈되도록 〈찾아도〉 이른바 참으로 賢能한 자를 팔이 스칠 정도로 가까이 지나치면서도 알아보지 못할 것이다.

茅容이 비를 피하는 것을 본 자 중에 모용이 賢者임을 알아본 자가 없었는데, 郭泰만이 홀로 알아보았으니, 이는 곽태가 관찰한 것이 사람들과 달라서가 아니라 곽태가 인재를 구하고자 하는 마음이 사람들과 달랐기 때문이다. 밭을 가는 〈冀缺에게 그 아내가〉 점심밥을 내어다가 먹이는 곳을 지날 때에 冀缺이 공경하는 것을 알아본 자가 없었는데 臼季만이 홀로 알아보았으니, 이는 臼季가 관찰한 것이 사람들과 달라서가 아니라 臼季가 인재를 구하고자 하는 마음이 사람들과 달랐기 때문이다.

만약 눈으로만 관찰하고 마음으로 관찰하지 않는다면 비를 피하면서 우연히 다리를 뻗고 앉지 않은 사람을 보면 대뜸 그를 모용이라 할 것이고, 밭을 가는 〈남편에게 아내가〉 점심밥을 내어다가 먹이면서 우연히 서로 무시하지 않는 것을 보면 대뜸 그를 冀缺이라고 할 것이니, 어찌 옳을 일이겠는가?

吾嘗攷臼季冀缺之事하고 **而知古今風俗之變**이 **有大不同者焉**하노라 **古者公卿有不遇之歎**하고 **而布衣無不遇之歎**이러니 **後世布衣有不遇之歎**이나 **而公卿無不遇之歎**이라 **古者公卿以求士爲己責**이라 **故常以不遇賢者爲憂**하고 **至於布衣**하야는 **外無責**하고 **內無憂**하니 **囂囂然何往而不遇哉**리오 **故臼季惟恐不遇冀缺**이나 **而冀缺(惟)〔不〕**[1]**恐不遇臼季也**라 **後世之公卿以得位爲遇**하고 **後世之布衣以無位爲不遇**라하야 **下求之愈急**하고 **上應之愈緩**하야 **而風俗日以薄矣**니 **非自拔於汚俗之中**이면 **殆未足與論遇不遇之眞在也**라

1) 〔역주〕 (惟)〔不〕: 저본에는 '惟'로 되어 있으나, 四庫全書本・三民書局本에 의거하여 '不'로 바로잡았다.

내 일찍이 臼季과 冀缺의 일을 상고해보고서 古今 風俗의 변천이 크게 같지 않음을 알았다. 옛날에는 公卿에게 不遇(인재를 만나지 못함)의 탄식이 있고 布衣에게 불우의 탄식이 없더니, 後世에는 布衣에게 불우의 탄식이 있고 公卿에게 불우의 탄식이 없다. 옛날에는 公卿들이 인재를 구하는 것을 자기들의 책무로 여겼기 때문에 항상 賢者를

만나지 못하는 것을 근심하였지만, 布衣로 말하면 밖으로는 책무가 없고 안으로는 근심이 없었으니, 만족하여 욕심이 없는 채로 어디를 간들 불우하였겠는가?

그러므로 臼季는 오직 冀缺을 만나지 못할까 두려워하였으나 冀缺은 臼季를 만나지 못할까를 두려워하지 않았다. 후세의 公卿은 벼슬을 얻는 것을 '遇'라 여기고 후세의 布衣는 벼슬이 없는 것을 '不遇'라 여겨서, 下位에 있는 자들은 구하기를 더욱 서두르고, 上位에 있는 자들은 반응하기를 더욱 늦추어 풍속이 날로 투박해지니, 만약 더러운 풍속 속에서 초탈한 사람이 아니면 아마도 遇와 不遇의 진실한 도리를 더불어 논할 수 없을 것이다.

16-03 晉陽處父侵蔡 楚子上救之 與晉師夾道泜水而軍 晉나라 陽處父가 蔡나라를 侵攻하니, 楚나라 子上이 蔡나라를 救援하기 위해 와서 晉軍과 泜水를 끼고 대치하다

【左傳】 僖三十三年이라 晉陽處父侵蔡[1)]하니 楚子上救之할새 與晉師夾泜而軍[2)]하다 陽子患之[3)]하야 使謂子上曰 吾聞之컨대 文不犯順[4)]하고 武不違敵[5)]이라하니 子若欲戰이면 則吾退舍[6)]하리니 子濟而陳[7)]하라 遲速唯命하리라 不然이면 紓我[8)]하라 老師費財는 亦無益也[9)]라하고 乃駕以待하다 子上欲涉한대 大孫伯[10)]曰 不可하다 晉人無信하니 半涉而薄我면 悔敗何及[11)]이리오 不如紓之라 乃退舍[12)]하다 陽子宣言曰 楚師遁矣라하고 遂歸하니 楚師亦歸하다 大(태)子商臣譖子上曰 受晉賂而辟之하니 楚之恥也니이다 罪莫大焉이라하니 王殺子上[13)]하다

1) 〔역주〕 晉陽處父侵蔡 : 蔡나라가 楚나라에 붙었기 때문에 침공한 것이다.〈附注〉

2) 〔역주〕 與晉師夾泜而軍 : 泜水는 魯陽縣 동쪽에서 發源하여 襄城 定陵을 거쳐 汝水로 흘러든다.〈杜注〉

3) 〔역주〕 陽子患之 : 陽處父는 楚軍이 대치하기만 하고 決戰하려 하지 않기 때문에 근심한 것이다.〈附注〉

4) 〔역주〕 吾聞之 文不犯順 : 文德이 있는 사람은 順理를 범하려 하지 않는다는 것은, 물을 건너기로 서로 약속해놓고서 敵軍이 물을 건널 때 공격한다면 바로 순리를 범하는 것이 된다는 말인 듯하다.〈附注〉

5) 〔역주〕 武不違敵 : 武德이 있는 사람은 敵을 포기하려 하지 않는다는 것은, 30리를 물러나기로 서로 약속해놓고서 스스로 적을 버리고 떠난다면 바로 적을 피하는 것이 된다는 말인 듯하다.〈附注〉

6) 〔역주〕 舍 : '舍'는 30里를 가리킨다. ≪春秋左氏傳≫ 僖公 28년 조에 "楚나라의 은혜가 없었다면 〈임금(晉 文公)께서〉 오늘에 이르지 못했을 것이니, 3舍를 후퇴해 피하는 것이 그 은혜를 보답하는 것입니다.〔微楚之惠 不及此 退三舍辟之 所以報也〕"라고 하였는데, 杜預의 注에 "1舍가 30里이다.〔一舍 三十里〕"라고 하였다.

7) 〔역주〕 子若欲戰……子濟而陳 : 楚軍을 피해 30리를 물러나 楚軍으로 하여금 물을 건너와서 陳을 치게 한 뒤에 戰爭하고자 한 것이다.〈杜注〉

8) 〔역주〕 不然 紓我 : 紓는 緩和이다.〈杜注〉 그대가 물을 건너고 싶지 않다면 30리를 퇴각해 우리가 물을 건너 陳을 칠 수 있도록 防備를 완화하라는 말이다.〈附注〉

9) 〔역주〕 老師費財 亦無益也 : 군대가 出征한 지 오래인 것을 '老'라 한다.〈杜注〉

10) 〔역주〕 大孫伯 : 孫伯은 子玉의 아들 成大心이다.〈附注〉

11) 〔역주〕 半涉而薄我 悔敗何及 : 我軍이 절반쯤 건넜을 때 험한 곳에서 我軍을 압박한다면 반드시 晉人에게 敗北할 것이니, 아무리 후회해도 어찌 미칠 수 있겠느냐는 말이다.〈附注〉

12) 〔역주〕 不如紓之 乃退舍 : 楚軍이 退却하여 晉軍이 물을 건너오게 한 것이다.〈杜注〉

13) 〔역주〕 大(태)子商臣譖子上曰……王殺子上 : 商臣은 成王이 자신을 太子로 세울 때 子上이 저지했기 때문에 그를 讒訴한 것이다.〈杜注〉

僖公 33년, 晉나라 陽處父가 蔡나라를 침공하니, 楚나라 子上이 蔡나라를 구원하기 위해 와서 晉軍과 泜水를 끼고 대치하였다. 陽子가 이를 근심하여 사람을 보내어 子上에게 말하기를 "내가 듣건대 '文德이 있는 사람은 順理를 범하지 않고, 武德이 있는 사람은 敵을 피하지 않는다.'고 하니, 그대가 싸우고자 한다면 내가 30리를 물러날 것이니 그대는 물을 건너와 陳을 치라. 시기의 早晩은 그대 命을 따르겠다. 그렇게 하지 않으려면 우리가 〈물을 건너도록 방비를〉 완화하라. 군대를 오래 주둔시켜 物資를 허비하는 것은 그대 또한 이로움이 없을 것이다."라고 하고서 수레에 말을 매고 기다렸다.

子上이 물을 건너려 하자, 大孫伯이 말하기를 "안 됩니다. 晉人은 信義가 없으니 물을 반쯤 건넜을 때에 우리를 공격〔薄〕한다면, 敗戰을 후회한들 어찌 미칠 수 있겠습니까? 晉軍이 〈물을 건너도록 우리가 방비를〉 완화해주는 것이 낫습니다."라고 하였다. 子上은 30리를 퇴각하였다. 그러자 陽子는 "楚軍이 도망갔다."고 宣言하고서 드디어 돌아가니 楚軍도 돌아갔다.

楚나라 太子 商臣이 子上을 참소하기를 "晉나라의 뇌물을 받고 晉軍을 피하였으니, 楚나라의 수치입니다. 이보다 큰 罪가 없습니다."라고 하니, 楚 成王은 子上을 죽였다.

國毁當辨이나 **身毁當容**이요 **國(爲)〔辱〕**[1]**當爭**이나 **身(爲)〔辱〕當受**니 **是固不可格以一律也**라 **昔夫子能忍匡人之圍**[2]나 **而不能忍萊夷之兵**[3]하고 **能忍南子之見**[4]이나 **而不能忍優施之舞**[5]하니 **聖人之心**이 **何其多變也**오 **繞指之柔**[6]가 **忽變而爲擊柱之剛**하고 **緩帶之和**가 **忽變而爲奮髯之怒**하며 **迭弛迭張**하고 **迭弱迭强**하며 **闔闢推移**하야 **不主故常**하니 **是非聖人樂於多變也**요 **處身之與處國**에 **其法固不相參也**ㄹ새니라 **毁辱在身**이면 **聖人納之而不校也**하니 **此匡人之圍**와 **南子之見**을 **夫子所以未嘗一動念也**라 **毁辱在國**이면 **聖人競之而不置也**하니 **此萊夷之兵**과 **優施之舞**를 **夫子所以未嘗一毫貸也**라

1) 〔역주〕 (爲)〔辱〕: 저본에 '爲'로 되어 있으나, 四庫全書本에 의거하여 '辱'으로 바로잡았다. 아래도 같다.
2) 昔夫子能忍匡人之圍 : 見論語
≪論語≫에 보인다.
3) 而不能忍萊夷之兵 : 見家語
≪孔子家語≫에 보인다.
4) 能忍南子之見 : 見論語
≪論語≫에 보인다.
5) 而不能忍優施之舞 : 見家語
≪孔子家語≫에 보인다.
6) 〔역주〕 繞指之柔 : 繞指 또는 繞指柔로도 쓰인다. 강철도 수백 번 담금질하면 유연해져서 손가락에 두를 수 있다는 말로, 실패를 겪어 유약하게 되는 것을 비유하는 데 쓰인다. 여기서는 손가락에 두를 정도로 유연한 鐵처럼 性情이 유연한 것을 이른다.

국가가 받는 毁謗은 마땅히 분변해야 하지만 자신이 받는 훼방은 마땅히 포용해야 하고, 국가가 당한 모욕은 마땅히 爭辨해야 하지만 자신이 당한 모욕은 마땅히 받아들여야 하니 이는 본래 일률적으로 규정할 수 있는 것이 아니다.

옛날에 夫子께서 匡人의 포위는 용인하셨으면서 萊夷의 칼날은 용인하지 않으셨고, 南子의 接見은 용인하셨으면서 優施의 춤은 용인하지 않으셨으니, 성인의 마음이 어쩌면 이렇게 잘 변하였는가? 繞指처럼 부드럽던 性情이 갑자기 기둥을 치는 강철처럼 변하기도 하고, 띠처럼 느슨하던 태도가 갑자기 격렬한 분노로 변하기도 하였으며, 때로

는 느슨하고 긴장하며 때로는 약해지고 강해지며, 개방하기도 하고 폐쇄하기도 하여 상황에 따라 맞추어 常規를 주장하지 않으셨으니, 이는 성인께서 많이 변화하기를 즐긴 것이 아니라 개인의 입장과 국가의 입장에서 대처하는 방법이 본래 서로 같지 않았기 때문이다.

禮見南子圖

당신을 훼방하고 모욕하는 것은 성인께서 받아들이고 따지지 않으셨으니, 이것이 바로 匡人의 포위와 南子의 접견에 부자께서 한 번도 마음이 흔들린 적이 없으신 까닭이다. 국가를 훼방하고 모욕하는 것은 성인께서 爭辨하시고 버려두지 않으셨으니, 이것이 바로 萊夷의 칼날과 優施의 춤을 부자께서 조금도 용서한 적이 없으신 까닭이다.

楚子上爲陽處父所薄而退舍에 **加以遁逃之謗**하니 **爲子上者**면 **盍思是謗其身之謗乎**아 **其國之謗乎**아 **使所謗止於子上之身**이면 **則不與之校者**는 **盛德也**며 **闊量也**며 **大度也**어니와 **今遁逃之謗**이 **不專及其身**하고 **而且及其師**하며 **不專及其師**하고 **而且及其國**하니 **爲子上者**면 **安可嘿嘿受謗**하고 **遽帥師**(솔사)**而歸乎**아 **楚與晉爭衡久矣**니 **一(朝)〔旦〕**[1]**爲陽處父而被以逃遁之名**이어늘 **子上曾不出一語與之競**이면 **天下必以爲楚師之眞遁**이라하야 **皆將雄晉而雌楚**리라 **吾不知而今而後**에 **幾戰幾勝而後**라야 **可洗此恥耶**아

1) 〔역주〕 (朝)〔旦〕 : 저본에는 '朝'로 되어 있으나, 四庫全書本·三民書局本에 의거하여 '旦'으로 바로잡았다. '朝'는 朝鮮 太祖 李旦을 避諱한 글자이다.

楚나라 子上이 陽處父의 공격을 받고 30리를 후퇴하자 〈陽處父는 子上에게〉 도주하였다는 비방을 씌웠으니, 子上의 처지에 있는 사람이라면 어찌하여 이 비방이 자기 개인에 대한 비방인지, 국가에 대한 비방인지를 생각하지 않겠는가? 가령 그 비방이 子上의 身上에만 그친 것이라면 따지지 않은 것이 성대한 德이고 넓은 아량이며 큰 도량

이지만, 지금 도주하였다는 비방이 오로지 子上의 신상에만 미친 것이 아니라 그 군대에까지 미쳤으며, 그 군대에만 미친 것이 아니라 그 국가에까지 미쳤으니, 子上의 처지에 있는 사람이라면 어찌 말없이 비방을 받아들이고 서둘러 군대를 거느리고 돌아오겠는가?

楚나라는 晉나라와 霸權을 다툰 지 오래인데, 하루아침에 陽處父가 〈子上에게〉 도주했다는 汚名을 씌웠는데도 子上이 그에게 爭辨하는 말을 한마디도 하지 않았으니, 그렇다면 천하의 제후들은 모두 楚軍이 참으로 도주한 것으로 여겨, 모두 晉나라를 强國으로 楚나라를 弱國으로 여길 것이다. 나는 오늘 이후로 몇 번 싸워 몇 번을 승리한 뒤에야 이 치욕을 씻게 될지 모르겠다.

然則爲子上者將奈何오 曰 夾泜之師가 兩軍相望하니 先濟不可也며 先退亦不可也라 先濟면 則晉將乘之逞邀擊之計요 先退면 則晉將藉之爲班師之名이라 子上盍當退舍之際하야 遣一介之使以告晉師曰 大國有命하니 敝邑不敢違라 是以在此爲大國退하야 旣成列矣요 使人敢請濟期하노라 彼陽處父無辭以對然後에 卷甲而趨之면 雖使不及晉師라도 然遁逃之名은 將在晉而不在楚矣리라 處父何自加[1]其謗이며 商(人)〔臣〕[2]何自入其譖哉리오

1) 〔역주〕 加 : 四庫全書本・三民書局本에는 '駕'로 되어 있다. 앞에서 "加以遁逃之謗(도주하였다는 비방을 씌웠다.)"이라고 하였으므로 저본대로 번역하였다.
2) 〔역주〕 (人)〔臣〕 : 저본에는 '人'로 되어 있으나, 四庫全書本・三民書局本에 의거하여 '臣'으로 바로잡았다.

그렇다면 子上의 처지에 있는 사람이라면 장차 어찌해야 하였겠는가? 〈이때 晉・楚 양국의〉 군대가 泜水를 사이에 두고 서로 바라보며 布陣하였으니, 먼저 渡河할 수도 없고 먼저 퇴각할 수도 없었다. 먼저 도하할 경우 晉軍은 그 기회를 이용해 楚軍을 요격할 계획을 세우려 할 것이고, 먼저 퇴각할 경우 晉軍은 이를 빙자해 還軍의 명분으로 삼으려 할 것이다.

그러니 子上은 어찌하여, 30리를 퇴각할 때를 당하여 使者 한 사람을 보내어 晉軍에게 고하기를 "大國의 명령을 敝邑(楚)이 감히 어길 수 없기에 여기에서 大國을 위해 퇴각하려고 이미 대열을 정비하고서 使者를 보내어 貴國이 언제 도하할 것인지를 감

히 묻습니다.”라고 하게 하여, 저 陽處父가 대답할 말이 없게 한 뒤에 군대를 철수해 돌아가지 않았는가. 〈이렇게 하였다면〉 비록 〈비방이〉 晉軍에 미치지 않는다 하더라도 도주했다는 汚名은 아마도 晉軍에 있고 楚軍에 있지 않을 것이다. 그렇다면 陽處父가 어떻게 그에 대한 훼방을 퍼뜨리고, 商臣이 어떻게 그에 대한 참소를 올릴 수 있었겠는가?

大抵君子勇於公而怯於私하니 **在家庭在鄕黨在田野**하야는 **含垢忍恥**하야 **見侮不〔校〕**[1]하고 **恂恂愉愉**하야 **人百欺之而不以爲忤**어니와 **在廟堂在軍旅在官府**하야는 **燭奸擿隱**하야 **洞見肺肝**하고 **凜凜冽冽**하야 **雖人一欺之**라도 **亦未嘗容**이라 **其所以不移朝廷軍旅官府之勇而變家庭鄕黨田野之怯**은 **非嫌於私己也**라 **一己之尊**을 **萬物無對**ㄹ새니라 **其所以不與人校者**는 **非不敢校也**라 **不見有可校者也**ㄹ새니라 **擧梃擊空**이면 **適以自勞**요 **擧刀斷水**면 **適以自困**이라 **彼之來毁譽者**는 **適所以自損耳**니 **吾從容無爲**하고 **而置彼於不足校之地**면 **其**[2]**勇不旣大矣乎**아 **至於國家之事**하얀 **則存亡安危繫焉**하니 **不得已而出力與之校**요 **校而以力**이면 **則其威褻矣**니 **是知怯於私者**를 **衆人以爲怯**이나 **而君子則以爲勇之大也**라

1) 〔역주〕〔校〕: 저본에는 1자 빈칸으로 되어 있으나, 四庫全書本·三民書局本에 의거하여 '校'를 보충하였다.

2) 〔역주〕 其 : 四庫全書本·三民書局本에는 '其'자가 없다.

대체로 君子는 公事에는 용감하고 私事에는 겁을 내니, 家庭이나 鄕黨이나 田野에서는 치욕을 참고서 모욕을 당해도 따지지 않고, 〈性情이〉 공손하고 和悅하여 남들이 백 번을 속여도 노하지 않지만, 廟堂이나 軍旅나 官府에서는 간사한 일이 없는지를 밝게 살펴 그 肺腑를 들여다보아 〈숨은 不正을 들추어내듯이〉 하고, 〈言行이〉 엄숙하고 냉정하여 비록 남이 한 번만 속여도 용서한 적이 없다.

군자가 朝廷이나 軍旅나 官府에 있을 때의 용기로 家庭이나 鄕黨이나 田野에 있을 때의 怯懦를 改變하지 않는 것은, 私己를 혐오해서가 아니라 한 몸의 尊嚴을 만사와 만물이 상대(匹敵)할 수 없기 때문이다. 군자가 사람들과 〈私事를〉 따지지 않는 것은 감히 따질 수 없어서가 아니라 따질 만한 자를 보지 못했기 때문이다.

몽둥이를 들고 허공을 치면 자신만을 수고롭게 할 뿐이고, 칼을 들고 흐르는 물을

끊으면 자신만을 피곤하게 할 뿐이다. 〈이와 마찬가지로〉 나를 훼방하는 저 사람들도 다만 스스로를 손상시킬 뿐이니, 나는 침착하고 한가로이 처신하여 저 일을 따질 만한 가치가 없는 것으로 치부한다면 어찌 큰 용기가 아니겠는가?

그러나 국가를 〈훼방하는〉 일로 말하면 存亡과 安危가 매어 있으니 힘을 다해 따지지 않을 수 없고, 힘을 다해 따지면 저들의 위세가 가벼워질 것이다. 이에서 私事에 겁을 내는 사람을 사람들은 怯懦라고 하지만 군자는 그것을 大勇으로 여긴다는 것을 알겠다.

16-04 周叔服相公孫敖二子　周나라 叔服이 公孫敖의 두 아들의 상을 보다

16-04-01 周叔服相公孫敖二子　周나라 叔服이 公孫敖의 두 아들의 상을 보다

【左傳】 文元年이라 王使內史叔服來會葬하다 公孫敖聞其能相人也[1)]하고 見其二子焉하니 叔服曰 穀也食(사)子하고 難(나)也收子[2)]하리라 穀也豐下하니 必有後於魯國[3)]하리라

1) 〔역주〕 公孫敖聞其能相人也 : 公孫敖는 魯나라 大夫로 慶父의 아들이다.〈杜注〉 相人은 사람의 形色을 보고서 그 사람의 吉凶을 아는 것이다.〈附注〉
2) 〔역주〕 穀也食(사)子 難(나)也收子 : 穀은 文伯이고 難는 惠叔이다. 食子는 그대의 祭祀를 받들고 供養한다는 말이고, 收子는 그대의 屍身을 장사 지낸다는 말이다.〈杜注〉
3) 〔역주〕 穀也豐下 必有後於魯國 : 豐下는 얼굴이 네모난 것인 듯하다. ≪春秋左氏傳≫ 文公 8년에 公孫敖가 莒나라로 도망간 傳의 배경이다.〈杜注〉

文公 원년, 周王이 內史 叔服을 보내어 와서 會葬하였다. 公孫敖는 叔服이 사람의 相을 잘 본다는 말을 듣고서 자기의 두 아들을 그에게 보이니, 叔服이 말하였다.

"穀은 그대를 먹일 것이고, 難는 그대를 거둘 것이다. 穀은 아래턱이 풍만하니 반드시 魯나라에서 후손이 昌盛할 것이다."

16-04-02 越椒生而(文子)〔子文〕[1)]知其滅若敖氏　越椒가 태어나자 子文이 이 아이가 若敖氏를 滅亡시킬 것을 알다

【左傳】 宣四年이라 初에 楚司馬子良生子越椒하니 子文[2)]曰 必殺之하라 是子也가 熊虎之

狀而豺狼之聲이니 弗殺이면 必滅若敖氏[3)]矣리라 諺曰 狼子野心[4)]이라하니 是乃狼也라 其可畜乎아 子良不可한대 子文以爲大慼[5)]하다 及將死에 聚其族曰 椒也知政이면 乃速行矣하야 無及於難하라하고 且泣曰 鬼猶求食이니 若敖氏之鬼가 不其餒而[6)]아 及令尹子文卒에 鬬般[7)]爲令尹하고 子越爲司馬하다 蔿賈爲工正이러니 譖子揚而殺之하고 子越爲令尹하고 己爲司馬[8)]하다 子越又惡(오)之[9)]하야 乃以若敖氏之族으로 圄伯嬴於轑陽而殺之[10)]하고 遂處烝野하야 將攻王[11)]한대 師于漳澨[12)]하다 秋七月에 楚子與若敖氏戰于皐滸[13)]하니 遂滅若敖氏하다

1) 〔역주〕 (文子)〔子文〕: 저본에는 '文子'로 되어 있으나, ≪春秋左氏傳≫에 의거하여 '子文'으로 바로잡았다.
2) 〔역주〕 子文 : 子文은 子良의 兄이다.〈杜注〉
3) 〔역주〕 若敖氏 : 若敖는 楚 武王의 祖父인데, 그 後孫이 若敖氏가 되었다.
4) 〔역주〕 狼子野心 : 豺狼의 새끼는 그 마음이 山野에 가 있으므로 길들여 복종시킬 수 없다는 말이다.〈附注〉
5) 〔역주〕 子文以爲大慼 : 越椒를 죽이지 않은 것을 크게 근심한 것이다.〈附注〉
6) 〔역주〕 不其餒而 : 而는 語助辭이다. 반드시 굶주리게 된다는 말이다.〈杜注〉 '不其'를 ≪左氏會箋≫에는 '其不'의 倒置語로 보아 '豈不'의 뜻이라 하였고, 〈楊注〉에는 '其'를 '將'의 뜻으로 보았다.
7) 〔역주〕 鬬般 : 鬬般은 子文의 아들 子揚이다.〈杜注〉
8) 〔역주〕 蔿賈爲工正……己爲司馬 : 蔿賈가 越椒를 위해 子揚을 讒訴해 죽이고, 자신이 越椒가 맡았던 자리를 얻은 것이다.〈杜注〉 子越은 바로 子越椒이다. 工正은 百官을 管掌하는 長이다.〈附注〉
9) 〔역주〕 子越又惡(오)之 : 蔿賈를 미워한 것이다.〈杜注〉
10) 〔역주〕 圄伯嬴於轑陽而殺之 : 圄는 가두는 것이다. 伯嬴은 蔿賈이다. 轑陽은 楚나라 邑이다.〈杜注〉
11) 〔역주〕 遂處烝野 將攻王 : 烝野는 楚나라 邑이다.〈杜注〉 저본에는 생략되었으나, ≪春秋左氏傳≫ 해당 기사에는 '將攻王' 아래에 "楚王이 화해하기 위해 세 王의 아들을 인질로 보냈으나 子越이 받아들이지 않았다.〔王以三王之子爲質焉 弗受〕"라는 말이 있다.
12) 〔역주〕 漳澨 : 漳澨는 漳水 가이다.〈杜注〉
13) 〔역주〕 皐滸 : 〈皐滸는〉 楚나라 땅이다.〈杜注〉

宣公 4년, 당초에 楚나라 司馬 子良이 아들 越椒를 낳으니, 子文이 〈子良에게〉 말하기를 "반드시 이 아이를 죽여라. 이 아이의 형상은 熊虎와 같고 音聲은 豺狼과 같으니,

죽이지 않으면 반드시 우리 若敖氏를 멸망시킬 것이다. 속담에 '豺狼의 새끼는 野心이 있다.'고 하니, 이 아이가 바로 豺狼이다. 어찌 길러서야 되겠는가?"라고 하였으나, 子良이 듣지 않으니 子文은 크게 근심하였다.

子文은 죽을 때에 미쳐 그 宗族을 모아놓고 이르기를 "〈후일에〉 越椒가 國政을 맡거든 너희들은 속히 도망가서 禍難에 미치지 않게 하라."고 하고서, 또 눈물을 흘리며 이르기를 "鬼神도 오히려 먹기를 구하는데, 若敖氏의 귀신이 어찌 굶주리지 않겠는가?"라고 하였다.

令尹 子文이 죽자 鬪般이 令尹이 되고, 子越이 司馬가 되었다. 蔿賈가 工正이 되었는데 〈越椒를 위해 楚王에게〉 子揚을 참소해 죽이게 하고서, 子越을 令尹이 되게 하고 자신은 司馬가 되었다. 子越은 또 蔿賈를 미워하여 若敖氏의 宗族을 거느리고 가서 伯嬴을 잡아 轑陽에 가두었다가 죽이고는, 드디어 烝野에 주둔하여 楚王을 공격하려 하였는데, 楚王은 漳水 가에 陣을 치고 기다렸다. 가을 7월에 楚子가 若敖氏와 皐滸에서 전쟁하여 드디어 若敖氏를 멸망시켰다.

16-04-03 伯石生而叔向之母 知其喪羊舌氏 伯石이 태어나자 叔向의 어머니가 이 아이가 羊舌氏를 망칠 것임을 알다

【左傳】 昭二十八年이라 初에 叔向欲娶於申公巫臣氏[1]하니 其母欲娶其黨[2]하다 叔向曰 吾母多而庶鮮하니 吾懲舅氏矣[3]라 其母曰 子靈之妻가 殺三夫[4]一君[5]一子하고 而亡一國兩卿矣[6]니 可無懲乎아하니 向懼하야 不敢取하다 平公强使取之하야 生伯石하다 伯石始生에 子容之母走謁諸姑[7]曰 長叔姒生男[8]하니 姑視之하라 及堂하야 聞其聲而還曰 是豺狼之聲也라 狼子野心[9]이라 非是면 莫喪羊舌氏矣[10]라하고 遂弗視하다

1) 〔역주〕 申公巫臣氏 : 夏姬의 딸이다.〈杜注〉 夏姬는 鄭 穆公의 딸로 陳나라 大夫 御叔(夏徵舒의 父親)에게 出嫁하였다. 御叔이 죽은 뒤에 여러 차례 改嫁하였고, 숫하게 淫行을 저지른 淫婦이다.

2) 〔역주〕 其母欲娶其黨 : 外叔의 딸을 아내로 맞이하게 하고자 한 것이다.〈附注〉

3) 〔역주〕 吾母多而庶鮮 吾懲舅氏矣 : '아버지에게 妾媵이 많았으나 庶子가 적었던 것은 어머니의 妬忌가 심하여 妾媵의 侍寢을 막았기 때문입니다. 女子의 투기는 家風에서 유래하니, 어머니의 친정 여인을 아내로 맞으면 역시 그러할 것이므로 저는 어머니의 투기를 경계로 삼아 外家의 여인을 꺼립니다.'는 뜻이다. 懲은 지난 일을 경계로 삼음이다.

4) 〔역주〕 子靈之妻 殺三夫 : ≪春秋左氏傳≫ 成公 2년에 "巫申이 '夏姬는 子蠻을 夭死하게 하고, 御叔을 죽게 하였다.'라고 하였다."고 하였으니, 子蠻이 바로 夏姬의 첫 번째 남편이고, 御叔이 두 번째 남편이고, 巫申이 세 번째 남편이다.〈楊注〉

5) 〔역주〕 一君 : 一君은 夏徵舒가 弑害한 陳 靈公을 이른다.

6) 〔역주〕 亡一國兩卿矣 : 一國은 陳나라이다. 兩卿은 孔寧과 儀行父이다.

7) 〔역주〕 子容之母走謁諸姑 : 子容의 어머니는 叔向의 兄嫂이니, 伯華(羊舌赤)의 아내이다. 姑는 叔向의 어머니이다.〈杜注〉

8) 〔역주〕 長叔姒生男 : 兄弟의 아내끼리 서로를 姒(동서)라 한다. 子容은 伯華의 아들이다. 그 형제 중에 伯華가 맏이고 叔向이 둘째이다. 나머지 아우들은 모두 叔向보다 나이가 적기 때문에 叔向을 長叔이라 한 것이다.〈正義〉

9) 〔역주〕 是豺狼之聲也 狼子野心 : 豺狼의 새끼는 그 마음이 山野에 가 있으므로 길들여 복종시킬 수 없다는 말이다.〈附注〉

10) 〔역주〕 莫喪羊舌氏矣 : '이 아이가 아니면 어찌 羊舌氏의 宗族이 멸망하겠느냐?'는 말은 이 아이로 인해 반드시 滅族의 禍가 있을 것임을 말한 것이다.〈附注〉

昭公 28년, 당초에 叔向이 申公巫臣氏의 딸을 아내로 맞이하려 하니, 그 어머니가 자기 親黨의 딸을 며느리로 삼고자 하였다. 叔向이 말하기를 "저에게는 庶母가 많았으나 庶兄弟가 적으니 저는 外家의 女人들을 경계〔懲〕로 삼습니다."고 하였다.

그 어머니가 말하기를 "子靈의 아내는 세 남편과 한 임금과 한 자식을 죽이고 한 나라를 망치고 두 卿을 도망가게 하였으니, 경계로 삼아야 하지 않겠느냐?"라고 하니, 叔向은 두려워서 감히 장가들지 않았다. 그런데 平公이 강제로 장가들게 하여 伯石(楊食我)을 낳았다.

伯石이 처음 출생하였을 때 子容의 어머니가 시어머니에게 달려가 고하기를 "큰 시숙(叔向)의 동서가 아들을 낳았으니 어머니께서 가서 보십시오."라고 하니, 叔向의 어머니가 보려고 가다가 마루에 미쳐 아이의 울음소리를 듣고는 되돌아와서 말하기를 "이 아이의 울음소리는 바로 豺狼의 소리이다. 豺狼은 野心이 있으니 이 아이가 아니면 羊舌氏의 집안을 망칠 자가 없을 것이다."고 하고서 마침내 보지 않았다.

【主意】 周叔服, 楚子文, 晉叔向之母言人禍福이 巧發奇中이라 孔子未嘗過而問焉이어늘 至荀卿하야 始着非相之篇하니라 由是로 相師自謂其術可與吾道抗이라하야 而相書蔓延於天下矣라 無故而爲吾道增一異端하니 此荀卿之罪也라

周나라 叔服과 楚나라 子文과 晉나라 叔向의 모친이 남의 화복을 말한 것이 巧發奇中(교묘하게 말한 것이 신기하게 들어맞음)하였다. 孔子께서는 이런 일에 마음을 쓰신 적이 없는데, 荀卿에 이르러 비로소 〈非相篇〉을 지었다. 이로부터 相師(관상가)들이 스스로 '그 術法이 吾道(儒道)와 맞먹을 수 있다.'고 하여, 관상서가 천하에 널리 퍼졌다. 까닭 없이 吾道에 異端이 하나 더 늘어나게 하였으니, 이는 순경의 죄이다.

勢相敵而後訟[1)]하니 未有非其敵而訟〔者也라 非其敵而訟〕焉[2)]이면 則大者喪其爲大矣리라 公卿之於皁隸色也와 巨室之於窶民也와 儒者之於卜祝也에 邈乎其勢之不相敵也하니 親屈公卿之貴而與皁隸訟[3)]하며 親屈巨室之富而與窶人訟[4)]하며 親屈儒者之重而與卜祝訟[5)]이면 勝之不武[6)]요 不勝爲笑[7)]하니 適以自卑而已矣[8)]라 荀卿以大儒而著非相之篇[9)]하야 下與卜祝較[10)]하니 何其不自愛也[11)]오 彼挾相術以苟衣食者[12)]는 卑冗凡賤으로 廁迹於巫醫優伶之間[13)]하니 仰視儒者면 如斥鷃望大鵬於羊角扶搖之上[14)]이니 敢有一毫爭衡之心乎[15)]아 荀卿忽降尊貶重하야 譊(뇨)譊然與相師辨[16)]하야 連簡累牘而不已[17)]라 是書一出[18)]에 相師之氣坐增十倍[19)]하야 互相告語호되 以謂我何人也[20)]오 彼何人也[21)]오 我何足以致彼之爭이며 彼亦何苦於我爭也리오 今彼乃明目張膽[22)]하야 極其辨而與我爭曲直하며 恐不勝者[23)]하니 是必我之道可以與彼抗也[24)]라 由是卜祝之流가 人相勸하고 家相勉[25)]하야 支分派別하야 相形之術이 遂蔓延於天下矣[26)]하니라 然則荀卿之於相術에 將以排之[27)]나 適以助之[28)]요 將以抑之나 適以揚之니 非相之篇이 吾恐未免爲是相之篇也[29)]라

1) 勢相敵而後訟 : 譬如人之相訟 必其勢力之相敵

비유하자면 사람이 서로 爭訟함에 반드시 그 신분〔勢〕이 서로 대등한 상대와 하는 것과 같다.

2) 未有非其敵而訟〔者也 非其敵而訟〕[*)]焉 : 相師本非吾道之敵 而荀卿與之辨 是非其敵而訟者也

相師(관상가)는 본래 吾道(儒道)와 대등한 상대가 아닌데 荀卿이 저들과 爭論하였으니, 이것이 대등한 상대가 아닌데도 쟁론한다〔非其敵而訟〕는 것이다.

*) 〔역주〕〔者也 非其敵而訟〕: 저본과 四庫全書本에는 '未有非其敵而訟焉'으로 되어 있으나, 三民書局本에 의거하여 '訟'과 '焉' 사이에 '者也 非其敵而訟'을 보충하였다.

3) 親屈公卿之貴而與皁隸訟 : 皁隸至賤 非公卿貴人之敵也

皁隸는 지극히 비천하니, 존귀한 公卿의 상대가 아니라는 말이다.

4) 親屈巨室之富而與窶人訟：窶人至貧 非富家巨室之敵也

窶人은 지극히 가난하니, 豪富한 巨室(大家)의 상대가 아니라는 말이다.

5) 親屈儒者之重而與卜祝訟：業相術者 不過卜祝之流 吾儒何勞與之辨曲直也

相術을 직업으로 삼는 자는 卜祝의 무리에 지나지 않으니, 우리 儒者가 무엇 때문에 수고롭게 저들과 曲直을 論辨하겠느냐는 말이다.

6) 勝之不武：訟而勝之 不足爲武

논변하여 이긴다 해도 武勇이 되기에 부족하다.

7) 不勝爲笑：訟而不勝 反以〔爲〕*)笑 ○此二句本左傳文

논변하여 이기지 못하면 도리어 웃음거리가 된다. ○이 두 句(勝之不武 不勝爲笑)는 ≪春秋左氏傳≫의 글을 근본한 것이다.

*) 〔역주〕〔爲〕: 저본에는 1자 빈칸으로 되어 있으나, 문맥에 의거하여 '爲'를 보충하였다.

8) 適以自卑而已矣：已上一節譏荀卿

이상의 한 마디는 荀卿을 비난한 것이다.

9) 荀卿以大儒而著非相之篇：荀子書有非相篇 專攻相術之妄

荀卿이 지은 ≪荀子≫에 〈非相篇〉이 있는데, 오로지 相術의 망령됨을 공격하였다.

10) 下與卜祝較：應前儒者與卜祝訟

앞의 '儒者가 卜祝과 쟁론한다.'는 것에 호응한 것이다.

11) 何其不自愛也：深責荀卿

荀卿을 깊이 책망한 것이다.

12) 彼挾相術以苟衣食者：挾術以圖衣食 言其技之至卑

相術을 가지고 衣食을 도모한 것이니, 그 기술이 지극히 비천함을 말한 것이다.

13) 卑冗凡賤 廁迹於巫醫優伶之間：巫能召鬼 醫能治病 優伶樂工 爲俳語以獻笑者 言相師之賤 本與此曹爲伍

무당은 능히 귀신을 부르고, 의원은 능히 병을 치료한다. 優伶은 樂工으로 익살스런 말로 남을 웃기는 자이니, 相師는 비천하여 본래 이 무리들과 같은 부류임을 말한 것이다.

14) 仰視儒者 如斥鷃望大鵬於羊角扶搖之上：斥鷃以喩相師 大鵬以喩儒者 莊子云 窮髮之北 有冥海者 天池也 有鳥云〔焉〕*) 其名爲鵬 背若泰山 翼若垂天之雲 搏扶搖羊角而上者九萬里 斥鷃笑之曰 彼且奚適也 我騰躍而上 不過數仞而下 此亦樂之至也

斥鷃으로써 相師를 비유하고, 大鵬으로써 儒者를 비유하였다. ≪莊子≫에 "極北의 不毛地에 어두운 바다〔冥海〕가 있는데 바로 하늘의 못〔天池〕이다. 그곳에 새가 있는데 이름을 鵬이라 한다. 등은 태산 같고 날개는 하늘에 드리운 구름 같은데, 날개로 회오리바람을 일으키고서 9만 리를 올라간다. 斥鷃이 비웃으며 '저 鵬은 장차 어디로 가겠다는 것인가? 나는 날아올라도 몇 길에 지나지 않고 내려온다. 이것도 즐거움이 지극하다.'고 하였다."라고 하였다.

*)〔역주〕〔焉〕: 저본에는 '焉'이 없으나, ≪莊子≫ 〈逍遙遊〉에 의거하여 보충하였다.

15) 敢有一毫爭衡之心乎 : 相師本不敢與吾儒抗

相師는 본래 우리 儒者에게 감히 대항하지 못한다는 말이다.

16) 譊(뇨)*)譊然與相師辨 : 譊譊多言之狀

譊譊는 말이 많은 모양이다.

*)〔역주〕 譊(뇨) : ≪書經大全≫ 小注에 "尼交反"이라고 하였다.

17) 連簡累牘而不已 : 言着非相之篇 古者編竹爲書 故曰簡牘

〈非相篇〉을 지은 것을 말한다. 옛날에는 대쪽을 엮어 책을 만들었기 때문에 '簡牘'이라 한 것이다.

18) 是書一出 : 非相之書旣出

相術을 비난하는 책이 이미 나온 것이다.

19) 相師之氣坐增十倍 : 相師因此書而增氣有如下文所云

相師가 이 책으로 인해, 下文에 말한 바와 같이 기세가 증가하였다.

20) 我何人也 : 不過卜祝之徒

卜祝의 무리에 불과하다는 말이다.

21) 彼何人也 : 儒道之

儒道의 무리라는 말이다.

22) 今彼乃明目張膽 : 今儒者 乃開明其目 張大其膽

지금 儒者가 도리어 그 눈을 밝게 뜨고 그 담을 크게 펼친 것이다.

23) 極其辨而與我爭曲直 恐不勝者 : 極口肆□□*) 恐其說之不勝

방자하게 온갖 말을 다하여, 자기의 말이 상대를 이기지 못할까 두려워함이다.

*)〔역주〕 □□ : 저본에는 2자 빈칸으로 되어 있다.

24) 是必我之道可以與彼抗也 : 是必相術可與儒道爲敵 所以與我爭也

이는 반드시 相術이 儒道와 필적할 만하다고 여기기 때문에 우리와 쟁론하는 것이다.

25) 由是卜祝之流……家相勉 : 其徒競相勸免〔勉〕*) 以行其術

그 무리들이 앞다투어 相術을 시행하도록 서로 권면한 것이다.

*)〔역주〕〔勉〕: 저본에는 '勉'이 없으나, 문맥에 의거하여 보충하였다.

26) 支分派別……遂蔓延於天下矣 : 相術因荀卿而盛行

相術이 荀卿으로 인해 성대하게 유행하였다.

27) 然則荀卿之於相術 將以排之 : 本欲排斥其非

본래는 〈正道가 아닌 상술의〉 잘못을 배척하고자 한 것이다.

28) 適以助之 : 反以增重其氣

도리어 그 기세만 더 중하게 하였다.

29) 非相之篇 吾恐未免爲是相之篇也 : 是非一字 呼喚精神

이 '非' 한 字가 정신을 일깨운다.

신분〔勢〕이 서로 대등한 뒤에야 爭論〔訟〕할 수 있으니, 신분이 대등하지 않은데 서로 쟁론하는 경우는 없다. 신분이 대등하지 않은데도 서로 쟁론하면 强大한 자는 그 강대함을 상실하게 될 것이다. 公卿이 皁隸(官奴)와, 巨室이 貧民과, 儒者가 卜祝(점쟁이)과는 그 신분의 차이가 커서 서로 상대가 되지 않는다. 그런데 公卿으로서 존귀한 신분을 낮추어 천한 官奴와 쟁론하고, 巨室로서 豪富한 신분을 낮추어 빈궁한 사람과 쟁론하며, 儒者로서 莊重한 신분을 낮추어 점쟁이와 쟁론한다면 이긴다 해도 武勇이 되지 못하고, 이기지 못하면 웃음거리가 될 것이니, 스스로 자신만을 卑賤하게 만들 뿐이다.

그런데 荀卿은 大儒로서 〈非相篇〉을 지어 아래로 천한 卜祝과 논쟁〔較〕하였으니, 어찌면 그리도 자신을 아끼지 않았는가. 저 相術을 팔아 구차히 생활하는 자들은 비천하고 평범한 사람으로 〈신분이〉 巫醫와 優伶(광대) 사이에 위치한 자들이니, 儒者를 우러러보는 것이 마치 메추리〔斥鷃〕가 회오리바람을 일으키고서 하늘 높이 올라가는 大鵬을 바라보는 것과 같을 것이니, 어찌 감히 一毫인들 승부를 겨룰 마음을 갖겠는가? 그런데 荀卿은 갑자기 귀중한 신분을 낮추어 시끄럽게 相師(관상가)들과 쟁론하는 장편의 簡牘(論文)을 쓰기를 그치지 않았다.

이 논문이 세상에 나오자, 相師들은 기세가 10배나 증가하여 서로 말하기를 "우리는 어떤 사람이고, 저들은 어떤 사람인가. 우리가 어찌 저 荀卿과 쟁론할 수 있겠으며, 저 荀卿 또한 무엇이 괴로워서 우리와 쟁론하겠는가. 그런데 지금 荀卿은 도리어 눈을 밝게 뜨고 담을 크게 펴고서 그 口辯을 다해 우리와 曲直을 논쟁하며 이기지 못할까 두려워하였으니, 이는 반드시 우리의 道術(관상술)이 저 儒家와 필적할 만하기 때문이다."라고 하였다.

이로부터 卜祝의 무리가 사람마다 집집마다 서로 권면하여, 가지를 치고 갈래로 갈라져서 相術이 마침내 천하에 널리 퍼졌다. 그렇다면 荀卿이 相術에 대해 〈본의는〉 배척하려는 것이었지만 결과적으로는 그 기세를 도와준 것이 되고, 〈본의는〉 억제하려는 것이었지만 결과적으로는 떨쳐 일어나게 한 것이 되었으니, 나는 〈非相篇〉이 〈是相篇〉이 됨을 면치 못할까 두렵다.

自孔子以前[1]으로 相術固已槪見於世矣[2]니라 若周叔服相公孫敖之二子[3]하고 一言其必食子[4]요 一言其必收子[5]는 是以相而預言人之福也[6]라 子文及叔向母見越椒伯石之始生[7]하고 一言其必滅若敖氏[8]라하고 一言其必喪羊舌氏[9]라하니 是以相而預言人之禍也[10]라 數十年之後[11]에 福焉而福[12]하고 禍焉而禍[13]하야 無一不合[14]하니 誇於口者有之하고 筆於書者有之[15]로되 孔子未嘗過而問焉[16]하시니 豈孔子衛道之心이 反緩於荀卿耶[17]아 孔子以謂天下之曲技小術[18]이 雜焉而不可縷數[19]나 如蜩蟬蛙蠅[20]이 自鳴自止[21]하야 本不足爲吾道之輕重[22]이라 苟獨取其一而辨焉[23]이면 則天下必以是〔爲〕[24]術也라하야 至勞聖人與之辨[25]하고 必其道可與聖人抗[26]이라하야 殆將有陷溺而從之矣[27]리라 是不能爲吾道損一異端하고 反爲吾道增一異端也[28]라 天下本未嘗以異端待相術[29]이러니 荀卿强斥以爲異端하야 而與之辨[30]하야 無故而爲吾道增一異端[31]하니 非卿之罪耶[32]아

1) 自孔子以前：入本題事

〈여기부터〉 본편의 일로 들어간다.

2) 相術固已槪見於世矣：如左傳所紀數事

≪春秋左氏傳≫에 기재된 몇 가지 일 같은 것이다.

3) 若周叔服相公孫敖之二子：公孫敖 魯公子慶父(보)之子也 有二子 長曰穀 次曰難 使叔服相之 難音那

公孫敖는 魯나라 公子 慶父의 아들인데, 아들 둘을 두었다. 長子는 '穀'이고 次子는 '難'인데, 叔服으로 하여금 〈두 아들의〉 관상을 보게 한 것이다. 難는 音이 那이다.

4) 一言其必食子：叔服 言穀也食子 穀文伯也 食子 謂祭祀供食汝身者也

叔服이 "穀은 당신을 먹일 것이다."고 말한 것이다. 穀은 文伯이다. 食子는 제사를 지내어 당신에게 음식을 제공할 자라는 말이다.

5) 一言其必收子：又言難也收子 難惠叔也 收子 謂收葬汝身者也

또 "難는 당신을 거둘 것이다."고 말한 것이다. 難는 惠叔이다. 收子는 당신의 屍身을 수습하여 장사 지낼 자라는 말이다.

6) 是以相而預言人之福也：東萊斷

東萊의 推斷이다.

7) 子文及叔向母見越椒伯石之始生：子文楚令尹鬪穀於菟(투누오도)也 叔向晉大夫羊舌肸也 餘見本題註

子文은 楚나라 令尹 鬪穀於菟이다. 叔向은 晉나라 大夫 羊舌肸이다. 나머지는 본편의 註에

보인다.

8) 一言其必滅若敖氏：子文言越椒必滅若敖氏

子文이 "越椒가 반드시 若敖氏를 멸망시킬 것이다."고 말한 것이다.

9) 一言其必喪羊舌氏：叔向母言伯石必喪羊舌氏

叔向의 모친이 "伯石이 반드시 羊舌氏를 망칠 것이다."고 말한 것이다.

10) 是以相而預言人之禍也：東萊斷

東萊의 推斷이다.

11) 數十年之後：說所言禍福之驗

말한 禍福의 징험을 설명한 것이다.

12) 福焉而福：其後惠叔果能收葬公孫敖之喪 文伯生仲孫蔑 是爲孟獻子 果能繼孟孫氏之後

그 뒤에 惠叔은 과연 公孫敖의 喪을 거두어 장사 지냈다. 文伯이 仲孫蔑을 낳았는데 이가 孟獻子이다. 〈孟獻子가〉 과연 孟孫氏의 後嗣를 이었다.

13) 禍焉而禍：楚若敖氏 果因越椒而滅 晉羊舌氏 果因伯石而滅

楚나라 若敖氏는 과연 越椒로 인해 멸망하였고, 晉나라 羊舌氏는 과연 伯石으로 인해 멸망하였다.

14) 無一不合：禍福皆憑

禍와 福이 모두 신빙할 수 있었다.

15) 誇於口者有之 筆於書者有之：如左傳記載此數事

≪春秋左氏傳≫에 기재된 이 몇 가지 일 같은 것이다.

16) 孔子未嘗過而問焉：孔子未嘗排斥相者

孔子께서는 相者(相術人)를 배척하신 적이 없다.

17) 豈孔子衛道之心 反緩於荀卿耶：衛猶防也 設疑問難

衛는 防衛와 같다. 의심스러워 해결하기 어려운 문제를 가설하여 논란하였다.

18) 孔子以謂天下之曲技小術：答問推原孔子之意

묻고 답하여 孔子의 뜻의 근원을 推究함이다.

19) 雜焉而不可縷數：曲技小術 如相師之類 是不一端

'曲技小術(자잘한 기술)'은 相師 같은 類이니, 한 가지만이 아니다.

20) 如蜩蟬蛙蠅：譬如小虫之能鳴者也

비유하면 잘 우는 작은 벌레 같은 것들이다.

21) 自鳴自止：售其術以自鳴 術不行而自止

자기의 기술을 행하여 스스로 울고, 기술이 행해지지 않으면 스스로 그만둔다.

22) 本不足爲吾道之輕重：存之不足輕吾道 去之不足重吾道

〈잡다한 기술들을〉 남겨둔다 하여 우리의 도가 가벼워지지 않고, 없앤다 하여 우리의 도가 무거워지지 않는다.

23) 苟獨取其一而辨焉：設使孔子取其一事 亦如荀卿與之爭辨
 '孔子께서 그중의 한 가지 일을 취하였다면, 荀卿이 그들과 爭辨하였던 것과 같았을 것'임을 가정한 것이다.

24)〔역주〕〔爲〕: 저본에는 '爲'가 없으나, 四庫全書本·三民書局本에 의거하여 보충하였다.

25) 至勞聖人與之辨：以聖人而與相者辨
 聖人으로서 相者와 爭辨하신 것이다.

26) 必其道可與聖人抗：是相術 可爲聖人之敵
 이 相術이 聖人의 '道'와 상대가 될 수 있다는 말이다.

27) 殆將有陷溺而從之矣：從其術者 愈盛矣
 그 相術을 따르는 자들이 더욱 많아질 것이라는 말이다.

28) 反爲吾道增一異端也：增相術爲一家之言
 相術이 보태어져서 一家의 言論이 된 것이다.

29) 天下本未嘗以異端待相術：相術小技 非如楊墨之害吾道
 相術은 작은 기술이니, 楊墨이 우리의 道를 해치는 것처럼 〈심하지〉 않다.

30) 荀卿强斥以爲異端 而與之辨：不如孔子過而不問*)
 孔子께서 過而不問하신 것만 못하다.

*)〔역주〕過而不問：그 일에 마음을 쓰지 않음이다.

31) 無故而爲吾道增一異端：由此相術敢與吾道抗
 이로 말미암아 相術이 감히 吾道와 對抗하였다.

32) 非卿之罪耶：皆卿非相一書所致
 모두 荀卿의 〈非相篇〉 한 글이 불러온 것이다.

孔子 이전부터 相術이 이미 세상에 대략 유포되었다. 예컨대 周나라 叔服이 公孫敖의 두 아들의 상을 보고서, '한 사람(穀)은 반드시 그대를 먹일 것이고, 한 사람(難)은 반드시 그대를 거둘 것이다.'라고 하였으니, 이는 상을 보고서 그 사람이 받을 福祿을 예언한 것이다. 子文과 叔向의 모친이 越椒와 伯石이 막 태어났을 때에 울음소리를 듣고서 한 사람(子文)은 '이 아이가 반드시 若敖氏를 멸망시킬 것이다.'라고 하고, 한 사람(叔向의 모친)은 '이 아이가 반드시 羊舌氏를 망칠 것이다.'라고 하였으니, 이는 상을 보고서 그 사람이 입을 災禍를 예언한 것이다.

수십 년 뒤에 복을 받는다고 한 사람은 과연 복을 받았고 화를 입는다고 한 사람은 과연 화를 당하여 하나도 예언한 것과 맞지 않은 일이 없으니, 이 일을 과장해 말한

孔子

자도 있고 이 일을 기록으로 남긴 자도 있었다. 그러나 孔子께서는 이 일에 마음을 두신 적이 없으셨으니, 어찌 孔子께서 道를 保衛하는 마음이 도리어 荀卿만 못하였겠는가.

孔子께서는 '천하에는 자잘한 기술들이 잡다하여 일일이 셀 수 없으나, 매미나 맹꽁이가 제 스스로 울다 그쳤다 하는 것과 같아, 본래 吾道에 輕重이 되기에 부족하다.'고 여기셨다. 가령 孔子께서 그중의 하나를 취하여 〈相師들과〉 爭辨하셨다면 천하 사람들은 반드시 이것을 하나의 道術로 여겨 심지어 성인을 수고롭게 하여 저들과 쟁변하게 하고, 반드시 그 도술이 성인의 도와 필적할 만하다고 하여 장차 그 속에 빠져 따르는 자가 있을 것이다. 그렇다면 吾道를 위해 하나의 異端을 줄이지 못하고 도리어 吾道를 위해 한 이단을 보태는 것이다. 천하에는 본래 相術을 이단으로 여긴 적이 없었는데, 荀卿이 억지로 이단이라고 배척해 저들과 쟁변하여 까닭 없이 吾道를 위해 한 이단을 보태었으니, 이것이 荀卿의 죄가 아닌가?

吾觀孔子周遊於天下[1)]에 鄙夫陋人每以區區相術而窺之[2)]하야 有曰顙類堯也라하고 有曰項類皐陶也라하고 有曰肩類子産也[3)]라하니라 孔子與門弟子聞之[4)]하고 不過付之一笑耳[5)]니 豈非曲技小術라 初不足與論是非耶아 乃若吾夫子之門自有相書[6)]하니 殆非卜祝所誦之相書也라 申申夭夭는 卽孔門相容貌之術[7)]이요 誾誾侃侃은 卽孔門相言語之術[8)]이요 躩(곽)如翼如는 卽孔門相步趨之術[9)]이요 勃如怡如는 卽孔門相顏色之術[10)]이라 一部一位와 一占一候하야 毫釐不差하니 季咸・康擧・許負之術이 至是皆敗矣라 曾子傳此相書以相人[11)]이라 故發而爲動容貌之論[12)]하고 子思傳此相書以相人[13)]이라 故發而爲動乎四體之論[14)]하고 孟子傳此相書以相人[15)]이라 故發而爲眸子瞭眊之論[16)]이라 苟荀卿得孔門之相書[17)]면 將心醉服膺之不暇[18)]어늘 何暇非他人之相書耶[19)]아

1) 吾觀孔子周遊於天下：言孔子歷聘諸侯也 此下議論愈出愈奇 可喜可敬

孔子께서 諸侯國을 두루 빙문하신 것을 말한다. 이 아래는 의논이 갈수록 더욱 기이하여 좋아할 만하고 공경할 만하다.

2) 鄙夫陋人每以區區相術而窺之：有此等人以形貌相孔子

이런 사람들 중에 形貌를 가지고 孔子의 상을 본 자가 있었다는 것이다.

3) 有曰肩類子產也：家語 子貢與孔子相失 有謂子貢曰 東門有人 其顙似堯云云 纍纍然若喪家之狗

≪孔子家語≫에 다음과 같은 내용이 있다. 子貢이 孔子를 잃었는데, 어떤 사람이 子貢에게 "東門에 한 사람이 서 있는데, 그 이마는 唐堯 같고,……실의에 빠진 모양이 마치 상갓집의 개와 같다."고 일러주었다.

4) 孔子與門弟子聞之：弟子 指子貢

弟子는 子貢을 가리킨다.

5) 不過付之一笑耳：未嘗與之爭辨

그와 쟁변한 적이 없었다.

6) 乃若吾夫子之門自有相書：此下議論奇偉

이 아래는 의논이 특이하다.

7) 申申夭夭 即孔門相容貌之術：論語述而篇 子之燕居 申申如也 夭夭如也

≪論語≫〈述而篇〉에 "孔子께서 한가로이 계실 때는 용모가 편안하시고 얼굴빛이 愉快하셨다."고 하였다.

8) 誾誾侃侃 即孔門相言語之術：鄉黨篇 朝與下大夫言 侃侃如也 與上大夫言 誾誾如也

≪論語≫〈鄉黨篇〉에 "조정에서 下大夫와 말씀하실 때는 和樂하시고, 上大夫와 말씀하실 때는 中正하셨다."고 하였다.

9) 躩如翼如 即孔門相步趨之術：同上 趨進翼如也 衣前後襜如也

위 구절과 같은 〈鄉黨篇〉에 "빠른 걸음으로 나아가실 때엔 그 모습이 공경스러우셨고, 옷의 앞뒤 자락이 가지런하였다."고 하였다.

10) 勃如怡如 即孔門相顏色之術：同上 君召使擯 色勃如也 私覿 愉愉如也

위 구절과 같은 〈鄉黨篇〉에 "임금이 불러 擯을 시키시면 얼굴빛이 변하셨으며, 私人의 자격으로 謁見하실 때에는 더욱 和悅하셨다."고 하였다.

11) 曾子傳此相書以相人：曾子親得孔子一貫之傳

曾子는 직접 孔子께서 전하신 一貫의 뜻을 터득하였다.

12) 故發而爲動容貌之論：泰伯篇 曾子曰 動容貌 斯遠暴慢矣

≪論語≫〈泰伯篇〉에 "曾子가 말하기를 '容貌를 움직임이 〈莊嚴하고 愼重하면 사람들이 감히 나를〉 사납거나 오만하게 대하지 않는다."고 하였다.

13) 子思傳此相書以相人：孔子之孫子思 師於曾子 作中庸之書

孔子의 손자 子思는 曾子를 師事하였고, ≪中庸≫이란 책을 지었다.

14) 故發而爲動乎四體之論：中庸曰 見乎蓍龜 動乎四體

≪中庸≫에 "〈길흉의 조짐이〉 시초점과 거북점에 나타나고, 四體의 동작에 드러난다."고 하였다.

15) 孟子傳此相書以相人：孟子學於子思 作七篇之書

孟子는 子思에게 배웠고, 七篇의 책(≪孟子≫)을 지었다.

16) 故發而爲眸子瞭眊之論：孟子曰 胸中正則眸子瞭焉 胸中不正則眸子眊焉

〈≪孟子≫ 〈離婁 上〉에〉 孟子가 말하였다. "마음이 바르면 눈동자가 밝고, 마음이 바르지 않으면 눈동자 흐리다."

17) 荀荀卿得孔門之相書：應前孔門自有相書 荀卿擇焉而不精 未足以知此

앞의 '孔門에는 본래부터 相書가 있었다.'는 것을 호응한 것이다. 荀卿은 道를 선택하였으나 精當하지 못하였으니, 이것을 알기에는 부족하다.

18) 將心醉服膺之不暇：膺 胸也 莊子云 列子見之而心醉 中庸曰 顔子得一善 則服膺而弗失之矣 此言荀卿若知孔子觀容貌之道 將喜慕佩服而不能忘矣

膺은 가슴이다. ≪莊子≫에 "列子가 보고서 心醉하였다."고 하고, ≪中庸≫에 "顔子는 한 善行을 들으면 가슴에 새겨 잃지 않았다."고 하였다. 이것은 荀卿이 만약 孔子께서 容貌를 관찰하시던 도를 알았다면 아마도 기뻐 사모하고 가슴에 새겨 잃지 않았을 것이라는 말이다.

19) 何暇非他人之相書耶：必不暇作非相之篇 結語十分精采

〈荀卿이 孔門의 相書에 심취하여〉 반드시 〈非相篇〉을 지을 겨를이 없었을 것이다. 結語가 매우 훌륭하다.

내가 보기에 孔子께서 천하를 두루 돌아다니실 적에 鄙陋한 사람들이 매양 하찮은 相術로 공자를 엿보고서 '이마가 唐堯를 닮았다.'고 한 자도 있고, '목이 皐陶를 닮았다.' 고 한 자도 있고, '어깨가 子産을 닮았다.'고 한 자도 있었다. 그러나 孔子께서는 문하의 弟子와 함께 들으시고서 한 번 웃어넘기신 데 지나지 않았으니, 이는 어찌 〈相術이〉 자잘한 작은 기술이어서 애당초 더불어 시비를 논할 만한 가치가 없다고 여겨서가 아니겠는가.

우리 夫子의 門中으로 말하면 본래 相書가 있었으니, 아마도 卜祝이 외는 相書가 아니었을 것이다. '申申'과 '夭夭'는 바로 孔子 문하에서 용모를 살피는 상술이고, '誾誾'과 '侃侃'은 바로 孔子 문하에서 언어를 살피는 상술이고, '躩如'와 '翼如'는 바로 孔子 문하에서 걸음걸이를 살피는 상술이고, '勃如'와 '怡如'는 바로 孔子 문하에서 안색을 살피는 상술인데, 部位와 占候처럼 털끝만치도 어긋나지 않으니, 季咸·康擧·許負 등의 상술이 이에 이르러 모두 衰敗하였다.

曾子는 이 相書를 傳習하고서 사람의 상을 보았다. 그러므로 '動容貌'의 의론을 발표하였고, 子思는 이 相書를 전습하고서 사람의 상을 보았다. 그러므로 '動乎四體'의 의론을 발표하였고, 孟子는 이 相書를 전습하고서 사람의 상을 보았다. 그러므로 '眸子瞭眊'의 의론을 발표하였다. 가령 荀卿이 孔門의 相書를 얻었다면 아마도 심취해 마음에 새기기에도 겨를이 없었을 것이니, 어느 겨를에 다른 사람의 相書를 비난하였겠는가.

孟子

16-05 閏三月非禮 閏 3月을 넣었으니 禮가 아니다

16-05-01 閏三月非禮 閏 3月을 넣었으니 禮가 아니다

【左傳】 文元年이라 於是閏三月하니 非禮也[1)]라 先王之正時也에 履端於始하고 擧正於中하고 歸餘於終[2)]하니 履端於始면 序則不愆하고 擧正於中이면 民則不惑[3)]하고 歸餘於終이면 事則不悖[4)]라

1) 〔역주〕 於是閏三月 非禮也 : 曆法에 의거하면 閏月이 僖公 末年에 들었어야 하는데 잘못 금년 3월에 閏月을 넣은 것이다. 이는 당시에 역법에 通達한 자가 비난한 것인 듯하다.〈杜注〉

2) 〔역주〕 先王之正時也……歸餘於終 : 天體를 관측하여 時候와 節氣를 추산하는〔步曆〕 始初를 曆術(曆法)의 시초로 삼는다는 말이다. 1년의 날 수는 366일이고, 해와 달의 運行에는 또 遲速이 있기 때문에 반드시 366일을 分配해 열두 달을 만들되 中氣를 가지고 달을 정한다. 餘日은 歲末로 보내는데 이 餘日이 쌓여 閏月이 되기 때문에 '歸餘於終'이라 한 것이다.〈杜注〉

3) 〔역주〕 民則不惑 : 斗建이 次序를 잃지 않고, 寒暑가 常道를 잃지 않기 때문에 의혹이 없다는 말이다.〈杜注〉 斗建은 北斗의 자루별, 곧 제 5星부터 7星까지가 가리키는 곳이다. 寅方을 가리키면 寅月(正月)이고, 丑方을 가리키면 丑月(12월)이고, 子方을 가리

키면 子月(11월)이다.

4) 〔역주〕 歸餘於終 事則不悖 : 四時가 제자리를 얻으면 일에 혼란이 없다는 말이다.〈杜注〉

文公 원년, 이해에 閏 3월을 넣었으니, 禮가 아니다. 先王이 時를 바르게 정할 때에 曆의 시작〔端〕을 冬至〔始〕로부터 추산하고〔履〕, 中氣를 가지고 달을 정하고〔正〕, 餘分을 歲末로 돌렸다. 시작을 동지로부터 추산하니 節序가 어긋나지 않고, 中氣를 가지고 달을 정하니 백성들이 의혹하지 않고, 餘分을 歲末로 보내니 일이 어그러지지 않았다.

16-05-02 閏不告朔 閏月에 告朔하지 않다

【左傳】 文六年이라 閏月不告(곡)朔하니 非禮也[1)]라 閏以正時[2)]하고 時以作事[3)]하고 事以厚生[4)]이니 生民之道於是乎在矣어늘 不告閏朔하니 棄時政也[5)]라 何以爲民이리오

1) 〔역주〕 閏月不告朔 非禮也 : 經에 '告月'이라고 하였는데, 傳에 '告朔'이라고 한 것은 告月은 반드시 朔日에 함을 밝힌 것이다.〈杜注〉

2) 〔역주〕 閏以正時 : 四時에 점점 時差가 생기면 윤달을 넣어 바로잡는다.〈杜注〉

3) 〔역주〕 時以作事 : 철에 따라 농사를 짓도록 명하는 것이다.〈杜注〉

4) 〔역주〕 事以厚生 : 농사에 때를 잃지 않으면 豊年이 든다.〈杜注〉

5) 〔역주〕 不告閏朔 棄時政也 : 이것은 백성의 農時와 국가의 政事를 버린 것이다.〈附注〉

文公 6년, 閏月에 告朔하지 않았으니 禮가 아니다. 閏月로 四時를 바로잡고, 사시에 의거해 농사를 짓고 농사로써 백성들의 생활을 넉넉하게 하는 것이다. 백성을 기르는〔生民〕 길이 여기에 있는데 閏月에 告朔하지 않았으니 이는 사시를 바로잡는 정사〔時政〕를 버린 것이다. 무엇으로 백성을 다스리겠는가.

16-05-03 辰在申 再失閏 斗柄이 申方을 가리키니, 잘못 계산하여 두 번 넣어야 하는 윤달을 넣지 않다

【左傳】 襄二十七年이라 十一月乙亥朔에 日有食之하다 辰在申하니 司曆過也라 再失閏矣라

襄公 27년, 11월 초하루 乙亥日에 日食이 있었다. 이때 斗柄(辰)이 申方을 가리키니, 曆을 맡은 자가 잘못 계산하여 윤달을 두 번 넣어야 하는데 넣지 않았다.

16-05-04 火猶西流 司歷過 火星이 아직 서쪽 하늘을 지나고 있으니, 司歷이 曆을 잘못 계산하다

【左傳】 哀十二年이라 冬十二月에 螽하다 季孫問諸仲尼한대 仲尼曰 丘聞之하니 火伏而後蟄者畢이라하니 今火猶西流하니 司歷過也라

哀公 12년, 겨울 12월에 蝗蟲의 災害가 발생하였다. 季孫이 仲尼에게 〈그 까닭을〉 물으니, 仲尼가 말하기를 "내가 듣건대 火星이 潛伏한 뒤에는 昆蟲이 모두 땅속으로 들어가 숨는다고 하는데, 지금 火星이 아직 서쪽 하늘을 지나고 있으니, 曆을 맡은 자가 잘못 계산한 것이다."라고 하였다.

天下之事엔 有若贅(췌)而實不可損者하니 君子之所當察也라 三月而春하고 三月而夏하며 三月而秋하고 三月而冬하니 孟其始也요 仲其中也요 季其終也라 孟仲季之月具라야 而始中終之序全하니 殆不可一毫加益이라 彼所謂閏者는 果何爲者耶아 閏在春則春之贅也요 閏在夏則夏之贅也며 閏在秋則秋之贅也요 閏在冬則冬之贅也니 閏之附於四時가 若附贅라 然聖人果何爲置之耶아 及問諸知歷者然後에 知閏者實歷數[1)]之基本이요 四時之所待而正者也라 太極運三辰五星於上하고 而元氣轉三統五行於下하야 上下經緯而天下至變生焉하니 苟不置閏以通其變이면 則周天之餘度誰與受之며 朞年之餘日誰與受之아 以有常之歷으로 而追無常之天이면 日疏日遠하고 日舛日差하야 積而至於久면 將見歷在震而時已夏矣오 歷在離而時已秋矣[2)]리라 此魯歷之差에 仲尼之譏와 左氏之論이 未嘗不本於置閏也라 閏定則歷定하고 歷定則時定하니 孰知吾向日視爲贅物者가 乃歷數之大本乎아

1) 〔역주〕 歷數 : 天象을 관측하여 年時와 節侯를 推算하는 것을 이른다.

2) 〔역주〕 歷在震而時已夏矣 歷在離而時已秋矣 : ≪周易≫의 八卦 중 震卦는 봄을, 離卦는 여름을, 兌卦는 가을을, 坎卦는 겨울을 상징한다.

天下의 일에는 군더더기 같으면서도 실제로 없어서는 안 될 것이 있으니 君子가 마땅히 살펴야 할 바이다. 〈1년 12개월 중에〉 3개월은 春季이고 3개월은 夏季이며 3개월은 秋季이고 3개월은 冬季이다. '孟'은 그 계절의 첫 번째 달을 이르고, '仲'은 그 계절의 가운데 달을 이르고, '季'는 그 계절의 마지막 달을 이른다. 孟·仲·季

세 달이 갖추어져야 始・中・終의 순서가 완전해지니 털끝만치도 덧보탬이 있어서는 안 될 듯하다.

그런데 저 이른바 '윤달'이란 과연 무엇 때문에 만든 것인가? 윤달을 봄에 넣으면 봄의 군더더기가 되고, 윤달을 여름에 넣으면 여름의 군더더기가 되고, 윤달을 가을에 넣으면 가을의 군더더기가 되고, 윤달을 겨울에 넣으면 겨울의 군더더기가 되니, 윤달이 네 계절에 붙어 있는 것은 마치 혹이 붙은 것과 같다. 그런데도 성인께서 〈曆法을 정할 때에〉 과연 무엇 때문에 윤달을 설치하였는가? 曆法을 아는 자에게 물어본 뒤에야 윤달은 실로 曆數의 기본이고, 四季의 節氣가 이로 인해 바르게 된다는 것을 알았다.

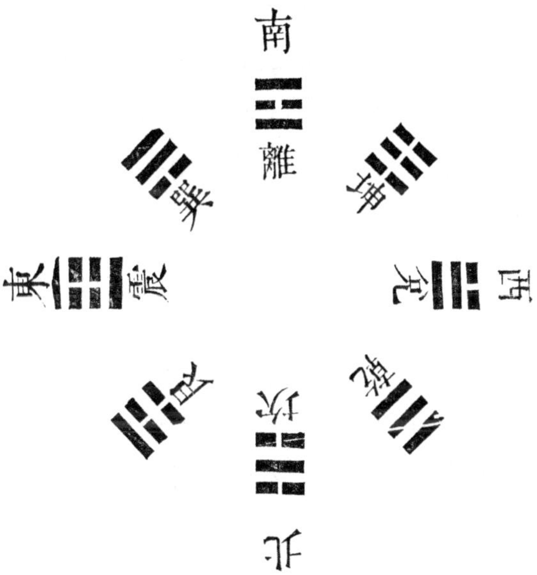

文王八卦方位

太極이 三辰(日・月・星)과 五星(水・火・金・木・土)을 天上에서 운행하고 元氣가 三統曆과 五行을 天下에서 운전하여, 위아래가 씨와 날처럼 짜여서 천하의 각종 변천이 생겨남에 이르니, 만약 윤달을 넣어 변통하지 않는다면 周天의 餘度를 누가 받으며 1년의 餘日을 누가 받겠는가? 일정한 역법을 가지고 일정하지 않은 하늘의 운행에 配合〔追〕하면 날마다 〈태양과 地球의 거리가〉 멀어지고 궤도가 어긋난다. 이렇게 오랜 시일이 쌓이면 장차 역법은 震(봄)에 있는데 時令은 이미 여름이고, 역법은 離(여름)에 있는데 時令은 이미 가을이 되는 일이 생길 것이다.

魯나라 司曆의 差誤에 대해 仲尼가 나무란 바와 左氏가 논평한 바가 모두 윤달을 설치하는 것에 근거하지 않은 적이 없었다. 윤달이 정해지면 역법이 정해지고, 역법이 정해지면 四時가 정해지니, 누가 알았으랴. 내가 전일에 군더더기로 보았던 것이 바로 曆數의 기본이라는 것을.

因歷數而例其餘면 則吾平居嗤笑以爲贅而無用者가 未必非至理之所在也라 一揖可矣어늘 三揖則贅요 再拜可矣어늘 百拜則贅라 終日恪誠이 足以格鬼神이어늘 乃贅爲七日之齋하고 終年勤苦가 足以通倫類어늘 乃贅爲九年之學은 是皆吾平日之甚不快하야 猶是閏之贅也라 以閏爲贅而損之면 則所差者特寒暑之節耳나 至於以揖爲贅者하야 損之又損이면 必至於不揖이요 以拜爲贅者하야 損之又損이면 必至於不拜며 以齋爲贅者하야 損之又損이면 必至於不齋요 以學爲贅者하야 損之又損이면 必至於不學이라 然則聖人之教도 凡世指爲苛細繁委하야 贅而無用者나 皆可以陰養天下之有用也니 豈止一閏法而已哉아

歷數의 경우를 통해 기타의 사물을 견주어보면, 내가 평소에 비웃으며 쓸모없는 군더더기로 여겼던 것이 至理가 존재하지 않는 것만은 아니었다. 한 번 揖하는 것이 옳은데 세 번 읍하면 군더더기가 되고, 再拜하는 것이 옳은데 百拜하면 군더더기가 된다. 하루 동안의 공경과 정성이 귀신을 이르게 하기에 충분한데 도리어 지나치게〔贅〕 7일 동안 재계하고, 1년 동안의 勤苦(부지런히 苦學함)가 인륜의 도리를 통달하기에 충분한데 도리어 지나치게 9년 동안 勤學하는 것을 나는 평소에 모두 매우 불쾌해 하여 마치 윤달이 군더더기로 붙어 있는 것처럼 여겼다.

윤달을 군더더기로 여겨 없앤다면 어긋나는 것이 寒暑의 節氣뿐이지만, 세 차례의 揖을 지나친 것으로 여겨 한 번 줄이고 두 번 줄이면 반드시 읍하지 않는 데 이르고, 再拜하는 것을 지나친 것으로 여겨 한 번 줄이고 두 번 줄이면 반드시 절하지 않는 데 이르며, 7일의 재계를 지나친 것으로 여겨 한 번 줄이고 두 번 줄이면 반드시 재계하지 않는 데 이르고, 9년의 勤學을 지나친 것으로 여겨 한 번 줄이고 두 번 줄이면 반드시 근학하지 않는 데 이른다. 그렇다면 성인의 교화도 세상 사람들은 번잡하고 잗달아 쓸데없는 군더더기가 된다고 指斥하지만 모두 보이지 않는 속에서 천하를 扶養하는 쓸모있는 사물이다. 이런 사물이 어찌 한 閏法에 그칠 뿐이겠는가.

雖然이나 斗指兩辰謂之閏이니 是閏非辰之正也[1]요 月無專建謂之閏이니 是閏非月之正也[2]며 中氣不在謂之閏이니 是閏非氣之正也[3]라 如是則人非特以爲贅라 天固以爲贅矣라 曰非也라 閏者는 歷之樞也라 使斗杓可得而指하고 月建可得而名하고 中氣可得

而攝이라 則是亦四時之一耳니 何以定四時而成歲乎아 惟閏也라 非辰之辰而斗杓所不能指요 非月之月而月建所不能名이며 非氣之氣而中氣所不能攝이라 居章會統元[4]之間하야 視之若贅나 而千載之日繫焉하니 爲歷官者安可棄而不考耶아 天下之理固有手之所不能指하고 口之所不能名하며 說之所不能攝하야 古今共棄而不攷者矣니 此又非歷官之責也라

1) 斗指兩辰[*1)]謂之閏 是閏非辰之正 : 後漢律歷志[*2)]

≪後漢書≫ 〈律歷志〉에 보인다.

*1) 〔역주〕 斗指兩辰 : 북두칠성은 일 년에 한 바퀴를 돌면서 한 달에 한 方位씩 열두 개의 방위를 북두자루로 가리킨다. 그러나 윤달에는 해당하는 방위가 없기 때문에 각 방위에 해당하는 두 별〔辰〕의 사이를 가리키게 된다는 의미이다.

*2) 〔역주〕 後漢律歷志 : ≪後漢書≫ 〈律歷志 中〉에 "살펴보건대 史官이 예전에 아홉 가지의 道術(曆法)이 있었는데 폐기하여 다스리지 않았다.〔案史官舊有九道術 廢而不修〕"라고 한 것에 대하여, 杜預의 ≪長歷≫에 "윤달에는 中氣를 무시하니, 북두자루가 〈한 쪽 방위를 오롯이 가리키지 않고〉 두 별의 사이를 가리키기 때문에 〈오롯이 가리키는〉 다른 열두 달과 다르다.〔閏月無中氣 而北斗邪指兩辰之間 所以異於他月也〕"라고 하였다.

'中氣'는 曆法에서 太陽曆 24節氣를 한 달에 두 절기씩 陰曆 열두 달에 배정하는데, 각 달의 중간 이전에 있는 것을 節氣라고 하고, 중간 이후에 있는 것을 中氣라고 한다.(≪漢語大詞典≫)

2) 月無專建[*1)]謂之閏 是閏非月之正也 : 公羊傳[*2)]

≪春秋公羊傳≫에 보인다.

*1) 〔역주〕 專建 : '建'은 가리킨다는 의미이다. 윤달은 해당하는 별이 없으므로 열두 개의 방위에 속하지 않기 때문에 오롯이 가리키는 것이 없다는 의미이다.

*2) 〔역주〕 公羊傳 : ≪春秋公羊傳≫ 文公 6년의 經에 "閏月에 告朔(告月)은 하지 않고, 宗廟에 謁見만 하였다.〔閏月不告月 猶朝于廟〕"라고 한 것에 대하여, 何休의 注에 "경문의 '不告月'은 무엇인가? 告朔하지 않은 것이다. 어째서 告朔하지 않았는가? 역법상 이달이 없기 때문이다. 〈經에서〉 '閏月'이라 했는데, 어째서 역법상 이달이 없다고 하는가? 정상적인 달이 아니기 때문이다.〔不告月者何 不告朔也 曷爲不告朔 天無是月也 閏月矣 何以謂之天無是月 非常月也〕"라고 하였다.

3) 中氣不在[*)]謂之閏 是閏非氣之正也 : 後漢律歷志

≪後漢書≫ 〈律歷志〉에 보인다.

*) 〔역주〕 中氣不在 : 위의 역주 1)의 *2) '後漢律歷志' 참조.

4) 〔역주〕 章會統元 : 고대 曆法의 용어이다. 19년에 7번 윤달을 두는 것을 1章이라 한다. 27章이 1會가 되고, 3會가 1統이 되며, 3統이 1元이 된다.

비록 그러나 斗杓(북두자루)가 두 별〔辰〕의 사이를 가리키는 것을 閏이라 하니 閏은 辰의 正位가 아니고, 그 달에 오롯이 가리키는 방위가 없는 것을 閏이라 하니 閏은 月建 중에 있는 바른 달〔正月〕이 아니며, 中氣가 없는 달을 閏이라 하니 閏은 中氣가 있는 常月이 아니다. 이렇게 말하면 사람만이 閏月을 군더더기로 여긴 것이 아니라 하늘도 본래 군더더기로 여겼다는 것이니, 이렇게 말하는 것은 옳지 않다.

閏月은 曆法의 樞要(관건)이다. 斗杓로써 12辰을 가리키게 하고, 月建으로써 그 달의 이름을 정하게 하고, 中氣로써 그 달의 일을 總攝하게 한다. 그렇다면 이 또한 四時 중의 하나이니 〈閏月을 제외하고〉 어찌 사시를 정하여 해〔歲〕를 이룰 수 있는가? 오직 閏月을 설치하여야 한다. 12辰의 辰이 아니면 斗杓가 가리킬 수 없고, 12月의 월이 아니면 月建의 이름을 정할 수 없으며, 24節氣의 氣가 아니면 中氣가 總攝할 수 없다. 章·會·統·元 등 역법의 사이에 있어 군더더기처럼 보이지만 천년 동안의 曆法〔日〕이 이로 인해 유지되었으니, 曆官이 된 자가 어찌 버리고 상고하지 않아서야 되겠는가? 天下의 이치에는 본래 손으로 가리킬 수 없고, 입으로 형용할 수 없고, 말로 총괄할 수 없는 것이 있어서 고금 사람이 모두 버리고 상고하지 않는 것이 있는데, 이것은 歷官의 책임이 아니다.

16-06 楚太子商臣弑成王　楚나라 太子 商臣이 成王을 시해하다

【左傳】 文元年이라 初에 楚子將以商臣爲太子하야 訪諸令尹子上한대 子上曰 君之齒未也[1]요 而又多愛하니 黜乃亂也[2]니이다 楚國之擧[3]는 恒在少者니이다 且是人也는 蜂目而豺聲이니 忍人也[4]라 不可立也니이다 弗聽하다 旣에 又欲立王子職[5]하고 而黜太子商臣하다 商臣聞之而未察[6]이라 告其師潘崇曰 若之何而察之오 潘崇曰 享江(芊)〔羋(미)〕[7]而勿敬也[8]하라 從之하다 江(芊)〔羋〕怒曰 呼 役夫[9]여 宜君王之欲殺女而立職也로다 告潘崇曰 信矣라 潘崇曰 能事諸乎[10]아 曰 不能이라 能行乎[11]아 曰 不能이라 能行大事乎[12]아 曰 能이라 冬十月에 以宮甲圍成王[13]하다 王請食熊蹯而死[14]한대 弗聽하다 丁未에 王縊하다 謚之曰靈[15]이라하니 不瞑하고 曰成이라하니 乃瞑하다

1) 〔역주〕 君之齒未也 : 齒는 나이이다. 아직 젊다는 말이다.〈杜注〉

2) 〔역주〕 而又多愛 黜乃亂也 : 또 寵愛하는 아들이 많으니 만약 그를 태자로 세웠다가 다시 그를 廢黜하면 禍亂을 취하는 길이 된다는 말이다.〈附注〉
3) 〔역주〕 楚國之擧 : 擧는 세우는 것이다.〈杜注〉
4) 〔역주〕 忍人也 : 잔인하게 不義를 행할 것이라는 말이다.〈杜注〉
5) 〔역주〕 又欲立王子職 : 職은 商臣의 庶弟이다.〈杜注〉
6) 〔역주〕 商臣聞之而未察 : 그 일을 희미하게 들었으나 사실 여부를 분변하지 못한 것이다.〈附注〉
7) 〔역주〕 (芊)〔羋(미)〕 : 저본에는 '芊'으로 되어 있으나, ≪十三經注疏≫本에 의거하여 '羋'로 바로잡았다. 아래도 같다.
8) 〔역주〕 享江(芊)〔羋〕而勿敬也 : 江羋는 成王의 누이이니 江나라로 出嫁한 여자이다.〈杜注〉
9) 〔역주〕 呼 役夫 : 呼는 發聲이다. 役夫는 賤者의 呼稱이다.〈杜注〉
10) 〔역주〕 能事諸乎 : 職을 섬길 수 있느냐고 물은 것이다.〈杜注〉
11) 〔역주〕 能行乎 : 또 出奔할 수 있느냐고 물은 것이다.〈附注〉
12) 〔역주〕 能行大事乎 : 大事는 임금을 弑害하는 것을 말한 것이다.〈杜注〉
13) 〔역주〕 以宮甲圍成王 : 宮甲은 太子宮의 甲士(兵士)로 僖公 28년에 楚王이 子玉에게 딸려 보냈던 東宮의 兵卒이다. 商臣이 이 宮甲을 가지고 王을 포위한 듯하다.〈杜注〉
14) 〔역주〕 王請食熊蹯而死 : 熊掌은 익히기가 어려우니, 시간을 오래 끌면 장차 외부의 구원이 있을 것으로 기대한 것이다.〈杜注〉
15) 〔역주〕 諡之曰靈 : 商臣의 잔인함이 심함을 말한 것이다. 斂도 하기 전에 惡諡부터 올린 것이다.〈杜注〉

文公 원년, 당초에 楚子(成王)가 商臣을 太子로 삼으려고 令尹 子上에게 의견을 물으니, 子上이 말하였다. "임금님의 나이가 아직 젊으시고 또 사랑하는 아들이 많으니, 〈만약 그를 태자로 세웠다가 뒤에 다시〉 그를 廢黜하게 된다면 禍亂이 생길 것입니다. 〈商臣은 나이가 많으니〉 楚나라에 태자로 세워진 분은 항상 나이가 어린 분이었습니다. 그리고 또 이 사람은 눈은 벌 눈과 같고 목소리는 늑대소리 같으니 잔인한 사람입니다. 세워서는 안 됩니다." 楚子는 이 말을 듣지 않았다.

商臣을 태자로 세운 지 얼마 되지 않아 成王은 또 王子 職을 태자로 세우고 태자 商臣을 廢黜하고자 하였다. 商臣은 그 소문을 들었으나 분명치 않아서, 그 스승 潘崇에게 "어떻게 하면 분명히 알 수 있겠느냐?"고 물으니, 潘崇이 "江羋를 초대해 접대하되 존경하지 말라."고 하였다. 商臣이 그의 말을 따라 그대로 하니, 江羋가 노하여

"아, 미천한 놈아〔役夫〕! 君王께서 너를 죽이고 職을 태자로 세우려는 것이 당연하다."고 하였다.

商臣이 潘崇에게 "그 소문이 사실이다."고 고하니, 潘崇이 "그대가 職을 섬길 수 있는가?"고 물으니 商臣이 "섬길 수 없다."고 대답하였다. 潘崇이 다시 "出奔할 수 있는가?"라고 물으니 商臣이 "떠날 수 없다."고 대답하였다. 潘崇이 "그렇다면 大事를 거행할 수 있는가?"라고 물으니 商臣이 "할 수 있다."고 대답하였다.

겨울 10월에 商臣이 宮甲을 거느리고 가서 成王을 포위하였다. 成王이 熊蹯(熊掌)을 먹고 죽기를 청하였으나 들어주지 않으니 丁未日에 왕이 목매어 죽었다. 諡를 '靈'이라 하니 〈成王의 시신이〉 눈을 감지 않고, 다시 '成'이라 하니 그제야 눈을 감았다.

楚나라 商臣이 궁에 들어가 아버지를 시해하다〔楚商臣入宮弑父〕

天下之言을 察於利害未驗之前은 人皆以爲難하고 察於利害旣驗之後는 人皆以爲易(이)라 鯀能欺四岳於九載之初나 而不能欺比屋於九載之後[1]하니 非比屋果智於四岳也라 未驗之與已驗이 其難易固不同也르새니라 少正卯能欺子貢於兩觀方誅之始나 而不能欺市人於兩觀旣誅之餘[2]하니 非市人果智於子貢也라 未驗之與已驗이 其難易固不同也르새니라 未見汨陳之禍에 而能察鯀之策이면 則天下皆堯矣요 未見僞辨之慝에 而能察少正卯之言이면 則天下皆孔子矣로되 如必待旣驗而後察之면 特比屋市人之智耳라 是故出夏癸於南巢하얀 則必思伊尹不可再留요 起商辛於牧野하얀 則必思祖伊不可再用[3]이며 脫夫差於姑蘇하얀 則必思子胥不可再生[4]이라 當利害旣驗之後엔 雖至

愚極暴之人이라도 **猶知其可從而悔其不從也**라 **然則天下之言**을 **當利害未驗之時察之**를 **安得不謂之難乎**며 **自利害旣驗之後察之**를 **安得不謂之易乎**아

1) 鯀能欺四嶽於九載之初 而不能欺比屋於九載之後 : 見尙書*)

≪尙書≫에 보인다.

*) 〔역주〕 見尙書 : 鯀은 堯임금의 신하로 禹王의 아버지이다. 堯임금 때에 9년의 홍수가 있어 鯀에게 다스리게 하였는데 9년이 되어도 공적을 이루지 못하니, 舜임금이 섭정을 할 때 鯀을 羽山으로 귀양 보냈다. 그리고 그의 아들인 禹를 등용하였는데, 禹는 물의 순리를 알아 홍수를 잘 다스렸다. ≪書經≫ 〈堯典〉에 "帝堯가 '가서 공경히 임무를 수행하라.' 하였는데, 9년이 되도록 공적이 이루어지지 못하였다.〔帝曰 往欽哉 九載 績用 弗成〕" 하였고, 〈舜典〉에 "鯀을 羽山으로 귀양 보냈다.〔殛鯀于羽山〕" 하였다.

2) 少正卯能欺子貢於兩觀方誅之始 而不能欺市人於兩觀旣誅之餘 : 見家語*)

≪孔子家語≫에 보인다.

*) 〔역주〕 見家語 : ≪孔子家語≫ 〈始誅〉에 의하면, 孔子가 魯나라의 司寇가 되어 재상의 일을 攝行한 지 7일째 되는 날에 정사를 문란케 한 少正卯를 兩觀 아래에서 죽이고 3일 동안 그 시신을 진열하여 사람들에게 보였다. 이에 제자인 子貢이 孔子에게 魯나라의 名士를 죽인 이유를 묻자, 孔子는 少正卯가 "첫째 마음은 일에 통달했으나 음험하고, 둘째 행실이 편벽되면서 굳세고, 셋째 거짓을 말하면서 말재주가 좋고, 넷째 기괴한 일을 널리 기억하고, 다섯째 잘못을 따르면서 꾸민다.〔一曰心達而險 二曰行辟而堅 三曰言僞而辯 四曰記醜而博 五曰順非而澤〕"는 다섯 가지가 그 죄목이라고 설명하고, 少正卯는 이 다섯 가지 모두를 지니고 있으니 사람 중의 奸雄인 만큼 제거하지 않으면 안 된다고 하였다. 兩觀은 궁궐 앞 양쪽에 세운 높은 망루로 고대에 이곳에 법률을 게시해놓았다. 孔子가 少正卯를 양관 아래에서 처형하였다고 하여 나라의 공공연한 처벌이라는 의미로도 쓰인다.

3) 是故出夏癸於南巢……則必思祖伊不可再用 : 竝見尙書*)

모두 ≪尙書≫에 보인다.

*) 〔역주〕 竝見尙書 : ≪書經≫ 〈仲虺之誥〉에 "成湯이 夏桀을 南巢에 유폐시켰다.〔成湯 放桀于南巢〕"라고 하였으니 '南巢'는 桀이 망하였음을 상징하는 지명이고, ≪書經≫ 〈牧誓〉에 "武王이 아침에 商나라의 郊外인 牧野에 이르러 군사에게 맹세하였다.〔王 朝至于商郊牧野 乃誓〕"라고 하였으니 '牧野'는 紂王이 멸한 곳이다. 본래 伊尹은 有莘의 들에서 농사짓고 있었는데 湯王이 세 번이나 招聘하여 마침내 出仕하였다. 처음에 湯이 伊尹을 등용하여 桀에게 보냈으나, 桀이 등용하지 않아 湯에게 돌아오기를 다섯 번을 하고서야 伊尹이 湯을 도와 桀을 추방하였다.

4) 脫夫差於姑蘇 則必思子胥不可再生 : 史記吳世家*)

≪史記≫ 〈吳世家〉에 보인다.

*)〔역주〕 史記吳世家 : 春秋時代 越王 句踐은 吳王 夫差에게 會稽山에서 크게 패한 후 쓸개를 씹으며 복수할 것을 꾀하다가 미인 西施를 夫差에게 바쳤다. 夫差는 그의 미모에 혹하여 姑蘇臺를 크게 짓고는 날마다 遊嬉에 빠져 정사를 돌보지 않았으며 이것을 간하는 충신 伍子胥를 죽였다. 이 때문에 결국 吳나라는 越나라에게 멸망을 당했다.

천하의 말을 利害가 驗證되기 전에 밝게 살피는 것은 사람들이 모두 어렵게 여기고, 이해가 이미 험증된 뒤에 밝게 살피는 것은 사람들이 모두 쉽게 여긴다. 鯀(夏禹氏의 아버지)이 9년 동안 洪水를 다스리던 초기에는 四岳을 속일 수 있었으나 9년이 지난 뒤에는 평범한 이웃〔比屋〕도 속일 수 없었으니, 이는 比屋이 과연 四岳보다 지혜로워서가 아니라 험증되기 이전과 이후의 살피기 어려움과 쉬움이 본래 같지 않기 때문이다. 少正卯가 兩觀 아래에서 誅殺되기 전에는 子貢도 속일 수 있었으나 兩觀 아래에서 주살된 뒤에는 市人들도 속일 수 없었으니, 이는 市人이 과연 子貢보다 지혜로워서가 아니라 험증되기 이전과 이후의 살피기 어려움과 쉬움이 본래 같지 않기 때문이다.

〈하늘이 안배한 五行의 운행규율을 어지럽혀〉 洪水의 災禍를 당하기 전에 鯀의 治水策이 실패할 것을 밝게 살폈다면 천하 사람이 모두 帝堯가 되었을 것이고, 詭辯하는 사악함이 드러나기 전에 少正卯의 말이 틀렸음을 살폈다면 천하 사람이 모두 孔子가 되었을 것이지만, 만약 반드시 이미 험증되기를 기다린 뒤에 살핀다면 다만 比屋과 市人의 지혜일 뿐이다. 그러므로 夏桀〔夏癸〕이 南巢로 추방된 뒤에는 반드시 伊尹을 다시 만류해 임용할 방법이 없음을 생각했을 것이고, 商辛이 牧野에서 起死回生하였다면 반드시 祖伊를 다시 임용할 방법이 없음을 생각했을 것이며, 夫差가 姑蘇城에서 탈출하였다면 반드시 伍子胥가 이미 죽어 다시 살릴 수 없음을 생각했을 것이다.

利害가 이미 험증된 뒤에는 비록 지극히 어리석고 지극히 포학한 사람이라도 오히려 〈신하들의 忠言을〉 따라야 함을 알아서 당초에 따르지 않았던 것을 후회한다. 그렇다면 천하 사람들의 말을 이해가 험증되기 전에 살피는 것을 어찌 어렵다고 하지 않을 수 있으며, 천하 사람들의 말을 이미 이해가 험증된 뒤로부터 살피는 것을 어찌 쉽다고 하지 않을 수 있겠는가?

吾獨以爲利害之未驗에 **察言者若難而實易**(이)하고 **利害之旣驗**에 **察言者若易而實難**이라하노라 **吾非樂與說者反也**라 **所謂正言似反者也**라 **利害未驗之前**엔 **利未見利**하고

害未見害는 吾心未爲利害之所分하니 則所用以察言者가 皆心之正也己새니라 以吾心之正으로 而察天下之言이면 其善其惡과 其邪其正이 畢陳于前而莫能遁이니 非難而易耶아 至於利害旣驗之後하야 吾見其言之驗이면 則竊意其言之可從이니 是以事信之요 而非以心信之也며 吾見其言之不驗이면 則竊意其言之不可從이니 是以事疑之요 而非以心疑之也라 信與疑不出於心하고 而出於事면 其弊可勝旣耶아 人臣之以是諫非者는 君從之則有利하고 君不從之則有害하니 後世因其事之驗하야 而信其言之驗은 可也어니와 抑不知天下固有以非諫非者하니 雖能知君之過라도 而己之諫亦不免於過하며 雖能擧君之失이라도 而己之諫亦不免於失이라 君不從其言이면 固有害也나 君從其言이라도 亦有害也라 後世徒見其君不從其言之害요 而不見從其言之害하야 溺其事之驗하고 而忘其理之差하야 爭拾其遺說而襲之하니 盖有亂亡相尋而不悟者矣라 此吾所謂若易而實難者也니 楚子上之事是已라

〈그러나〉 나는 홀로 利害가 험증되기 전에 말을 살피는 것이 어려운 것 같으나 사실은 쉽고, 이해가 험증된 뒤에 말을 살피는 것이 쉬운 것 같으나 사실은 어렵다고 생각한다. 이는 내가 말하는 자들에 반대하고자 함을 즐겨서가 아니니, 이른바 바른 말이 반대하는 것과 같다는 것이다.

이해가 험증되기 전에는 이로워도 이로운 줄을 모르고 해로워도 해로운 줄을 모르는 것은 내 마음이 아직 이해에 紛亂〔分〕되지 않아서이니 마음을 써서 이해를 살피는 것이 모두 마음의 正理이기 때문이다. 나의 바른 마음으로 천하의 말을 살피면 선한 말, 악한 말, 간사한 말, 정직한 말이 모두 내 앞에 펼쳐져 도망하지 못할 것이니, 이것이 어려운 것 같으나 사실은 쉬운 것이 아닌가? 이해가 험증된 뒤에 이르러, 내가 그 말(예언)이 사실에 부합하는 것을 보면 속으로 그 말을 따를 만하다고 생각할 것이니 이는 〈발생하는〉 사실을 믿는 것이지 마음을 믿는 것이 아니며, 내가 그 말이 사실에 부합하지 않는 것을 보면 속으로 그 말을 따를 수 없다고 생각할 것이니 이는 사실을 의심하는 것이지 마음을 의심하는 것이 아니다. 믿음과 의심이 마음에서 나오지 않고 〈발생하는〉 일에서 나온다면 그 弊害를 어찌 말로 다할 수 있겠는가?

人臣이 바른 말로 임금의 잘못을 간쟁하는 경우 임금이 그 간언을 따르면 유리하고, 임금이 따르지 않으면 有害하였으니, 후세 사람들은 그 일이 험증된 것으로 인해 그

말이 사실에 부합한다고 믿는 것은 괜찮지만, 天下에는 본래 옳지 않은 마음으로 임금의 잘못을 간하는 자도 있음을 알지 못하니, 〈그 이유는〉 신하가 비록 임금의 과오를 안다 하더라도 자기가 進諫하면 과오를 면할 수 없으며, 비록 임금의 잘못을 거론할 수 있다 하더라도 자기가 진간하면 과실을 면할 수 없기 때문이다.

임금이 간언을 따르지 않으면 당연히 患害가 있겠지만 임금이 간언을 따르더라도 환해가 있을 수 있다. 후세 사람들은 다만 임금이 간언을 따르지 않으므로 인해 생기는 환해만을 보았고, 간언을 따름으로 인해 생기는 환해는 보지 못하여 그 일이 험증된 것에 빠져 그 이치가 어그러진 것은 잊고서 경쟁적으로 그 遺說들을 주워 모아 인습하니, 대체로 이것이 亂亡이 계속되는데도 깨닫지 못하는 까닭이다. 이것이 내가 말한 쉬운 것 같으나 사실은 어렵다는 것이니, 楚나라 子上의 일이 바로 이러하다.

子上諫楚成王之立商臣이러니 **既中楚成之非矣**나 **而子上之所以諫者**도 **亦未免於非也**라 **既曰君之齒未也**오 **而又多愛**하니 **黜乃亂也**라하고 **又曰楚國之擧**는 **常在少者**라하니 **此二說者**는 **實萬世禍亂之權輿**라 **使楚成從其前之說**이면 **則國本不建**하야 **儲位久虛**니 **得無起覬覦**(기유)**之姦乎**아 **使楚成從其後之說**이면 **則嫡庶不明**하고 **長幼失序**니 **得無開簒奪之萌乎**아 **此二禍者**는 **吾未知與熊蹯之變孰先孰後也**로라

子上은 楚 成王이 商臣을 太子로 세우려는 것을 諫하였더니, 얼마 뒤에 楚 成王의 잘못을 정확히 맞추었으나 子上이 간한 방법 또한 잘못에서 벗어나지 못하였다. 이미 "임금님의 나이가 아직 젊으시고, 또 사랑하는 아들이 많으니, 〈만약 그를 태자로 세웠다가 뒤에 다시〉 그를 廢黜하게 된다면 禍亂이 생길 것입니다."라고 하고, 또 "楚나라에 태자로 세워진 분은 항상 나이가 어린 분이었습니다."라고 하였으니, 이 두 종류의 말은 실로 만세 禍難의 시초이다.

가령 楚 成王이 子上의 前說을 따랐다면 國本을 세우지 않아 태자의 자리가 오래 비었을 것이니 어찌 분수 밖의 자리를 넘보는 姦計가 일어나지 않았겠는가. 가령 楚 成王이 子上의 後說을 따랐다면 嫡庶가 분명치 않고 長幼가 순서를 잃었을 것이니 어찌 찬탈의 禍가 싹트지 않았겠는가. 나는 이 두 가지 화가 熊掌의 변란과 어느 것이 먼저이고 어느 것이 뒤였을지 모르겠다.

後世徒見子上料商臣之驗하고 遂信其言而納於禍라 有以立嗣爲諱하야 如唐宣宗者[1)]는 實子上齒未之言誤之也라 有以庶孼奪宗하야 如隋文帝者는 實子上擧少之言誤之也라 其餘以此隊命隕姓者를 未易(이)枚擧하니 豈非樂已驗之言而蹈未見之禍乎아 彼商臣之惡은 有非梟鴟其心者면 皆知疾趨而避之하니 其禍後世가 殆未若子上之烈也라 張角不足爲漢禍요 而討張角者乃爲漢禍[2)]며 盧循不足爲晉禍요 而滅盧循者乃爲晉禍[3)]며 商臣不足爲萬世禍요 而排商臣者乃爲萬世禍라 天下之禍는 固有機於此而動於彼者矣니 夫豈始慮所及耶아

1) 如唐宣宗者：見本紀[*)]

《新唐書》〈本紀〉에 보인다.

*)〔역주〕 見本紀：唐 宣宗(李忱)은 말년에 작은아들인 夔王 李滋를 총애하여 그를 황태자로 삼고자 했으나, 신하들의 만류에 부딪혀 오랫동안 태자를 결정하지 못한 채 죽었으므로 나라가 크게 혼란해졌다.

2) 而討張角者乃爲漢禍：魏曹操[*)]

魏나라 曹操를 이른다.

*)〔역주〕 魏曹操：張角은 東漢 말 黃巾賊의 수령이다. 黃老를 신봉하여 요망한 方術로 사람을 가르치면서 太平道라 호칭하고 呪符水(주술을 가한 부적을 태운 물)로 병을 치료하니, 따르는 무리들이 모두 그를 神明이라 여겼으며, 10여 년 사이에 信徒가 수십만 명에 이르렀는데, 皇甫嵩과 曹操에 의해 평정되었다.

3) 而滅盧循者乃爲晉禍：宋劉裕[*)]

宋나라 劉裕를 이른다.

*)〔역주〕 宋劉裕：盧循은 東晉 사람이다. 孫恩의 누이를 아내로 맞이하였는데 孫恩이 반란을 일으키자 通謀하였으며, 孫恩이 죽은 뒤 그 남은 무리들의 추대로 두목이 되었다. 뒤에 劉裕의 공격을 받아 대패하였다.

후세에는 商臣이 弑逆할 것이라고 예언한 子上의 말이 험증된 것을 보고서 드디어 그 말을 믿었다가 화란에 빠진 자가 있다. 唐 宣宗처럼 後嗣를 세우는 일에 忌諱한 것은 실로 "임금님의 나이가 아직 젊으십니다.〔齒未〕"라고 한 子上의 말이 그르친 것이고, 隋 文帝처럼 庶孼이 嫡子의 자리를 빼앗은 것은 실로 "태자로 세워진 분은 항상 나이가 어린 분이었습니다.〔擧少〕"라고 한 子上의 말이 그르친 것이다. 그 밖에도 이로 인해 性命을 상실한 자를 일일이 열거하기가 쉽지 않으니, 이것이 어찌 이미 험증된 말을 즐겼다가 아직 드러나지 않은 화에 빠진 것이 아니겠는가?

저 商臣의 죄악으로 말하면 〈제어미를 잡아먹는〉 올빼미의 심보를 가진 자가 아니라면 모두 급히 피할 것이니, 〈그 말이〉 후세에 화를 끼치는 것이 아마도 子上의 말만큼 혹독하지 않을 것이다. 〈예를 들면〉 張角이 漢나라를 망칠 禍首가 될 만하지 못하고 張角을 토벌한 자가 도리어 漢나라를 망친 화수이며, 盧循이 晉나라를 망칠 화수가 될 만하지 못하고 盧循을 擊滅한 자가 도리어 晉나라를 망친 화수이며, 商臣이 만세의 화수가 될 만하지 못하고 商臣을 배척한 자가 도리어 만세의 화수이다. 천하의 禍患은 본래 조짐은 여기에서 일어나지만 결과는 저기에 나타나는 것이니, 어찌 〈화환이 시작될〉 초기에 미리 헤아림으로써 〈그 결과를〉 알 수 있겠는가?

16-07 晉襄公朝王 先且居胥臣伐衛　晉 襄公은 王에게 朝見하고, 先且居와 胥臣은 군대를 거느리고 衛나라를 토벌하다

【左傳】 文元年이라 晉文公之季年에 諸侯朝晉이나 衛成公不朝하다 晉襄公旣祥[1]에 使告於諸侯而伐衛하야 及南陽[2]하다 先且居曰 效尤는 禍也[3]니 請君朝王하소서 臣從師하리이다 晉侯朝王於溫하다 先且居胥臣伐衛하다

1) 晉襄公旣祥 : 諸侯는 비록 諒闇(喪中에 거처한 방)에 거처하더라도 祥祭 때가 되면 神位를 설치하고서 哭하는 것이다.〈杜注〉
2) 及南陽 : 陽은 지금의 河內 地方이다.〈杜注〉
3) 效尤 禍也 : 衛侯가 朝見하지 않은 것을 허물로 여겨 토벌하면서 지금 周王께 조현하지 않는다면 이는 衛侯를 본받아 禍를 부르는 것이라는 말이다. 이때 왕이 溫에 있었기 때문에 조현하도록 권한 것이다.〈杜注〉

文公 원년, 晉 文公 末年에 諸侯가 晉나라로 가서 朝見하였으나 衛 成公은 조현하러 가지 않았다. 晉 襄公이 祥祭를 지낸 뒤에 使者를 보내어 제후에게 고하고서, 衛나라를 토벌하여 南陽으로 쳐들어갔다.

先且居가 말하기를 "잘못을 본받는 것은 禍를 부르는 것이니 主君께서는 王께 조현하소서. 臣이 군대를 거느리고 가서 衛나라를 토벌하겠습니다."고 하였다.

晉侯는 王께 조현하기 위해 溫으로 가고, 先且居와 胥臣이 〈군대를 거느리고 가서〉 衛나라를 토벌하였다.

【主意】 謂因人而有善者는 不得謂之善이라 晉襄朝王하니 似知尊周矣라 然因討衛侯之不朝己而始朝王하니 豈眞知尊君者哉아 假使衛侯先來朝晉이면 則晉襄必不復(부)朝王于溫矣리라

다른 사람으로 인해 행한 善行은 선행이라 할 수 없다. 晉나라 襄公이 周王께 朝見하였으니, 周나라를 존숭할 줄 아는 것처럼 하였다. 그러나 衛侯가 자기에게 와서 조현하지 않는 것을 討罪함으로 인해 비로소 周王께 조현하였으니, 어찌 참으로 임금을 존숭할 줄을 안 자이겠는가? 가령 衛侯가 먼저 晉나라로 와서 조현하였다면 晉 襄公은 반드시 다시 溫으로 가서 周王께 조현하지 않았을 것이다.

因人而有過者를 君子不謂之過[1)]요 因人而有善者를 君子不謂之善[2)]이라 周公之過는 因管叔而過也니 過在管叔이라 而周公何與焉[3)]가 孔子之過는 因昭公而過也니 過在昭公이라 而孔子何與焉[4)]가 過端發於人이요 而不發於已니 是安得爲周孔累哉아

1) 因人而有過者 君子不謂之過 : 主意在因人有善一語 却以過與善雙(□)關[*)]起

主意가 '因人有善'이란 한마디에 있는데, 도리어 過와 善을 雙關으로 문장을 일으켰다.

*) 〔역주〕 雙(□)關 : 저본에는 雙과 關 사이에 1자 빈칸이 있으나 未詳이다. '雙關'은 對가 되는 文句를 서로 對應시켜 한 편의 骨子로 삼는 修辭法에 해당하므로 이와 같이 번역하였다.

2) 因人而有善者 君子不謂之善 : 主意正在此句 責晉襄因討衛而始朝周

主意가 바로 이 句에 있다. 晉 襄公이 衛나라를 토벌할 목적으로 인해 비로소 周王께 조현한 것을 꾸짖은 것이다.

3) 周公之過……而周公何與焉 : 孟子公孫丑下 陳賈見孟子問曰 周公 何人也 曰 古之聖人也 曰 使管叔監殷 管叔以殷畔也 有諸 曰 然 曰 周公知其將畔而使之與 曰 不知也 然則聖人且有過與 曰 周公弟也 管叔兄也 周公之過 不亦宜乎

≪孟子≫ 〈公孫丑 下〉에 다음과 같은 내용이 있다. 陳賈가 孟子를 만나 물었다. "周公은 어떤 사람입니까?" 孟子가 대답하였다. "옛날의 성인이시다." 陳賈가 물었다. "〈周公이〉 管叔을 보내어 殷(武庚)을 감독하게 하였는데, 管叔이 殷의 〈遺民을 거느리고서〉 반란을 일으켰다하니 그런 일이 있었습니까?" 孟子가 대답하였다. "있었다." 陳賈가 물었다. "周公은 그가 장차 반란을 일으킬 줄을 알고서 〈짐짓〉 그를 시킨 것입니까?" 孟子가 대답하였다. "알지 못하셨다." 陳賈가 물었다. "그렇다면 성인도 허물을 짓습니까?" 孟子가 대답하였다. "周公은 아우이고 管叔은 兄이니 〈아우로서 형을 의심하지 않았을 것이니,〉 周公의 허물이 당연하지 않은가?"

4) 孔子之過……而孔子何與焉：論語述而 陳司敗問 昭公知禮乎 孔子曰 知禮 孔子退 揖巫馬期而進之曰 吾聞君子不黨 君子亦黨乎 君取於吳 爲同姓 謂之吳孟子 君而知禮 孰不知禮 巫馬期以告 子曰 丘也幸 苟有過 人必知之

≪論語≫ 〈述而〉에 다음과 같은 내용이 있다. 陳司敗가 물었다. “昭公은 禮를 알았습니까?” 孔子가 대답하셨다. “禮를 아셨다.” 孔子께서 물러가시자, 〈陳司敗가〉 巫馬期에 揖하고서 그를 앞을 나오게 하여 말하였다. “내 듣건대 君子는 역성을 들지 않는다고 하던데, 군자도 역성을 드는가? 임금(昭公)이 吳나라 여자에게 장가드셨으니 同姓女를 〈夫人으로 삼은 것이다. 그런데 同姓婚한 것을 숨기기 위해〉 그 夫人을 일러 ‘吳孟子’라 하였다. 그런 임금이 만약 예를 알았다면 누가 예를 알지 못하겠는가?” 巫馬期가 〈陳司敗의 말을〉 孔子께 아뢰자, 孔子께서 말씀하셨다. “나는 다행이다. 만약 허물이 있으면 남들이 반드시 아는구나.”

다른 사람으로 인해 지은 허물을 君子는 허물이라 하지 않고, 다른 사람으로 인해 행한 善行을 군자는 선행이라 하지 않는다. 周公의 허물은 管叔으로 인해 지은 허물이라 허물이 管叔에게 있으니 周公과 무슨 관계가 있겠는가. 孔子의 허물은 昭公으로 인해 지은 허물이라 허물이 昭公에게 있으니 孔子와 무슨 관계가 있겠는가. 허물의 꼬투리가 다른 사람에게서 발생하였고 자기에게서 발생한 것이 아니니, 이것이 어찌 周公과 孔子의 累(罪過)가 될 수 있겠는가?

漢高帝因傾項籍而爲義帝服이요 **非眞悲也**니 **(帝)〔爲〕**[1)]**服所以挫羽也**[2)]라 **劉裕因傾桓玄而興復晉祚**요 **非眞忠也**니 **復晉所以滅玄也**[3)]라 **時無項籍**이면 **則高帝必不爲服義帝之喪**이요 **時無桓玄**이면 **則劉裕必不唱復晉祚之師**니 **其爲善**이 **果出於己耶**아 **因人而過者**는 **猶鑑遇嫫母而醜**[4)]니 **本非鑑之醜也**[5)]요 **因人而善者**는 **猶木託於嶽而高**[6)]니 **本非木之高也**[7)]라 **是故因人而有過者**는 **雖百過不足尤**어니와 **因人而有善者**는 **雖百善不足喜**라 **爲善由己**[8)]**而由人乎哉**[9)]아

1) 〔역주〕 (帝)〔爲〕 : 저본에는 ‘帝’로 되어 있으나, 四庫全書本·三民書局本에 의거하여 ‘爲’로 바로잡았다.

2) 漢高帝因傾項籍而爲義帝服……(帝)〔爲〕服所以挫羽也：見漢高帝本紀

≪漢書≫ 〈高帝本紀〉에 보인다.

3) 劉裕因傾桓玄而興復晉祚……復晉所以滅玄也：南史宋高祖紀

≪南史≫ 〈宋高祖帝紀〉에 보인다.

4) 猶鑑遇嫫母而醜：嫫母 醜人也 荀子云 嫫母(刀)〔力〕[*)]父是之喜也

嫫母는 醜女이다. ≪荀子≫에 "嫫母와 力父는 이들을 좋아하였다."라고 하였다.

*) 〔역주〕 (刀)〔力〕 : 저본에는 '刀'로 되어 있으나, ≪荀子≫ 〈賦篇〉에 의거하여 '力'으로 바로잡았다.

5) 本非鑑之醜也 : 猶人本無過 因人而有過

어떤 사람에게 본래 허물이 없었는데, 다른 사람으로 인해 허물이 있게 된 것과 같다.

6) 猶木託於嶽而高 : 泰山東嶽 華山西嶽

泰山은 東嶽이고, 華山은 西嶽이다.

7) 本非木之高也 : 猶人本無善 因人而有善

어떤 사람에게 본래 善行이 없었는데, 다른 사람으로 인해 선행이 있게 된 것과 같다.

8) 爲善由己 : 善是自己當爲之事

善行은 바로 자기가 당연히 해야 할 일이다.

9) 而由人乎哉 : 豈可因責人而始爲善哉

어찌 남을 꾸짖기 위한 일로 인해 비로소 선행을 해서야 되겠는가.

漢高帝眞像

漢 高帝(劉邦)는 項籍(項羽)을 傾覆시킬 목적으로 인해 義帝를 위해 服喪한 것이지 진심으로 비통해서가 아니니, 義帝를 위해 服喪한 것은 項羽를 꺾기 위함이었다. 劉裕는 桓玄을 傾覆시킬 목적으로 인해 晉나라 王室을 부흥시킨 것이지 진심으로 충성해서가 아니니, 晉나라를 부흥시킨 것은 桓玄을 멸망시키기 위함이었다. 〈만약〉 당시에 項籍이 없었다면 高帝는 반드시 義帝를 위해 服喪하지 않았을 것이고, 당시에 桓玄이 없었다면 劉裕는 반드시 晉나라 왕실을 부흥시키기 위해 倡義(義兵을 일으킴)하지 않았을 것이니, 그들이 善行을 한 것이 과연 자기의 마음에서 나온 것이겠는가?

다른 사람으로 인해 허물을 짓는 것은 마치 거울이 醜女를 만나면 추하게 비춰지는 것과 같으니 본래 거울이 추해서가 아니고, 다른 사람으로 인해 선행을 하는 것은 마치 나무가 산 위에 자라서 높은 것과 같으니 본래 나무가 높아서가 아니다. 그러므로 다른 사람으로 인해 허물을 짓는 것은 비록 허물을 백 번 짓더라도 탓할 것이 못되지만, 다른 사람으로 인해 선행을 하는 것은 비록 선행을 백 번 하더라도 기뻐할 것이 못된다. 선행을 하는 것이 나에게 달린 것이지 다른 사람에게 달린 것이겠는가.

晉襄公卽位而朝王于溫[1)]하니 **人皆善其尊周也**[2)]나 **及考其朝王之由**[3)]컨대 **盖將討衛之不朝**라 **故身先朝周以責之**[4)]라 **其意曰 周**는 **王也**요 **晉**은 **霸也**며 **衛**는 **小侯也**라 **晉獨朝周**어늘 **而衛不朝晉**이 **可乎**아 **故朝王之事**는 **名爲尊周**나 **而實則討衛也**니 **因討衛而後朝周**요 **非因朝周而後討衛也**니 **然則尊王之善**[5)]이 **豈襄公之本心哉**[6)]아 **特因衛而發耳**[7)]라 **向若衛侯之車先叩於晉關**[8)]이면 **則吾知晉襄〔公〕之旆未必入於周境矣**[9)]라 **彼因人而有善者**니 **果足以爲善耶**[10)]아

1) 晉襄公卽位而朝王于溫 : 溫 周邑名 是年晉襄始祥除而朝天子

溫은 周나라의 邑名이다. 이해에 晉 襄公이 비로소 祥除(喪紀를 마침)하고서 天子께 朝見하였다.

2) 人皆善其尊周也 : 周室微弱 諸侯不朝久矣 晉襄朝王 故人善其尊周

周나라 王室이 微弱하니 諸侯가 조현하지 않은지 오래인데, 晉 襄公은 周王께 조현하였다. 그러므로 사람들은 襄公이 周나라를 尊崇하는 것을 착하게 여겼다.

3) 及考其朝王之由 : 推原所以朝王之故

晉 襄公이 周王께 조현한 원인을 추구한 것이다.

4) 故身先朝周以責之 : 詳見本題註

本題 註에 자세히 보인다.

5) 然則尊王之善 : 善字應前

'善'字는 앞의 〈'因人而有善'이라 한 '善'을〉 應對한 것이다.

6) 豈襄公之本心哉 : 發明到骨

드러내 밝힌 말이 〈날카로워〉 뼈를 찌른다.

7) 特因衛而發耳 : 所謂因人而有善也

이른바 '다른 사람으로 인해 善行을 한다.〔因人而有善〕'는 것이다.

8) 向若衛侯之車先叩於晉關 : 假使衛先朝晉

'가령 衛나라가 먼저 晉나라에 조현하였다면'의 뜻이다.

9) 則吾知晉襄〔公〕[*)]之旆未必入於周境矣 : 則晉必不往朝周矣 此皆誅心之論

晉 襄公은 반드시 〈溫으로〉 가서 周王께 조현하지 않았을 것이라는 말인데, 이는 모두 마

음속의 생각을 꾸짖은 언론이다.

*)〔역주〕〔公〕: 저본에는 '公'이 없으나, 四庫全書本·三民書局本에 의거하여 보충하였다.

10) 彼因人而有善者 果足以爲善耶 : 斷以主意

主意로써 論斷한 것이다.

晉 襄公이 즉위한 뒤에 溫으로 가서 周王께 朝見하니 사람들은 모두 襄公이 周나라를 尊崇하는 것을 착하게 여겼으나, 晉 襄公이 周王께 조현한 이유를 따져보면 장차 衛나라가 晉나라에 와서 조현하지 않는 것을 토벌하기 위함이었다. 그러므로 자신이 먼저 周王께 조현하여 〈이를 빙자해 衛나라를〉 책망하려 한 것이다.

그는 내심으로 "周는 天王의 나라이고 晉은 霸者의 나라이며 衛는 작은 諸侯國이다. 晉나라도 오히려 周王께 조현하는데 衛나라가 晉나라에 조현하지 않는 것이 옳은가?" 라고 생각했을 것이다. 그러므로 〈晉 襄公이〉 周王께 조현한 일이 명색은 周王을 존숭하는 것이지만 실제로는 衛나라를 토벌하기 위함이었다. 衛나라를 토벌할 일로 인해 그 뒤에 周王께 조현한 것이고 周王께 조현함으로 인해 그 뒤에 衛나라를 토벌한 것이 아니니, 그렇다면 周王을 존숭한 선행이 어찌 襄公의 본심이었겠는가? 다만 衛나라로 인해 발생한 것뿐이다.

그때 만약 衛侯의 수레가 먼저 晉나라의 關門을 두드리고서 〈만나보기를 청하였다면〉 내가 알기로는 晉 襄公의 깃발이 반드시 周나라 경내로 들어가서 〈조현하지〉 않았을 것이다. 저 晉 襄公은 다른 사람으로 인해 선행을 한 것이니 과연 선행이라고 이를 만한 가치가 있는가.

臣之於君이 猶子之於父也[1)]라 子必因責人而始敬父[2)]면 則父得子之敬寡矣[3)]요 臣必因責人而始朝君이면 則君得臣之朝寡矣[4)]리라 周之諸侯가 苟皆若晉襄之用心이면 則是父無故終不得子之敬하고 君無故終不得臣之朝也라

1) 臣之於君 猶子之於父也 : 以父子喩君臣精切

父子로써 君臣을 비유한 것이 정확하고 적절하다.

2) 子必因責人而始敬父 : 因責人不敬己而始敬父

'남이 자기를 공경하지 않는 것을 꾸짖기 위한 일로 인해 비로소 부친을 공경한다면'의 뜻이다.

3) 則父得子之敬寡矣 : 則敬父者少矣

'부친을 공경하는 자가 적을 것이다'의 뜻이다.

4) 臣必因責人而始朝君 則君得臣之朝寡矣 : 晉襄責衛侯不朝而始朝王 其事正如此
晉 襄公이 衛侯가 조현하지 않은 것을 꾸짖기 위해 비로소 周王께 조현하였으니, 그 일이 바로 이와 같다.

신하와 임금의 관계가 자식과 부모의 관계와 같다. 자식이 반드시 남을 책망할 일로 인해 비로소 부모를 공경한다면 자식의 공경을 받을 부모가 적을 것이고, 신하가 반드시 남을 책망할 일로 인해 비로소 임금을 조현한다면 신하의 조현을 받을 임금이 적을 것이다. 周나라의 諸侯가 만약 모두 晉 襄公처럼 마음을 쓴다면 그 부모는 事故가 없으면 끝내 자식의 공경을 받을 수 없고, 임금은 사고가 없으면 끝내 신하의 조현을 받을 수 없을 것이다.

又況子之敬父는 **自敬汝父耳**[1)]니 **於人何有**[2)]며 **臣之朝君**은 **自朝汝君耳**[3)]니 **亦於人何有**[4)]아 **挾敬父之孝而辱人者**는 **必反爲人所辱**이요 **挾朝君之忠而陵人者**는 **必反爲人所陵**이라 **使晉襄之事周**[5)]에 **春朝秋覲**[6)]이 **史不絶書**[7)]라도 **亦昏定晨省之常耳**[8)]니 **猶不足以自高**[9)]라 **況(欲)甫陟周之庭**[10)]하야 **遽傲然自足**[11)]하야 **鳴鐘擊鼓**[12)]하고 **峻責他人之無禮**[13)]하니 **安得不納孔達之侮哉**[14)]아 **世有妄人嘗拜其父者**[15)]가 **他日執塗人而責之**[16)]**曰 我嘗拜父**[17)]어늘 **汝何爲不拜我**[18)]아하면 **天下未有不笑其狂者**[19)]라 **晉襄之責衛**가 **非此類耶**[20)]아

1) 又況子之敬父 自敬汝父耳 : 有父自當敬
부모가 있으면 스스로 마땅히 공경해야 한다는 말이다.

2) 於人何有 : 何可責人朝己
어찌 남이 자기에게 조현하기를 요구할 수 있겠느냐는 말이다.

3) 臣之朝君 自朝汝君耳 : 有君自當朝之
임금이 있으면 스스로 마땅히 조현해야 한다는 말이다.

4) 亦於人何有 : 何可責人朝己
어찌 남이 자기에게 조현하기를 요구할 수 있겠느냐는 말이다.

5) 使晉襄之事周 : 假設如此
'가령 이와 같이하여'의 뜻이다.

6) 春朝秋覲 : 春見曰朝 秋見曰覲
봄에 조현하는 것을 '朝'라 하고, 가을에 조현하는 것을 '覲'이라 한다.

7) 史不絶書 : 以時朝覲 史冊所書 不一而足*)

'정해진 시기에 朝覲한 것이 史冊에 수없이 많이 기록되었다 하더라도'의 뜻이다.

*) 〔역주〕 不一而足 : 一事一物로 만족할 수 없다는 뜻인데, 후세에 말한 일이 너무 많아 다 들 수 없음을 표현하는 말로 쓰인다.

8) 亦昏定晨省之常耳 : 亦猶子之事父 行定省之常禮耳 昏定所以安其寢 晨省所以問其安

이 또한 자식이 부모를 섬길 때에 昏定晨省하는 常禮와 같을 뿐이다. 昏定은 부모의 잠자리를 편안하게 하기 위함이고, 晨省은 부모의 안부를 묻기 위함이다.

9) 猶不足以自高 : 初非甚高 過人之行

애당초 남보다 뛰어난 매우 고상한 행실이 아니라는 말이다.

10) 況(欲)*)甫陟周之庭 : 何況身方登天子之朝

'하물며 자신이 막 천자의 조정에 올라서'의 뜻이다.

*) 〔역주〕 (欲) : 저본에는 '欲'이 있으나, 四庫全書本·三民書局本에 의거하여 衍文으로 처리하였다.

11) 遽傲然自足 : 以尊周之善自高

周王을 존숭한 선행을 스스로 고상하게 여긴다는 말이다.

12) 鳴鐘擊鼓 : 聲其罪而伐人

衛侯의 罪를 聲討해 그 사람을 責伐한다는 말이다.

13) 峻責他人之無禮 : 責衛侯不朝己

衛侯가 자기에게 조현하지 않은 것을 꾸짖은 것이다.

14) 安得不納孔達之侮哉 : 晉師圍戚取之 衛人不服 孔達帥(솔)師伐晉

晉軍이 戚을 포위해 取(힘들이지 않고 점령함)하니 衛人이 복종하지 않았다. 〈이에 衛나라 大夫〉 孔達이 군대를 거느리고 가서 晉軍을 공격하였다.

15) 世有妄人嘗拜其父者 : 假設比喩 甚近人情

가설한 비유가 매우 人情에 가깝다.

16) 他日執塗人而責之 : 晉之視衛 何異路人

晉나라 사람이 衛나라 사람을 보는 것이 어찌 길가는 사람을 보는 것과 다르겠느냐는 말이다.

17) 我嘗拜父 : 猶晉嘗朝王

晉 襄公이 일찍이 周王께 朝見한 것과 같다.

18) 汝何爲不拜我 : 猶晉責衛侯不朝

晉 襄公이 자기에게 조현하지 않은 衛侯를 꾸짖은 것과 같다.

19) 天下未有不笑其狂者 : 非病狂者 必不如此

狂病을 앓는 자가 아니면 반드시 이렇게 하지 않는다.

20) 晉襄之責衛 非此類耶 : 人孰不笑晉襄之狂
사람이라면 누가 晉 襄公의 狂症을 비웃지 않겠느냐는 말이다.

또 하물며 자식이 부모를 공경하는 것은 스스로 제 부모를 공경하는 것뿐이니 다른 사람과 무슨 관계가 있으며, 신하가 임금께 朝見하는 것은 스스로 제 임금께 조현하는 것뿐이니 또한 다른 사람과 무슨 관계가 있는가? 부모를 공경하는 孝心을 믿고서 남을 모욕하는 자는 반드시 도리어 남에게 모욕을 당하고, 임금께 조현하는 忠心을 믿고서 남을 능멸하는 자는 반드시 도리어 남에게 능멸을 당한다.

가령 晉 襄公이 周王을 섬길 적에 봄에 조현하고 가을에 朝覲한 일이 史書에 끊임없이 실렸다 하더라도 이는 아침저녁으로 부모의 안부를 살피는 일과 같은 평범한 禮節일 뿐이니 오히려 스스로 고상하게 여길 만한 것이 아니다. 그런데 하물며 막 周王의 조정에 올라 갑자기 오만하게 스스로 〈조현한 선행을〉 만족해하면서 종과 북을 치며 다른 사람의 無禮를 준엄하게 꾸짖었으니 어찌 孔達의 모욕을 받지 않을 수 있었겠는가.

세상에 일찍이 제 부모에게 절을 한 狂人이 후일에 길가는 사람을 붙잡고서 "나는 일찍이 우리 부모에게 절을 했는데, 너는 어째서 나에게 절을 하지 않느냐."고 꾸짖는다면 천하에 그 광인을 비웃지 않을 자가 없을 것이다. 晉 襄公이 衛나라를 꾸짖은 것이 이와 유사하지 않은가.

雖然[1)]이나 無諸己而後非諸人이 大學之道也[2)]요 大學은 古之遺言也라 晉襄先朝王하고 而後責衛[3)]가 似合於大學之旨니 庸可毁耶[4)]아 非也[5)]라 觀書要當忘言而得意[6)]니 大學之意는 在於無諸己[7)]요 而不在於非諸人也[8)]라 欲學者將非人之時에 常思無諸己之戒[9)]요 不欲學者持無諸己之論하야 用爲非人之資也[10)]라 故先曰無諸己라하고 次曰非諸人[11)]이라하니 其意主於攻己過요 而不主攻人過明矣[12)]라 黠吏姦民이 將與人訟에 必痛自刻削하야 不入文法이나 鄕閭未有以修飾許之者는 以其身之治而心之險也라 豈有士君子而嘗懷非人之心者耶아 吾恐說經者以文害辭[13)]하야 浸入黠吏姦民之用心이라 故力辨之하야 以告吾黨之士云[14)]이라

1) 雖然 : 結尾引大學辨論詳盡
末尾에 ≪大學≫의 글을 인용해 변론한 것이 상세하고 극진하다.

2) 無諸已而後非諸人 大學之道也：大學言無此不善之事於己 然後可以非責他人

《大學》에는, 자기에게 이런 불선한 일이 없은 뒤에야 다른 사람을 비난하거나 꾸짖을 수 있다고 말하였다.

3) 晉襄先朝王 而後責衛：先無不朝天子之惡 然後責衛不朝之罪

먼저 天子께 조현하지 않은 惡行이 없은 뒤에야 衛侯가 〈晉나라에〉 조현하지 않은 죄를 꾸짖을 수 있다는 말이다.

4) 似合於大學之旨 庸可毁耶：設此條以辨難

이러한 조건을 만들어 辯難한 것이다.

5) 非也：斷云大學之旨不如此

결단코 《大學》의 뜻이 이와 같지 않다는 말이다.

6) 觀書要當忘言而得意：此句乃觀書之大法

이 句가 바로 책을 볼 때에 〈지켜야 할〉 大法이다.

7) 大學之意 在於無諸已：要己自無不善之事

자기 스스로 不善한 일이 없기를 구함이다.

8) 而不在於非諸人也：不是要持此以責人

이러한 논리를 가지고 남을 꾸짖기를 구하지 않음이다.

9) 欲學者將非人之時 常思無諸已之戒：□□*)意在於無諸已

'뜻이 無諸已에 있다'는 말이다.

*) 〔역주〕 □□：저본에는 2자 빈칸으로 되어 있다.

10) 不欲學者持無諸已之論 用爲非人之資也：意不在於非諸人

'뜻이 非諸人에 있지 않다'는 말이다.

11) 故先曰無諸已 次曰非諸人：辨別分曉

辨別한 것이 분명하다.

12) 其意主於攻已過 而不主攻人過明矣：無諸已 是攻已過 非諸人 是攻人過

無諸已는 자기의 허물을 다스림이고, 非諸人은 남의 허물을 다스림이다.

13) 吾恐說經者以文害辭：□*)非諸人一語 是以文字害其辭意

非諸人이란 한 마디 말이 바로 文字를 가지고 文辭의 뜻을 해침이다.

*) 〔역주〕 □：저본에는 1자 빈칸으로 되어 있다.

14) 故力辨之 以告吾黨之士云：辨論明白

辨論이 明白하다.

비록 그러나 '〈잘못이〉 자기에게 없은 뒤에 남을 비난한다.'는 것이 《大學》의 도리이고, 《大學》은 옛 聖人이 남기신 말씀이다. 晉 襄公이 먼저 周王께 조현하고 뒤에

衛나라를 꾸짖은 것이 ≪大學≫의 뜻에 부합하는 것 같으니, 헐뜯을 게 뭐 있으랴만 사실은 그렇지 않다.

책을 볼 때에는 서술한 말은 잊고 말 속에 담긴 뜻을 찾아야 하니, ≪大學≫의 뜻은 '〈잘못이〉 자기에게 없음'에 있고 '남을 비난함'에 있지 않다. 이는 學者들로 하여금 남을 비난하려 할 때에 항상 〈잘못이〉 자기에게 없어야 한다는 경계를 생각하게 하고자 한 것이고, 학자들로 하여금 〈잘못이〉 자기에게 없다는 논리를 가지고 남을 비난하는 구실로 삼게 하고자 한 것이 아니다. 그러므로 '無諸己'를 먼저 말하고 다음에 '非諸人'을 말하였으니, 그 主意가 자기의 허물을 다스리는 데에 있고 남의 허물을 다스리는 데에 있지 않음이 분명하다.

교활한 관리와 간사한 백성이 장차 남과 訟事를 하려면 반드시 매섭게 자신을 가다듬어 〈언행이〉 법에 저촉되지 않게 한다. 그러나 마을에는 그가 修養한 사람이라고 칭찬하는 이가 없으니, 이는 그 몸(행동거지)은 다스렸으나 그 마음이 陰險하기 때문이다. 어찌 士君子로서 일찍이 남을 비난할 마음을 품은 자가 있겠는가.

나는 經文을 해설하는 자가 文字에 구애되어 文辭의 眞義를 오해하여 교활한 관리와 간사한 백성의 심보로 빠져들까 두려웠다. 그러므로 극력 변론하여 우리 무리의 선비들에게 고하노라.

東萊博議 卷17

17-01 禘太廟〔躋〕[1]僖公　太廟에 禘祭를 지낼 때에 僖公의 神主를 閔公의 신주 위로 올려 모시다

17-01-01 禘太廟〔躋〕僖公　太廟에 禘祭를 지낼 때에 僖公의 神主를 閔公의 신주 위로 올려 모시다

【左傳】 文二年이라 秋八月丁卯에 大事於大廟하야 躋僖公하니 逆祀也[2]라 〔於是〕[3]夏父(보)弗忌爲宗伯[4]이라 尊僖公하고 且明見曰 吾見新鬼大하고 故鬼小[5]하니 先大後小가 順也요 躋聖賢이 明也[6]니 明順이 禮也라 君子以爲失禮라 禮無不順이요 祀는 國之大事也어늘 而逆之하니 可謂禮乎아 子雖齊聖이나 不先父食久矣라 故禹不先鯀[7]하고 湯不先契(설)하며 文武不先不窋(줄)[8]이라 宋祖帝乙하고 鄭祖厲王은 猶上祖也[9]라 是以魯頌曰 春秋匪解하야 享祀不忒하니 皇皇后帝와 皇祖后稷[10]이라하야늘 君子曰 禮라하니 謂其后稷親而先帝也[11]라 詩曰 問我諸姑하고 遂及伯姊[12]라하니 君子曰 禮라하니 謂其姊親而先姑也[13]라

1) 〔역주〕〔躋〕: 저본과 四庫全書本에는 '躋'가 없으나, 三民書局本에 의거하여 보충하였다.
2) 〔역주〕 躋僖公 逆祀也 : 僖公은 閔公의 형이니 父子가 될 수 없다. 일찍이 閔公의 신하 노릇을 하였으니 그 位次가 당연히 閔公의 아래에 있어야 하는데, 閔公의 위로 올렸기 때문에 '逆祀'라고 한 것이다.〈杜注〉
3) 〔역주〕〔於是〕: 저본에는 '於是'가 없으나, ≪春秋左氏傳≫에 의거하여 보충하였다.
4) 〔역주〕〔於是〕夏父(보)弗忌爲宗伯 : 宗伯은 宗廟에 昭穆의 禮를 맡은 官職이다.〈杜注〉
5) 〔역주〕 且明見曰……故鬼小 : 明見은 분명히 눈으로 神을 보았다는 말이다. 사람은 神을 볼 수 없는데 弗忌는 鬼神의 일을 맡은 宗伯이기 때문에 보았다는 거짓말로 사람들을 속인 것이다.(≪左氏會箋≫) 新鬼는 僖公이니 〈閔公보다〉 형이고 죽을 때에 나이도 많았다는 말이고, 故鬼는 閔公이니 죽을 때의 나이가 〈僖公보다〉 젊었다는 말이다. 弗忌가 자기의 본 바를 분명히 말한 것이다.〈杜注〉
6) 〔역주〕 躋聖賢 明也 : 또 僖公을 聖賢으로 여긴 것이다.〈杜注〉
7) 〔역주〕 禹不先鯀 : 鯀은 禹의 아버지이고, 契은 湯의 13世祖이다.〈杜注〉
8) 〔역주〕 文武不先不窋(줄) : 不窋은 后稷의 아들이다.〈杜注〉

9) 〔역주〕 宋祖帝乙……猶上祖也 : 帝乙은 微子의 아버지이고, 厲王은 鄭 桓公의 아버지이다. 두 나라가 帝乙과 厲王을 不肖하게 여기지 않고 오히려 尊尙했다는 말이다.〈杜注〉

10) 〔역주〕 春秋匪解……皇祖后稷 : 忒은 어그러짐〔差〕이다. 皇皇은 美이다. 后帝는 하늘이다. 이 詩는 僖公이 南郊에서 上天을 제사 지내면서 后稷을 配享한 것을 贊頌한 것이다.〈杜注〉

11) 〔역주〕 謂其后稷親而先帝也 : 帝를 먼저 稱했기 때문이다.〈杜注〉

12) 〔역주〕 詩曰……遂及伯姊 : 詩는 ≪詩經≫ 〈邶風 泉水篇〉이다. 이 詩는 諸侯에게 시집간 衛나라의 딸이 問安하기 위해 친정나라로 돌아가기를 생각하나 갈 수 없기 때문에 고모와 언니에게 문후하기를 원한 것이다.〈杜注〉

13) 〔역주〕 謂其姊親而先姑也 : 僖公은 文公의 父親이므로 夏父弗忌가 현재의 임금인 文公에게 아첨하기 위해 그 아버지의 〈神主를 閔公의〉 위로 올리고자 한 것이다. 그러므로 傳에 이 두 詩를 인용해 그의 뜻을 심하게 꾸짖은 것이다.〈杜注〉

文公 2년, 가을 8월 丁卯日에 太廟에 禘祭를 지내면서 僖公의 神主를 閔公의 신주 위로 올렸으니 이는 逆祀이다. 이때 夏父弗忌가 宗伯이었는데 그는 僖公을 존경하여 神을 분명히 보았다고 하며 말하였다.

“내가 보기에 新鬼(僖公)는 크고 故鬼(閔公)는 작으니 큰 분을 앞에 모시고 작은 분을 뒤에 모시는 것이 順理이고 聖賢을 위로 올리는 것이 明哲이니, 명철과 순리가 禮이다.”

이를 君子는 禮를 잃은 처사라고 하며 論評하였다.

“禮는 순리에 부합하지 않아서는 안 되니, 제사는 국가의 大事인데 순서를 어겼으니 예라고 할 수 있는가? 아들이 아무리 聖人이라 하여도 아버지보다 먼저 제사를 받지 않는 것이 오랜 법도이다. 그러므로 禹가 鯀보다 먼저, 湯이 契보다 먼저, 文王・武王이 不窋보다 먼저 제사를 받지 않았다. 宋나라가 帝乙을 始祖로 삼고 鄭나라가 厲王을 시조로 삼는 것은 〈帝乙과 厲王이 비록 不肖해도〉 祖上으로 尊崇한 것이다. 그러므로 〈魯頌 閟宮〉에 ‘春秋로 제사를 게을리 하지 않아 제사를 지내는 일에 어그러짐이 없으니 皇皇한 后帝와 皇祖 后稷께 〈제사하네.〉’라고 하였는데, 君子가 이를 예에 맞는다고 하였으니, 이는 后稷이 祖上〔親〕인데도 하늘〔帝〕에 먼저 제사 지냈기 때문이다. 詩(〈邶風 泉水篇〉)에 ‘나의 여러 姑母에게 問候하고서 드디어 큰언니에게 미친다.’고 하였는데, 군자가 이를 예에 맞는다고 하였으니, 이는 언니가 더 친근한데도 고모에게 먼저 문후하였기 때문이다.”

17-01-02 順祀先公 順序에 따라 先公에게 祭祀를 지내다

【左傳】 定八年이라 冬十月에 順祀先公[1]而祈焉하고 辛卯에 禘于僖公[2]하다

1) 〔역주〕 順祀先公 : 順祀는 昭穆의 順序에 따라 祭祀 지냄이다. 先公은 閔公과 僖公이다. 두 公의 位次를 바로잡은 것이다. 僖公은 閔公의 庶兄으로 閔公의 뒤를 이어 임금이 되었으니 宗廟의 座次가 閔公의 아래에 있는 것이 당연하다. 그런데 文公은 자기의 아버지 僖公이 兄이란 이유로 그 神主의 座次를 閔公의 神主 위로 올려 先後의 순서를 바꾸어놓고서 제사〔逆祀〕 지냈으니, 지금에 와서 그 순서를 바로잡고서 禘祭를 거행한 것이다. 昭穆은 宗廟에 神主를 모시는 차례이다. 天子는 7廟이고 諸侯는 5廟이다. 天子의 경우, 中央에 太祖의 神主를 奉安하고, 왼쪽에 봉안한 2世, 4世, 6世를 '昭'라 하고, 오른쪽에 봉안한 3世, 5世, 7世를 '穆'이라 한다.

2) 〔역주〕 辛卯 禘于僖公 : 辛卯日은 10월 2일이다. 禘는 群公의 神主를 太祖의 廟에 昭穆으로 排置하고서 거행하는 大祭인데, 지금 順祀하기 위해 僖公의 廟에 禘祭를 거행하였다면 여러 先公의 神主를 모셔다가 모두 僖公의 廟에 앉힌 것이다. 禘祭는 太廟에서 거행하는 것이 마땅한데, 지금 僖公의 廟에서 거행한 것은 順祀의 뜻을 밝히기 위함이다. 順祀하면 응당 僖公의 神主를 아래로 내리고 閔公의 神主를 위로 올려야 하니, 僖公의 神께 悚懼하다. 그러므로 僖公의 廟에서 禘祭를 거행하여, 여러 先公의 神으로 하여금 두루 알게 한 것이다.(≪春秋左傳正義≫)

定公 8년, 겨울 10월에 先後의 順序에 따라 先公(閔公과 僖公)에게 祭祀를 지내어 〈所願을〉 빌고, 辛卯日에 僖公의 廟에 禘祭를 지냈다.

議禮如聚訟하고 **斷禮如聽訟**이라 **競禘爭祫**(협)하고 **駮郊難社**를 **大訴牒也**하고 **据章守句**하야 **執文秉法**을 **大劵契也**하고 **棟充宇積**한 **秩**[1]**千簡萬**을 **大案牘也**라 **前師後儒**를 **乃禮中之證佐**하고 **黨同伐異**하야 **乃禮中之讐敵**하며 **析言曲辨**을 **乃禮中之姦氓**이라 **斷禮者**는 **苟欲隨事而析之**하고 **隨說而應之**하야 **彼以經來**면 **我以經對**하고 **彼以傳來**면 **我以傳對**하며 **彼以史來**면 **我以史對**하니 **是猶聽訟者**가 **欲與珥筆之民**으로 **爭長於律令質劑之間**하야 **終必反爲所困而已矣**라

1) 〔역주〕 秩 : 四庫全書本에는 '帙'로 되어 있으니 통용한다.

禮를 議定하는 것은 訴訟에 의론이 분분하여 결론이 나지 않는 것과 같고, 예를 결단하는 것은 소송을 심리하는 것과 같다. 禘祭와 祫祭에 각자 의견을 고집하고 郊祭와

社祭에 서로 논박한 것을 중대한 사건의 訴訟狀으로 여기고, 辭章의 文句를 固守하고 문서의 법령을 고집한 것들을 중대한 契券으로 여기며, 방안에 가득 쌓인 천만 권의 書簡을 중대한 案牘(官府의 문서)으로 여긴다. 그리고 옛날의 經師와 後日의 儒者들을 禮中의 證人으로 여기고, 의견이 일치하면 同黨으로 여기고 의견이 일치하지 않으면 공격하여 예중의 원수로 여기며, 言論을 분석하고 자세히 論辨하는 사람을 예중의 奸民으로 여긴다.

禮를 결단하는 자가 만약 일마다 분석하고 상대의 말에 따라 응대하고자 하여, 상대가 經文으로 증명할 경우 나도 경문으로 응대하고, 상대가 傳文을 증명할 경우 나도 전문으로 응대하며, 상대가 史書로 증명할 경우 나도 사서로 응대한다면 이는 마치 소송을 심리하는 자가 爭訟하는 백성〔珥筆之民〕과 法令 및 質劑(契券) 사이에서 〈승부를〉 다투고자 하는 것과 같으니, 종당에는 반드시 도리어 상대에게 困辱을 당하고 말 것이다.

善聽訟者는 **出於律令質劑之外**하야 **折以人情**일새 **一言而訟可息**이요 **善斷禮者**는 **出於詁訓箋釋之外**하야 **折以人情**일새 **一言而禮可明**이라 **人情者**는 **訟之所由生**이요 **亦禮之所由(生)〔來〕**[1]**也**라 **吾先得其所由生者而制之**하야 **自綱觀條**하고 **自源觀派**하야 **物逈縷解**하고 **氷釋露晞**면 **雖老於議禮者**라도 **墜筆失簡**하야 **莫敢支梧**리라 **苟舍其本**하고 **瑣瑣然下與彼角逐於詁訓箋釋之間**이면 **是固彼之所長**이요 **而我之所短也**니 **以我之所短**으로 **而遇彼之所長**이면 **其受侮也則宜**라 **此古今斷禮者所以每爲人屈而鮮有能屈人者也**라

1) 〔역주〕 (生)〔來〕 : 저본에는 '生'으로 되어 있으나, 四庫全書本・三民書局本에 의거하여 '來'로 바로잡았다.

소송 심리하기를 잘하는 사람은 法令과 質劑의 범위를 초월해 人情(사람의 情緖)으로 결단하기 때문에 한 마디 말이면 송사를 정지시킬 수 있고, 禮 결단하기를 잘하는 사람은 訓詁와 箋釋(주석)의 범위를 초월해 인정으로 결단하기 때문에 한 마디 말이면 禮制를 밝힐 수 있다.

人情은 爭訟이 생겨나는 근원이고 또 예가 나오는 前提인데, 내가 먼저 禮制가 생겨나는 곳을 파악해 잘 다스려, 綱領으로부터 條目까지 관찰하고 근원으로부터 流派까지 관찰하여 萬物을 멀리 〈객관화하고〉 자세히 분석하여 얼음이 풀리듯 의심이 없어지고 이슬이 마르듯 의심이 사라진다면 아무리 예를 의론하는 일에 노련한 자라 하더라도

붓을 던지고 書簡을 버리고서 감히 대항하지 못할 것이다.

그러나 만약 예의 근본을 버리고 잔달게 아래로 저들과 訓詁와 箋釋 사이에서 角逐한다면 이는 본래 저들의 장점이고 나의 단점이니, 나의 단점으로 저들의 장점을 상대한다면 모욕을 당하는 것이 당연하다. 바로 이점이 古今에 예를 결단한 자들이 매양 남에게 굴욕을 당하고 남을 굴복시킨 경우가 드물었던 까닭이다.

魯祀僖公이 **始逆終順**하니 **禮家之說**이 **互有從違**하니라 **其論篤而義精者固多矣**나 **未有折之以人情者也**라 **吾請悉置禮家之說**하고 **而專以人情明之**하노라 **人之情**은 **欲尊其親者**는 **將欲爲親榮也**라 **尊吾父**하야 **而坐之吾伯父之上**이면 **則人必以爲吾父爲不弟矣**요 **尊吾父**하야 **而置之吾君之上**이면 **則人必以吾父爲不忠矣**리라 **不弟**는 **大惡也**요 **不忠**은 **大刑也**니 **本欲尊吾父而納之於大惡**하고 **本欲尊吾父而納之於大刑**이라 **爲人之子**하야 **無故而納父於大惡**하고 **陷父於大刑**이면 **非不孝之尤者乎**아

魯나라가 僖公의 제사를 처음에는 逆祀하다가 뒤에 가서 順祀하니, 이에 대해 찬동하는 禮家도 있고 반대하는 禮家도 있었는데, 그중에는 논리가 정확하고 의리가 정밀한 것도 많았다. 그러나 人情을 가지고 論斷한 것은 없었다. 나는 이에 禮家의 說을 모두 제쳐두고 오로지 인정을 가지고 설명하려 한다.

사람의 常情으로 말하면 父親을 尊崇하려는 것은 부친이 영예롭기를 바라서이다. 〈그러나〉 우리 부친을 존숭하기 위해 우리 伯父의 윗자리에 앉힌다면 사람들은 반드시 우리 부친을 不弟(아우의 도리를 지키지 않음)라 할 것이고, 우리 부친을 존숭하기 위해 우리 임금의 윗자리에 안치한다면 사람들은 반드시 우리 부친을 不忠이라 할 것이다. 不弟는 큰 죄악이고 不忠은 큰 형벌을 받는다. 본의는 우리 부친을 존숭하기 위함이었는데 도리어 큰 죄악에 빠뜨리고, 본의는 우리 부친을 존숭하기 위함이었는데 도리어 큰 형벌에 빠뜨렸다. 사람의 자식이 되어 까닭 없이 부친을 큰 죄악에 빠뜨리고 큰 형벌에 빠뜨린다면 더욱 큰 不孝가 아니겠는가.

生與死一理요 **寢與廟一制**며 **宴與祀一儀也**라 **文公溺於夏父弗忌之諂**하야 **躋僖公於閔公之右**하야 **以尊其父**하니 **胡不以人情推之**오 **若使閔公僖公俱無恙**타가 **一旦忽使僖公以弟躐**(렵)**兄**하고 **以臣躐君**이면 **則謗讟**(독)**之集**과 **刑戮之加**가 **不旋踵矣**리라 **是則愛**

僖公者가 乃所以辱僖公也라 人情自非大不孝면 未有忍辱其親者며 亦未有見辱其親而不怒者리라 苟文公誠不爲枝辭蔓說所蔽하고 獨斷以常情이면 則知夏父弗忌者가 乃吾父之讐하야 將奮戈之不暇어늘 豈有反聽其說者乎아

생존한 부모를 섬기는 것과 사망한 부모를 섬기는 것이 동일한 도리이고, 正殿〔廟〕 後殿〔寢〕이 동일한 제도이며, 宴享과 祭祀가 동일한 禮儀이다. 그런데 文公은 夏父弗忌의 아첨에 빠져서 僖公의 神主를 閔公의 윗자리로 올려 모시어 자기의 부친을 존숭하였으니, 어찌하여 인정으로 미루어 생각해보지 않았는가?

가령 閔公과 僖公이 모두 아무 일이 없었는데, 하루아침에 갑자기 僖公으로 하여금 아우로서 참람하게 兄의 윗자리를 차지하게 하고, 신하로서 참람하게 임금의 윗자리를 차지하게 한다면 비방이 모여들고 刑戮이 가해지는 일이 즉시 닥쳤을 것이다. 이는 僖公을 사랑한 것이 도리어 僖公에게 치욕스럽게 한 것이다.

人情으로 말하면 본래 크게 不孝한 자가 아니면 모질게 그 부친을 모욕하는 자가 있지 않고, 또 그 부친이 모욕당하는 것을 보고서 노하지 않을 자도 있지 않을 것이다. 만약 文公이 진실로 실속 없이 장황하고 난잡한 거짓말에 속지 않고 사람의 常情으로 獨斷하였다면, 夏父弗忌란 자는 바로 자기 아버지의 원수라는 것을 인지하고서 장차 격분해 창을 들고 공격하기에도 겨를이 없었을 것인데 어찌 도리어 그의 말을 들었겠는가?

躋僖公於閔이 殆百餘祀니 想僖公有神이면 震慄惶灼하고 蹴然不寧하야 日望一日하고 歲望一歲하야 庶幾人或正之하야 得還昭穆之舊리라 而魯之臣子가 例皆蒙蔽하야 不能度(탁)以人情하고 因謬承誤하야 迄莫能正이라가 反使順祀之擧로 出於陽虎之手하니 是可羞也[1]라 噫라 唐不能還魏(證)〔徵〕[2]之宅이라가 反使强藩請之[3]하고 魯不能序僖公之廟라가 反使賊臣正之하니 國尙爲有人乎아 吾以爲魯失寶玉大弓之辱[4]이 未如順祀之爲大辱也라

1) 反使順祀之擧……是可羞也 : 定八年 陽虎將作大事 欲以順祀取媚

定公 8년에 陽虎가 반란을 일으키려고 順祀하여 잘 보이고자 한 것이다.

2) 唐不能還魏(證)〔徵〕[*]之宅 反使强藩請之 : 白居易傳

≪唐書≫ 〈白居易傳〉에 보인다.

*) 〔역주〕 (證)〔徵〕 : 저본에는 '證'으로 되어 있으나, 四庫全書本・三民書局本에 의거하여 '徵'

으로 바로잡았다.

3) 魯失寶玉大弓之辱：定八年

《春秋左氏傳》 定公 8년에 보인다.

僖公의 神主를 閔公의 신주 위로 올려 모시고서 제사를 지낸 지가 거의 1백여 차례이니, 생각건대 僖公의 神이 있다면 두려움에 떨고 애를 태워 불안해하면서 날이면 날마다 연이면 연마다 어떤 사람이 그것을 바로잡아 옛날의 昭穆으로 되돌아가기를 바랐을 것이다. 그런데 魯나라 臣子들은 〈夏父弗忌가 照例한 내용에〉 모두 속아 인정으로 헤아리지 않고 誤謬를 인습하며 끝내 바로잡지 않았다가 도리어 順祀하는 일이 陽虎의 손에서 나오게 하였으니 참으로 수치스럽다.

아! 唐나라는 〈籍沒한〉 魏徵의 집을 돌려주지 않다가 도리어 강력한 藩臣 李師道의 요청에 의해 돌려주었으며, 魯나라는 僖公의 사당〔廟〕에 〈先後의 순서에 따라〉 제사 지내지 않다가 도리어 賊臣이 바로잡게 하였으니, 〈그러고도〉 나라에 오히려 〈도리를 아는〉 사람이 있다고 할 수 있는가. 나는 魯나라가 寶玉과 大弓을 잃은 치욕이 〈僖公을 逆祀하다가〉 順祀하게 된 치욕만큼 크지 않다고 생각한다.

17-02 出姜貴聘而賤逆 逐出한 齊女 姜氏를 아내로 정할 때에는 貴人을 보내어 聘問하고, 맞이할 때에는 賤者를 보내어 맞이하다

17-02-01 出姜貴聘而賤逆 逐出한 齊女 姜氏를 아내로 정할 때에는 貴人을 보내어 聘問하고, 맞이할 때에는 賤者를 보내어 맞이하다

【左傳】 文四年이라 逆婦姜於齊에 卿不行하니 非禮也[1]라 君子是以知出姜之不允於魯也[2]라 曰 貴聘而賤逆之[3]하고 君而卑之하고 立而廢之[4]하고 棄信而壞其主하니 在國必亂이요在家必亡[5]이리라 不允宜哉[6]라 詩曰 畏天之威하야 于時保之[7]라하니 敬主之謂也[8]라

1) 〔역주〕 逆婦姜於齊……非禮也：諸侯가 有故하면 卿을 보내어 맞이하는 것이 禮이다.〈杜注〉

2) 〔역주〕 君子是以知出姜之不允於魯也：允은 信이다. 처음 올 때 尊貴한 대우를 받지 못하였기 때문에 끝내 國人의 尊敬과 信任을 받을 수 없다는 말이다. 文公이 죽은 뒤에 축출되었기 때문에 '出姜'이라 한 것이다.〈杜注〉

3) 〔역주〕 貴聘而賤逆之：公子 遂가 가서 納幣하였으니 이것이 바로 貴한 자가 聘問한 것

이다.〈杜注〉 婦人을 맞이해오는 일에 卿이 가지 않았으니 이것이 바로 賤者를 보내어 맞이해온 것이다.〈附注〉

4) 〔역주〕 君而卑之 立而廢之 : 君은 小君이다. 부인의 예로 맞이하지 않았으니 이는 비천한 예로 대우하여 합당한 예를 廢한 것이다.〈杜注〉

5) 〔역주〕 棄信而壞其主……在家必亡 : 主는 內主이다.〈杜注〉 納幣할 때 언약한 신의를 버리고 그 내주의 권위를 무너뜨렸다는 말이다. 魯나라의 처지에서 말하면 '國'이고, 宮中의 처지에서 말하면 '家'이다.〈附注〉

6) 〔역주〕 不允宜哉 : 文公 18년에 姜氏가 齊나라로 돌아간 張本이다.〈附注〉

7) 〔역주〕 詩曰……于時保之 : 詩는 ≪詩經≫ 〈周頌 我將篇〉이다. 하늘의 위엄을 두려워하여 이에 福祿을 보전한다는 말이다.〈杜注〉 범할 수 없는 名分이 바로 하늘의 위엄인데, 지금 魯나라는 內主를 두려워하지 않았으니 바로 이것이 名分을 犯한 것이다.〈附注〉

8) 〔역주〕 敬主之謂也 : 楊伯峻의 ≪春秋左傳注≫ 해석을 취해 번역하였다. 杜注는 詩의 本義로 해석하여 于是保之의 '之'를 福祿으로 해석하였으나, 傳의 引用은 斷章取義이니 之는 '內主'를 指示한 것으로 보는 것이 마땅하다. 아래 글에 '敬主之謂'가 바로 그 증거이다.(楊伯峻, ≪春秋左傳注≫)

文公 4년, 齊나라에서 婦人 姜氏를 맞이해올 때 卿이 가지 않았으니 禮가 아니다. 君子는 이로 인해 出姜(逐出한 齊女 姜氏)이 魯나라에서 信任을 받지 못할 것을 알고서 다음과 같이 말하였다.

"貴人을 보내어 빙문하고 賤者를 보내어 맞이하였으며, 小君인데도 卑賤한 예로 대우하였으며, 夫人으로 세우고도 相應한 예를 폐하였으며, 信義를 버리고 內主의 權威를 무너뜨렸으니, 나라에 이런 일이 있으면 나라가 반드시 어지러워지고, 집에 이런 일이 있으면 집이 반드시 망한다. 그러니 존경과 신임을 받지 못하는 것이 당연하지 않은가? 詩에 '하늘의 威嚴을 두려워하여 內主를 보전한다.'고 하였으니, 이는 內主를 존경하라는 말이다."

17-02-02 襄仲殺惡及視立宣公 出姜歸齊 襄仲이 惡과 視를 죽이고서 宣公을 세우니, 逐出한 齊女 姜氏가 齊나라로 돌아가다

【左傳】 文八年이라 文公二妃敬嬴生宣公하다 敬嬴嬖로되 而私事襄仲하다 宣公長에 而屬諸襄仲하다 〔襄仲〕[1]欲立之하니 叔仲不可[2]라하다 仲見於齊侯而請之[3]하니 齊侯新立일새

而欲親魯하야 許之하다 冬十月에 仲殺惡及視하고 而立宣公[4)]하다 書曰 子卒은 諱之也라 仲以君命召惠伯[5)]하니 其宰公冉務人止之曰 入必死리이다 叔仲曰 死君命可也라 公冉務人曰 若君命이면 可死어니와 非君命이어늘 何聽이닛가 弗聽하고 乃入하니 殺而(之埋)〔埋之〕[6)]馬矢之中[7)]하다 公冉務人奉其帑以奔蔡[8)]하다 旣而復叔仲氏[9)]하다 夫人姜氏歸于齊하니 大歸也[10)]라 將行에 哭而過市曰 天乎[11)]여 仲爲不道하야 殺嫡立庶로다 市人皆哭하다 魯人謂之哀姜[12)]이라하다

1)〔역주〕〔襄仲〕: 저본에는 '襄仲'이 없으나, ≪春秋左氏傳≫에 의거하여 보충하였다.

2)〔역주〕叔仲不可 : 叔仲은 惠伯이다.〈杜注〉

3)〔역주〕仲見於齊侯而請之 : 襄仲이 齊나라에 간 기회를 이용해 드디어 齊侯에게 요청하여 宣公을 세우고자 한 것이다.〈附注〉

4)〔역주〕仲殺惡及視 而立宣公 : 惡은 太子이고, 視는 太子의 母弟이다. 視를 죽인 것을 기록하지 않은 것은 그를 賤하게 여겨서이다.[*)]〈杜注〉

*)〔역주〕賤하게 여겨서이다 : 〈杜注〉에 그를 천히 여겨 기록하지 않았다는 말은 옳지 않다. 經에 이미 惡이 弑害된 것을 숨기고서 '子卒'로 기록하였으니 視가 殺害된 것도 숨기고 기록하지 않는 것은 당연하다. 太子의 母弟를 어찌 賤하다고 할 수 있겠는가?(≪左氏會箋≫)

5)〔역주〕仲以君命召惠伯 : 이때 이미 惡을 弑害하였으나 비밀에 부쳤기 때문에 惡의 命을 詐稱해 惠伯을 부른 것이다.

6)〔역주〕(之埋)〔埋之〕: 저본에는 '之埋'로 되어 있으나, ≪春秋左氏傳≫에 의거하여 '埋之'로 바로잡았다.

7)〔역주〕殺而(之埋)〔埋之〕馬矢之中 : 惠伯의 죽음을 기록하지 않은 것은 史官이 襄仲을 두려워하여 감히 惠伯을 죽였다고 기록하지 못한 것이다.〈杜注〉 襄仲이 惠伯을 죽여 마구간의 말똥 속에 묻은 것이다.〈附注〉

8)〔역주〕公冉務人奉其帑以奔蔡 : 惠伯의 처자를 모시고 蔡나라로 出奔한 것이다.〈附注〉

9)〔역주〕復叔仲氏 : 그 後嗣를 끊지 않은 것이다.〈杜注〉 惠伯의 아들을 後嗣로 세워 叔仲氏로 삼고서 惠伯의 官位를 承繼시킨 것이다.

10)〔역주〕夫人姜氏歸于齊 大歸也 : 夫人 姜氏는 惡과 視의 어머니인 出姜이다. 罪가 있어 축출된 자와 혐의가 같지 않기 때문에 다시 傳을 낸 것이다.〈杜注〉 친정으로 완전히 돌아가서 다시 시집으로 돌아오지 않는 것이다.〈附注〉

11)〔역주〕天乎 : 하늘에 호소한 것이다.

12)〔역주〕魯人謂之哀姜 : ≪春秋左氏傳≫ 文公 4년에 이른바 "出姜이 魯나라에서 신임을

받지 못할 것이다.〔出姜之不允於魯〕"는 말이 들어맞았다.〈杜注〉

文公 18년, 文公의 二妃 敬嬴이 宣公을 낳았다. 敬嬴은 文公의 사랑을 받으면서도 사사로이 襄仲을 섬겼다. 宣公이 장성하자 敬嬴은 宣公을 襄仲에게 부탁하였다. 〈文公이 죽은 뒤에〉 襄仲이 그를 임금으로 세우려 하니 叔仲이 반대하였다. 襄仲은 齊侯를 만나 〈宣公을 임금으로 세워주기를〉 청하니, 齊侯는 새로 즉위하였으므로 魯나라와 가까이 지내고자 하여 襄仲의 요청을 허락하였다.

겨울 10월에 襄仲이 惡과 視를 죽이고서 宣公을 세웠다. 經에 "子가 卒하였다.〔子卒〕"고 기록한 것은 사실을 숨긴 것이다. 襄仲이 君命으로 惠伯(叔仲)을 부르니, 그의 宰臣(家臣의 長) 公冉務人이 가지 못하도록 말리며 말하기를 "들어가시면 반드시 죽을 것입니다."고 하니, 惠伯이 "임금의 命에 죽는 것이 신하의 도리이다."고 하였다. 公冉務人이 말하기를 "임금의 命이라면 죽어야 되지만 임금의 명이 아닌데 무엇 때문에 따르려 하십니까."라고 하였다.

惠伯이 그 말을 듣지 않고 들어가니 襄仲은 그를 죽여 말똥 속에 묻었다. 公冉務人이 惠伯의 妻子를 모시고서 蔡나라로 달아났다. 얼마 뒤에 〈魯나라는 惠伯의 아들을 세워〉 叔仲氏로 삼고서 惠伯의 官位를 承繼〔復〕시켰다.

夫人 姜氏가 齊나라로 돌아갔으니 大歸한 것이다. 齊나라로 돌아갈 적에 울면서 저자를 지나며 말하기를 "하늘이시여, 襄仲이 도리를 어기고서 嫡子를 죽이고 庶子를 임금으로 세웠습니다."라고 하니 저자의 사람들도 모두 울었다. 이로 인해 魯人은 그를 哀姜이라고 불렀다.

義之所責은 **民略而士詳**이요 **法之所禁**은 **市寬而軍急**이라 **士**는 **吾所厚也**니 **責之不當如民之薄也**요 **軍**은 **吾所重也**니 **治之不當如市之輕也**라 **此說者之所共守者也**라

의리로써 책망함에는 백성에게는 소략하고 士人에게는 상세(엄중)하며, 法律로써 금지함에는 市井에는 너그럽고 軍中에는 박절하다. 士人은 우리가 厚待할 대상이니 책망하기를 일반 백성에게 하듯이 薄略하게 하는 것은 옳지 않고, 군대는 우리가 믿고서 의존할 대상이니 다스리기를 市井 사람에게 하듯이 가볍게 하는 옳지 않다. 이것이 說者(評論家)들이 공동으로 준수해야 할 원칙이다.

君子之意果出於是乎아 **君子**는 **以同天下爲心者也**니 **厚士而薄民**하고 **重軍而輕市**는 **非所以同天下也**라 **待之同而治之異者**는 **稱物平施而歸之同也**라 **爲士者**는 **身處於籩豆絃歌之間**하야 **視禮義如寢食**이나 **而愚鄙之民**은 **蓋有不聞禮義之名者矣**니 **士宜不犯義**나 **而民宜犯義者也**라 **在軍者**는 **身處乎旗鼓鈇鉞之間**하야 **視法律如寢食**이나 **而市廛之氓**은 **蓋有不聞法律之名者矣**라 **是軍宜不犯法**하고 **而市宜犯法者也**라 **宜不犯義者**는 **責之詳**하고 **宜犯義者**는 **責之略**하며 **宜不犯法者**는 **治之急**하고 **宜犯法者**는 **治之寬**이면 **其不同乃所以爲同也**니 **是所謂稱物平施者也**라

〈그러나〉 君子의 마음 씀이 과연 이러한가? 군자는 천하 사람을 누구나 차별 없이 똑같이 대우하기로 마음먹은 사람이니, 士人은 후대하고 백성은 박대하며 군대는 중시하고 市井 사람은 경시한다면 천하 사람을 차별 없이 똑같이 대우하는 것이 아니다. 그러므로 대우는 똑같이 하되 다스리기를 달리하는 것은, 사물의 경중을 헤아려 공평하게 대하여 똑같이 대우하기 위함이다.

士人이 된 자는 몸이 籩豆와 弦歌하는 禮樂 사이에 있으면서 禮義를 마치 자고 먹는 일처럼 항상 접하지만 어리석고 비루한 백성들은 예의란 이름을 들어보지 못한 자도 있을 것이니, 士人은 의리를 범하지 않는 것이 마땅하지만 백성은 의리를 범하는 것이 마땅하다.

軍中에 있는 자는 몸이 旗鼓와 鈇鉞 사이에 있으면서 法律을 마치 자고 먹는 일처럼 항상 접하지만 市廛의 백성들은 법률이란 이름을 들어보지 못한 자도 있을 것이니, 군대는 법을 범하지 않는 것이 마땅하지만 시전의 백성들은 법을 범하는 것이 마땅하다.

의리를 범해서는 안 될 자들에게는 책망하기를 상세히 하고, 의리를 범해도 괜찮은 자들에게는 책망하기를 간략히 하며, 법을 범해서는 안 될 자들에게는 다스리기를 급박하게 하고 법을 범해도 괜찮은 자들에게는 다스리기를 너그럽게 하면 동일하지 않은 것을 동일하게 하는 것이니, 이것이 〈≪周易≫ 謙卦에〉 이른바 "사물의 〈多寡나 輕重을〉 稱量하여 공평하게 施與(給與)한다."라는 것이다.

抑又有說焉이라 **居於義之中而犯義**하고 **居於法之中而犯法**은 **非盡(滅)〔蔑〕**[1]**棄義法而不顧**면 **必不(赦)〔敢〕**[2]**也**라 **其犯雖小**나 **而蔑棄義法之心則大也**라 **彼其處於義與法之外者**는 **雖過惡暴著**라도 **特未知義法而然耳**니 **身過雖大**나 **而心過則小矣**라 **天下之**

過에 有衆人以爲大로되 而君子以爲小者하니 必身過也오 有衆人以爲小로되 而君子以爲大者하니 必心過也라

1) (滅)〔蔑〕: 저본에는 '滅'로 되어 있으나, 三民書局本에 의거하여 '蔑'로 바로잡았다.
2) (敕)〔敢〕: 저본에는 '敕'로 되어 있으나, 三民書局本에 의거하여 '敢'으로 바로잡았다.

나는 또 할 말이 있다. 몸이 義理 가운데 있으면서 의리를 범하고, 몸이 法律 가운데 있으면서 법률을 범하는 것은 의리와 법률을 모두 무시해버리고 돌아보지 않는 자가 아니면 반드시 감히 하지 못할 것이다. 그가 犯한 잘못은 비록 작으나, 의리와 법률을 무시해버린 죄는 크기 때문이다. 저 몸을 의리와 법률 밖에 둔 자는 비록 범한 過惡이 드러났다 해도 의리와 법률을 알지 못해서 그런 것뿐이니, 몸이 범한 잘못은 비록 크지만 마음이 범한 잘못은 작기 때문이다.

천하의 잘못 중에 일반인은 큰 잘못으로 여기는데도 君子는 작은 잘못으로 여기는 것이 있으니 이는 반드시 몸이 범한 잘못이기 때문이고, 일반인은 작은 잘못으로 여기는데도 군자는 큰 잘못을 여기는 것이 있으니 이는 반드시 마음이 범한 잘못이기 때문이다.

魯文公迎姜氏於齊에 命使差輕하니 是衆人之所謂小過耳나 而君子視之若大惡然이라 論姜氏之逐과 魯國之禍컨대 皆本之於一使之不備[1]요 驗襄仲之難컨대 其言無不讐者는 其所觀者在心이요 不在事也라 魯人之於禮에 猶越人之漁와 胡人之獵也하야 晝與禮俱作하고 夜與禮俱息일새 不見異物而遷者也라 失禮之愆이 在他國則可어니와 在魯國則不可하니 蓋越人不能獵이 非恥也며 胡人不能漁가 非恥也로되 在越而不能漁하고 在胡而不能獵이면 則擧國笑之矣니 蓋生漁獵之俗而不能者는 必天下之至拙이요 生禮義之俗而不守者는 必天下之至慢也라 一使之不備는 他國之所謂小過나 而魯之所謂大過也라 一使之不備가 其事固小나 至於蔑棄周公數百年之禮法이면 其心則大也라 履堯舜之朝而爲欺者가 眞欺也니 欺一言이 重於他時之欺萬言者也며 入夷齊之里而爲盜者가 眞盜也니 盜一金이 重於他時之盜萬金者也르새니라 見堯舜而敢欺하고 事夷齊而敢盜는 居魯國而敢犯禮니 推是心以往이면 何所不至耶리오

1) 〔역주〕 一使之不備 : 他國으로 시집가는 여인을 호송하는 禮는 《春秋左氏傳》 桓公 3년에

보인다. "公女가 대등한 나라로 시집갈 경우, 그 公女가 임금의 姊妹이면 上卿이 호송하여 先君을 禮遇하고, 임금의 딸이면 下卿이 호송하며, 큰 나라로 시집갈 경우에는 비록 임금의 딸이라 해도 上卿이 호송하고, 天子에게 시집갈 경우에는 모든 卿이 다 함께 호송하되 임금이 스스로 호송하지는 않으며, 작은 나라로 시집갈 경우에는 上大夫가 호송한다.〔凡公女嫁于敵國 姊妹則上卿送之 以禮於先君 公子則下卿送之 於大國 雖公子 亦上卿送之 於天子 則諸卿皆行 公不自送 於小國 則上大夫送之〕"

魯나라 文公이 齊나라에서 姜氏를 아내로 맞이할 때에 지위가 약간 낮은 사람을 使臣으로 보냈으니, 이것이 사람들이 말하는 '작은 잘못'일 뿐이지만 君子는 이를 큰 죄악처럼 본다. 姜氏가 축출되어 본국으로 돌아간 것과 魯나라가 당한 禍亂을 논하건대, 모두 〈처음 맞이할 때에〉 한 使臣을 上卿으로 갖추지 않은 데서 起因한 것이고, 襄仲이 〈魯나라에〉 災難을 만든 것을 징험해보건대 군자의 예언이 들어맞지 않음이 없었던 것은 군자가 관찰하는 바가 마음에 있고 일에 있지 않았기 때문이다.

魯人과 禮義의 관계가 越人의 고기잡이〔漁〕와 胡人의 狩獵과 같아서, 낮이면 예의와 함께 일어나고 밤이면 예의와 함께 쉬므로 外物을 보고서 변천하는 경우가 없었다. 예의를 잃는 잘못이 다른 나라에 있다면 〈용서〉할 수 있지만 魯나라에 있다면 〈결코 용서〉할 수 없다. 대체로 越人이 수렵을 하지 못하는 것이 부끄러운 일이 아니고, 胡人이 고기잡이를 하지 못하는 것이 부끄러운 일이 아니다. 그런데 越나라에 있으면서 고기잡이를 하지 못하고 胡地에 있으면서 수렵을 하지 못한다면 온 나라 사람들이 모두 그를 비웃을 것이니, 이는 고기잡이하고 수렵하는 고장에서 나고 자랐으면서 그 일을 하지 못하는 자는 반드시 천하에 더할 수 없이 졸렬한 자이고, 禮義의 고장에서 나고 자랐으면서 예의를 지키지 않는 자는 반드시 천하에 더할 수 없이 태만한 자이기 때문이다. 한 使臣을 上卿으로 갖추지 않은 것이 다른 나라에 있어서는 이른바 '작은 잘못'이지만 魯나라에 있어서는 이른바 '큰 잘못'이다. 한 使臣을 上卿으로 갖추지 않은 것은 본래 작은 일이지만 周公이 제정해 수백 년 동안 거행한 禮法을 무시해버린 것으로 말하면〔至〕 그 심보가 크다 하지 않을 수 없다.

堯·舜의 조정을 밟고 있으면서 詐欺하는 자가 진짜 사기이니, 속이는 한 마디 말이 다른 때에 속이는 만 마디 말보다 엄중하기 때문이며, 伯夷·叔齊의 마을에 들어가서 도둑질하는 자가 진짜 도둑이니, 一金(한 푼의 돈)을 훔치는 것이 다른 때에 萬金을 훔치는 것보다 엄중하기 때문이다. 堯·舜이 보는 앞에서 감히 속이고 伯夷·叔齊를

奉事하면서 감히 도둑질 하는 것은 魯나라에 살면서 감히 禮를 범하는 것과 같으니, 이런 마음을 미루어 나간다면 무슨 짓인들 못하겠는가.

惡發於心者大면 則禍應於心者亦大하니 是非報其事也라 報其心也며 非報其人也라 報其天也니라 晉楚齊秦聘娶之際에 其犯禮蓋有大於出姜者矣로되 而其得禍皆不若文公之烈者[1)]는 以其冒禮而非侮禮니 事雖醜而心則未如文公之縱也라 不然이면 則文公一過而得譴하고 他君百過而無尤니 天何私於晉楚齊秦而獨讐魯耶아

1) 而其得禍皆不若文公之烈者：(文)〔桓〕[*)]公遭彭生之禍
桓公이 彭生에게 〈拉殺하는〉 禍를 당하였다.

*) 〔역주〕 (文)〔桓〕：저본에는 '文'으로 되어 있으나, ≪春秋左氏傳≫에 의거하여 '桓'으로 바로잡았다. 彭生에게 拉殺 당한 것은 桓公이지 文公이 아니다.

마음에 일어나는 惡念이 크면 마음에 報應하는 災禍도 크니, 이는 그 行事에 대한 보응이 아니라 惡心에 대한 보응이며, 사람에 대한 보응이 아니라 天理에 대한 보응이다. 晉·楚·齊·秦 등의 나라들이 아내를 맞이하는 즈음에 그 禮를 범한 것이 〈魯나라가〉 出姜을 맞이할 때보다 〈그 잘못이〉 중대한 경우가 있었으되, 그 나라들이 입은 災禍가 모두 文公처럼 혹독하지 않았던 것은 그 예를 범하기는 하였으나 예를 업신여기지는 않았으니, 일은 비록 누추하지만 마음은 文公처럼 교만방자하지 않았기 때문이다. 그렇지 않다면 文公은 이 한 번의 잘못으로 꾸짖음을 받고 다른 나라 임금들은 백 번을 잘못하고도 꾸짖음을 받지 않은 것이니, 하늘이 어찌 晉·楚·齊·秦 등의 나라는 편애하고 유독 魯나라만을 원수로 보았겠는가.

17-03 楚滅六蓼 楚나라가 六나라와 蓼나라를 滅하다

【左傳】 文五年이라 六人叛楚卽東夷하니 秋에 楚成大心[1)]仲歸帥師滅六하다 冬에 楚〔公〕[2)]子燮滅蓼하다 臧文仲聞六與蓼滅하고 曰 皐陶(요)庭堅[3)]不祀忽諸로다 德之不建하야 民之無援하니 哀哉[4)]라

1) 〔역주〕 成大心：子玉의 아들이다.〈附注〉

2) 〔역주〕 〔公〕：저본에는 '公'이 없으나, ≪春秋左氏傳≫에 의거하여 보충하였다.

3) 〔역주〕 皐陶(요)庭堅：崔述의 ≪考信錄≫에 "皐陶와 庭堅은 두 사람이다. 六나라는 皐陶

의 후손이고 蓼나라는 庭堅의 후손이다."라고 하였다.

4) 〔역주〕 德之不建……哀哉 : 蓼나라와 六나라는 모두 皐陶의 후손이다. 두 나라의 임금이 德을 세우지 않고 大國과 怨恨을 맺어 갑자기 亡한 것을 가슴 아프게 여긴 것이다.〈杜注〉

文公 5년, 六人이 楚나라를 배반하고 東夷에 붙으니, 가을에 楚나라의 成大心과 仲歸가 군대를 거느리고 가서 六나라를 멸하였다. 겨울에 楚나라 公子 燮이 蓼나라를 멸하였다. 臧文仲이 六나라와 蓼나라가 멸망하였다는 말을 듣고서 말하였다.

"皐陶(繇)와 庭堅의 祭祀가 갑자기 끊기게 되었구나. 德을 세우지 않아 백성들이 救援하지 않아서이니 슬프도다."

物莫不惡(오)**傷其類**라 **桃僵而李仆**나 **若檮若櫟**은 **必不爲之仆**는 **何也**오 **非其類也**ㄹ새니라 **芝焚而蕙歎**이나 **若蕭若艾**는 **必不爲之嘆**은 **何也**오 **非其類也**ㄹ새니라 **楚人滅江**에 **而秦穆爲之憂**[1]하니 **君子未嘗疑焉**이라 **秦之與江**은 **同諸侯也**요 **同盟會也**요 **同利害也**니 **類同則憂同**이 **固其所也**라

1) 楚人滅江 而秦穆爲之憂 : 文四年*)

≪春秋左氏傳≫ 文公 4년에 보인다.

*) 〔역주〕 魯 文公 4년에 "楚人이 江나라를 멸하니 秦伯이 江나라를 위해 素服을 입고 正殿을 피해 다른 곳에 머물면서 盛饌을 들지 않기를 정해진 禮數보다 지나치게 하였다. 大夫가 諫하자, 秦 穆公이 말하기를 '同盟國이 滅亡하였으니 비록 구원할 수는 없다 하더라도 감히 가여워하지 않을 수 있겠는가? 이는 나 스스로를 경계하고 두려워하는 것이다.'라고 하였다. 〔楚人滅江 秦伯爲之降服出次 不擧過數 大夫諫 公曰 同盟滅 雖不能救 敢不矜乎 吾自懼也〕"라는 내용이 보인다.

同類가 傷害를 입는 것을 싫어하지 않는 물건이 없다. 복숭아나무가 엎어지면 오얏나무는 넘어지지만 가래나무와 상수리나무 같은 경우는 반드시 복숭아나무를 위해 넘어지지 않으니, 이는 어째서인가? 동류가 아니기 때문이다. 芝草가 불에 타면 蕙草는 탄식하지만 쑥과 약쑥 같은 경우는 반드시 지초를 위해 탄식하지 않으니, 이는 어째서인가? 동류가 아니기 때문이다.

楚人이 江나라를 滅하자 秦 穆公이 江나라를 위해 근심하였으니, 君子는 〈穆公의 근심에 대해〉 일찍이 의심하지 않았다. 秦나라와 江나라는 같은 諸侯國이고 함께 結盟한

사이이며 利害를 같이 하는 나라이니, 類가 같으면 근심도 같은 것이 본래 당연한 바이기 때문이다.

臧文仲은 **魯國一大夫耳**라 **大夫**는 **束脩之問不出境**[1)]하니 **其視他國之休戚**이 **固非職所當憂**어든 **況六與蓼邈然在江淮之間**하야 **自魯視之**면 **蓋風馬牛不相及**[2)]이니 **其存與亡**이 **何與於魯大夫事哉**아 **而臧文仲一聞其滅**에 **蹙頞深憂**하고 **且遠傷皐陶之不祀**하니 **此世之所以共疑其闊於事情也**라

1) 〔역주〕 束脩之問不出境 : 脩는 脯이니, 十脡(길게 펴서 말린 肉脯 열 장)이 束이다. 束脩처럼 박한 예물도 국경 밖으로 내보내지 않았다는 것은, 大夫는 사사로이 外交함이 없었다는 말이다.

2) 〔역주〕 風馬牛不相及 : ≪春秋左氏傳≫ 僖公 4년에 齊 桓公이 楚나라를 토벌하자, 楚나라가 使臣을 보내와서 "임금은 北海에 살고 寡人은 南海에 살아 바람난 牛馬도 서로 미칠 수 없는 먼 거리이니, 임금께서 우리의 땅에 오실 줄은 생각지 못하였소.〔君處北海 寡人處南海 唯是風馬牛不相及也 不虞君之涉吾地也〕"라고 말한 곳에서 보인다. 林堯叟(宋)는 "암수가 서로 유혹하는 것을 바람〔風〕이라 한다. 마소가 바람이 나 달아나서 암수가 서로 유혹하려 해도 거리가 멀어 미칠 수 없다는 말이니, 齊나라와 楚나라는 멀리 떨어져 있어 서로 관계가 없음을 비유한 것이다."라고 하였다.

臧文仲은 魯나라의 한 大夫일 뿐이다. 大夫는 束脩의 問遺가 국경을 넘지 않았으니, 他國의 기쁨과 슬픔을 살피는 것이 본래 大夫의 職分에 당연히 근심할 바가 아니다. 그런데 하물며 六나라와 蓼나라는 아득히 먼 長江과 淮水 사이에 있어서 魯나라에서 보면 조금도 관계가 없으니 그 나라의 存亡이 魯나라 大夫와 무슨 관계가 있는 일이겠는가. 그런데 臧文仲은 그 나라들이 멸망했다는 말을 한 번 듣자 이마를 찌푸리며 깊이 근심하고, 또 먼 옛날의 皐陶의 제사가 끊길 것을 상심하였으니, 바로 이것이 세상 사람들이 함께 그의 사정에 우활함을 의심하는 까닭이다.

見故人之子顚頓困阨이면 **則惻怛流涕**하야 **解衣推食之不暇**나 **他日遇塗人之子**면 **則是心衰焉**이라 **必厚其父祖然後**에 **憐其子孫者**가 **人之常也**라 **皐陶之沒**이 **下竟春秋千有餘年矣**라 **臧文仲生千有餘年之後**하니 **(吾)**[1)]**初不識皐陶於何地**며 **友皐陶於何時**어늘 **而視其子孫之亡**하고 **憫惜痛悼**하야 **不啻數十年膠漆之契**하니 **是心安從生哉**아

1) 〔역주〕 (吾) : 저본에는 '吾'가 있으나, 三民書局本에 의거하여 衍文으로 처리하였다.

親知의 아들이 곤궁으로 고생하는 것을 보면 가여워 눈물을 흘리면서 입은 옷을 벗어 입혀주고 먹던 밥을 밀어 먹여주기에 겨를이 없지만, 다른 날에 〈똑같은 처지에 놓인〉 길가는 사람의 아들을 만나면 〈가여워하는〉 이 마음이 쇠퇴한다. 반드시 그 父親이나 祖父와 두터운 交分이 있은 뒤에야 그 아들이나 손자를 가엽게 여기는 것이 사람들의 常情이다. 皐陶가 사망한 날로부터 春秋時代에 이르기까지 1천여 년이 지났다. 臧文仲이 1천여 년 뒤에 출생했으니, 애당초 皐陶가 어느 지방 사람이며 皐陶와 어느 시대에 交遊하였는지 알 수 없는데, 그 자손이 멸망한 것을 보고서 애석해하고 애통해하는 것이 수십 년 동안 사귄 친밀한 벗과 같을 뿐이 아니었으니 이런 마음이 어디에서 생겼는가?

類之同者는 **移千歲爲一朝**하고 **類之異者**는 **睽一朝爲千載**라 **皐陶之所與同朝者**는 **曰共, 曰鯀, 曰兜, 曰苗**니 **禮貌非不相際也**며 **言語非不相接也**라 **然一則在雲天之上**하고 **(具)〔一〕**[1]**則在沮洳之下**하며 **一則在風塵之表**하고 **一則在膏火之中**하니 **對席而分胡越**하고 **接步而判古今**이라 **想共鯀兜苗之心**은 **其視皐陶如寇讐然**하야 **日夜伺隙**하야 **惟恐害皐陶之無路耳**어늘 **矧有閔惜其子孫之意哉**아 **是所謂時同而類異者也**라 **天下之理**는 **未嘗無對**하니 **旣有時同而類異者**면 **亦有時異而類同者**리라 **故皐陶近不與共鯀兜苗爲類於唐虞之朝**하고 **而遠與臧文仲爲類於春秋之世**하니라 **想文仲之心**은 **仰不知皐陶之在唐虞**하고 **俯不知身之在春秋**하야 **無形之中**에 **自相拜酬**하고 **無聲之中**에 **自相賡(갱)載**[2]하야 **跡遠而心近**하고 **跡疏而心親**하니 **此所以見皐陶之不祀**하고 **慨嘆憫惜**을 **不能自已**가 **殆甚於合堂同席之交**하니라

1) 〔역주〕 (具)〔一〕 : 저본에는 '具'로 되어 있으나, 四庫全書本에 의거하여 '一'로 바로잡았다.
2) 〔역주〕 賡(갱)載 : 賡載는 서로 詩詞를 주고받으며 화답하는 뜻이다. ≪書經≫ 〈虞書 益稷〉에서 皐陶가 舜임금과 대화하면서 "이에 노래하기를 '임금이 현명하시면 股肱(신하)들이 어질어서 모든 일이 편안히 이루어질 것입니다.'라고 하였다.〔乃賡載歌曰 元首明哉 股肱良哉 庶事康哉〕"라고 한 곳에서 보인다.

同類는 〈情이〉 천년이 가도 하루아침 같지만 異類는 〈情이〉 하루아침만 헤어져도 천년처럼 멀어진다. 皐陶와 같은 조정에서 함께 지낸 이들 중에 共工·鯀·驩兜·三苗가

있었으니, 이들은 禮貌로써 서로 교제하였을 것이며 言語로써 서로 접촉하였을 것이다. 그러나 한쪽(皐陶)은 雲天의 위(하늘나라)에 있고, 한쪽(네 사람)은 늪 밑에 있는 것 같으며 한쪽은 風塵 밖에 있고 한쪽은 기름불 가운데 있는 것 같으니, 서로 자리를 마주하고 앉아도 胡越처럼 멀게 느끼고, 가까이 발을 대고 동행해도 마치 古今으로 막혀 있는 듯 했을 것이다. 상상건대 共工·鯀·驩兜·三苗의 마음은 皐陶 보기를 寇讐처럼 여겨 밤낮으로 틈을 노리면서 皐陶를 해코지할 길이 없을까 걱정했을 것인데, 하물며 그 자손을 애석해하는 마음을 가졌겠는가? 이것이 이른바 시대는 같으나 類가 다르다는 것이다.

천하의 이치는 상대가 없는 것이 없으니, 이미 시대는 같으나 類가 다른 경우가 있다면 또한 시대는 다르나 類가 같은 경우도 있을 것이다. 그러므로 皐陶가 가까이 唐·虞의 조정에서 共工·鯀·驩兜·三苗와 同類가 되지 못하고 멀리 春秋時代에 臧文仲과 동류가 된 것이다. 상상건대 臧文仲의 마음은 위로 皐陶가 唐·虞 시대에 있고, 아래로 자신이 춘추시대에 있는 줄을 모르고서, 형상이 없는 속에서 서로 절하며 응대하고 소리가 없는 속에서 서로 詩詞를 주고받으며 화답하면서 形跡은 멀지만 마음은 가깝고 형적은 소원하지만 마음은 친밀하였으니, 이것이 皐陶의 제사가 끊긴 것을 보고서 한 방에서 동석했던 벗보다 심하게 탄식하고 애석해 마지않았던 까닭이다.

大抵君子는 **必與君子合**하고 **小人**은 **必與小人合**하니 **學者欲自驗其心**인댄 **盍以是觀之**아 **吾見君子失志而憂**하고 **見君子之子孫衰替而憂**면 **則是吾心與君子合也**요 **吾見君子失志而不憂**하고 **見君子之子孫衰替而不憂**면 **則是吾心不與君子合也**라 **憂人之憂**가 **本未足稱**이나 **然吾心與君子合則大可喜**요 **不憂人之憂**가 **本未足貶**이나 **然吾心不與君子合**이면 **則大可懼**라 **欲占吾心於君子合與不合**인댄 **當察吾心於君子憂與不憂**라 **自省之術**이 **孰要於此哉**아

대체로 君子는 반드시 군자와 契合(의기투합)하고 小人은 반드시 소인과 계합한다. 學者가 스스로 자기의 마음을 검증하고자 한다면 어찌 이런 방법으로 자신을 관찰하지 않는가?

내가 군자가 뜻을 잃고 〈의기소침한 것을〉 보고 근심하고, 군자의 자손이 衰落한 것을 보고 근심한다면 이는 나의 마음이 군자와 계합하는 것이고, 내가 군자가 뜻을 잃고

〈의기소침한 하는 것을〉 보고도 근심하지 않고, 군자의 자손이 쇠락한 것을 보고도 근심하지 않는다면 이는 나의 마음이 군자와 계합하지 않는 것이다.

남의 근심을 근심하는 것이 본래 칭찬할 것이 못되지만 내 마음이 군자와 계합하면 크게 기뻐할 만하고, 남의 근심을 근심하지 않는 것이 본래 깎아내릴 것이 못되지만 내 마음이 군자와 계합하지 않으면 크게 두려워할 만하다. 내 마음이 군자와 계합하느냐 계합하지 않느냐를 검증하고자 한다면 응당 내 마음이 군자의 憂患에 대해 근심하느냐 근심하지 않느냐를 관찰해야 할 것이다. 자신을 反省하는 방법이 무엇이 이보다 중요하겠는가?

17-04 秦穆公以子車氏之三子爲殉 秦 穆公이 子車氏의 세 아들을 殉葬케 하다

【左傳】 文六年이라 秦伯任好卒에 以子車氏之三子奄息仲行鍼虎爲殉하니 皆秦之良也라 國人哀之하야 爲之賦黃鳥하다 君子曰 秦穆之不爲盟主〔也〕[1]宜哉라 死而棄民이로다 先王違世에 猶詒之法이온 而況奪之善人乎아 詩曰 人之云亡하니 邦國殄瘁[2]로다하니 無善人之謂라 若之何奪之오 古之王者知命之不長이라 是以竝建聖哲하야 樹之風聲하고 分之采物[3]하고 著之話言[4]하고 爲之律度하고 陳之藝極[5]하고 引之表儀[6]하고 予之法制[7]하고 告之訓典[8]하고 敎之防利[9]하고 委之常秩[10]하고 道之以禮則하야 使無失其土宜[11]하야 衆隷賴之而後에 卽命[12]이라 聖王同之어늘 今縱無法以遺後嗣하고 而又收其良以死하니 難以在上矣라 君子是以知秦之不復(부)東征也[13]라

1) 〔역주〕〔也〕: 저본에는 '也'가 없으나, ≪春秋左氏傳≫에 의거하여 보충하였다.
2) 〔역주〕 人之云亡 邦國殄瘁 : ≪詩經≫ 〈大雅 瞻卬〉에 보인다.
3) 〔역주〕 分之采物 : 采物은 采色으로 치장한 器物로 旌旗와 衣服 따위이다. 旌旗와 衣服은 身分의 高下에 따라 각각 정해진 制度가 있기 때문에 天子가 신하의 貴賤에 따라 각각 그 신분에 맞는 采物을 나누어주어 신분의 고하를 드러내게 함이다.
4) 〔역주〕 話言 : 善言이다. 선언을 竹帛에 기록하여 遺訓으로 삼게 함이다.
5) 〔역주〕 陳之藝極 : 藝極은 貢賦의 기준을 선포함이다. 陳은 宣布이다.
6) 〔역주〕 引之表儀 : 表儀는 儀表와 같은 말로 法度와 禮義이니, 곧 법도와 예의로 인도함이다. 楊伯峻의 ≪春秋左傳注≫에 "≪管子≫ 〈形勢解〉에 '법도는 萬民의 儀表이고 예의는 尊卑의 儀表이다.'라고 했다."고 하였다.
7) 〔역주〕 法制 : 吉禮·凶禮·軍禮·賓禮·嘉禮 등의 法制를 이른다.

8)〔역주〕訓典 : 先王이 백성들을 교훈하던 법을 이른다.
9)〔역주〕防利 : 이익을 지나치게 탐하는 것을 막음이다.
10)〔역주〕常秩 : 官司의 常職이니, 일정한 직무를 맡겨 성공하도록 권함이다.
11)〔역주〕無失其土宜 : 지방마다 풍속이 다르기 때문에 각각 그 지방의 풍속에 따르도록 인도함이다.
12)〔역주〕卽命 : ≪春秋左傳注疏≫에 卽은 "나아감〔就〕"이라 하였고, 楊伯峻의 ≪春秋左傳注疏≫에 "命은 天命이다. 천명을 마쳤으므로 나아가는 것이니 '죽음'의 이칭이다." 하였다.
13)〔역주〕君子是以知秦之不復(부)東征也 : 다시 東方의 제후들을 征討하여 霸主가 될 수 없다는 말이다.〈杜注〉

文公 6년, 秦伯 任好가 卒하자 子車氏의 세 아들 奄息·仲行·鍼虎를 殉葬하였으니, 이들은 모두 秦나라의 良臣이었다. 그러므로 國人이 그들의 죽음을 슬퍼하여 〈黃鳥〉詩를 지었다. 君子는 이에 대해 다음과 같이 論評하였다.

"秦 穆公이 盟主가 되지 못한 것은 당연하다. 〈그 이유는〉 죽으면서도 백성을 버렸기 때문이다. 先王들은 세상을 떠나면서도 오히려 後人에게 법도를 남겼는데, 하물며 백성에게서 善人을 빼앗아간다는 말인가? 詩에 '선인이 죽으니 나라가 병든다.'고 하였으니 이는 나라에 선인이 없음을 〈근심하는〉 말인데 穆公은 어째서 선인을 빼앗아갔단 말인가?

秦 穆公

옛날의 王者는 자기의 생명이 永遠하지 못하다는 것을 알았기 때문에 덕과 지혜가 높은 사람〔聖哲〕을 널리 등용하여 風聲(教化)을 세우는 일을 맡기고, 采物을 나누어주고 善言을 기록하고 度量衡을 제정하고 藝極을 선포하고, 表儀로 인도하고 法制를 만들어주고, 訓典을 일러주고, 이익을 지나치게 탐하지 못하도록 가르치고, 일정한 직무를 위임하고, 禮法으로 教導하여 그 지방의 풍속을 잃지 않게 하고서 官民이 모두 이를 신뢰한 뒤에 세상을 떠났다. 聖王도 이와 같이 하였는데, 지금 穆公은 법도를 세워 後嗣에게 남겨주지는 못할망정 또 良臣마저 거두어 죽게 하였으니, 남의 윗자리에 있기가 어려울 것이다.”

君子는 이로써 秦나라가 다시 東征하지 못할 줄을 알았다.

三良之殉君을 **古今之論是者半**이요 **非者半**이라 **是之者**는 **壯其忘身之勇也**요 **非之者**는 **議其忘身之輕也**라 **是非之論**이 **雖不一**이나 **至論其忘身**하얀 **則一而已矣**라

세 良臣이 임금을 따라죽은 것에 대해, 예로부터 지금까지 이를 評論한 자들 중에 찬성한 자가 절반이고 반대한 자가 절반이다. 찬성한 자들은 세 양신의 몸을 잊은 용기를 장하게 여겼고, 반대한 이들은 세 양신의 몸을 잊은 경솔함을 비난하였다. 찬반의 논평이 비록 일치하지 않으나, 그 몸을 잊은 것을 논한 데 이르러서는 일치한다.

吾獨以謂三良은 **惟不能忘其身然後殉君**이요 **使其果能忘身**이면 **必不至於殉君也**라 **殺身以殉其君**은 **非忘身者不能**이어늘 **今反謂不能忘身者**는 **獨何歟**아 **殉葬非厚也**라 **是從君於昏也**며 **是納君於邪也**며 **是陷君於過也**라 **以三良之明**으로 **非不知也**요 **知之而不敢辭者**는 **爲其嫌於愛身也**라

그러나 나는 홀로, 세 良臣은 자기들의 몸을 잊지 않은 뒤에 임금을 위해 따라죽었다고 생각한다. 가령 그들이 과연 몸을 잊었다면 반드시 임금을 따라 죽는 데 이르지 않았을 것이다. 자기 몸을 희생해 그 임금을 위해 따라죽는 것은 몸을 잊은 자가 아니면 할 수 없는 일인데, 지금 도리어 '몸을 잊지 않은 분들'이라고 한 것은 유독 무슨 까닭인가? 殉葬은 忠厚함을 표현하는 것이 아니라 임금의 昏暗한 행위를 순종함이며, 임금을 사악한 행위로 들어가게 함이며 임금을 罪過에 빠뜨림이다. 세 양신처럼 현명한 분들이 이를 모르지 않았을 것인데, 알면서도 감히 사절하지 않은 것은 몸을 아낀다는 嫌疑를 〈받을까 두려웠기〉 때문이다.

以愛身自嫌者는 **未能忘其身者也**라 **使三子果能忘其身**이면 **則視人如己**하고 **視己如人**이라 **君欲以他人爲殉**이면 **吾固爭之**나 **所爭者殉葬之失也**요 **不知其在人也**라 **君欲以我爲殉**이면 **吾亦爭之**나 **所爭者殉葬之失也**요 **不知其在己也**라 **吾尙不知有吾身**이어든

又安有愛身之嫌哉아 **身天下之身**하고 **理天下之理**니라 **苟强認其身而有之**하야 **凡事之涉於吾身**에 **明知天下之正理**로되 **避嫌而不敢言**이면 **是橫私天下之身**이요 **而橫私天下之理也**라 **吾方欲救吾君萬世之惡名**이어늘 **豈暇置一身之嫌於其間哉**아 **三子果不置一身之嫌於**[1]**胸中**이면 **則論己事如論人事**하야 **居之不疑**하고 **言之不怍**하야 **必不至黽勉而受秦穆之命矣**리라 **其所以寧殺身而不忍犯愛身之嫌者**는 **惟其未能忘身也**르새니라 **人徒見三子奮然捐軀**하야 **駢首就死**하고 **共指之爲忘身**하니 **孰知其所以死**가 **實出於不能忘身也歟**아

1)〔역주〕一身之嫌於 : 四庫全書本에는 '一身之'와 '嫌於'가 도치되어 있다.

자신을 아낀다는 혐의를 두려워하는 자는 그 몸을 잊을 수 없다. 가령 세 분이 과연 그 몸을 잊을 수 있었다면 다른 사람을 자기와 같이 보고 자기를 다른 사람과 같이 보았을 것이니, 〈만약〉 임금이 다른 사람을 殉葬하려고 하였다면 세 분〔吾〕은 당연히 諫爭하였을 것이나 간쟁하는 이유는 순장이 옳은 일이 아님에 있고, 〈순장을 당하는 일이〉 다른 사람에 있는 줄은 의식하지 못했을 것이며, 임금이 자기들을 순장하려고 하였다면 세 분은 당연히 간쟁하였을 것이나 간쟁하는 이유는 순장이 옳은 일이 아님에 있고, 〈순장을 당하는 일이〉 자기들에게 있는 줄은 의식하지 못했을 것이다. 세 분은 오히려 자기 몸이 있는 줄도 몰랐는데 또 어찌 몸을 아끼는 혐의가 있겠는가? 천하 사람들의 몸을 자기 몸으로 여기고 천하 사람들의 이치를 자기의 이치로 여겼을 것이다.

만약 자신을 私有物로 강조해, 자신에게 관계된 모든 일에 천하의 正理가 있는 것을 분명히 알면서도 혐의를 피하기 위해 감히 말을 하지 않는다면 이는 천하의 몸을 멋대로 사유물로 여김이고 천하의 이치를 멋대로 사유물로 여김이다. 나는 바야흐로 우리 임금님이 만세에 남길 惡名을 구제하고자 하는데, 어느 겨를에 일신의 혐의를 그 사이에 두겠는가? 세 분이 과연 자신들의 혐의를 마음속에 두지 않았다면 자기의 일 논하기를 다른 사람의 일을 논하듯이 하여, 평소에 의심이 없고 말을 해도 부끄럽지 않아서 반드시 힘써 노력하여 秦 穆公의 명을 받아들이지 않았을 것이다. 그분들이 차라리 자신을 희생할지언정 차마 몸을 아끼는 혐의를 범하지 않은 것은 몸을 잊지 못하였기 때문이다. 사람들은 세 분이 분연히 몸을 버리고 함께 죽은 것만을 보고서 모두 몸을 잊은 것이라고 말하니, 그분들의 죽음이 실로 그 몸을 잊지 않은데서 나왔다는 것을 누가

알겠는가.

或曰 三子之不能忘身則(諾)〔信〕[1]이어니와 **要不可謂之不厚其君也**라하노라 **吾又以爲不然**이라 **爲君計者**는 **厚其君者也**오 **爲身計者**[2]는 **厚其身者也**라 **三子若爲君計**면 **必思殉葬爲吾君無窮之累**니 **吾身縱不自惜**이나 **豈不爲吾君惜乎**아 **惟其專爲身計**하고 **而不爲君計**하니라 **故當秦穆命殉葬之際**하야 **謂不從則受偸生之責**이요 **從之則君受害賢之責**이라 **吾知免吾責耳**니 **彼君之責**이 **吾何預焉**가 **是心也**가 **果厚於君乎**며 **果厚於身乎**아 **然則三子之厚其君**이 **乃所以薄其君也**라

1) 〔역주〕 (諾)〔信〕: 저본에는 '諾'으로 되어 있으나, 四庫全書本·三民書局本에 의거하여 '信'으로 바로잡았다.

2) 〔역주〕 爲身計者: 四庫全書本에는 '爲其身者'로 되어 있다.

或者는 "'세 분이 그 몸을 잊지 않았다.'는 것은 사실이지만 요컨대 〈이 한 마디 말을 가지고〉 그 임금을 忠厚하게 대하지 않았다고 할 수 없다."고 한다. 그러나 나는 또 그렇지 않다고 생각한다.

임금님을 위해 계책을 세우는 자는 그 임금에 대한 애정이 두터운 자이고, 자신을 위해 계책을 세우는 자는 자신에 대한 애정이 두터운 자이다. 세 분이 만약 임금을 위해 계책을 세웠다면 반드시 '순장은 우리 임금님의 무궁한 罪累가 될 것이니, 비록 〈순장을 당하는〉 나는 애석할 게 없다 하더라도 어찌 임금님을 위해 애석해하지 않을 수 있겠느냐.'고 생각했을 것이다. 〈그러나 세 분은 순장을 당하였으니〉 오로지 자신만을 위해 계산하고 임금을 위해 계산하지 않은 것이다. 그러므로 秦 穆公이 殉葬을 명할 때를 당하여, 〈세 분은〉 '명을 따르지 않으면 구차히 살기를 구한다는 지적을 받을 것이고, 명을 따르면 임금이 賢臣을 해친다는 지적을 받을 것이다. 나는 나의 책망을 피하기만을 구할 뿐이니, 저 임금님의 책망이 나와 무슨 상관이 있느냐.'고 생각했을 것이다.

이 마음이 과연 임금을 두터이 사랑한 것인가, 과연 자기 몸을 두터이 사랑한 것인가? 그렇다면 세 분이 그 임금을 두터이 사랑한 것이 도리어 그 임금을 박하게 대한 것이다.

17-05 季文子如晉求遭喪之禮行 季文子가 晉나라로 出使할 때에 喪을 당할 경우 사용할 禮儀를 청구해 가지고 가다

【左傳】 文六年이라 秋에 季文子將聘於晉할새 使求遭喪之禮以行[1)]하니 其人曰 將焉用之[2)]오 文子曰 備豫不虞는 古之善教也라 求而無之면 實難[3)]하니 過求何害[4)]오 八月에 晉襄公卒하다

1) 〔역주〕 季文子將聘於晉 使求遭喪之禮以行 : 季文子는 季孫行父이다. 晉侯가 병을 앓고 있다는 말을 들었기 때문이다.〈杜注〉
2) 〔역주〕 將焉用之 : 其人은 從者이다.〈杜注〉
3) 〔역주〕 求而無之 實難 : 갑자기 얻기 어렵다는 말이다.〈杜注〉 사용하려 할 때 구할 수 없으면 그 儀物을 실로 갑자기 얻기 어렵다는 말이다.〈附注〉
4) 〔역주〕 過求何害 : 이것이 ≪論語≫ 〈公冶長〉에 이른바 '文子는 모든 일을 세 번 생각한 뒤에 행하였다.'는 것이다.〈杜注〉

文公 6년, 가을에 季文子가 晉나라에 聘問하려 할 때 〈그 從者에게〉 喪을 당할 경우에 사용할 儀物〔禮〕을 청구하게 한 뒤에 떠났다. 그 從者가 "어디에 쓰려는 것입니까?"라고 묻자, 文子가 말하였다. "뜻밖에 생길지 모르는 일〔不虞〕에 미리 대비하라는 것은 옛날의 좋은 교훈이다. 일을 당하여 구할 곳이 없으면 실로 난처하게 될 것이니 지나치게 구한다 하여 무엇이 해롭겠는가?"

8월에 晉 襄公이 卒하였다.

天下之患은 不發於人之所備하고 而發於人之所不備하나니라 十事而記其九라도 來問者必其一之不記者也요 六經而習其五라도 來難者必其一之不習者也며 四封而守其三이라도 來攻者必其一之不守者也라 十而九焉하고 六而五焉하고 四而三焉이면 所備者不爲不多矣로되 然吾敵者는 置其九而問其一하고 置其五而難其一하며 置其三而攻其一하야 緣間投隙[1)]하야 專擇吾之不備而徑犯之하니 何其逆料陰揣如是之巧邪아 此世所以共憂爲備之難也니라

1) 〔역주〕 緣間投隙 : 틈을 엿보아 기회를 이용함이다.

天下의 患亂은 사람들이 방비하는 곳에선 발생하지 않고 사람들이 방비하지 않는 곳에서 발생한다. 열 가지 일 중에 아홉 가지를 기억했어도 와서 묻는 자는 반드시 기억

하지 않은 한 가지 일이고, 六經 중에 五經을 이미 학습했어도 와서 論難하는 자는 반드시 학습하지 않은 一經이며, 四面의 국경 중에 이미 三面을 수비했어도 와서 침공하는 자는 반드시 수비하지 않은 一面이다.

열 가지 일 중에 아홉 가지를 기억하고, 六經 중에 五經을 학습하고, 사면의 국경 중에 삼면을 수비하였다면 대비한 것이 많다고 하지 않을 수 없다. 그러나 나의 적은 내가 기억하고 있는 아홉 가지 일은 버리고 내가 기억하지 못하는 한 가지 일만을 묻고, 내가 학습한 五經은 버리고 내가 학습하지 않은 一經만을 論難하며, 내가 수비하고 있는 삼면은 버리고 내가 수비하지 않은 일면만을 침공하여, 틈을 엿보아 기회를 노려 오로지 내가 방비하지 않은 곳만을 골라 곧장 침범하니, 미리 헤아리고 추측함이 어쩌면 그리도 정교한가? 이것이 세상 사람들이 모두 사전에 미리 방비하기가 어려움을 근심하는 까닭이다.

然爲備而不盡則難하고 **爲備而旣盡則易**(이)하니라 **人之遊於世**에 **罕與所長遇**하고 **多與所短遇**하며 **罕與所精遇**하고 **多與所略遇**라 **雖左隄右防**하고 **朝戒暮警**이라도 **偶有毫芒之不盡**이면 **則禍必發於此**요 **而不發於其他**하니 **信矣**로다 **爲備之難也**여 **是非爲備之難也**라 **爲備不盡之難也**니라 **必猶有短然後**에 **人得而乘之**하고 **必猶有略然後**에 **人得而困之**라 **無所不長**이면 **彼孰得以乘吾短**이며 **無所不精**이면 **彼孰得以困吾略**이리오 **苟無所不備**면 **禍雖欲發**이나 **無所發之地矣**리라

그러나 방비를 하되 극진히 하지 않으면 〈일이 닥쳤을 때 대처하기가〉 困難하고, 방비를 하되 이미 극진히 하였으면 〈일이 닥쳤을 때 대처하기가〉 용이하다. 사람이 세상을 살아감에 있어 잘하는 일을 만나는 경우는 드물고, 잘하지 못하는 일을 만나는 경우는 허다하며, 정통한 일을 만나는 경우는 드물고, 소략한 일을 만나는 경우는 허다하다. 비록 좌우에 제방을 쌓고 아침저녁으로 경계하더라도 우연히 털끝만큼이라도 극진히 하지 못한 점이 있으면 禍가 반드시 그곳에서 발생하고 다른 곳에서 발생하지 않으니, 방비하기가 어렵단 말이 진실이로다.

〈그러나〉 이는 방비하기가 어려운 것이 아니라 방비를 하되 극진히 하지 않으면 〈일이 닥쳤을 때〉 곤란하다는 것이다. 반드시 단점이 있은 뒤에야 다른 사람이 그 단점을 이용할 수 있고, 반드시 소략함이 있은 뒤에야 다른 사람이 그 소략함을 곤란하게 할

수 있다. 뛰어나지 않음이 없다면 누가 나의 단점을 이용할 수 있으며, 정통하지 않음이 없다면 누가 나의 소략함을 곤란하게 할 수 있겠는가? 만약 방비하지 않음이 없다면 禍가 비록 발생하고 싶어도 발생할 곳이 없을 것이다.

是故君子之爲備也에 **人以爲無**나 **我以爲有**하고 **人以爲後**나 **我以爲先**이라 **蚤正素定**하야 **使胸中無一之不備**면 **及與事物接**에 **此來則與此應**하고 **彼來則與彼應**하야 **從容談笑**라도 **各就條理**라 **吾是以知爲備旣盡者**는 **如此其易**(이)**也**로라

그러므로 君子가 미리 방비할 때에 사람들은 〈방비할 것이〉 없다고 하지만 나(군자)는 있다고 하며, 사람들은 나중에 하자고 하지만 나는 먼저 하자고 한다. 〈모든 일을〉 조기에 바로잡고 평소에 결정하여, 마음속에 한 가지 일도 미리 준비하지 않은 것이 없으면 사물과 접촉할 때에 미쳐, 여기에서 오면 여기에서 응대하고, 저기에서 오면 저기에서 응대하여 여유롭게 담소하며 〈응대하더라도〉 각각의 조리(갈피)가 이루어진다. 나는 이로써 방비를 미리 극진히 한 자는 〈일이 닥쳤을 때에 대처하기가〉 이처럼 용이하다는 것을 알았다.

季文子聘(魯)〔**晉**〕[1]에 **求遭喪之禮而行**이라 **且卿大夫之出聘**에 **所備者**는 **郊勞贈賄之儀耳**[2]요 **張旜**(전)**展幣之節耳**[3]요 **專對答賦之辭耳**[4]요 **至於遭喪之事**하야는 **衆人以爲必無**ㄹ새 **後其禮而不講者也**라 **魯使如晉者**의 **冠蓋相望**하고 **而輪蹄相躡**이어늘 **豈有他人皆不遭喪**하고 **而文子獨遭喪者乎**아 **文子獨以爲時無止**하고 **變無常**하야 **墻數年而一頽**로되 **固有適遇其頽者矣**요 **人百年而一死**로되 **固有適遇其死者矣**니 **安可**〔**恃**〕[5]**他人之不遭**하야 **而必己之不遭者乎**아 **於是屬意衆人之所無**하고 **博講衆人之所後**하야 **當暇豫之時**하야 **而汲汲然求遭喪之禮**하니 **吾意魯國之人竊笑文子之迂闊者多矣**리라

1) 〔역주〕 (魯)〔晉〕: 저본에는 '魯'로 되어 있으나, 四庫全書本·三民書局本에 의거하여 '晉'으로 바로잡았다.

2) 〔역주〕 郊勞贈賄之儀耳 : '郊勞'는 使者가 聘問國의 郊外에 당도하면 本國의 國君이 卿이나 大夫를 교외로 보내어 慰勞하는 것인데, ≪春秋左氏傳≫ 杜預 注에 "가는 나라의 교외에 이르러 땅을 깨끗이 쓸고 흙을 쌓아 壇을 만들고서 郊勞를 받는다." 하였다. '贈賄'는 財物을 주는 禮이다.

3) 〔역주〕 張旜(전)展幣之節耳 : '張旜'은 붉은색의 굽은 자루에 매단 큰 旗를 거는 것인데, 出聘 때 사용하였다. '展幣'는 예물의 物目을 기록한 것을 이른다.
4) 〔역주〕 專對荅賦之辭耳 : '專對'는 사신으로 나아가 독자적으로 응대함을 이르고, '荅賦'는 시를 읊어 답함을 이르는 것으로, 이 또한 사신의 중요한 역할이다.
5) 〔역주〕 〔恃〕 : 저본에는 1자 빈칸으로 되어 있으나, 四庫全書本·三民書局本에 의거하여 '恃'를 보충하였다.

季文子가 晉나라를 聘問할 때에 喪을 당할 경우 사용할 禮儀를 청구해 가지고 갔다. 대체로 卿大夫가 聘問하기 위해 出國할 때에 갖출 문건은 郊勞와 贈賄의 禮儀와 張旜과 展幣의 禮節과 專對와 答賦의 言辭뿐이고, 喪을 당할 때의 일로 말하면 사람들이 발생하지 않을 일로 여기기 때문에 그 禮를 뒷전으로 여기고 講論하지 않는다. 晉나라로 가는 魯나라 使節의 행차가 끊임이 없고 수레바퀴와 말발굽 자국이 서로 맞닿을 정도인데, 어찌 다른 사람은 모두 喪을 당하지 않고 유독 文子만이 상을 당할 리가 있었겠는가?

〈그러나〉 文子는 홀로, '時日은 정지함이 없고 변화는 일정함이 없어서, 담장이 여러 해를 지나면 넘어지지만 반드시〔固〕 그 담장이 넘어질 때를 만나는 자가 있고, 사람도 백년을 살면 사망하지만 반드시 그 사람이 사망할 때를 만나는 자가 있게 마련인데, 어찌 다른 사람들이 〈喪事를〉 당하지 않은 것을 믿고서 나도 당하지 않을 것이라고 기필하겠느냐.'고 생각하고서, 이에 사람들이 발생하지 않을 것으로 여기는 禮儀에 생각을 집중하고 사람들이 뒷전으로 여기는 儀節을 다방면으로 강구하고서, 한가한 때를 당하여 서둘러 喪을 당할 경우 사용할 禮儀를 청구하였으니, 내가 생각하기에 魯나라 사람 중에 속으로 文子를 迂闊하다고 비웃는 자가 많았을 것이다.

噫라 **當暇豫之時**하야 **而求遭喪之禮**하니 **文子固迂闊也**라 **至晉而果遭襄公之喪**하니 **使未嘗講喪者處之**면 **其搶(창)攘爲如何**며 **其顚錯爲如何**오 **及是時**하야 **回視文子之問禮**면 **果迂闊乎**아 **果不迂闊乎**아 **始笑文子之迂闊者**가 **未必不反服文子之精審也**리라

嗚呼라 **晝者夜之對**니 **未有常晝而不夜**며 **生者死之對**니 **未有常生而不死**라 **當晝而謀寢息之具者**를 **人未嘗有以爲怪**하니 **文子當晉侯之存而問遭喪之禮**를 **亦何足怪乎**아 矧**文子所問者**는 **遭**(文子)〔**他人**〕1)**之喪耳**라 儻〔**子路**〕2)**如當生而問死**3)면 **則世愈不勝其怪駭矣**리라

1) 〔역주〕 (文子)〔他人〕 : 저본에는 '文子'로 되어 있으나, 三民書局本에 의거하여 '他人'으로 바로잡았다.
2) 〔역주〕 〔子路〕 : 저본에는 '子路'가 없으나, 三民書局本에 의거하여 보충하였다.
3) 〔역주〕 當生而問死 : ≪論語≫ 〈先進〉에 "季路(子路)가 귀신 섬기는 것을 묻자, 孔子께서 말씀하셨다. '사람을 섬길 수 없으면 어찌 귀신을 섬길 수 있겠는가.' 〈季路가 물었다.〉 '감히 죽음을 묻습니다.' 孔子께서 말씀하셨다. '삶을 알지 못하면 어찌 죽음을 알겠는가.'〔季路問事鬼神 子曰 未能事人 焉能事鬼 敢問死 曰未知生 焉知死〕"라는 내용이 보인다.

아! 한가한 때를 당하여 喪을 당할 경우 사용할 禮儀를 청구하였으니, 文子는 참으로 迂闊했다. 〈그러나 그가〉 晉나라에 당도하여 과연 襄公의 喪을 당했으니, 가령 喪을 만났을 때에 대처할 방법을 일찍이 강구하지 않았다면 그 어지러움을 어이하고 뒤섞여 혼란함을 어이했겠는가? 이때에 미쳐 文子가 禮를 물은 것을 되돌아보면 과연 우활했는가, 우활하지 않았는가? 처음에 文子를 우활하다고 비웃던 자들이 도리어 文子의 사태를 살핌이 정확한 것에 탄복하지 않지는 않았을 것이다.

아! 낮은 밤의 상대이니 항상 낮만 있고 밤이 되지 않는 경우는 없고, 삶은 죽음의 상대이니 항상 생존하고 죽지 않는 경우는 없다. 대낮에 寢具를 마련하고자 꾀하는 것을 사람들은 괴이하게 여기지 않는데, 文子가 晉侯가 생존했을 때를 당하여 상을 당했을 때에 사용할 禮儀를 물은 것 또한 괴이해 할 것이 뭐 있는가? 더구나 文子가 물은 것이 다른 사람의 상을 당했을 때의 禮儀임에랴? 가령 子路처럼 살아 있으면서 죽음에 대해 물었다면 세상 사람들은 더욱 놀라움을 견디지 못했을 것이다.

雖然이나 **文子猶有所未盡也**라 **聘與喪無二禮**어늘 **而文子獨問喪**하니 **是猶以喪爲異也**요 **生與死無二理**어늘 **而子路獨問死**하니 **是猶以死爲異也**라 **異聘於喪**이라 **故欲備喪**하고 **異生於死**라 **故欲備死**니라 **合聘喪爲一本**하고 **貫生死爲一條者**면 **夫何備不備之足言哉**아

비록 그러나 文子에게도 오히려 盡善하지 못한 바가 있다. 聘問과 喪事의 禮節이 동일한 것인데도 文子는 喪事만을 물었으니, 이는 오히려 喪禮를 다르다고 여긴 것이요, 삶과 죽음의 이치가 동일한 것인데도 子路는 죽음만을 물었으니, 이는 오히려 죽음의 이치를 다르다고 여긴 것이다. 〈文子는〉 聘問이 喪禮와 다르다고 여겼기 때문에 喪禮에 대해 자세히 알고자 한 것이고, 〈子路는〉 삶이 죽음과 다르다고 여겼기 때문에 죽음에 대해 자세히 알고자 한 것이다. 〈그러나〉 聘問과 喪事의 禮를 합하여 한 뿌리로 여기

고, 삶과 죽음의 이치를 관통하여 하나의 條理로 여긴다면 喪禮를 자세히 앎과 그렇지 못함, 死後를 자세히 앎과 그렇지 못함에 대해 말할 게 뭐 있겠는가?

17-06 趙孟立公子雍 趙孟이 公子 雍을 세우다

17-06-01 趙孟立公子雍 趙孟이 公子 雍을 세우다

【左傳】 文六年이라 八月에 晉襄公卒하다 靈公少하니 晉人以難故로 欲立長君[1)]하다 趙孟曰 立公子雍[2)]하리라 好善而長하고 先君愛之며 且近於秦[3)]하니 秦은 舊好也[4)]라 置善則固하고 事長則順하고 立愛則孝하고 結舊則安이라 爲難故로 故欲(長立)〔立長〕[5)]君인댄 有此四德者라야 難必抒矣[6)]리라 賈季曰 不如立公子樂[7)]이라 辰嬴嬖於二君[8)]하니 立其子면 民必安之리라 趙孟曰 辰嬴賤하야 班在九人[9)]하니 其子何震之有[10)]리오 且爲二嬖하니 淫也[11)]요 爲先君子하야 不能求大하고 而出在小國하니 辟也[12)]라 母淫子辟하니 無威요 陳小而遠하니 無援이라 將何安焉이리오 杜祁以君故로 讓(福)〔偪〕[13)]姞而上之[14)]하고 以狄故로 讓季隗而己次之라 故班在四[15)]하니라 先君是以愛其子하야 而仕諸秦하야 爲亞卿焉[16)]이라 秦大而近하니 足以爲援이요 母義子愛[17)]하니 足以威民이라 立之가 不亦可乎아 使先蔑士會如秦逆公子雍[18)]하다

1) 〔역주〕 晉人以難故 欲立長君 : 어린 임금을 세우면 난리가 날 것을 우려한 것이다. 〈杜注〉

2) 〔역주〕 趙孟曰 立公子雍 : 趙孟은 趙盾이다. 公子 雍은 文公의 아들이고, 襄公의 庶弟이고 杜祁의 아들이다.〈杜注〉

3) 〔역주〕 且近於秦 : 이때 公子 雍은 秦나라에서 벼슬하고 있었고, 晉나라에서 秦나라까지의 거리가 가깝다는 말이 아니라 晉나라와 秦나라의 관계가 親近하다는 말이다.

4) 〔역주〕 秦 舊好也 : 秦나라는 晉나라와 舅甥 사이로 오랜 友好가 있다는 말이다.〈附注〉

5) 〔역주〕 (長立)〔立長〕 : 저본에는 '長立'으로 되어 있으나, ≪春秋左氏傳≫에 의거하여 '立長'으로 바로잡았다.

6) 〔역주〕 難必抒矣 : 抒는 除이다.〈杜注〉

7) 〔역주〕 不如立公子樂 : 公子 樂은 文公의 아들이다.〈杜注〉

8) 〔역주〕 辰嬴嬖於二君 : 辰嬴은 懷嬴이다. 두 임금은 懷公과 文公이다.〈杜注〉

9) 〔역주〕 辰嬴賤 班在九人 : 班은 位次이다.〈杜注〉 嫡夫人으로부터 序列이 아홉 번째라는 말이다.〈附注〉

10) 〔역주〕 其子何震之有 : 震은 威이다.〈杜注〉

11) 〔역주〕 且爲二嬖 淫也 : 두 임금에게 사랑을 받은 것은 淫蕩〔淫邪〕했기 때문이라는 말이다.〈附注〉

12) 〔역주〕 爲先君子……辟也 : 文公의 아들로서 大國으로 가서 벼슬을 구하지 않고 小國인 陳나라에 벼슬한 것은 僻陋했기 때문이라는 말이다.〈附注〉

13) 〔역주〕 (福)〔偪〕 : 저본에는 '福'으로 되어 있으나, ≪春秋左氏傳≫에 의거하여 '偪'으로 바로잡았다.

14) 〔역주〕 杜祁以君故 讓(福)〔偪〕姞而上之 : 杜祁는 杜伯의 후손으로 祁姓이다. 偪姞은 姞姓의 여자인데, 그가 낳은 아들 晉 襄公이 世子가 되었기 때문에 杜祁가 그에게 序列을 사양하여 자기의 위가 되게 한 것이다.〈杜注〉

15) 〔역주〕 讓季隗而己次之 故班在四 : 季隗는 文公이 狄에 依託해 있을 때의 아내였기 때문에 다시 서열을 양보한 것이다. 그렇다면 杜祁의 본래의 서열은 두 번째이다.〈杜注〉

16) 〔역주〕 爲亞卿焉 : 亞는 버금〔次〕이다. 그가 어질기 때문에 지위가 높다는 것을 말한 것이다.〈杜注〉

17) 〔역주〕 母義子愛 : 偪姞에게 사양하고 季隗를 섬겼기 때문에 '母義'라고 한 것이고, 先君이 그 아들을 총애하였기 때문에 '子愛'라고 한 것이다.〈附注〉

18) 〔역주〕 使先蔑士會如秦逆公子雍 : 先蔑은 士伯이고, 士會는 隨季이다.〈杜注〉

文公 6년, 8월에 晉 襄公이 卒하였다. 〈그 太子〉 靈公이 아직 어리니 晉人은 〈患難을 우려했기〉 때문에 나이 많은 사람을 임금으로 세우고자 하였다. 趙孟이 말하였다.

"公子 雍을 세워야 한다. 그는 善을 좋아하고 나이가 많은 데다가 先君(文公)이 총애하였으며 또 秦나라와 친근하니 秦나라는 우리의 오랜 友好國이다. 善한 사람을 임금으로 세우면 나라가 공고해지고, 나이 많은 사람을 임금으로 섬기면 順理가 되고, 선군이 사랑한 사람을 세우면 효도가 되고, 오랜 우호국과 친분이 있는 사람을 세우면 나라가 편안해진다. 환난 때문에 나이 많은 임금을 세우고자 한다면 이러한 네 가지 덕이 있는 사람을 세워야만 반드시 환난이 제거될 것이다."

賈季가 말하였다.

"公子 樂을 세우는 것만 못하다. 辰嬴이 두 임금(懷公과 文公)에게 사랑을 받았으니, 그 아들을 임금으로 세우면 백성들이 반드시 안정될 것이다."

趙孟이 말하였다.

"辰嬴은 신분이 미천하여 夫人 중에 序列이 아홉 번째이니 그 아들이 무슨 威嚴이 있겠는가? 그리고 또 두 임금에게 사랑을 받은 것은 淫蕩해서이고, 선군의 아들이 되어 大國으로 가서 벼슬을 구하지 않고 작은 나라로 가서 있으니 〈性情이 편벽되고 識見이〉 固陋(僻陋)해서이다. 어미는 음탕하고 아들은 僻陋하니 위엄이 없고, 陳나라는 작은 나라로 멀리 떨어져 있으니 우리의 도움이 되지 못할 것인데, 장차 무엇으로 백성을 안정시킨다는 말인가? 杜祁는 襄公 때문에 偪姞에게 序列을 사양하여 자기의 위가 되게 하고, 狄人 때문에 季隗에게 서열을 사양하고 자기는 그 다음이 되었다. 그러므로 서열이 네 번째가 된 것이다. 선군께서 이 때문에 그 아들을 총애하여 秦나라로 보내 벼슬시켜 亞卿이 되게 하셨다. 秦나라는 큰 나라로서 가까운 거리에 있으니 충분히 우리의 도움이 될 수 있고, 어머니는 의롭고 아들은 선군의 총애를 받았으니 충분히 백성을 威服시킬 수 있다. 그를 세우는 것이 옳지 않겠는가?"

先蔑과 士會를 보내어 秦나라로 가서 公子 雍을 맞이해오게 하였다.

17-06-02 趙孟背先蔑而立靈公 趙孟이 先蔑을 배신하고 靈公을 세우다

【左傳】 文七年이라 秦康公送公子雍于晉曰 文公之入也無衛라 故有呂郤之難[1]이라하고 乃多與之徒衛하다 穆嬴日抱太子以啼于朝曰 先君何罪며 其嗣亦何罪오 舍嫡嗣不立하고 而外求君하니 將焉寘此[2]오 出朝하얀 則抱以適趙氏[3]하야 頓首於宣子曰 先君奉此子也而屬(촉)諸子曰 此子也才면 吾受子之賜어니와 不才면 吾唯子之怨[4]하리라 今君雖終이나 言猶在耳[5]어늘 而棄之하니 若何오 宣子與諸大夫皆患穆嬴하고 且畏偪[6]하야 乃背先蔑而立靈公하야 以禦秦師[7]하다

1) 〔역주〕 文公之入也無衛 故有呂郤之難 : 僖公 24년에 晉 文公이 晉나라로 들어갔다.〈杜注〉
2) 〔역주〕 穆嬴日抱太子以啼于朝曰……將焉寘此 : 穆嬴은 襄公의 夫人이고, 靈公의 어머니이다.〈杜注〉
3) 〔역주〕 出朝 則抱以適趙氏 : 夫人이 朝廷에서 울고 나와서는 또 太子를 안고 宣子의 집으로 간 것이다.〈附注〉
4) 〔역주〕 先君奉此子也而屬諸子曰……吾唯子之怨 : 宣子에게 太子를 教訓시키도록 한 것이다.〈杜注〉
5) 〔역주〕 今君雖終 言猶在耳 : 宣子의 귀에 남아 있다는 말이다.〈杜注〉
6) 〔역주〕 且畏偪 : 國人이 大義를 앞세워 자기를 핍박할 것을 두려워한 것이다.〈杜注〉
7) 〔역주〕 乃背先蔑而立靈公 以禦秦師 : 당초에 先蔑에게 公子 雍을 맞이해오게 하였기 때문에 '先蔑을 背信하고 靈公을 세웠다.'고 한 것이다. 靈公은 太子 夷皐이다. 이때

秦나라가 군대로써 公子 雍을 護送해오는 중이기 때문에 '秦軍을 막았다.'고 한 것이다.〈附注〉

文公 7년, 秦 康公이 公子 雍을 晉나라로 보낼 적에 "文公이 晉나라로 들어갈 때는 護衛가 없었기 때문에 呂甥·郤芮의 난리가 일어난 것이다."고 하고서 호위하는 軍卒을 많이 주었다.

이때 穆嬴은 날마다 太子를 안고 朝廷에서 울면서 말하기를 "先君에게 무슨 죄가 있고 그 嗣子에겐 또 무슨 죄가 있는가? 嗣子를 버리고 임금으로 세우지 않고서 밖에서 임금을 찾고 있으니 이 아이를 어떻게 처리하려는 것인가?"라 하고서, 조정을 나와서는 太子를 안고서 趙氏의 집으로 가서 宣子에게 머리를 조아리며 말하기를 "先君께서 이 아이를 안고서 그대에게 부탁하며 말씀하기를 '이 아이를 임금의 材木으로 키워준다면 나는 그대의 은혜를 받은 것으로 여기겠지만, 그런 재목으로 키우지 못한다면 나는 그대만을 원망할 것이다.'고 하셨소. 지금 先君은 비록 薨逝하셨지만 그 말씀은 아직 귓가에 남아 있을 것인데, 이 아이를 버리려 하니 장차 〈이 아이를〉 어찌하려는 것이오."라고 하였다.

宣子와 여러 大夫는 모두 穆嬴을 걱정하고 또 國人의 핍박을 두려워하여, 이에 〈公子 雍을 맞으려고 秦나라로 간〉 先蔑을 背信하고 靈公을 세우고서 〈군대를 일으켜 公子 雍을 護衛해오는〉 秦軍을 막았다.

17-06-03 齊景公使國惠子高昭子立荼 齊 景公이 國惠子와 高昭子를 시켜 荼를 세우게 하다

【左傳】 哀五年이라 齊燕姬生子러니 不成而死[1)]하다 諸子鬻姒之〔子〕[2)]荼嬖[3)]하니 諸大夫恐其爲太子也하야 言於公曰 君之齒長矣로되 未有太子하니 若之何오 公曰 二三子間於憂虞면 則有疾疢(진)이니 亦姑謀樂이요 何憂於無君[4)]가 公疾에 使國惠子高昭子立荼[5)]하고 寘群公子於萊[6)]하다 秋에 齊景公卒하다 冬十月에 公子嘉公子駒公子黔奔衛하고 公子鉏公子陽生來奔[7)]하다 萊人歌之曰 景公死乎不與(예)埋하고 三軍之事乎不與謀하니 師乎師乎여 何黨之乎[8)]아

1) 〔역주〕 不成而死 : 燕姬는 景公의 夫人이다. 不成은 冠禮를 하지 않은 것이다.〈杜注〉

2) 〔역주〕〔子〕 : 저본에는 '子'가 없으나, ≪春秋左氏傳≫에 의거하여 보충하였다.

3) 〔역주〕 諸子鬻姒之〔子〕荼嬖 : 諸子는 庶公子이다. 鬻姒는 景公의 妾이다. 荼는 安孺子이다.〈杜注〉 ≪春秋左氏傳≫ 襄公 19년 傳 〈杜注〉에 "諸子는 姓이 子인 여러 妾이다."고 하였다.

4) 〔역주〕 何憂於無君 : 景公이 荼를 太子로 세우고자 생각하였으나, 아직 드러내지는 않았다. 그러므로 이 말로 大夫들의 請을 막은 것이다.〈杜注〉 모든 大夫들이 국가에 우환이 없고 일이 한가한 때를 당하면 질병이 생겨서 즐거운 일을 할 수 없게 될 것을 두려워한다. 그러나 지금 질병이 없으니 우선 즐겁게 지내기를 꾀할 것이지 어찌 임금이 없을 것을 걱정하느냐는 말이다.〈附注〉

5) 〔역주〕 使國惠子高昭子立荼 : 惠子는 國夏이고, 昭子는 高張이다.〈杜注〉

6) 〔역주〕 寘群公子於萊 : 萊는 齊나라 동쪽 변방의 邑이다.〈杜注〉

7) 〔역주〕 公子鉏公子陽生來奔 : 모두 景公의 아들로 萊에 있던 자들이다.〈杜注〉

8) 〔역주〕 師乎師乎 何黨之乎 : 師는 衆이고, 黨은 所이고, 之는 往이다. 景公이란 諡號를 칭한 것으로 보아 葬後에 이 노래를 지어 公子들이 處所를 잃은 것을 슬퍼한 것인 듯하다.〈杜注〉

哀公 5년, 齊나라 燕姬가 아들을 낳았으나 成年이 되기 전에 죽었다. 〈齊 景公이〉 諸子(諸妾) 중의 하나인 鬻姒가 낳은 아들 荼를 사랑하니, 大夫들은 그가 太子가 될까 두려워하여 景公에게 말하기를 "임금님의 연세가 높으신데 아직 태자가 없으니 어찌하면 좋겠습니까?"라고 하니, 景公이 말하기를 "그대들의 마음에 우려가 끼어들면 질병이 생길 것이니, 우선 즐겁게 지내기를 꾀할 것이지 임금 없는 것을 걱정할 게 뭐 있소."라고 하였다. 景公이 病이 위독해지자 國惠子와 高昭子로 하여금 荼를 태자로 세우고, 모든 公子들을 萊에 安置하게 하였다.

가을에 齊 景公이 卒하였다. 겨울 10월에 公子 嘉, 公子 駒, 公子 黔은 衛나라로 도망가고, 公子 鉏, 公子 陽生은 魯나라로 도망해왔다. 萊人이 노래하기를 "景公이 죽었는데도 埋葬에도 참여하지 못하고, 三軍의 일에도 참여해 모의하지 못하였으니, 公子들이여! 公子들이여! 장차 어디로 가실 것인가?" 하였다.

17-06-04 陳乞逐高國 陳乞이 高昭子와 國惠子를 축출하다

【左傳】 哀六年이라 齊陳乞僞事高國者[1]하야 每朝에 必驂乘焉하다 所從에 必言諸大夫[2]曰 彼皆偃蹇[3]하니 將棄子之命하리라 皆曰 高國得君[4]이면 必偪我리니 盍去諸오 固將謀子[5]하니 子早圖之하라 圖之ㄴ댄 莫如盡滅之니라 需[6]는 事之下也라하고 及朝하얀 則曰 彼虎

狼也라 見我在子之側이면 殺我無日矣리니 請就之位[7]하노라 又謂諸大夫曰 二子者禍矣[8]라 恃(其)[9]得君而欲謀二三子하야 曰 國之多難은 貴寵之由니 盡去之而後에 君定이라하야 旣成謀矣니 盍及其未作也하야 先諸[10]오 作而後悔라도 亦無及也리라 大夫從之하다 夏六月戊辰에 陳乞鮑牧及諸大夫以甲入于公宮하니 昭子聞之하고 與惠子乘하야 如公하야 戰于莊타가 敗하다 國人追之하니 (六)[11]國夏奔莒하다

1)〔역주〕齊陳乞僞事高國者 : 高張과 國夏가 景公의 命을 받고서 荼를 임금으로 세웠다. 陳乞은 이들을 殺害하고자 하였기 때문에 그들을 섬기는 것처럼 먼저 僞裝한 것이다.〈杜注〉

2)〔역주〕所從 必言諸大夫 : 大夫들의 罪過를 말한 것이다.〈杜注〉 隨行할 때마다 반드시 大夫들의 罪過를 말한 것이다.〈附注〉

3)〔역주〕彼皆偃蹇 : 偃蹇은 驕敖이다.〈杜注〉 彼는 大夫들을 이른다.〈附注〉

4)〔역주〕高國得君 : 임금의 寵愛를 얻는 것이다.〈杜注〉

5)〔역주〕固將謀子 : 만약 大夫들은 처지가 安固해지면 장차 두 사람을 해치려고 계획할 것이라는 말이다.〈附注〉

6)〔역주〕需 : 망설이며 결정하지 못하고 기다림〔遲疑須待〕이다.(≪左氏會箋≫)

7)〔역주〕彼虎狼也……請就之位 : 諸大夫들과 함께 高氏와 國氏의 제거를 謀議하고자 하였으므로 大夫들의 자리로 가도록 허락해달라고 요구한 것이다.〈杜注〉

8)〔역주〕二子者禍矣 : 二子는 高氏와 國氏이다. 禍矣는 장차 禍亂을 일으킬 것이라는 말이다.〈楊注〉

9)〔역주〕(其) : 저본에는 '其'가 있으나, ≪春秋左氏傳≫에 의거하여 衍文으로 처리하였다.

10)〔역주〕盍及其未作也 先諸 : 저들이 일을 벌이기에 앞서 먼저 저들을 제거하라는 말이다.〈附注〉

11)〔역주〕(六) : 저본에는 '六'이 있으나, ≪春秋左氏傳≫에 의거하여 衍文으로 처리하였다.

哀公 6년, 齊나라 陳乞이 高昭子와 國惠子를 섬기는 것처럼 위장하여 朝廷으로 나아갈 때마다 반드시 驂乘(同乘)하였고, 隨從할 때마다 반드시 大夫들을 誣陷해 말하기를 "저들은 모두 교만하니 장차 당신의 命을 버릴 것입니다. 저들은 모두 '高昭子와 國惠子가 임금의 총애를 얻으면 반드시 우리를 핍박할 것이니, 어찌 저들을 제거하지 않겠는가?'라고 말합니다. 저들은 본래부터 두 분을 해치려고 劃策하였으니 두 분께서도 조기에 계책을 세우십시오. 계책을 세우신다면 저들을 다 죽이는 것이 좋습니다. 망설이며 결단하지 못하고 기다리는 것은 일을 처리하는 데 있어 가장 낮은 계책입니다."고

하고, 朝廷에 당도하여서는 말하기를 "저들은 虎狼입니다. 제가 두 분 곁에 있는 것을 보면 당장 저를 죽이려 할 것이니, 제가 저들의 자리로 가도록 허락하시기를 청합니다."고 하였다.

大夫들에게 가서 또 말하기를 "저 두 사람이 禍亂을 일으키려 합니다. 임금의 총애를 믿고서 여러분을 謀害하고자 하여, '국가에 화란이 많은 것은 貴寵들 때문이니, 저들을 다 제거한 뒤에야 임금님의 자리가 안정될 것이다.'라고 말하고서 이미 계획을 정하였으니, 어찌 저들이 움직이기 전에 먼저 움직이지 않으십니까? 저들이 움직인 뒤에는 후회해도 미칠 수 없습니다."라고 하니, 大夫들이 그의 말을 따랐다.

여름 6월 戊辰日에 陳乞이 鮑牧 및 大夫들과 甲士를 거느리고 公宮으로 들어갔다. 昭子가 이 소식을 듣고서 惠子와 함께 수레를 타고 公宮으로 가서 莊에서 交戰하다가 패배하였다. 國人이 추격하니 國夏는 莒나라로 달아났다.

17-06-05 陳僖子立公子陽生 陳僖子가 公子 陽生을 세우다

【左傳】 哀〔六〕[1]年이라 (八月)[2]陳僖子使召公子陽生하니 陽生駕而見南郭且于曰 嘗獻馬於季孫이나 不入於上乘이라 故又獻此[3]하노니 請與子乘之하노라하고 出萊門而告之故하다 闞止知之하고 先待諸外한대 公子曰 事未可知니 反하야 與壬也處하라 戒之하고 遂行하다 逮夜하야 至於齊하니 國人知之하다 僖子使子士之母養之하고 與饋者皆入하다 冬十月丁卯에 立之하다

1) 〔역주〕 〔六〕: 저본에는 '六'이 없으나, ≪春秋左氏傳≫에 의거하여 보충하였다.

2) 〔역주〕 (八月): 저본에는 '八月'이 있으나, ≪春秋左氏傳≫에 의거하여 衍文으로 처리하였다. ≪춘추좌씨전≫ 哀公 6년에서 '八月'은 해당 傳보다 앞에 위치한 '齊邴意兹來奔(齊나라 邴意兹가 魯나라로 도망해왔다.)'에 붙어 있다. 이에 대하여 〈杜注〉에서 "〈陳僖子가 公子 陽生을〉 부른 일이 7월에 있었는데, 지금 8월 아래에 기록한 것은 일의 순서에 따라 기록하였기 때문이다.〔召在七月 今在八月下 記事之次〕"라고 하였으므로, 저본에 '八月'이라고 기록되어 있는 것은 실제와 맞지 않는다.

3) 〔역주〕 嘗獻馬於季孫……故又獻此: 季康子에게 말을 바쳤으나 그 말이 좋지 못하여 上等馬에 들지 못하기 때문에 다시 이 말을 바치고자 한다고 거짓말을 한 것이다.〈附注〉

哀公 6년, 陳僖子가 사람을 보내어 公子 陽生을 부르자, 陽生이 수레에 말을 메워 타고 가서 南郭且于를 보고 말하기를 "전에 季孫에게 말을 獻上한 적이 있었으나, 그

말이 上等馬에 들지 못하였습니다. 그러므로 다시 이 말을 바치는 바이니 그대와 함께 타고서 〈이 말이 어떤지 시험해보기를〉 청합니다."고 하고서, 萊門을 나와서 그 사실을 고하였다.

이때 闞止가 그 사실을 알고서 먼저 나와 밖에서 기다리자, 公子가 말하기를 "일이 어찌 될지 알 수 없으니 너는 돌아가서 王과 함께 있으라."고 하고서, 〈누설하지 말도록〉 경계하고 드디어 길을 떠났다. 밤에 齊에 이르니 國人들이 모두 그가 돌아온 것을 알았다. 僖子가 子士의 모친을 보내어 陽生을 봉양하게 하고 그에게 음식을 올리는 자들도 모두 들여보냈다.

겨울 10월 정묘일에 陽生을 세웠다.

一國之惡은 **易**(이)**以義奪**이나 **一夫之惡**은 **難以義爭**이라 **一國**은 **至衆也**요 **一夫**는 **至寡也**라 **義可以勝衆**이나 **而不可以勝寡**는 **何也**오 **公與私之異也**라 **有公惡**하고 **有私惡**하니 **惡出於公**이면 **雖衆易奪**이어니와 **惡出於私**면 **雖寡難爭**이라 **故君子之論難易**에 **不施諸衆寡之間**하고 **而施諸公私之際**니라 **廢立**은 **大惡也**어늘 **晉人欲立長君**하야 **捨靈公而迎公子雍**하고 **齊陳乞欲立長君**하야 **廢荼而召陽生**하니 **其惡同也**라 **然公子雍之謀**는 **一國之所共**이니 **宜若難奪**이나 **而穆嬴之弱**으로 **反能以義奪之**하고 **陽生之謀**는 **一夫之所專**이니 **宜若易爭**이나 **而鮑牧之强**으로도 **反不能以義爭之**하니라 **障稽天之浸**이로되 **而不能遏畎澮之流**하고 **掃燎原之焰**이로되 **而不能息束緼之火**하니 **抑有由矣**라

한 나라의 公共의 惡念은 의리로써 빼앗기 쉽지만 한 개인의 〈사적인〉 惡念은 의리로써 빼앗기〔爭〕 어렵다. 한 나라는 사람의 수가 매우 많고 한 개인은 수가 매우 적다. 의리가 많은 수의 사람은 이기지만 적은 수의 사람은 이기지 못하는 것은 어째서인가? 公과 私가 다르기 때문이다. 〈惡에는〉 公惡이 있고 私惡이 있으니, 惡念이 公心에서 나온 것이라면 사람의 수가 아무리 많아도 빼앗기가 쉽지만 악념이 私心에서 나온 것이라면 사람의 수가 아무리 적어도 빼앗기가 어렵다. 그러므로 君子가 어렵고 쉬움을 논평함에 있어 〈논점을〉 人數의 衆寡에 두지 않고 마음의 公私에 둔다.

〈멋대로〉 임금을 廢立하는 것은 더없이 큰 惡行이다. 그런데 晉人(趙孟)은 나이 많은 公子를 임금으로 세우기 위해 靈公을 버리고 公子 雍을 맞이해 세우려 하였고, 齊나라 陳乞은 나이 많은 公子를 임금으로 세우기 위해 太子 荼를 廢黜하고 陽生을 불러들여

임금으로 세웠으니 그 악행이 동일하다. 그러나 公子 雍을 맞이해 세우고자 한 計謀는 온 나라 사람들의 公共의 생각이었으니 빼앗기 어려울 것 같았으되 연약한 穆嬴도 도리어 의리로써 빼앗았고, 陽生을 불러들여 임금으로 세운 계모는 한 개인이 멋대로 결정한 일이니 빼앗기 쉬울 것 같았으되 강력한 鮑牧도 도리어 의리로써 빼앗지 못하였다. 하늘에 닿을 큰물은 막았으면서 봇도랑에 흐르는 작은 물을 막지 못하고, 들판을 태우는 큰불은 껐으면서 한 뭉치의 솜에 붙은 불씨를 끄지 못한 데에는 아마도 까닭이 있을 것이다.

晉人之迎公子雍하야 **舍冢嗣而外求君**은 **視置君如奕棋**이니 **其爲惡固不待言**이라 **然其情非以私己也**며 **非以求利也**며 **非以危國也**요 **不過**[1]**欲得長君以靖難耳**라 **是固晉人之所同欲也**니 **事則惡**이나 **而心則公也**라 **其心旣公**이라 **故迎子雍**에 **其事未嘗不出於公焉**이라 **卿士合謀**하니 **公之也**며 **支庶竝擇**하니 **公之也**며 **兩使如秦**하니 **公之也**며 **三軍竝迎**하니 **公之也**라 **擧國之人雖陷於惡逆**이나 **其心猶誤以爲公**하야 **一言一動**이 **皆明白簡直**하고 **未嘗有纖毫覆匿掩蔽之意**하니 **豈非公心尙存**가 **雖一國銳欲立雍**하야 **有排山倒海之勢**나 **穆嬴一女子**로 **動之以義**하니 **而一國之人**이 **怵迫焦灼**하야 **如負芒刺**하고 **如中刀槊**하고 **如臥薄氷**하야 **不畏秦師之銳鋒**하고 **而畏穆嬴之涕泣**하야 **亟棄雍而立靈公**을 **不啻如反掌之速**하니 **吾是以知惡出於公者**는 **雖衆而易奪也**라

1) 〔역주〕 不過 : 四庫全書本과 三民書局本에는 '惟'로 되어 있다.

晉人이 公子 雍을 맞이하여 〈임금으로 세우고자〉 적장자를 버리고 밖에서 嗣君을 구한 일은 임금 세우는 것을 마치 바둑돌 놓는 것처럼 본 것이니 그것이 악행이 되는 것은 본래 말할 필요도 없다. 그러나 그 마음은 일신의 사욕을 채우기 위함이 아니며 이익을 구하기 위함이 아니며 국가를 危害하기 위함이 아니었고, 나이 많은 公子를 임금으로 세워 國難을 평정하고자 한 것에 불과하였다. 이는 본래 晉나라 사람들이 공동으로 원한 바이니 벌린 일은 악행이었으나 마음은 公心이었다.

그 마음이 이미 공심이었기 때문에 公子 雍을 맞이해 임금으로 세우려 할 때에 計謀한 일이 공심에서 나오지 않은 적이 없었다. 卿士가 공동으로 모의하였으니 公衆의 의사였고, 庶子를 선택하였으니 公衆의 의사였으며, 두 使者를 秦나라에 보냈으니 公衆의 의사였고, 三軍이 함께 맞이하였으니 公衆의 의사였다. 온 나라 사람이 비록 惡逆에 빠

지기는 하였으나 그 마음은 오히려 公心으로 誤認하여, 말과 행동이 모두 명백하고 솔직하였으며 일찍이 조금도 숨기거나 은폐하려는 뜻이 없었으니, 어찌 공심이 여전히 존재한 것이 아니겠는가?

비록 온 나라 사람들이 公子 雍을 세우고자 하는 기세가 산을 밀어내고 바다를 뒤집을 듯이 강력하였으나 穆嬴이 한 女子로서 사람들을 의리로 감동시키자, 온 나라 사람들이 두렵고 초조해하며 등에 가시를 진 듯, 칼을 맞은 듯, 얇은 얼음을 밟은 듯이 하여, 秦軍의 예봉을 두려워하지 않고 穆嬴의 흐느낌을 두려워하여, 서둘러 公子 雍을 버리고 靈公을 세우기를 손바닥을 뒤집듯이 신속하게 할 뿐이 아니었다. 나는 이로써 惡念이 公共에서 나온 것은 아무리 사람의 수가 많아도 빼앗기 쉽다는 것을 알았다.

至於陳乞之立陽生하야는 **雖以齊國有憂**로 **少君不可〔訪〕[1]爲名**하야 **自附於晉人之義**나 **然其意實貪策立之功**하야 **以爲簒齊之資耳**라 **心私則事私**라 **故其援立陽生**이 **自始至末**히 **無非相與爲私焉**이라 **僞參乘而事高國者**는 **乞以私而除陽生之害也**요 **託習馬而出魯境者**는 **陽生以私而應乞之召也**라 **乞之召陽生**이 **其始固已相與爲私**라 **故投暮夜之隙**하야 **以隱其歸**하고 **混饋者之中**하야 **以匿其迹**하야 **惴惴然若狗偸鼠竊之爲者**하니라 **其擅置廢立**이 **雖與晉人同**이나 **然陳乞則畏人之知**하고 **晉人則不畏人之知**하며 **陳乞畏事之泄**이나 **晉人則不畏事之泄**하니 **是晉人以公自處**하고 **而陳乞以私自處也**라 **陳乞先以私自處**라 **故雖聞鮑牧至公之義**나 **邈然如風之歷耳**하니 **盖乞之心**이 **自絶於義久矣**라 **故使百人搖之**로되 **猶不能少槪其心**이어든 **況一鮑牧哉**아

1) 〔역주〕〔訪〕: 저본에는 1자 빈칸으로 되어 있으나, 四庫全書本·三民書局本에 의거하여 '訪'을 보충하였다.

陳乞이 陽生을 세운 것으로 말하면, 齊나라에 우환이 있을까 염려하여 어린 임금은 〈우환을 극복할 계획을〉 모의할 수 없는 것으로 명분을 삼아 〈연장자를 임금으로 세우는〉 晉나라의 의리를 따르려 했으나, 그러나 그 의도는 실로 임금을 세운 공을 탐하여 〈장래에〉 齊나라를 簒奪할 구실로 삼으려 한 것뿐이다.

用心이 사사로우면 行事도 사사롭다. 그러므로 그가 陽生을 도와 임금으로 세운 것은 처음부터 끝까지 서로 사심을 가지고 상대하지 않은 것이 없다. 參乘을 위장해 高昭子

와 國惠子를 섬긴 것은 陳乞이 사심을 품고 〈두 사람을 섬겨〉 陽生을 위해 해악을 제거하기 위함이었고, 말을 길들인다는 핑계로 魯나라 국경을 몰래 빠져나온 것은 陽生이 사심을 품고 陳乞의 부름에 호응하기 위함이었다. 陳乞이 陽生을 부른 것이 그 시작부터 이미〔固已〕 서로 사심으로 상대한 것이다. 그러므로 어두운 밤 시간에 맞추어 오게 하여 돌아온 것을 숨기고, 밥을 나르는 사람들 속에 끼어 있게 하여 그 종적을 숨기고도 두려워하고 불안해함이 마치 개와 쥐가 물건을 훔치는 꼴과 같았다.

그(陳乞)가 멋대로 임금을 廢立한 것이 비록 〈형세는〉 晉人(趙孟)과 같았으나, 陳乞은 남들이 알까 두려워하였고 晉人은 남들이 아는 것을 두려워하지 않았으며, 陳乞은 일이 누설되는 것을 두려워하였고 晉人은 일이 누설되는 것을 두려워하지 않았으니, 이는 晉人은 公心으로 自處하고 陳乞은 私心으로 자처하였기 때문이다. 陳乞이 먼저 사심으로 자처하였기 때문에 비록 鮑牧이 말한 지극히 공정한 의리를 듣고도 귓가를 스치는 바람처럼 대수롭지 않게 여긴 것이니, 이는 陳乞의 마음이 스스로 의리를 끊은 지가 오래되었기 때문이다. 그러므로 많은 사람들을 시켜 그의 마음을 뒤흔들게 하여도 오히려 그 마음을 조금도 감동〔概〕시킬 수 없는데, 하물며 한 鮑牧이겠는가.

大〔抵〕[1]惡出於公이면 **則其根淺而易**(이)**搖**라 **故雖一國之勢**라도 **弱女子勝之而有餘**어니와 **惡出於私**면 **則其根深而難拔**이라 **故雖一夫之謀**라도 **强大夫排之而不足**이라 **百圍之木**도 **根不附土**면 **未終朝而可仆**어니와 **拱把樸樕**(속)이라도 **蟠根繞蔓於九泉之下**면 **雖千夫未易動也**라 **故君子能受萬人之公毁**언정 **而不願受一人之私譽**하며 **寧救萬人之公過**언정 **而不能救一人之私慝**이니라

1) 〔역주〕〔抵〕: 저본에는 '抵'가 없으나, 四庫全書本 · 三民書局本에 의거하여 보충하였다.

대체로 惡念이 公心에서 나왔으면 그 뿌리가 얕아서 쉽게 흔들린다. 그러므로 비록 한 나라의 강대한 기세라 하더라도 연약한 여자가 여유 있게 이길 수 있지만, 惡念이 私心에서 나왔으면 그 뿌리가 깊어서 뽑아버리기 어렵다. 그러므로 비록 한 개인의 陰謀라 하더라도 강한 大夫가 排除하기에 힘이 부족하다. 백 아름의 나무라도 뿌리가 땅에 박히지 않았으면 아침이 가기 전에 넘어뜨릴 수 있지만, 한 줌 굵기의 樸樕(雜木)이라도 뿌리가 땅속 깊이 서려 있으면 비록 천 사람의 힘으로도 쉽게 흔들 수 없다.

그러므로 군자는 萬人의 公毁(공공의 헐뜯음)는 받을지언정 한 사람의 私譽(개인의

원수로 여김)는 받기를 원치 않으며, 차라리 만인의 公過(공공의 허물)를 바로잡을지언정 한 개인의 惡念은 바로잡을 수 없다.

東萊博議 卷18

18-01 陽處父改蒐 賈季殺陽處父 陽處父가 다시 군사훈련을 하다, 賈季가 陽處父를 살해하다

【左傳】 文六年이라 晉蒐于夷할새 舍二軍[1]하고 使狐射姑將中軍하고 趙盾佐之러니 陽處父至自溫하야 改蒐于董하고 易中軍[2]하다 陽子는 成季之屬也[3]라 故黨於趙氏하니라 八月乙亥에 〔晉〕[4]襄公卒하다 靈公少[5]하니 趙孟立公子雍[6]한대 賈季曰 不如立公子樂[7]이라 趙孟使先蔑士會如秦逆公子雍[8]하니 賈季亦使召公子樂于陳이어늘 趙孟使殺諸郫[9]하다 賈季怨陽子之易其班也[10]하고 而知其無援於晉也하야 九月에 賈季使續鞫居殺陽處父하다 書曰 晉殺其大夫라하니 侵官也[11]라 冬十月에 襄仲如晉하야 葬襄公하다 十一月丙寅에 晉殺續簡伯[12]하니 賈季奔狄이어늘 宣子使臾駢送其帑하다 夷之蒐에 賈季戮臾駢하니 臾駢之人欲盡殺賈氏以報焉한대 臾駢曰 不可하다 吾聞前志有之하니 曰 敵惠敵怨은 不在後嗣가 忠之道也라하니 夫子禮於賈季[13]어늘 我以其寵報私怨이면 無乃不可乎[14]아 介人之寵[15]은 非勇也요 損怨益仇는 非知也[16]요 以私害公은 非忠也니 釋此三者면 何以事夫子리오하고 盡具其帑與其器用財賄하야 親帥扞之하야 送致諸竟[17]하다

1) 〔역주〕 晉蒐于夷 舍二軍 : 僖公 31년에 晉나라가 淸原에서 閱兵하고서 五軍으로 編成하였던 것을 지금 二軍을 감축하여 다시 三軍의 制度로 돌아간 것이다. 夷는 晉나라 땅이다. 前年에 4人의 卿이 죽었기 때문에 열병하여 군대의 장수를 뽑으려고 꾀한 것이다. 〈杜注〉

2) 〔역주〕 改蒐于董 易中軍 : 趙盾을 將帥로 狐射姑를 副將으로 교체한 것이다. 河東 汾陰縣에 董亭이 있다.〈杜注〉

3) 〔역주〕 陽子 成季之屬也 : 陽子(處父)는 전에 趙衰의 屬大夫였다.〈杜注〉

4) 〔역주〕〔晉〕: 저본에는 '晉'이 없으나, ≪春秋左氏傳≫에 의거하여 보충하였다.

5) 〔역주〕 靈公少 : 어린 임금을 세우면 난리가 날 것을 우려한 것이다.〈杜注〉

6) 〔역주〕 趙孟立公子雍 : 趙孟은 趙盾이다. 公子 雍은 晉 文公의 아들로 懷嬴의 소생이다. 〈杜注〉

7) 〔역주〕 不如立公子樂 : 公子 樂은 晉 文公의 아들로 杜祁의 소생이다.〈杜注〉

8) 〔역주〕 趙孟使先蔑士會如秦逆公子雍 : 先蔑은 士伯이고 士會는 隨季이다.〈杜注〉

9)〔역주〕 趙孟使殺諸郫 : 郫는 晉나라 땅이다.〈杜注〉

10)〔역주〕 賈季怨陽子之易其班也 : 賈季가 본래는 中軍帥였는데 陽處父가 교체시켜 中軍佐로 삼았다.〈杜注〉

11)〔역주〕 書曰……侵官也 : 經에 賈季가 陽處父를 죽였다고 기록하지 않고 國家가 죽인 것으로 기록한 것은, 處父가 임금의 권한을 침범한 죄를 저질렀기 때문에 국가가 죽인 것으로 기록했다는 말이다.

12)〔역주〕 十一月丙寅 晉殺續簡伯 : 續簡伯은 續鞫居이다. 11월에는 丙寅日이 없다. 丙寅은 12월 8일이니, 日이나 月에 필시 誤謬가 있는 듯하다.〈杜注〉

13)〔역주〕 夫子禮於賈季 : 趙盾은 賈季를 예우하여 그 妻子를 보내주었다는 말이다.〈附注〉

14)〔역주〕 我以其寵報私怨 無乃不可乎 : 臾駢이 宣子에게 尊貴한 벼슬〔寵位〕을 받았다는 말이다.〈杜注〉 宣子가 나에게 賈季의 妻子를 護送하게 한 것이 바로 나를 총애해 신임한 것이라는 말이다.〈附注〉

15)〔역주〕 介人之寵 : 介는 因(이용함)이다.〈杜注〉

16)〔역주〕 損怨益仇 非知也 : 賈季의 一家를 죽이는 것은 원수를 제거하고자 해서인데, 宣子가 장차 다시 나를 원수로 여길 것이니, 이는 원수를 더 만드는 것이라는 말이다.〈杜注〉

17)〔역주〕 送致諸竟 : 扞은 護衛이다.〈杜注〉

文公 6년, 晉나라가 夷에서 閱兵할 때에 〈五軍 중에〉 二軍을 감축〔舍〕하고서 狐射姑에게 中軍을 거느리게 하고 趙盾을 그 副將〔佐〕으로 삼았는데, 陽處父가 溫에서 와서 다시 董에서 閱兵하고서 中軍將을 바꾸었다. 陽子는 成季의 부하이다. 그러므로 趙氏를 도운 것이다.

8월 乙亥日에 晉 襄公이 卒하였다. 〈그 太子〉 靈公이 아직 어리니, 趙孟(趙盾)이 公子 雍을 세우려 하였다. 그러자 賈季가 말하기를 "公子 樂을 세우는 것만 못하다."고 하였다. 趙孟이 先蔑과 士會를 보내어 秦나라로 가서 公子 雍을 맞이해오게 하니, 賈季도 陳나라로 사람을 보내어 公子 樂을 불러오게 하였는데, 趙孟이 사람을 보내어 〈길목을 지키고 있다가 돌아오는 公子 樂을〉 郫에서 죽이게 하였다. 賈季는 陽子가 자기의 班次(位次)를 바꾼 것에 원한을 품고, 또 晉나라 안에 그를 돕는 세력이 없다는 것을 알고서 9월에 續鞫居를 시켜 陽處父를 죽이게 하였다. 經에 "晉나라가 그 大夫를 죽였다."고 기록하였으니, 이는 자기의 권한을 넘어 남의 권한을 침범하였기 때문이다. 겨울 10월에 襄仲이 晉나라에 가서 襄公의 葬禮에 참예하였다.

11월 丙寅日에 晉나라가 續簡伯(續鞫居)을 죽이니 賈季가 狄으로 도망갔다. 宣子(趙

孟)는 臾駢을 시켜 賈季의 妻子를 狄으로 보내주게 하였다. 夷에서 訓鍊할 때에 賈季가 臾駢에게 모욕을 준 일이 있었으므로 臾駢의 부하가 賈氏의 一族을 모두 죽여 보복하려 하자, 臾駢이 말하였다.

"안 된다. 내가 듣건대 前代의 기록에 '은혜와 원수는 직접 본인에게 갚고 그 후손에게 갚지 않는 것이 忠厚한 道이다.'라는 말이 있다고 한다. 夫子(宣子)는 賈季를 예우하는데 내가 夫子의 총애를 이용해〔以〕 사사로운 원한을 갚는다면 잘못이 아닌가? 남의 총애를 이용해〔介〕〈원한을 갚는 것은〉 용맹이 아니고, 원수를 제거하려다가 원수를 더 만드는 것은 지혜가 아니며, 私的인 일로 公的인 일을 방해하는 것은 충성이 아니니, 이 세 가지를 버린다면〔釋〕 무엇으로 저 분을 섬기겠는가?"

그의 妻子와 器用·財物을 모두 싣고 친히 군사를 거느리고 호위하여 國境까지 보내주었다.

私者는 **人之所惡**(오)**也**라 **立乎人之朝**하야 **相結以私情**하고 **相交以私利**하며 **相報以私恩**하야 **不復**(부)**知公義之所在**는 **固人之所共惡也**라 **是其爲私**는 **雖人之所共惡**나 **亦人之所共知**니 〔**猶**〕[1]**非可惡之尤者也**라 **天下之尤可惡者**는 **其惟私之私乎**ㄴ저 **受私而矯情以示公**하고 **示公而匿機以行私**하야 **私中有公**하고 **公中有私**하야 **深閟險譎**하야 **擧世皆莫能窺**라 **此所謂私之私也**니 **君子之所尤惡也**라

1) 〔역주〕〔猶〕: 저본에는 1자 빈칸으로 되어 있으나, 四庫全書本·三民書局本에 의거하여 보충하였다.

私心은 사람들이 미워하는 바이다. 임금의 朝廷에 官吏가 되어 사사로운 情誼로 서로 결탁하고, 사사로운 이익으로 서로 교제하며, 사사로운 은혜로 서로 보답하여, 다시 公義가 있는 줄을 알지 못하는 것은 본래 사람들이 모두 미워하는 바이다. 이런 사심은 비록 사람들이 함께 미워하는 바이지만 또한 사람들이 함께 아는 바이니, 오히려 가장 미워할 만한 허물이 못되고, 천하의 허물 중 가장 미워할 만한 것은 오직 깊이 숨기고 드러내지 않는 사심일 뿐이다.

사사로운 도움을 받고도 감정을 숨기고서 공정한 척하며, 공정한 척하면서도 巧詐한 마음을 숨기고서 사욕을 부리며, 사욕을 부리면서도 외모는 공정한 척 꾸미고, 공정한 척하면서도 마음속에 陰險하고 간사한 사욕을 깊이 숨겨서, 온 세상 사람이 모두 그

진상을 엿볼 수 없게 한다. 이것이 이른바 깊이 숨기고 드러내지 않는 사심이니 군자가 가장 미워하는 바이다.

陽處父私於趙盾하야 **犯君命**하고 **隳國法**하며 **擅蒐于董**하야 **奪賈季之位以畀盾**하니 **其私於盾者深矣**라 **使盾果公存心**이면 **必思命當出於君**이요 **而不當出於臣**이며 **君命旣定**이어늘 **而臣擅易之**면 **是無國法也**라 **竊財者謂之盜**요 **受其財者亦謂之盜**며 **擅命者謂之叛**이나 **受其命者亦謂之叛**이니 **其可貪一時之寵**하야 **而自納於叛乎**아 **苟盾持此義以固拒陽處父之命**이면 **吾始信盾之眞公也**라 **今盾安受處父之擅命**하야 **恬處正卿之位**하야 **受其利而欲逃其名**하야 **背惠棄恩**하고 **疏絶處父**하야 **自示其公**하야 **以避受私之謗**하니 **盾之用心**이 **可畏也哉**ㄴ저

陽處父는 趙盾을 사사로이 후대하여, 君命을 어기고 國法을 무너뜨리면서까지 멋대로 董에서 閱兵하여 賈季의 〈中軍의〉 직위를 빼앗아 趙盾에게 주었으니, 그가 趙盾에게 사사로이 은혜를 베푼 것이 깊었다.

가령 趙盾이 과연 공평무사한 마음을 가졌다면 반드시 명령은 임금에게서 나와야 되고 신하에게서 나와서는 안 되며, 임금의 명으로 이미 결정한 것을 신하가 마음대로 바꾼다면 이는 국법을 무시하는 것이라고 생각하였을 것이다. 재물을 훔친 자를 도둑이라 하지만 그 재물을 받은 자도 도둑이라 하며, 임금의 명을 멋대로 바꾼 자를 叛臣이라 하지만 반신의 명을 접수하는 자도 반신이라 하니, 어찌 한때의 영화를 탐하여 스스로 반신의 대열로 들어가겠는가?

만약 趙盾이 이런 義理를 지켜 陽處父의 명을 굳게 거절하였다면 나는 비로소 趙盾이 참으로 공정하였다고 믿을 것이다. 그런데 지금 趙盾은 陽處父가 멋대로 바꾼 명을 편안히 받아들이고 正卿의 자리에 편안히 앉아서 그 名利만을 받아들이고 그 罪名은 피하기 위해 은덕을 저버리고 陽處父를 멀리하여 관계를 끊고서, 자기의 공정함을 드러내 보여 사사로운 도움을 받았다는 비방을 피하였으니, 趙盾의 마음 씀이 참으로 끔찍하다.

何以知盾疏絶處父以示公也아 **以賈季殺處父而知之也**라 **賈季所以敢殺處父者**는 **以其無援於晉也**ㄹ새니라 **晉國之權專出於盾**하고 **而盾之權專出於處父**하니 **有盾以爲處父**

援이면 **天下之援豈有强於此者乎**아 **而賈季反謂處父無援於晉者**는 **是必盾旣得位之後**에 **視處父如路人**하야 **利害不相關**하고 **患難不相救**니 **此賈季所以知其無援也**라 **盾之不援處父者**는 **豈不知處父之恩不可負哉**아 **其矯情以示公者**는 **急於自解**하야 **而不暇顧人耳**라

무엇을 가지고 趙盾이 陽處父를 멀리하고 관계를 끊어서 자기의 공정함을 보인 것을 아는가? 賈季가 陽處父를 죽인 것을 가지고 알 수 있다. 賈季가 감히 陽處父를 죽인 것은 晉나라에 그를 후원하는 사람이 없다는 것을 알았기 때문이다.

晉나라의 정권은 오로지 趙盾에게서 나오고 趙盾의 권력은 오로지 陽處父의 도움에서 나왔으니, 趙盾이 陽處父의 후원자가 되었다면 천하에 어찌 이보다 강한 후원이 있었겠는가? 그런데 賈季가 도리어 晉나라에 陽處父를 후원하는 사람이 없다고 여긴 것은, 이는 필시 趙盾이 지위를 얻은 뒤에 陽處父를 路人(무관한 사람)처럼 보아 피차의 利害에 상관하지 않고 患難을 서로 救助하지 않았을 것이니, 이것이 賈季가 〈陽處父에게〉 후원하는 사람이 없다는 것을 알게 된 까닭이다.

趙盾이 陽處父를 후원하지 않은 것은 어찌 陽處父의 은덕을 저버려서는 안 된다는 것을 몰라서였겠는가? 그런데도 진정을 숨기고서 자기의 공정함을 보인 것은 스스로 〈공정하다는 것을〉 해명하기에 급급하여 남(陽處父)을 돌아볼 겨를이 없었던 것이다.

然其示公之中에 **未嘗不匿機以行其私焉**이라 **賈季旣殺陽處父**에 **盾歸其獄於續簡伯**하고 **不探其情而誅賈季者**는 **蓋以賈季之所以殺處父者**는 **不平其私於我也**니 **是處父之死由我也**라 **處父由我而死**어늘 **我爲處父復讐而殺賈季**면 **則未免於私之嫌也**라 **故宥賈季於遠**하고 **又送其帑以致勤厚之意**는 **皆矯情以示公也**니 **孰知其示公之中**에 **陰匿其至私而不悟乎**아

그러나 趙盾은 자기의 공정함을 보이는 중에도 巧詐한 마음을 숨기고서 私心을 실현하지 않은 적이 없었다. 賈季가 陽處父를 살해한 뒤에 趙盾은 그 罪〔獄〕를 續簡伯에게 돌리고서 계속 그 진상을 수사해〔探〕 〈陽處父를 주살하도록 사주한〉 賈季를 주살하지 않은 것은 아마도 '賈季가 陽處父를 살해한 까닭은 陽處父가 나에게 사사로이 은혜를 베푼 것을 불만으로 여겨서인 듯하니, 그렇다면 陽處父는 나 때문에 죽은 것이다. 陽處

父가 나 때문에 죽었는데, 내가 陽處父의 원수를 갚기 위해 賈季를 죽인다면 〈公心이 아닌〉 私心으로 行事했다는 혐의를 면하지 못할 것이다.'고 〈생각해서였을 것이다.〉

그러므로 賈季를 용서하여 멀리 도망가게 하고, 또 그 妻子를 보내주어 勤厚한 뜻을 보인 것은 모두 진정을 숨기고서 공정함을 보이기 위함이었으니, 누가 趙盾이 공정함을 보이는 중에도 은밀히 지극한 사심을 숨겨 사람들이 알아채지 못하게 한 줄을 알겠는가?

盾之所使送賈季之帑者는 **臾駢**이라 〔**臾駢**은〕[1] **賈季之讐**니라 **送帑而使其讐**는 **實欲臾駢盡殺賈氏以逞吾憾也**라 **苟盾果出於善意**면 **則擧晉國之人**에 **豈無可任以送帑之責者**리오 **今不付之他人**하고 **而獨付諸其讐**하니 **則盾之情可見矣**라 **若臾駢從其黨之言**하야 **盡殺賈氏**면 **則全賈氏之恩歸於盾**하고 **滅賈氏之惡歸於駢**이라 **外示公義**하고 **內復私怨**하니 **其機可謂險矣**라 **臾駢不悟其機**하고 **反謂盾行禮於賈季**라하야 **抑忿釋憾**하고 **衛之出竟**하니 **其事雖善**이나 **吾恐未必投盾之機也**라

1) 〔역주〕〔臾駢〕: 저본에는 '臾駢'이 없으나, 四庫全書本·三民書局本에 의거하여 보충하였다.

趙盾이 賈季의 처자를 護送하도록 파견한 자는 臾駢인데, 臾駢은 가계의 원수이다. 賈季의 처자를 호송하게 하면서 그 일을 그의 원수에게 시킨 것은 실로 臾駢이 賈氏의 족속을 모조리 다 죽여 자기의 원한을 풀어주기를 바란 것이다. 가령 趙盾이 〈가계의 처자를 호송하게 한 것이〉 과연 좋은 뜻에서 나왔다면 온 晉나라 사람 중에 어찌 처자를 호송하는 책임을 맡길 만한 사람이 없었겠는가? 그런데 지금 그 책임을 다른 사람에게 맡기지 않고 유독 賈季의 원수에게 맡겼으니, 趙盾의 內情을 알 만하다.

만약 臾駢이 그 부하들의 말을 받아들여 賈氏를 모두 다 죽였다면 賈氏를 보전하려 한 은혜는 趙盾에게 돌아가고 賈氏를 全滅한 죄악은 臾駢에게 돌아갔을 것이다. 趙盾이 겉으로는 公義를 행하는 척하면서 안으로는 私怨을 보복하려 하였으니 그 심사가 陰險하다고 할만하다. 臾駢은 그의 機心(간교한 심보)을 깨닫지 못하고서 도리어 趙盾이 賈季에게 禮를 행하는 것으로 생각하여, 분노를 억제하고 원한을 버리고서 그 처자를 호위해 出境시켰으니, 그 일이 비록 훌륭했지만 나는 이 일이 반드시 趙盾의 機心에 부합하지 않았을 것이라 생각한다.

衛瓘[1)]將殺鄧艾[2)]에 知田續有憾於艾하고 使田續[3)]追之曰 可以報江油之辱矣[4)]라하니 續果殺艾하니라 瓘使仇讐追鄧艾와 盾使仇讐送賈氏는 其機本同이라 然衛瓘之機淺이라 故田續悟其機而殺之하고 盾之機藏이라 故臾駢不悟其機而生之하니라 是全賈季者가 雖臾駢之美나 而本非盾之意也라 盾示之惡이로되 而駢誤以爲善하고 盾示之邪로되 而駢誤以爲正하니 人之誤每如此면 亦何患於誤乎아

1) 〔역주〕 衛瓘 : 三國 魏나라의 廷尉監으로 蜀나라를 정벌하는 鄧艾와 鍾會의 군대를 감독하였다. 蜀을 平定한 뒤에 菑陽侯에 封해졌다. 晉朝에 와서 官職이 太保에 이르렀는데, 惠帝 때에 賈太后의 誣陷으로 살해되었다.

2) 〔역주〕 鄧艾 : 三國 魏나라의 名將이다. 司馬懿의 掾屬으로 출발하여, 뒤에 관직이 鎭西將軍 都督隴右軍事에 이르고, 鄧侯에 봉해졌다. 元帝 慶元 4년(263)에 鍾會와 함께 蜀나라를 征討할 때 등애는 따로 한 부대를 거느리고 陰平道로 잠입해 成都를 攻破하고서 蜀主 劉禪의 항복을 받았다.

3) 〔역주〕 田續 : 본래는 鄧艾의 部將이었는데, 뒤에 衛瓘의 護軍이 되었다.

4) 可以報江油之辱矣[*)] : 晉衛瓘傳

≪晉書≫ 〈衛瓘列傳〉에 보인다.

*) 〔역주〕 可以報江油之辱矣 : 江油는 地名으로 蜀나라의 땅이다. 鄧艾가 蜀을 征討할 때에 陰平으로부터 출발하여, 人跡이 없는 7백여 리를 산을 뚫어 길을 내고 棧道를 만들어가며 행군하여 先鋒이 江油에 당도하였는데 田續이 進攻하지 않으니, 등애는 그를 斬首하려다가 용서해준 일이 있었다. 蜀을 평정한 뒤에 軍功을 시기한 鍾會의 誣告로 "등애를 잡아 檻車에 실어 보내라."는 詔書가 내렸다. 종회는 등애가 잡혀 갇힌 뒤에 成都로 들어가서 먼저 등애를 함거에 실어 京師로 보내고 반란을 일으켰다. 종회가 誅殺된 뒤에 등애 本營의 將士들이 뒤쫓아 가서 함거를 깨부수고 등애를 구출해오는데, 이때 위관이 전속에게 등애를 공격하게 하며 "江油의 치욕을 갚을 수 있을 것이다."고 하였다. 전속은 마침내 綿竹縣 서쪽에서 등애를 살해하였다.(≪三國志≫ 〈魏志〉)

晉나라 衛瓘이 鄧艾를 살해하려 할 적에 田續이 鄧艾에게 원한이 있다는 것을 알고서 田續에게 鄧艾를 追捕하게 하며 말하기를 "江由의 恥辱을 갚을 수 있을 것이다."고 하였는데 田續이 과연 鄧艾를 살해하였다. 衛瓘이 鄧艾의 원수로 하여금 鄧艾를 추포하게 한 것과 趙盾이 賈季의 원수로 하여금 賈氏를 호송하게 한 것은 그 심사가 본래 동일하다. 그러나 衛瓘의 심사는 얕아서 〈알기 쉽기 때문에〉 田續이 그 심사를 깨닫고서 살해하였지만, 趙盾의 심사는 깊이 숨어 있기 때문에 臾駢이 그 심사를 깨달을 수가 없어서

賈氏의 일족을 살려주었다.

이렇고 보면 賈季의 一家를 보전한 것이 비록 臾駢의 美行이지만 본래 趙盾의 뜻이 아니었다. 趙盾은 惡行을 하도록 암시한 것인데 臾駢은 도리어 그것을 善意로 오해하였고, 趙盾은 不正한 짓〔邪〕을 하도록 암시한 것인데 臾駢은 도리어 그것을 正理로 오해하였으니, 사람들의 오해가 매양 이와 같다면 오해에 대해 걱정할 게 뭐 있겠는가?

惡機可以感善하고 **邪機可以感正**이라 **是善常在於惡之中**하고 **而正常在於邪之中也**라 **善在惡之中**이면 **是天下本無惡**이요 **正在邪之中**하니 **是天下本無邪也**라 **是言也**와 **是理也**가 **微矣哉**ㄴ저

惡한 心機(心思)가 사람들의 善意를 감동시킬 수 있고, 邪機(부정한 마음)는 사람들의 正義를 감동시킬 수 있다. 이 말은 善意는 항상 惡意 가운데 있고 正理는 항상 不正 가운데 있다는 것이다. 善이 惡 속에 있다면 천하에 본래 惡이 없다는 것이고, 正이 不正 속에 있다면 천하에 본래 不正이 없다는 것이다. 이 말과 이 이치는 참으로 微妙하다.

18-02 宋昭公將去群公子 宋 昭公이 群公子를 제거하려 하다

【左傳】 文七年이라 昭公將去群公子[1)]한대 樂豫曰 不可니이다 公族은 公室之枝葉也니 若去之면 則本根無所庇廕矣리이다 葛藟猶能庇其本根[2)]이라 故君子以爲比[3)]온 況國君乎잇가 此諺所謂庇焉而縱尋斧焉者也[4)]니 必不可니이다 君其圖之하소서 親之以德이면 皆股肱也니 誰敢攜貳릿가 若之何去之닛가 不聽하다 穆襄之族이 率國人以攻公[5)]하다 六卿和公室[6)]하야 樂豫舍司馬以讓公子卬[7)]하다

1) 〔역주〕 昭公將去群公子 : 昭公은 群公子가 위협이 될 것을 두려워하였기 때문에 제거하고자 한 것이다.〈附注〉

2) 〔역주〕 葛藟猶能庇其本根 : 葛이 넝쿨을 번성하게 뻗는 것은 줄기와 가지의 그늘이 많기 때문이라는 말이다.〈杜注〉〈杜注〉에는 葛藟의 藟를 넝쿨의 뜻으로 해석하였으나, 楊伯峻의 注에는 "葛과 藟는 一物이다. ≪詩經≫〈周南 樛木篇〉의 鄭玄 箋에 葛과 藟를 二物이라고 한 것을 옳지 않다."고 하였고, ≪左氏會箋≫에는 "藟도 葛과 유사한 식물이다. 〈杜注〉에 넝쿨의 뜻으로 해석한 것은 옳지 않다. 葛藟도 오히려 그 뿌리를 愛護할 줄

알아서 枝葉이 그 뿌리를 비호하는데, 하물며 임금으로서 자기를 비호하는 그늘을 제거해서야 되겠는가? 만약 그렇게 한다면 속담에 이른바 '비호를 받으면서 함부로 도끼를 사용해 비호하는 지엽을 찍어낸다.'는 것이다."고 하였다.

3) 〔역주〕 故君子以爲比 : 詩人이 이 葛藟를 취하여 九族兄弟에 비유했다는 말이다.〈杜注〉 '君子以爲比'는 ≪詩經≫ 〈王風 葛藟篇〉을 이름이다.

4) 〔역주〕 此諺所謂庇焉而縱尋斧焉者也 : 縱은 함부로〔放縱〕이다.〈杜注〉 8尺을 '尋'이라 하는데 나무를 재는 자〔尺〕이다. '나무의 비호를 받으면서 함부로 尋을 가지고 나무를 재어 보고서 도끼를 가지고 그 나무를 벤다.'는 俗談을 인용한 것이다.〈附注〉 '縱尋斧焉者也'에서 譯者는 尋을 用의 뜻으로 번역하였다. 尋이 用의 뜻으로 쓰인 例는 많다. 僖公 5년 傳의 '將尋師'와 昭公 元年 傳의 '日尋干戈'를 〈杜注〉에 모두 '尋은 用이다.'고 하였다.

5) 〔역주〕 穆襄之族率國人以攻公 : 昭公이 제거하려 한 자들은 穆公과 襄公의 자손들이다.〈杜注〉

6) 〔역주〕 六卿和公室 : 右師 등 六卿이 穆公과 襄公의 族人을 昭公과 화해시킨 것이다.〈附注〉

7) 〔역주〕 樂豫舍司馬以讓公子卬 : 卬은 昭公의 아우이다.〈杜注〉 樂豫는 자기의 관직을 卬에게 양보하고서 이로써 화해하는 방도로 삼은 것이다.〈附注〉

文公 7년, 昭公이 群公子를 제거하려 하자, 樂豫가 말하였다.

"안 됩니다. 公族은 公室의 枝葉이니 만약 그 지엽을 제거한다면 근본을 보호할 그늘이 없어집니다. 葛藟도 오히려 〈그늘을 만들어〉 그 뿌리를 보호하기 때문에 君子는 이를 九族兄弟에 비유하였습니다. 그런데 하물며 나라의 임금이겠습니까? 이것은 속담에 이른바 '비호를 받으면서 함부로 도끼를 사용해〔尋〕 비호하는 枝葉을 찍어낸다.'는 것이니 절대로 옳지 않습니다. 主君께서는 헤아리소서. 德으로 저들을 친애하시면 모두 수족이 될 것이니 누가 감히 두 마음을 품겠습니까? 그런데 무엇 때문에 저들을 제거하려 하십니까?"

昭公은 듣지 않았다. 穆公과 襄公의 族人들이 〈叛亂을 일으켜〉 國人을 거느리고서 昭公을 공격하였다. 六卿이 나서서 이들을 公室과 화해시키고서 樂豫가 司馬의 관직에서 물러나 公子 卬에게 양보하였다.

見怒於人에 爲吾解者는 必與吾親者也요 見疑於人에 爲吾辨者는 亦必與吾親者也라 抑不知怒可使疏者解요 不可使親者解며 疑可使疏者辨이요 不可使親者辨이라

〈사람들은 내가〉 남에게 怨怒를 당할 때에 나를 위해 解明해주는 이는 반드시 나와 친근한 사람이고, 내가 남에게 의심을 받을 때에 나를 위해 변명해주는 이도 반드시 나와 친근한 사람인 것만 안다. 그러나 나에 대한 怨怒가 나와 소원한 사람으로 하여금 해명하게 해야 화해할 수 있고, 나와 친근한 사람으로 하여금 해명하게 하면 화해할 수 없으며, 나에 대한 의심도 나와 소원한 사람으로 하여금 변명하게 하여야 의심이 풀리고, 나와 친근한 사람으로 하여금 변명하게 하면 의심이 풀리지 않는다는 것을 모른다.

人之方怨也어나 **人之方疑也**에 **望其親厚者來**면 **固逆以游說待之矣**라 **先持游說之心以待其至**면 **則雖有公言**이라도 **亦視以爲私**며 **雖有正論**이라도 **亦視以爲黨**이니 **豈特塞耳而不聽哉**아 **解其怨而甚其怨者有矣**며 **辨其疑而增其疑者有矣**라 **嗚呼**라 **親者猶不可解**어든 **況於自解乎**아 **親者猶不可辨**이어든 **況於自辨乎**아 **苟不審勢, 不見機, 不察言, 不觀色**하고 **身往辨解**타가 **徑犯其疑怨之鋒**이면 **則一〔顧〕**[1]**而生百忿**하고 **一話而生百猜**리라 **辭多則謂之爭**이요 **辭寡則謂之險**이며 **貌莊則謂之傲**요 **貌和則謂之侮**라하니 **進退周旋**이 **無非罪者**라 **束手而赴讐家**타가 **其見殺者**는 **非讐之過也**라 **我自送其死於讐也**며 **裸裎**(정)**而投虎穴**타가 **其見噬者**는 **非虎之暴也**라 **我自送其死於虎也**라 **彼方蓄怨積疑**하야 **欲致毒於我而未得逞**이어늘 **我乃委身其前以投之**면 **其得全也難哉**라

1) 〔역주〕〔顧〕: 저본에는 1자 빈칸으로 되어 있으나, 四庫全書本·三民書局本에 의거하여 '顧'를 보충하였다.

남이 나를 怨怒하거나 남이 나를 의심할 때에 상대방과 親厚한 사람이 나에게 오는 것을 보면, 나는 반드시 상대방의 遊說客으로 지레짐작하고서〔逆〕 그를 대우할 것이다. 먼저 유세객이란 마음을 가지고 그가 오기를 기다렸다면 〈그 사람이〉 비록 공정한 말을 해도 상대방을 두둔하는 말로 여기고, 비록 정당하게 논의하여도 상대방을 돕는 의론으로 볼 것이니, 어찌 귀를 막고 듣지 않을 뿐이겠는가? 그 원노를 해명하려다가 도리어 그 원노를 심하게 하는 경우도 있고, 그 의심을 변명하려다가 도리어 그 의심을 보태는 경우도 있다.

아! 친근한 자도 오히려 해명해줄 수 없는데 하물며 스스로 해명할 수 있겠으며, 친근한 자도 오히려 변명해줄 수 없는데 하물며 스스로 변명할 수 있겠는가? 만약 정세

를 살피지도, 기회를 엿보지도, 언어와 안색을 관찰하지도 않고서 자신이 직접 찾아가서 변명하고 해명하다가 상대의 의심과 원노의 기세〔鋒〕를 범한다면 한번 돌아보는 사이에 온갖 원노가 생기고 한번 詰難하는 사이에 온갖 의심이 생길 것이다.

말을 많이 하면 논쟁한다 하고, 말을 적게 하면 음험하다 하며, 용모가 장중하면 오만하다 하고, 용모가 온화하면 輕視한다고 하니, 일체의 행동거지가 죄가 아닌 것이 없다. 두 손을 묶고서 원수의 집으로 갔다가 죽임을 당하는 것은 원수의 罪過가 아니라 내가 스스로 원수에게 죽으러 간 것이니, 〈마치 이는〉 알몸으로 스스로 호랑이 굴로 들어갔다가 호랑이에게 잡아먹히는 것은 호랑이가 포학해서가 아니라 내가 스스로 호랑이에게 죽으러 간 것과 같다. 상대방이 〈나에 대한〉 원한과 의심이 가슴 가득 쌓여 나에게 악독한 수단을 펼치고자 하였으나 뜻을 이루지 못하였는데, 내가 도리어 그 앞에 몸을 맡겨 던져준다면 몸을 온전히 보전하기가 어려울 것이다.

宋昭之無道로 **嗣位之初**에 **欲盡去群公子**하야 **其志銳甚**하니 **吾意爲群公子所親者**는 **皆將遠嫌退縮**하야 **而不敢預其禍**러니 **獨樂豫拳拳亹亹**(미미)하야 **力進諫而止之**하니라 **意者**컨대 **豫之視群公子**에 **聲迹不相聞**하고 **休戚不相及**하니 **居無嫌之地**하야 **可以肆言而不忌乎**러니 **及詳考之於傳**컨대 **豫實戴公之裔**니 **乃所謂群公子之一也**라 **身在群公子之數**로되 **不以自嫌**하고 **獨敢辨解於昭公之前**이라 **昭公雖不從**이나 **亦安其言而不以爲憾也**하니라 **豫不以嫌自處可耳**나 **至於使無道之君亦安其言而不憾**은 **是豈一朝一夕之故哉**리오

宋 昭公이 무도하여 君位를 계승한 처음에 群公子를 다 제거하고자 하여 그 뜻이 매우 날카로웠다. 나는 群公子와 친근한 사람들은 모두 혐의를 피하려고 畏縮하여 감히 그 禍에 참여하지 않을 것으로 생각했는데, 유독 樂豫만은 끊임없이 부지런히 힘을 다해 諫言을 올려 그 일을 막으려 하였다. 樂豫는 群公子와 聲氣가 서로 통하지 않고 이해가 서로 연관이 없어 혐의가 없는 위치에 있었으므로 기탄없이 바른말을 한 것으로 생각했더니, 傳記를 자세히 상고하건대 樂豫도 실로 戴公의 후손으로 이른바 군공자 중의 하나이다. 자신도 군공자 중에 하나이면서 스스로 혐의쩍어하지 않고 홀로 감히 昭公의 면전에서 辨解(사리를 분변해 이해시킴)하였으니, 昭公이 비록 받아들이지 않았으나 그 말을 편안히 여겨 불쾌해하지 않았다. 樂豫가 〈군공자의 신분을〉 혐의쩍어하

지 않는 것으로 스스로 처신한 것도 옳았지만 무도한 임금으로 하여금 자기의 말을 편안히 여겨 불쾌해하지 않게 한 것으로 말하면 어찌 단시일 내에 가능한 일이었겠는가.

竊意豫平居暇日에 **處群公子間**이라 **身廊廟而心山林**하고 **身軒冕**[1]**而心布褐**[2]하며 **身鐘鼎**[3]**而心簞瓢**[4]하야 **和而不同**하고 **群而不黨**하니 **豫固不以公子自處**요 **而人亦未嘗敢以公子處豫也**라 **惟其素不以公子自處**라 **故雖在利害之中**이나 **實出利害之外**하야 **從容進諫**하고 **忠誠懇惻**하야 **專悟於君**하니 **物莫〔能〕**[5]**間**이라 **當是時**하야 **豫豈自知身之爲公子哉**아 **何獨豫不自知爲公子**리오 **雖昭公亦豈知豫之爲公子哉**아 **儻豫自知爲公子**면 **則嫌心生而不敢言**이요 **儻昭公知豫之爲公子**면 **則忿心生而不能忍**하야 **將見諫語未終**에 **先群公子而賜絶命之書矣**리라 **惟兩出於不知**하니 **此所以兩相安而不相忌也**라

1) 〔역주〕 軒冕 : 高官을 이른다. 옛날의 大夫는 수레〔軒〕를 타고 冕服을 입었다.
2) 〔역주〕 布褐 : 平民을 이른다. 布褐은 옛날이 서민들이 입던 베로 지은 잠방이를 이른다.
3) 〔역주〕 鐘鼎 : 鐘鳴鼎食의 준말로, 鐘을 쳐서 식구들을 모으고 솥을 벌여놓고 먹음을 뜻하니 곧 富貴家의 생활을 이른다.
4) 〔역주〕 簞瓢 : 簞食瓢飮의 준말로 소쿠리의 밥과 표주박의 물을 뜻하니, 곧 가난한 사람의 생활을 이른다.
5) 〔역주〕 〔能〕 : 저본에는 '能'이 없으나, 四庫全書本・三民書局本에 의거하여 보충하였다.

내 속으로 생각건대 樂豫는 평소 한가할 때에 군공자 사이에 있었으니, 몸은 廊廟(조정)에 있으나 마음은 山林에 가 있고, 몸은 高官이나 마음은 평민이었으며, 몸은 鐘鳴鼎食하는 집에 있으나 마음은 簞食瓢飮에 있었으며, 〈사람들과 교유함에는〉 화합하되 附同하지 않고, 사람들과 어울리되 파당을 짓지 않았으니, 樂豫는 본디부터 公子로 자처하지 않았고, 사람들도 일찍이 감히 樂豫를 공자로 처우하지 않았다. 오직 그가 평소에 공자로 자처하지 않았기에 비록 利害의 가운데 있었으나 실은 이해의 밖으로 벗어나서, 조용히 諫言을 올리고 충성스럽고 간절하여 오로지 임금을 깨우치는 일에 마음을 다하였으니, 누구도〔物〕 〈그와 임금 사이를〉 離間할 수 없었다.

이때를 당하여 樂豫가 어찌 자신이 공자임을 의식하였겠는가? 〈의식하지 못하였다면〉 어찌 유독 악예만이 자신이 공자임을 의식하지 못하였겠는가? 〈다른 사람들도 의식하지 못하였다. 그러니〉 비록 昭公도 어찌 樂豫가 공자임을 의식하였겠는가? 가령

樂豫가 자신이 공자임을 의식하였다면 혐의쩍은 마음이 생겨서 감히 諫言을 올리지 못했을 것이고, 가령 昭公이 樂豫가 공자임을 의식하였다면 분한 마음이 일어나 참을 수 없어서, 아마도 諫言이 끝나기도 전에 군공자에 앞서 絶命書가 내리는 일을 당하였을 것이다. 그런데 쌍방의 행위가 의식하지 못한 데서 나왔으니, 이것이 쌍방이 서로 편안히 여겨 꺼리지 않은 까닭이다.

昭公雖能安豫之言이나 **而不能從豫之言**이라 **迄至群公子之亂**하야 **刃交矢接**하야 **公室如綴旒**[1)]하니 **豫復**(부)**與六卿和公室**하야 **舍其司馬以畀昭公之弟卬**하야 **使昭公知公族之中固有視富貴如鴻毛者**하야 **以深釋昭公之疑怒**하니라 **是昔以言諫**하고 **而今以身諫也**라 **非心無富貴**면 **其能勇退如此之決乎**아 **豫心無富貴**라 **故始不以公子自嫌而進言**하야 **忘嬰鱗之危**[2)]하고 **終不以司馬自累而棄位**하야 **過脫屣之速**이라 **苟藏於心者有毫芒之顧惜**이면 **則發於口者有丘山之畏怯矣**리라 **故棄人之所不能棄然後**에 **能言人之所不能言**이라

1) 〔역주〕 綴旒 : 旒는 旗의 幅에 매다는 깃술 또는 冠 끝에 매다는 장식을 가리킨다. 모두 안정되지 못하고 위태롭게 흔들리는 것으로 나라의 위태로운 상태, 급박한 정황 등을 의미한다.

2) 〔역주〕 嬰鱗之危 : 逆鱗을 건드리는 위험이다. 龍의 턱 밑에는 거꾸로 붙은 비늘이 있는데, 그것을 건드리면 용이 노하여 건드린 사람을 죽인다고 한다. 신하가 임금의 비위를 건드려 노하게 함을 비유한다.

昭公이 비록 樂豫의 간언을 편안하게 여겼으나 樂豫의 간언을 따르지 않았다. 마침내 群公子의 變亂이 발생해 쌍방이 교전하여 公室이 위급해지자, 樂豫는 다시 六卿과 함께 公室을 和解시키고서 〈자신이 띠고 있던〉 司馬의 직위를 昭公의 아우 公子 卬에게 讓與하여, 昭公으로 하여금 公族 중에도 본래 富貴를 깃털처럼 가벼이 여기는 자가 있다는 것을 알게 하여 昭公의 의심과 분노를 풀어주었으니, 이것이 전일에는 말로써 간하고 오늘은 몸으로써 간한 것이다. 마음속에 부귀에 대한 생각이 없는 사람이 아니었다면 어찌 이처럼 결연히 勇退할 수 있었겠는가?

樂豫는 마음속에 부귀에 대한 생각이 없었기 때문에 처음에는 공자임을 스스로 혐의쩍어하지 않고 諫言을 올려 逆鱗을 건드리는 위험을 망각하였고, 끝에는 司馬의 직위로써 자신을 속박하지 않고 그 직위 버리기를 신발을 벗는 것보다 더 빨리 하였다. 만

약 마음속에 아끼는 마음이 털끝만치라도 숨어 있었다면 입에서 말이 나올 때 크게 두려워함이 있었을 것이다. 그러므로 남이 버리지 못하는 것을 능히 버린 뒤에야 남이 말하지 못하는 것을 능히 말할 수 있다.

18-03 士會不見先蔑 士會가 先蔑을 만나지 않다

【左傳】 文七年이라 趙宣子背先蔑而立靈公하다 己丑에 先蔑奔秦하니 士會從之[1)]하다 士會在秦三年에 不見士伯한대 其人曰 能亡人於國[2)]하고 不能見於此하니 焉用之[3)]오 士季曰 吾與之同罪[4)]요 非義之也니 將何見焉[5)]이리오 及歸히 遂不見[6)]하다

1) 〔역주〕 先蔑奔秦 士會從之 : 刳首(고수)에서 도망간 것이다. 令狐는 河東에 있는 땅으로 刳首와 서로 인접한 곳이다.〈杜注〉
2) 〔역주〕 能亡人於國 : 그 사람(先蔑)과 晉나라에서 함께 도망하였다는 말이다.〈杜注〉
3) 〔역주〕 不能見於此 焉用之 : 무엇 때문에 이와 같이 하느냐는 말이다.〈杜注〉
4) 〔역주〕 吾與之同罪 : 함께 公子 雍을 맞이하려 한 罪가 있다는 말이다.〈杜注〉
5) 〔역주〕 非義之也 將何見焉 : 내가 先蔑의 義氣를 사모해 따라온 것이 아니라는 말이다.〈杜注〉
6) 〔역주〕 及歸 遂不見 : 士會는 先蔑이 正卿이 되어 잘못을 諫하여 바로잡지 못한 죄를 책망하는 뜻과, 또 함께 出奔하였기 때문에 黨을 짓는다는 비난을 싫어하는 뜻에서 만나지 않은 것이다. 士會는 文公 13년에 晉나라로 돌아왔다.〈杜注〉

文公 7년, 趙宣子(趙盾)가 先蔑을 배신하고 靈公을 세웠다. 己丑日에 先蔑이 秦나라로 도망가니 士會도 따라갔다. 士會가 秦나라에 있는 3년 동안 士伯(先蔑)을 만나지 않으니, 그 從者가 말하기를 "그 사람과 晉나라에서 함께 도망하였으면서 이곳에서 만나지 않는 것은 어째서입니까?"라고 하였다. 士季(士會)가 말하기를 "나는 그와 罪가 같기 때문에 함께 도망한 것뿐이고 그를 의롭게 여겨 따라온 것이 아니니 무엇 때문에 만나겠는가?"라고 하고서, 晉나라로 돌아올 때까지 끝내 先蔑을 만나지 않았다.

物之易(이)合者는 莫如居患難之時라 同川之魚는 鱣不知鮪하고 鮪不知鱣하야 游(水)〔泳〕[1)]不相顧也라가 及失水면 則相沫相濡하야 驩然而相親하니 豈得水則不仁하고 失水則仁耶리오 居患難之地하야는 不得不合也ㄹ새니라 同舟之人은 胡不知越하고 越不知胡하야 語言不相入也라가 及遇風이면 則相赴相救하야 慨然而協力하니 豈無風則不義하고 有風

則義耶리오 居患難之地하야는 不得不合也일새니라

1) 〔역주〕(水)〔泳〕: 저본에는 '水'로 되어 있으나, 四庫全書本·三民書局本에 의거하여 '泳'으로 바로잡았다.

物類가 쉽게 뜻이 맞는 것은 患難을 당하는 경우만한 때가 없다. 같은 河川의 魚類 중에 鱣魚는 鮪魚를 의식하지 않고 鮪魚는 鱣魚를 의식하지 않고서 각자 헤엄치면서 서로 돌아보지 않다가 하천에 물이 줄면 서로서로 입안의 침으로 적셔주면서 즐겁게 화합하며 서로 친애하니, 어째서 물을 얻으면 서로 친애하지 않고 물이 줄면 서로 친애하는 것인가? 이는 함께 환난의 처지에 있으면 투합하지 않을 수 없기 때문이다.

같은 선박에 탄 사람 중에 북방인〔胡〕은 남방인〔越〕을 의식하지 않고, 남방인은 북방인을 의식하지 않아 서로 말도 건네지 않다가 폭풍우를 만나면 서로 달려가 구원하고 격앙된 모습으로 협력하니, 어째서 폭풍우가 없으면 道義가 없고 폭풍우가 있어야 도의가 있는 것인가? 이는 함께 환난의 처지에 있으면 서로 투합하지 않을 수 없기 때문이다.

隨會之與先蔑과 竝立於晉朝하야 其游居周旋之久하니 豈如胡越之無情哉리오 及以公子雍之故로 俱得罪而奔秦하니 此政涸澤之魚相濡沫之時어늘 會之視蔑乃漠然無情하야 歲律三改而曾不與之一面하니라 居患難之地하야 而反落落難合은 何耶아 人知患難之易(이)合이요 而未知其所以合也라 憂同則易合하고 怨同則易合하며 忿同則易合하니 同憂相遇면 必相親以謀其憂하고 同怨相遇면 必相親以毁其怨하며 同忿相遇면 必相親以逞其忿하니 其朝夕聚會하야 握手而語하고 促膝而議者에 豈復(부)有善意哉아 非咎人則訾人也며 非私計則詭計也니 以憂濟憂하고 以怨濟怨하야 交日深而惡日長矣리라 其所以易合者가 果正耶아 〔果不正耶아〕[1] 竇嬰灌夫父子歡於廢退之時[2]하고 淮南衡山昆弟語於怨望之日[3]이나 其終之爲何如耶아 是宜隨會之所不忍爲也라

1) 〔역주〕〔果不正耶〕: 저본에는 '果不正耶'가 없으나, 四庫全書本·三民書局本에 의거하여 보충하였다.

2) 竇嬰灌夫父子歡於廢退之時 : 見本傳*)

《漢書》〈竇田灌韓列傳〉에 보인다.

*) 〔역주〕 見本傳 : 灌夫는 漢 武帝 때의 武將인 아버지 灌孟을 따라 吳나라를 공격하여 용맹을

떨쳤다. 失勢한 竇嬰과 날마다 교유했는데, 사람됨이 호협하여 丞相 田蚡에게 반감을 가졌다가 술좌석에서 주정을 부려 田蚡을 욕보였다. 田蚡이 노하여 그의 전 가족을 처형하고, 竇嬰도 田蚡에게 무함받아 죽었다.

3) 淮南衡山昆弟語於怨望之日 : 見本傳*)

≪漢書≫ 〈淮南衡山濟北王列傳〉에 보인다.

*) 〔역주〕 見本傳 : 淮南王과 衡山王은 모두 淮南厲王 劉長의 아들로, 강한 유교정치를 이루려는 漢나라 조정에 반감을 가지고 있었는데, 武帝 때에 모반의 음모가 있다는 혐의를 받아 옥리에 회부되자 둘 다 자결하였다.

隨會(士會)가 先蔑과 함께 晉나라 조정에 出仕하여 교유하고 왕래한 세월이 오래이니, 어찌 북방인과 남방인처럼 조금의 정감도 없었겠는가? 公子 雍을 맞이해 세우려한 일로 인해 함께 죄를 얻어 秦나라로 出奔하였으니, 이때는 바로 물이 마른 水澤의 魚類가 입안의 침으로 서로를 적셔주어야 할 때였는데, 隨會는 先蔑을 대하기를 도리어 냉담하리만큼 무정하게 하여 3년이 지나도록 그를 한 번도 만나지 않았다. 함께 환난의 처지에 있으면서 도리어 외로이 혼자 지내고 투합하지 않은 것은 어째서인가?

사람들은 단지 환난이 있을 때에 쉽게 투합하는 것만을 알 뿐, 투합하는 까닭은 모른다. 우환이 같은 사람이 〈서로 만나면〉 쉽게 투합하고, 원한이 같은 사람이 〈서로 만나면〉 쉽게 투합하며, 분노가 같은 사람이 〈서로 만나면〉 쉽게 투합한다. 우환이 같은 사람끼리 서로 만나면 반드시 서로 친구가 되어 그 우환을 해결할 방법을 꾀하고, 원한이 같은 사람끼리 서로 만나면 반드시 서로 친구가 되어 그 원한을 끼친 사람을 헐뜯고, 분노가 같은 사람끼리 서로 만나면 반드시 서로 친구가 되어 분노를 함부로 토로한다. 그들이 아침저녁으로 모여 손을 맞잡고 이야기하고 무릎을 맞대고 논의하는 말에 어찌 다시 善意가 있겠는가? 남을 꾸짖는 말이 아니면 남을 헐뜯는 말이고, 사사로운 계획이 아니면 속임수일 뿐이니, 이는 우환으로써 우환을 助長하고 원한으로써 원한을 조장하는 것과 〈같아서〉 친분이 날로 깊어질수록 죄악도 날로 자라난다.

〈그렇다면 사람들이〉 쉽게 서로 투합하는 것이 과연 정당한 것인가, 과연 정당하지 않은 것인가? 〈漢 景帝 때의〉 竇嬰과 灌夫는 정분이 父子 같았는데, 〈竇嬰이 버림을 받고〉 조정에서 물러난 뒤에도 정분이 여전하였고, 〈漢 武帝 때의〉 淮南王(劉安)과 衡山王(劉賜) 형제는 〈황제의 총애를 받지 못하여〉 원망하던 때에 서로 모의하였으나, 그 결과가 어떠하였는가? 이로 보면 隨會가 차마 先蔑을 가까이하지 않은 것이 당연하다.

吾嘗聞君子處患難矣에 **內省不疚者也**요 **反求諸己者也**요 **素其位而行者也**라 **本未嘗憂**하니 **何必與人共其憂**며 **本未嘗怨**하니 **何必與人共其怨**이며 **本未嘗忿**하니 **何必與人共其忿**이리오 **使其人道義可慕**하고 **忠信可友**하며 **樂易**(이)**可近**하고 **慈仁可依**면 **則未有患難之始**에 **吾固與之合矣**니 **豈必待有患難而與之合耶**리오 **待患難而始合**이면 **則其(始)**[1]**合者非吾本心也**라 **驅於患難**하야 **苟合以濟事也**니 **是宜隨會之所不忍爲也**라

1) 〔역주〕 (始) : 저본에는 '始'가 있으나, 四庫全書本 · 三民書局本에 의거하여 衍文으로 처리하였다.

내 일찍이 듣건대 군자는 患難에 처했을 때에 마음속으로 반성해보아도 허물이 없고, 자신을 반성하여 자기에게서 구하며, 현재 처한 위치에 알맞게 행동할 뿐이다. 본래 근심한 적이 없으니 어찌 사람과 더불어 그 근심을 함께 걱정할 필요가 있으며, 본래 원한한 적이 없으니 어찌 사람과 더불어 그 원한을 끼친 사람을 함께 헐뜯을 필요가 있으며, 본래 분노한 적이 없으니 어찌 사람과 더불어 그 분노를 함께 토로할 필요가 있겠는가?

가령 그 사람의 道義가 仰慕할 만하고 忠信이 벗할 만하며, 〈인품이〉 화락하고 平易하여 가까이할 만하고 仁慈가 의지할 만하다면 환난이 있기 전에 내가 이미 그와 투합하였을 것이니, 어찌 반드시 환난이 있기를 기다려 그와 투합하겠는가? 환난을 기다려 그와 투합한다면 이 투합은 나의 본심이 아니라 환난에 몰리어 구차히 투합해 일을 이루려는 것이니, 이로 보면 隨會가 차마 先蔑을 가까이 하지 않은 것이 마땅하다.

貧者不肯與富者狎하고 **而與貧者狎**은 **是何也**오 **富者其所忌**나 **兩貧則無所忌也**르새니라 **愚者不肯與賢者狎**하고 **而與愚者狎**은 **是何也**오 **賢者其所忌**나 **兩愚則無所忌也**르새니라 **人居患難之時**에 **以己之在難**으로 **而疾人之無難**하야 **其視優豫愉佚之人**이면 **且憎且忌**하야 **望望然去之**하고 **惟其同在難者**라야 **款密親狎而無間**하니 **其心豈不甚淺狹而可憐耶**아 **是宜隨會之所不忍爲也**라

가난한 자가 부유한 자와 親狎하려 하지 않고, 가난한 자와 친압하는 것은 어째서인가? 부유한 자는 가난한 자가 꺼리는 바이지만 둘 다 가난하면 서로 꺼릴 것이 없기 때문이다. 어리석은 자가 현명한 자와 친압하려 하지 않고, 어리석은 자와 친압하는

것은 어째서인가? 현명한 자는 어리석은 자가 꺼리는 바이지만 둘 다 어리석으면 서로 꺼릴 것이 없기 때문이다.

사람이 환난 속에 있을 때에 자기가 환난 속에 있다 하여 환난이 없는 남을 미워하여, 한가롭고 안락한 사람을 보면 미워하고 시기하여 뒤도 돌아보지 않고 떠나고, 오직 함께 환난 속에 있는 사람이라야 흉허물 없이 친밀하게 대하니, 그 마음이 어찌 가여울 정도로 매우 얕고 좁은 것이 아닌가? 이로 보면 隨會가 차마 先蔑을 가까이 하지 않은 것이 마땅하다.

或曰 趙盾實執晉柄이어늘 **背先蔑而立靈公**하니 **則盾之所讐者**는 **惟蔑爾**요 **至隨會**하야는 **雖以累而俱出**이나 **本非盾所怨也**라 **會明絶蔑於秦**은 **乃所以陰結盾於晉**하야 **僥倖歸國**하야 **不顧賣友以市恩**이니 **非險薄之尤者乎**아 **吾應之曰 此後世之心**이요 **而非隨會之心也**라 **以後世之利心**으로 **而量君子之公心**이면 **則其擧其措**와 **其語其默**이 **無不可名以利**니 **豈獨先蔑一事哉**리오 **會果出於利心**이면 **則其險譎僅足以欺一夫耳**아 **不動聲色而群盜自奔**이 **是亦可以利心感之耶**아 **光輔五君而名聞諸侯**하니 **是亦可以利心圖之耶**아 **固不可以後世之利心**으로 **量君子之公心也**라

어떤 이가 말하기를 "趙盾이 실로 晉나라의 政權을 잡았는데 그가 先蔑과의 약속을 저버리고 靈公을 세웠으니, 趙盾이 원수로 여기는 사람은 오직 先蔑뿐이고, 隨會로 말하면 비록 연루되어 先蔑과 함께 出奔하였으나 본래 趙盾이 怨怒하는 대상이 아니었다. 隨會가 공개적으로 秦나라에서 先蔑과 관계를 끊은 것은 바로 암암리에 晉나라의 趙盾과 결탁하여 귀국하기를 바라, 염치를 돌아보지 않고 벗을 팔아 은혜를 베푸는 짓을 한 것이니, 어찌 더욱 음험하고 각박한 자가 아닌가?"라고 하기에, 내가 이렇게 대답하였다.

"이것은 후세 사람들의 마음이고 隨會의 마음이 아니다. 이익을 탐하는 후세 사람의 마음으로 君子의 公心을 추측하면 군자의 행동거지와 언어동작이 모두 이익을 탐하는 짓이라고 명명하지 못할 것이 없으니, 어찌 유독 先蔑의 한 가지 일뿐이겠는가? 隨會의 행위가 과연 이익을 탐하는 마음에서 나왔다면 어찌 그의 陰險과 詭譎이 겨우 趙盾 한 사람만을 속이기에 충분하였을 뿐이겠는가? 〈뒤에 隨會가 국정을 主持할 때에〉 큰 소리를 내거나 얼굴을 붉히지 않았어도 群盜가 스스로 도망갔으니, 이 또한 이익을 탐

하는 마음으로 도둑들을 감화시켜서라고 할 수 있겠는가? 晉나라의 다섯 君主를 보좌하여 명성이 諸侯에 알려졌으니, 이 또한 이익을 탐하는 마음으로 霸業을 도모해서라고 할 수 있겠는가? 진실로 이익을 탐하는 후세 사람의 마음으로 군자의 公心을 추측할 수 없는 것이다."

雖然會之公心도 **吾猶有憾焉**이라 **會不以同患而親蔑可也**어니와 **至於絶迹不見**은 **則矯枉過直矣**라 **吾不知會在晉之時**에 **於朝廷**과 **於官府**와 **於衢路**에 **果能避蔑而不見耶**아 **在晉則見之**하고 **在秦則不見**은 **是不免以罪自嫌**이요 **而非公之盡也**라 **以公自處**면 **則去國如在國**하고 **有難如無難**하야 **雖不加親**이라도 **亦不加疏**니 **豈以晉秦二其心哉**아 **吾固疑會公心之未盡也**己새 **吾固以公心責之**하고 **而不以利心量之也**로라

비록 그러나 隨會의 公心도 나의 〈생각에는〉 오히려 만족스럽지 못함이 있다. 隨會가 환난을 함께하였음에도 불구하고 先蔑을 가까이하지 않은 것은 괜찮지만, 발길을 끊고 만나보지 않은 것은 너무 지나쳤다. 내 모르겠으나, 隨會가 晉나라에 있을 때에 朝廷이나 官府나 길거리에서 과연 先蔑을 피하고 만나지 않을 수 있었던가? 晉나라에서는 서로 만나고 秦나라에서는 만나지 않은 것은 스스로 혐의가 있어서 그렇게 했다는 죄에서 면할 수 없으니 公心을 다한 것이 아니다. 公心으로 자처했다면 나라를 떠났을 때나 나라에 있을 때의 행동이 같았을 것이고, 어려움이 있을 때나 어려움이 없을 때의 행동이 같았을 것이니, 설령 더 친하지는 않다 하더라도 더 소원하지는 않아야 할 것이다. 어찌 晉나라에 있을 때와 秦나라에 있을 때의 마음이 다를 수 있는가. 나는 본래 隨會의 公心이 지극하지 못함을 의심하였기 때문에, 진실로 그의 公心이 미진함을 꾸짖고 이익을 탐하는 마음으로는 헤아리지 않는다.

18-04 穆伯取己氏 穆伯이 己氏를 아내로 맞이하다

18-04-01 穆伯取己氏 穆伯이 己氏를 아내로 맞이하다

【左傳】 文七年이라 穆伯娶于莒하니 曰戴己라 生文伯하고 其娣聲己生惠叔[1]하다 戴己卒에 又聘於莒[2]하다 莒人以聲己辭하니 則爲襄仲聘焉[3]하다 冬에 徐伐莒하니 莒人來請盟[4]하다 穆伯如莒涖盟하고 且爲仲逆하다 及鄢陵[5]하야 登城見之하니 美어늘 自爲娶之하다 仲請攻

之하니 公將許之하다 叔仲惠伯諫[6]曰 臣聞之하니 兵作於內爲亂이요 於外爲寇라 寇猶及人이어니와 亂自及也라하니이다 今臣作亂이어늘 而君不禁하야 以啓寇讐[7]하시니 若之何잇가 公止之하다 惠伯成之하야 使仲舍之[8]하고 公孫敖反之하야 復(부)爲兄弟如初하니 從之하다

1) 〔역주〕 穆伯娶于莒……其娣聲己生惠叔 : 穆伯은 公孫敖이다. 文伯은 穀이고 惠叔은 難이다.〈杜注〉 己는 莒나라의 氏이다.〈附注〉
2) 〔역주〕 又聘於莒 : 聘은 婚姻을 청한 남자 집에서 여자의 집으로 禮物을 보내는 것인데, 이를 行聘 또는 下聘이라 한다.
3) 〔역주〕 則爲襄仲聘焉 : 襄仲은 公孫敖의 從父昆弟(四寸兄弟)이다.〈杜注〉
4) 〔역주〕 莒人來請盟 : 토벌을 당하였기 때문에 結盟해 구원을 받고자 한 것이다.〈杜注〉
5) 〔역주〕 及鄢陵 : 鄢陵은 莒나라의 邑이다.〈杜注〉
6) 〔역주〕 叔仲惠伯諫 : 惠伯은 叔牙의 손자이다.〈杜注〉
7) 〔역주〕 以啓寇讐 : 魯나라에 內亂이 일어나면 장차 寇讐가 침입할 마음을 먹게 된다는 말이다.〈附注〉
8) 〔역주〕 使仲舍之 : 그 여자를 버리고 아내로 맞이하지 않는 것이다.〈杜注〉

文公 7년, 穆伯이 莒나라에서 아내를 맞이하였으니 그 아내의 이름이 戴己이다. 戴己는 文伯을 낳고 그의 동생 聲己는 惠叔을 낳았다. 戴己가 죽자 穆伯이 또 莒나라에 行聘하니 莒人이 聲己가 있다는 이유로 사절하였다. 그러자 穆伯은 襄仲을 위해 行聘하였다.

겨울에 徐나라가 莒나라를 토벌하니 莒人이 魯나라에 와서 結盟을 요청하였다. 穆伯이 莒나라로 가서 결맹에 참가하고서 襄仲을 위해 여자를 맞이해왔다. 鄢陵에 당도하여 城에 올라 그 여자를 바라보니 美人이므로 그 여자를 자신의 아내로 맞이하였다.

襄仲이 穆伯을 공격하기 위해 文公에게 허락을 요청하니 文公이 허락하려 하였다. 그러자 叔仲惠伯이 諫하기를 "臣이 듣건대 兵亂이 內部에서 일어나는 것을 '亂'이라 하고 外部에서 일어나는 것을 '寇'라고 하는데 外寇는 禍가 사람들에게 미치지만 內亂은 화가 스스로에게 미친다고 하였습니다. 지금 신하가 내란을 일으키려 하는데 君께서 금하지 않으시어 외구가 침입할 마음을 내도록 인도하시니 〈만약 외구가 쳐들어온다면〉 어찌하시겠습니까?"라고 하니, 文公은 襄仲이 공격하지 못하도록 막았다. 惠伯이 두 사람을 화해시켜 襄仲은 그 여자를 포기하고 公孫敖는 그 여자를 莒나라로 돌려보내고서 다시 형제가 옛날처럼 지내도록 권하니 두 사람은 모두 그의 말을 따랐다.

18-04-02 穆伯以幣奔莒 穆伯이 禮物을 가지고 莒나라로 도망가다

【左傳】 文八年이라 穆伯如周弔喪이라가 不至하고 以幣奔莒하야 從己氏焉[1)]하다

1) 〔역주〕 從己氏焉 : 己氏는 莒女이다.〈杜注〉

文公 8년, 穆伯이 弔喪하기 위해 周나라에 가다가 京師로 가지 않고, 가지고 간 禮物을 가지고 莒나라로 도망하여 己氏를 찾아갔다.

18-04-03 穆伯歸魯復適莒 穆伯이 魯나라로 돌아왔다가 다시 莒나라로 가다

【左傳】 文十四年이라 穆伯之從己氏也[1)]에 魯人立文伯[2)]하다 穆伯生二子於莒하고 而求復이어늘 文伯以爲請하니 襄仲使無朝聽命하다 復而不出[3)]이러니 (三)〔二〕[4)]年而盡室[5)]以復(부)適莒하다 文伯疾에 而請曰 穀之子弱[6)]하니 請立難(나)也[7)]하소서 許之하다 文伯卒커늘 立惠叔하다 穆伯請重賂以求復[8)]이어늘 惠叔以爲請한대 許之하다 將來라가 卒于齊하다 告喪하고 請葬[9)]한대 弗許하다

1) 〔역주〕 穆伯之從己氏也 : 文公 8년에 있었다.〈杜注〉

2) 〔역주〕 魯人立文伯 : 文伯은 穆伯의 아들 穀이다.〈杜注〉

3) 〔역주〕 復而不出 : 그를 政事에 참여하지 못하게 하고 끝까지 집에서만 생활(寢食)하도록 한 것이다. 그러므로 그의 出入을 기록하지 않은 것이다.〈杜注〉 穆伯은 귀국하는 일이 급하여 朝廷에 나오지 말라는 襄仲의 말을 허락하였기 때문에 돌아온 뒤에 출입하지 않고 끝내 집안에서만 생활한 것이다.〈附注〉

4) 〔역주〕 (三)〔二〕 : 저본에는 '三'으로 되어 있으나, ≪春秋左氏傳≫에 의거하여 '二'로 바로잡았다.

5) 〔역주〕 盡室 : 집안의 재물을 다 싸 가지고 가는 것이다.

6) 〔역주〕 穀之子弱 : 아들은 孟獻子인데, 이때 나이가 아직 어렸다.〈杜注〉

7) 〔역주〕 請立難(나)也 : 難는 穀의 아우이다.〈杜注〉

8) 〔역주〕 穆伯請重賂以求復 : 穆伯이 많은 재물을 魯나라에 바치고서 歸國하기를 청한 것이다.〈附注〉

9) 〔역주〕 請葬 : 楊伯峻의 설에 따라 번역하였다. 楊伯峻의 ≪春秋左傳注≫에 "이것은 魯나라에 歸葬하기를 청한 것이다. 아래 15년 傳에 '飾棺하여 堂阜에 갖다 두라.'는 말로 보아 歸葬을 청한 것이고 卿禮를 바란 것이 아님을 알 수 있다."고 하였다. 歸葬은 他鄉에서 죽은 사람을 故鄉으로 運柩하여 장사 지내는 것이다. 飾棺은 각종 물건으로 棺을

粧飾하는 것이다. ≪禮記≫ 〈喪大記〉에 의하면 諸侯의 棺에는 龍을 그린 포장을 사면에 치고 위에는 도끼 모양을 그린 보를 덮으며 뒤에는 병풍처럼 생긴 振容을 치고 黼翣·黻翣·畫翣을 각각 두 개씩 세우고, 大夫의 棺에는 구름을 그린 포장을 사면에 치고 위에는 구름을 그린 보를 덮으며 뒤에는 振容을 치지 않고 黻翣과 畫翣을 각각 두 개씩 세운다.

文公 14년, 穆伯(公孫敖)이 己氏를 찾아 莒나라로 간 뒤에 魯人은 文伯을 穆伯의 後繼者로 세웠다. 穆伯이 莒나라에서 아들 둘을 낳은 뒤에 魯나라로 돌아오기를 요구하자 文伯이 〈穆伯을 위해 魯나라 조정에〉 請願하니, 襄仲이 그가 돌아온 뒤에 朝廷에 나와 政事에 참여하지 못하게 하라고 하였다. 穆伯이 돌아온 뒤에 외출하지 않더니 2년 뒤에 전 재산을 다 가지고 다시 莒나라로 갔다. 文伯이 병이 들자 文公에게 청하기를 "臣의 자식은 어리니 臣의 아우 難를 후계자로 세워주소서."라고 하니, 文公이 허락하였다. 文伯이 죽자 惠叔을 後嗣로 세웠다. 얼마 뒤에 穆伯이 魯나라에 많은 財物를 바치고서 귀국을 허락해달라고 청하였다. 惠叔이 〈그를 위해〉 청하니 文公이 허락하였다. 돌아오다가 齊나라에서 卒하였다. 魯나라에 喪을 고하고 歸葬하기를 청하였는데 허락하지 않았다.

18-04-04 齊人歸公孫喪 聲己不視 齊人이 公孫敖의 喪柩를 돌려보냈으나 聲己가 그 상구를 보지 않다

【左傳】 文十五年이라 齊人或爲孟氏謀[1]曰 魯는 爾親也니 飾棺置諸堂阜[2]면 魯必取之리라 從之하다 卞人以告한대 惠叔猶毁以爲請하야 立於朝以待命이어늘 許之하니 取而殯之[3]하다 齊人送之니라 書曰 齊人歸公孫敖之喪이라하니 爲孟氏요 且國故也[4]라 葬視共仲[5]하다 聲己不視하고 帷堂而哭[6]하다 襄仲欲勿哭[7]한대 惠伯曰 喪은 親之終也니 雖不能始나 善終可也라 史佚有言曰 兄弟致美하야 救乏賀善弔災하고 祭敬喪哀[8]하야 情雖不同이나 毋絶其愛가 親之道也[9]라하니 子無失道면 何怨於人가 襄仲說(열)하야 帥兄弟以哭之하다

1) 〔역주〕 齊人或爲孟氏謀 : 孟氏는 公孫敖의 家門이다. 慶父가 庶子 중에 맏이였기 때문에 或者가 '孟氏'라고 칭한 것이다.〈杜注〉

2) 〔역주〕 飾棺置諸堂阜 : 堂阜는 齊나라와 魯나라의 國境에 있는 땅이다. 飾棺을 殯하지 않은 것은 돌아갈 곳이 없다는 것을 보이기 위함이다.〈杜注〉

3) 〔역주〕 立於朝以待命……取而殯之 : 孟氏의 祠堂〔寢〕에 殯한 것이다. 叔服의 말대로 된

것이다.〈杜注〉

4)〔역주〕書曰……且國故也 : 惠叔이 哀毁한 모습으로 請願하고, 또 魯나라의 公族이기 때문에 歸殯을 허락하고서 史策에 기록한 것이다.〈杜注〉 歸殯은 他鄕에서 죽은 사람의 喪柩를 고향으로 운반해와서 草殯하는 것이다.

5)〔역주〕葬視共仲 : 慶父의 葬事와 같은 제도로 장사 지낸 것이다. 慶父와 穆伯은 모두 罪가 있었기 때문에 등급을 낮춘 것이다.〈杜注〉

6)〔역주〕聲己不視 帷堂而哭 : 聲己는 惠叔의 어머니이다. 公孫敖가 莒女를 찾아간 것을 원망하였기 때문에 堂에 장막을 친 것이다.〈杜注〉 帷堂而哭은 堂中에 안치한 穆伯의 喪柩를 보지 않으려고 堂에 휘장을 치고서 堂下에서 哭한 것이다. ≪禮記≫ 〈檀弓 下〉 '帷堂非古' 條의 孔疏에 "聲己는 穆伯에게 怨恨이 있어 喪柩가 있는 堂을 보지 않으려고 堂에 휘장을 친 것이다."고 하였다.

7)〔역주〕襄仲欲勿哭 : 公孫敖가 자기의 아내 될 여자를 가로챈 것을 원망했기 때문이다.〈杜注〉

8)〔역주〕祭敬喪哀 : 죽은 형제의 제사를 공경히 지내고 형제의 죽음을 슬퍼하는 것이다.

9)〔역주〕毋絶其愛 親之道也 : 天性에서 우러나는 형제간의 지극한 우애를 단절하지 않는 것이 친족을 親愛하는 도리라는 말이다.〈附注〉

文公 15년, 齊나라의 어떤 사람이 孟氏를 위해 계책을 내어 말하기를 "魯나라는 저 사람의 親屬이니 棺을 장식하여 堂阜에 갖다 두면 魯나라에서 반드시 가져갈 것이다."고 하였다. 이 말을 따라 그대로 하니 卞人이 이 일을 惠叔에게 알렸다. 惠叔은 〈穆伯이 죽은 지 이미 8~9개월이 지났는데도〉 여전히 哀毁한 모습으로 歸葬을 청하면서 朝廷에 서서 임금의 명을 기다렸다. 文公이 귀장을 허락하니 〈惠伯은 穆伯의 棺을〉 가져다가 殯하였다. 齊人이 喪柩를 전송하였기 때문에 經에 "齊人이 公孫敖의 상구을 돌려보냈다."고 기록하였으니, 이는 穆伯이 孟氏의 祖父이고 또 魯나라의 公族이기 때문이다. 葬禮는 共仲의 例를 따랐다. 聲己는 〈穆伯의 상구를〉 보지 않으려고 堂에 휘장을 치고서 哭하였다. 襄仲이 哭하려 하지 않자, 惠伯이 말하였다.

"喪禮는 親族을 마지막〔終〕으로 보내는 儀式이니 비록 生時〔始〕에는 잘 지내지 못했다 하더라도 마지막으로 보내는 일은 잘하는 것이 옳습니다. 史佚의 말에 '형제 사이에는 아름다운 友愛를 다하여 窮乏을 구제하고 좋은 일을 축하하고 災難을 위로하며 제사를 공경하고 喪事를 애도하여, 비록 情이 화목〔同〕하지 못하다 하더라도 우애를 단절하지 않는 것이 친족의 도리이다.'고 하니, 당신께서 도리를 잃지 않으면 그만이지 남을 원망할 게 무엇이 있습니까?"

襄仲은 〈이 말을 듣고〉 기뻐하며 형제들을 거느리고 가서 哭하였다.

【主意】 兄弟之屬은 天也니 非較怨之地也라 人知襄仲之於穆伯에 昔怨而今解요 而不知胸中之天則無怨無人也라 不然이면 雖有叔仲惠伯이라도 豈能解其怨於立談之間哉아

兄弟는 天生으로 결합된 존재이니 서로 다투거나 원망할 자리가 아니다. 사람들은 襄仲이 穆伯에 대한 지난날의 원한이 지금 풀린 줄로만 알고, 가슴속의 하늘(마음)에는 원한도 없고 人(未詳)도 없다는 것을 모른다. 그렇지 않았다면 비록 叔仲惠伯의 화해가 있었다 하더라도 어찌 그 원한을 잠시 동안의 談說로 풀어버릴 수 있었겠는가?

問修怨於君子면 必以爲非[1)]요 問修怨於小人이면 必以爲是[2)]라하니 二者皆未爲定論也[3)]라 專於報怨者는 商鞅氏之徒耳요 范雎氏之徒耳[4)]니 格之以聖人之門이면 在所擯也라 專於忘怨者는 老聃氏之徒耳요 莊周氏之徒耳[5)]니 格之以聖人之言이면 亦在所擯也라 吾聖人之門엔 未嘗修怨[6)]하고 未嘗不修怨[7)]이요 權其小大輕重而中持衡焉[8)]이라 小者忘之하고 大者報之하며 輕者忘之하고 重者報之요 未嘗倚一偏而主一說也[9)]라

1) 問修怨於君子 必以爲非 : 此言君子忘怨

이것은 君子는 원한을 잊는다는 것을 말한 것이다.

2) 問修怨於小人 必以爲是 : 此言小人報怨

이것은 小人은 원한을 갚는다는 것을 말한 것이다.

3) 二者皆未爲定論也 : □[*)]斷二者皆非確然之論

이 두 가지는 모두 확정된 논의가 아니라고 단정한 것이다.

*) 〔역주〕 □ : 저본에는 1자 빈칸으로 되어 있다.

4) 專於報怨者……范雎氏之徒耳 : 商鞅范雎戰國之佐 專以報怨爲事

商鞅과 范雎는 戰國時代의 보좌로 오로지 원한을 갚기만을 일삼았다.

5) 專於忘怨者……莊周氏之徒耳 : 老聃莊周清虛之說 專以忘怨爲論

老聃과 莊周는 清靜虛無의 說로 오로지 원한을 잊기만을 논하였다.

6) 吾聖人之門 未嘗修怨 : 與鞅雎異

商鞅·范雎의 경우와 다르다.

7) 未嘗不修怨 : 與老莊異

老子·莊子의 경우와 다르다.

8) 權其小大輕重而中持衡焉 : 聖人處事 如權衡之稱物焉 怨之小者輕者可忘 而怨之大者重者不可忘

也 謂如身之私怨 固可忘 若有君父之怨 則不可矣

聖人이 일을 처리하는 것은 마치 저울로 물건을 다는 것과 같으니, 작고 가벼운 원한은 잊어야 하지만 크고 무거운 원한은 잊어서는 안 된다. 이를테면 一身의 사사로운 원한은 실로 잊어야 하지만 君父의 원한이라면 잊어서는 안 된다.

9) 未嘗倚一偏而主一說也 : 一偏之說 如報怨忘怨之謂 此已上未是主意

한 쪽의 말이란 원한을 갚고 원한을 잊는 따위를 이른다. 이 이상은 이 글의 主意가 아니다.

君子에게 원한을 갚음에 대해 물으면 반드시 옳지 않다고 하고, 소인에게 원한을 갚음에 대해 물으면 반드시 옳다고 한다. 그러나 이 두 사람의 말은 모두 定論이 될 수 없다. 오로지 원한을 갚기를 주장하는 자는 商鞅과 范雎의 무리이니, 이들을 聖人 門下의 〈道로써〉 헤아려보면〔格〕 반드시 내쳐야 할 대상이고, 오로지 원한을 잊을 것을 주장하는 자는 老聃과 莊周의 무리이니, 이들을 성인의 말씀으로 헤아려보면 또한 반드시 내쳐야 할 대상이다.

우리 성인의 문하에서는 원한 갚기를 강조한 적이 없고, 원한 갚지 말기를 강조한 적도 없었으며, 오직 일의 大小와 輕重을 헤아려 알맞게 처리하였을 뿐이다. 작은 원한은 잊고 큰 원한은 갚았으며, 가벼운 원한은 잊고 무거운 원한은 갚았고, 한 쪽에 치우치거나 일방의 말만을 주장하지 않았다.

穆伯爲襄仲聘婦于莒[1)]에 中道而奪之[2)]하니 夫豈細怨也哉[3)]리오 而惠伯區區其間하야 委曲調護[4)]하야 始則釋其憾[5)]하고 終則全其恩[6)]하니라 彼非不知輕重小大之所在也[7)]나 蓋穆伯之於襄仲에 兄弟也[8)]ㄹ새니라 怨之小大를 在他人可言耳[9)]나 兄弟之間은 非較小大之地也며 怨之輕重을 在他人可言耳나 兄弟之間은 非較輕重之地也[10)]라 合以人者는 有時而離[11)]나 合以天者는 無時而離[12)]라 兄弟之屬은 天也[13)]니 人怨不足以害之[14)]니라 襄仲之怨穆伯을 以人觀之[15)]면 則固大矣요 重矣[16)]나 以天視之[17)]면 則兄弟之親은 與生俱生而不可離[18)]니 豈以恩而加하고 豈以怨而損哉[19)]리오 雨暘變於前이나 太虛之眞體未嘗動也[20)]요 恩怨交於前이나 兄弟之眞情未嘗動也[21)]라 曰雨曰暘이나 而眞體之中에 本不知有雨暘이요 自恩自怨이나 而眞情之中에 本不知有恩怨이라 襄仲向者之怨은 私情之怨耳[22)]요 今者之解는 私情之解耳[23)]라 乃若胸中之天은 則向無怨

而今無解也[24)]라 **不然**[25)]이면 **則豈惠伯立談之頃**에 **所能回耶**[26)]리오

1) 穆伯爲襄仲聘婦于莒：入事 詳見本題出處
〈여기부터 본편의〉 일로 들어간다. 本題의 出處에 자세히 보인다.

2) 中道而奪之：見其美而自娶之
그 여인이 美女인 것을 보고서 자기의 아내로 삼은 것이다.

3) 夫豈細怨也哉：妻爲人所奪 安得而不怨
자기 아내가 될 여인을 남에게 빼앗겼으니 어찌 원한하지 않을 수 있겠느냐는 말이다.

4) 委曲調護：叔仲惠伯 調停一人之怨
叔仲惠伯이 한 사람의 원한을 조정한 것이다.

5) 始則釋其憾：復爲兄弟如初
다시 兄弟가 처음(과거)처럼 〈사이좋게 지내게〉 된 것이다.

6) 終則全其恩：帥(솔)兄弟以哭之
형제를 거느리고 가서 哭한 것이다.

7) 彼非不知輕重小大之所在也：應前權其小大輕重 彼 謂惠伯
앞의 "그 小大와 輕重을 헤아린다."고 한 것에 호응한 것이다. 彼는 惠伯을 이른다.

8) 盖穆伯之於襄仲 兄弟也：公孫敖與公子遂 爲仍從兄弟
公孫敖와 公子 遂는 여전히 從兄弟로 잘 지냈다.

9) 怨之小大 在他人可言耳：說破起頭意
첫머리의 뜻을 설파한 것이다.

10) 兄弟之間……非較輕重之地也：兄弟無藏怒無宿怨 非可以此爲怨也 至此方是主意
兄弟 사이는 분노를 간직함이 없고 원한을 묵힘이 없으니, 이로써 원한을 삼을 수 있는 것이 아니다. 여기에 와서 비로소 主意를 말하였다.

11) 合以人者 有時而離：如交遊知友之類
交遊하는 知友(서로 마음을 아는 벗) 같은 부류이다.

12) 合以天者 無時而離：如父子兄弟之類
父子나 兄弟 같은 부류이다.

13) 兄弟之屬 天也：以天合矣
〈父母와 兄弟는〉 하늘이 맺어준 사이이다.

14) 人怨不足以害之：天倫之愛 非怨可害
天倫 사이의 恩愛는 원한이 해칠 수 있는 것이 아니다.

15) 襄仲之怨穆伯 以人觀之：自人情觀之
人情의 입장에서 보는 것이다.

16) 則固大矣 重矣：大則不小 重則不輕

크면 작지 않고 무거우면 가볍지 않다.

17) 以天視之：自天理視之

天理의 입장에서 보는 것이다.

18) 則兄弟之親 與生俱生而不可離：天合之心 豈較輕重小大之地

'하늘이 맺어준 〈형제의〉 마음이 어찌 輕重과 小大로 따질 처지인가?'의 뜻이다.

19) 豈以恩而加 豈以怨而損哉：不爲恩而加 不爲怨而損

恩愛한다 하여 〈情이〉 더 많아지지도 않고, 怨恨한다 하여 〈정이〉 더 줄어들지도 않는다.

20) 雨暘變於前 太虛之眞體未嘗動也：譬之太虛 不爲雨暘而變其眞體也

비유하면 太虛(우주)가 비가 오거나 날이 갬으로 인해 그 본체가 변화하지 않는 것과 같다.

21) 兄弟之眞情未嘗動也：亦猶兄弟不爲恩怨而移其眞情

兄弟도 恩怨으로 인해 그 진정이 바뀌지 않는 것과 같다.

22) 襄仲向者之怨 私情之怨耳：以私情而蔽其天也

私情이 그 天性을 가렸기 때문이다.

23) 今者之解 私情之解耳：解私情而還其天也

사사로운 감정을 해제하고 天性으로 돌아갔기 때문이다.

24) 乃若胸中之天 則向無怨而今無解也：兄弟之天 不以怨而無 不以解而有

兄弟 사이의 天生의 親情은 원한으로 인해 없어지지도 않고, 화해로 인해 생기지도 않는다.

25) 不然：若胸中素無此天理

'만약 가슴속에 본래 이러한 天理가 없었다면'의 뜻이다.

26) 則豈惠伯立談之頃 所能回耶：惠伯雖善調護 豈能解其怨乎

'惠伯이 아무리 잘 調護했더라도 어찌 그 원한을 解除할 수 있었겠는가?'의 뜻이다.

穆伯이 襄仲을 위해 莒나라로 가서 聘禮를 거행하고서 〈襄仲의 아내 될 여인을 데리고 돌아오다가 그 여인의 美色에 반하여〉 中途에서 그 여인을 가로채 자기의 여자로 만들었으니, 〈아내를 빼앗긴 襄仲에게는〉 이 일이 어찌 작은 원한이었겠는가? 그러나 惠伯이 중간에서 마음을 다해 완곡한 말로 화해시켜, 처음에는 襄仲의 원한을 풀게 하고 뒤에는 형제간의 恩情을 보전하게 하였다.

저 惠伯이 輕重과 大小의 소재를 모르지 않았지만, 〈옳고 그름을 따지지 않은 것은〉 穆伯과 襄仲이 兄弟이기 때문이다. 원한의 대소를 다른 사람은 말할 수 있으나 형제는 원한의 대소를 따질 자리가 아니며, 원한의 경중을 다른 사람은 말할 수 있으나 형제는 원한의 경중을 따질 자리가 아니다. 사람이 필요에 따라 맺은 관계〔人合〕는 사이가 벌어질 때가 있지만, 天生으로 결합된 관계〔天合〕는 벌어지는 때가 없다. 형제는 天合이니 人合의 원한이 해칠 수 없다. 穆伯에 대한 襄仲의 원한을 사람들의 감정으로 보면 참으로 중대하지만 天理로 보면 형제간의 親情은 出生과 함께 생겨나서 벌어질 수 없는 것이니, 어찌 은혜로 인해 더 많아지거나 원한으로 인해 더 줄어들겠는가?

비가 내리거나 날이 개는 날씨는 수시로 변하지만 太虛〔宇宙〕의 본체는 변동함이 없듯이 사람의 은혜와 원한도 수시로 발생하지만 형제의 親情은 변동함이 없다. 〈날씨는 비록〉 비가 올 때도 있고 갤 때도 있으나 우주의 본체 속에는 본래 비가 오고 갬이 있는 줄을 알지 못하듯이, 사람에게는 은혜도 있고 원한도 있으나 형제의 親情 속에는 본래 은혜와 원한이 있는 줄을 알지 못한다. 襄仲의 지난날의 원한은 私情의 원한이고 오늘의 화해는 私情의 화해일 뿐이다. 가슴속의 天性으로 말하면 지난날의 원한도 없고 오늘의 화해도 없다. 그렇지 않다면 〈襄仲과 穆伯 사이의 원한을〉 어찌 惠伯이 잠시 동안의 談說로 만회할 수 있었겠는가?

焚廩捐階之虐[1)]과 **治棲入宮之侮**[2)]를 **百世之後**에 **讀其書者**도 **猶爲舜切齒**[3)]어늘 **而舜之恩意**가 **源源不絶者**[4)]는 **非以德而報怨也**[5)]라 **以弟待象**이요 **而不以象待象也**[6)]며 **以天觀象**이요 **而不以人觀象也**[7)]라 **蓋鬱陶而思舜者**[8)]는 **乃象之天**[9)]이요 **彼傲而害舜者**[10)]는 **特象之人耳**[11)]라 **舜之胸中純乎天**[12)]이라 **故見象之天而不見象之人也**[13)]라 **使惠伯立於舜之朝**[14)]면 **將化於舜之天而不自知矣**[15)]니 **雖有喙三尺**[16)]이라도 **焉攸用**[17)]이리오

1) 焚廩捐階之虐 : 引舜事證 孟子 萬章曰 父母使舜完廩捐階 瞽瞍焚廩 捐 棄也 階 梯也

舜의 일을 이끌어 증거로 삼은 것이다. ≪孟子≫에 萬章이 말하기를 "舜의 父母 瞽瞍가 舜에게 창고를 수선하게 하고는 순이 창고 지붕으로 올라가자, 瞽瞍가 사다리를 치워버리고서 창고에 불을 놓았다."고 하였다. 捐은 버림이고, 階는 사다리이다.

2) 治棲入宮之侮 : 同上 象曰 二嫂使治朕棲 象往入舜宮

≪孟子≫에 〈舜의 아우〉 象이 말하기를 "두 형수는 나의 잠자리를 돌보게 할 것이다."라고 하고서 舜의 집으로 가서 그 寢室〔宮〕로 들어갔다.

3) 百世之後……猶爲舜切齒 : 舜弟象日以殺舜爲事 且入宮而取其室 悖逆如此 後世讀其書者 無不代

舜切齒而怨之

舜의 아우 象은 날마다 舜을 살해하기를 일삼았고, 또 舜의 집으로 가서 그 아내를 취하려 하였다. 悖逆스러움이 이와 같으므로 후세에 그 기록을 읽는 자 중에는 舜을 대신해 이를 갈면서 원한하지 않는 자가 없었다.

4) 而舜之恩意 源源不絶者：舜不惟〔無〕*)怨象之心 且封之有痺 以富貴之 又欲常常而見之 故源源而來

舜은 象을 원망하는 마음이 없었을 뿐만 아니라 또 그를 有痺에 封하여 부유하고 존귀하게 만들어주고, 또 항상 보고 싶어 하였다. 그러므로 끊임없이 오게 한 것이다.

*) 〔역주〕〔無〕：저본에는 1자 빈칸으로 되어 있으나, 문맥에 의거하여 '無'를 보충하였다.

5) 非以德而報怨也：以德報怨 出論語 引此以言兄弟之間 無怨可報

德으로써 원한을 갚는다는 말은 ≪論語≫에 나오는데, 이 말을 인용하여 형제 사이에는 보복할 원한이 없다는 것을 말하였다.

6) 以弟待象 而不以象待象也：舜知愛弟而已 不知象之害已

舜은 아우를 사랑할 줄만 알았을 뿐이고, 象이 자기를 해코지하는 줄을 몰랐다.

7) 以天觀象 而不以人觀象也：舜知天屬之愛 不知象之人僞

舜은 天屬의 사랑만을 알았고, 象의 人僞는 알지 못하였다.

8) 蓋鬱陶而思舜者：孟子 象曰鬱陶思君爾 忸怩

≪孟子≫에 "象이 '형님이 그리워 마음이 우울했습니다.'라고 하고는 부끄러워 얼굴이 붉어졌다."라고 하였다.

9) 乃象之天：思其兄者 象之天理

그 형을 그리워한 것은 象의 天理이다.

10) 彼傲而害舜者：書堯典曰象傲

≪尙書≫ 〈堯典〉에 "象이 오만하였다."고 하였다.

11) 特象之人耳：害其兄者 象之人僞

그 형을 해코지한 것은 象의 人僞이다.

12) 舜之胸中純乎天：聖人之心 純乎天理

聖人의 마음은 純全한 천리뿐이다.

13) 故見象之天而不見象之人也：所以以天觀象 而不以人觀象

그러므로 天理로써 象을 보았고, 人僞로써 象을 보지 않았다.

14) 使惠伯立於舜之朝：假設如此

이 같은 경우를 가정한 것이다.

15) 將化於舜之天而不自知矣：自然與舜相忘於天理之中

자연히 舜과 함께 天理 가운데서 서로 잊게 될 것이다.

16) 雖有喙三尺 : 莊子云 丘願有喙三尺
≪莊子≫에 "孔丘는 3尺의 부리(뛰어난 말재주)를 갖기를 원했다."고 하였다.
17) 焉攸用 : 假使惠伯有三尺之喙 善爲辭說 何能復措一辭乎
'가령 惠伯이 3尺의 부리를 가져 말을 잘했다 하더라도 어찌 다시 한 마디인들 할 수 있겠는가?'라는 뜻이다.

창고에 불을 지르고서 사다리를 치운 瞽叟의 惡行과 두 형수로 하여금 자신의 잠자리에 시중을 들게 하겠다고 하고서 舜의 寢室로 들어간 象의 모욕적인 행위는 百世 뒤에 그 기록을 읽는 자도 오히려 舜을 위하여 〈대신〉 이를 간다. 그런데도 舜이 恩情을 끊임없이 이어간 것은, 德으로써 원한을 갚은 것이 아니라 象을 아우로 대우하고 象이 한 짓으로 象을 대우하지 않은 것이며, 象을 天合으로 보고 人合으로 보지 않은 것이다. 〈그리워 마음이〉 우울하여 舜이 생각났다고 한 것은 바로 象의 天性이고, 오만하게 舜을 해코지 한 것은 象의 人欲일 뿐이다. 舜의 가슴속에는 순전한 천리뿐이었기 때문에 象의 천성만을 보고 象의 인욕을 보지 않은 것이다. 가령 惠伯이 舜의 조정에 벼슬하였다면 아마도 자기도 모르는 사이에 舜의 천성에 감화되었을 것이니, 비록 뛰어난 말재주가 있다 해도 어디에 쓰겠는가.

帝舜圖

18-05 鄷舒問趙衰趙盾於賈季 鄷舒가 賈季에게 趙衰와 趙盾의 사람됨을 묻다

【左傳】 文七年이라 狄侵我西鄙어늘 公使告於晉하니 趙宣子使因賈季問鄷舒하고 且讓之[1]하다 鄷舒問於賈季曰 趙衰(최)趙盾孰賢고 對曰 趙衰는 冬日之日也요 趙盾은 夏日之

日也라 註云 冬日可愛하고 夏日可畏라

1)〔역주〕趙宣子使因賈季問鄷舒 且讓之 : 鄷舒는 狄의 丞相이다. 魯나라를 侵伐한 것을 꾸짖은 것이다.〈杜注〉 이때 賈季는 狄으로 도망가 있었다.〈附注〉

文公 7년, 狄人이 우리나라 서쪽 邊境을 侵犯하자 公이 使臣을 보내어 晉나라에 告하니, 趙宣子가 사신을 보내어 賈季를 통해 鄷舒에게 안부를 묻고 또 魯나라 侵犯한 것을 꾸짖었다.

鄷舒가 賈季에게 "趙衰와 趙盾 중에 누가 더 賢明한가?"라고 묻자, 賈季는 "趙衰는 겨울 햇볕이고 趙盾은 여름 햇볕이다."고 대답하였다. 〈이에 대하여 杜預의〉 註에 "겨울 햇볕은 사랑스럽고 여름 햇볕은 두렵다."라고 하였다.

天下之物은 不可以疑心觀也라 萬物錯陳於吾前한 鳧短鶴長과 繩直鉤曲과 堯仁桀暴와 夷廉蹠貪은 區別彙分하야 本無可惑이로되 疑心一加면 則視鳧如鶴하고 視繩如鉤하고 視堯如桀하고 視夷如蹠하니 是非物之罪也라 以疑先物일새 所見固非其正也라 內疑未解면 外觀必蔽니 不求之於心而求之於目이면 難矣哉라 此猶非其難也라 物未嘗眩吾어늘 而吾則疑物也는 吾先以疑待物일새 而物之似復(부)適投吾之所疑니 以我之疑로 觀物之似라 此天下之至難辨也라

天下의 事物은 의심을 가지고 보아서는 안 된다. 내 눈앞에 복잡하게 벌여 있는 다리가 짧은 오리, 다리가 긴 두루미, 똑바른 먹줄, 구부정한 낚싯줄, 唐堯의 仁愛, 夏傑의 포학, 伯夷의 청렴, 盜跖의 탐욕 등 온갖 사물은 각각 종류별로 구분되어 본래 의혹될 것이 없으되, 한번 의심하기 시작하면 오리가 두루미로 보이고, 먹줄이 낚싯줄로 보이며, 唐堯가 夏傑로 보이고 伯夷가 盜跖으로 보인다. 하지만 이는 사물의 죄가 아니다. 사물을 보기에 앞서 먼저 의심하는 마음을 가졌기 때문에 보이는 것이 정확하지 않게 보이는 것이 당연하다.

內心의 의혹이 풀리지 않으면 외부의 사물을 관찰함에 반드시 가림이 있으니, 마음으로 관찰하기를 구하지 않고 눈으로 관찰하기를 구한다면 〈사물의 진상을 관찰하기가〉 어려울 것이다. 그러나 이것은 오히려 크게 어려운 일이 아니다. 사물이 내 눈을 현혹시키지 않는데도 내가 사물을 의심하는 것은 내가 먼저 의심을 가지고 사물을 대하였기 때문에 사물이 내가 의심했던 것과 유사한 형태로 보인 것이니, 이는 나의 의심

을 가지고 사물의 유사한 것을 본 것이다. 이것이 천하에 〈眞假를〉 변별하기가 지극히 어려운 것이다.

賈季之仇趙盾은 **古今莫不聞**이라 **言發於仇讐之口**면 **人固先以疑心聽之矣**라 **使季譽盾之淸耶**면 **人必曰 陽譽其淸而陰譏其陋也**리라 **使季譽盾之剛耶**면 **人必曰陽譽其剛而陰譏其狠也**리라 **季以公心譽之**로되 **人以疑心聽之**는 **言在此而意亦在彼**ㄹ새니라 **雖其辭坦明易**(이)**直**하야 **無疑可指**라도 **且猶揣摩猜度**(탁)하야 **靡所不至**어든 **況所譽之言**에 **未免於可疑耶**아 **冬日**은 **人所愛也**요 **夏日**은 **人所畏也**라 **季目衰以冬**하고 **而目盾以夏**하니 **吾不知季以衰勝盾(也)〔耶〕**[1]아 **抑以盾勝衰耶**아 **是殆未可知也**라 **以盾之威爲可畏耶**아 **抑以盾之虐爲可畏耶**아 **是殆未可知也**라

1) 〔역주〕 (也)〔耶〕 : 저본에는 '也'로 되어 있으나, 三民書局本에 의거하여 '耶'로 바로잡았다.

賈季가 趙盾을 원수로 대한 일은 고금에 모르는 사람이 없다. 논평하는 말이 원수의 입에서 나오면 사람들은 당연히 의심을 먼저 갖고 들을 것이다. 가령 賈季가 趙盾의 청렴함을 칭찬하였다면 사람들은 반드시 "겉으로는 그의 청렴함을 칭찬하였으나 사실은 그의 비루함을 비웃은 것이다."라고 하고, 가령 賈季가 趙盾의 강직함을 칭찬하였다면 사람들은 반드시 "겉으로는 그의 강직함을 칭찬하였으나 속으로는 그의 잔인함을 비웃은 것이다."라고 할 것이다.

賈季가 公心으로 趙盾을 칭찬했더라도 사람들이 의심을 갖고 듣는 것은 말하는 사람의 생각은 여기에 있는데 듣는 사람의 마음은 저기에 있기 때문이다. 비록 그 품평하는 말이 평탄하고 솔직하여 지적할 만한 의심스러운 곳이 없어도 〈듣는 자들은〉 오히려 온갖 방법을 다해 짐작하고 추측하는데, 하물며 칭찬하는 말을 〈듣고서〉 의심스러움이 있음에랴!

겨울 햇볕은 사람들이 사랑하는 바이고 여름 햇볕은 사람들이 두려워하는 바이다. 賈季는 趙衰를 겨울 햇볕으로 지목하고 趙盾을 여름 햇볕으로 지목하였으니, 나는 賈季가, 趙衰가 趙盾보다 낫다고 여긴 것인지, 아니면 趙盾이 趙衰보다 낫다고 여긴 것인지 모르겠으니, 이는 〈의심스러워〉 알 수가 없다. 趙盾의 위엄이 두려워할 만하다는 것인지 아니면 趙盾의 暴虐이 두려워할 만하다는 것인지 모르겠으니, 이는 〈의심스러워〉 알 수가 없다.

一言而挾勝負之兩意하고 一字而具威虐之兩端하니 苟季素與盾無間然之隙이면 則人固未敢以毁盾疑也라 今季與盾其仇若此하고 其語又若此하니 以前之仇驗後之語면 雖有知者觀之라도 亦必斷然謂之毁盾矣리라 信如是면 則季之毁는 非似也眞也며 人之觀季는 非疑也明也라 吾何以知季之非毁盾耶아 幽囚野死之謗이 不出於康衢之間하고 而出於秦漢之後[1]하니 盖以秦漢之心으로 而量唐虞之心이라 信乎其可疑也로라 癰疽瘠環之謗이 不出於洙泗之濱하고 而出於戰國之末[2]하니 盖以戰國之心으로 而量仲尼之心이라 信乎其可疑也로라 持後世之心而觀古人之迹이면 盖無適而非可疑者니 豈獨賈季事哉리오 兄弟鬩於墻이나 外禦其侮라하니 古之人未嘗以私鬪忘其家也나 自後〔世〕[3]之心而量之면 未必不疑其匿怨也요 人之行不以所惡(오)廢鄉이니 古之人未嘗以私惡忘其鄉也나 自後世之心量之면 未必不疑其矯情也리라

1) 幽囚野死之謗……而出於秦漢之後：記檀弓*)

기록이 ≪禮記≫ 〈檀弓〉에 보인다.

*)〔역주〕記檀弓：唐堯가 감금되고 虞舜이 야외에서 죽었다는 비방이 秦漢 이후에 나왔다는 것은, 晉나라 때 출토된 ≪竹書紀年≫의 내용을 가리킨다.

2) 癰疽瘠環之謗……而出於戰國之末：孟子萬章*)

≪孟子≫ 〈萬章〉에 보인다.

*)〔역주〕孟子萬章：공자가 癰疽와 瘠環의 집에 머물렀다는 것은, ≪孟子≫ 〈萬章 上〉에서 맹자가 이러한 의혹에 대해 반박한 것을 가리킨다.

3)〔역주〕〔世〕: 저본에는 '世'가 없으나, 四庫全書本·三民書局本에 의거하여 보충하였다.

한마디 말에 勝과 負(褒와 貶) 두 가지 뜻을 포함하고 한 글자에 威와 虐 두 가지를 뜻을 갖추었으니, 만약 賈季가 평소 趙盾과의 사이에 틈이 없었다면 사람들은 응당 감히 趙盾을 헐뜯었다고 의심하지 않았을 것이다. 지금 賈季와 趙盾 사이의 원한이 이와 같고 그 評語 또한 이와 같으니, 전일의 원한을 가지고 후일의 평어를 驗證해보면 비록 지혜로운 자가 보더라도 반드시 단연코 趙盾을 헐뜯은 것이라고 할 것이다. 과연 이와 같다면 賈季의 헐뜯음은 유사한 것이 아니라 진실된 것이며, 사람들이 賈季의 〈태도를〉 관찰하는 것은 의심하는 것이 아니라 분명하게 인증한 것이다.

그렇다면 나는 무엇을 가지고 賈季가 趙盾을 헐뜯은 것이 아니라는 것을 아는가? 唐堯가 囚禁되고 虞舜이 野外에 죽었다는 비방이 康衢 사이(堯舜이 살던 시대)에 나오지

않고 秦·漢 이후에 나왔으니, 이는 秦·漢人의 마음으로 唐虞(堯舜)의 마음을 헤아린 것이니 참으로 의심할 만하다. 〈孔子가〉 癰疽와 瘠環을 주인으로 삼았다는 비방이 洙水와 泗水의 물가(孔子가 살던 시대)에서 나오지 않고 戰國時代 말엽에 나왔으니, 이는 戰國時代 사람의 마음으로 仲尼의 마음을 헤아린 것이니 참으로 의심할 만하다. 후세 사람의 마음을 가지고 옛사람의 事迹을 관찰하면 가는 곳마다 의심되지 않는 곳이 없으니 어찌 유독 賈季의 사적뿐이겠는가?

〈≪詩經≫ 〈小雅 常棣〉에〉 "형제가 집안에서 싸우더라도 밖에서 오는 모욕은 〈합심해〉 막는다."고 하였으니, 옛사람은 〈형제간에〉 사사로운 일로 싸우더라도 그 집안을 잊지 않은 것인데, 이를 후세 사람의 마음으로 헤아려보면 반드시 그 원한(형제간의 원한)을 숨기고 있다고 의심하지 않음이 없다. 〈≪春秋左氏傳≫ 哀公 8년에〉 "사람은 故國을 떠났어도 원한으로 인해 故鄕(故國)을 버리지 않는다."고 하였으니, 옛사람은 사사로운 원한이 떠나더라도 그 고향을 잊지 않은 것인데, 이를 후세 사람의 마음으로 헤아려보면 반드시 감정을 숨기고 태연한 척〔矯情〕 하였다고 의심하지 않음이 없다.

季盾易班之仇는 私仇耳니 百年父母之邦을 豈以一盾而大棄之耶아 盾所以敢使季責酆舒者는 知其怨盾而不怨晉也요 季所以肯對酆舒而譽盾者도 亦主晉而不主盾也라 盾以晉使之하고 而(人)〔不〕[1]以盾使之며 季子亦爲晉言之요 而不爲盾言之를 烏可以後世淺心量之乎아 以冬擬衰하고 以夏擬盾하니 其迹似優衰而劣盾也나 其心則爲戎狄은 難以愛懷하고 易(이)以威服이라하야 欲酆舒知盾之威不可犯이니 非如衰之猶可狎也라 張盾之威는 所以張晉之威니 所謂實與而文不與也라 馬援未嘗尊高帝而卑光武나 激言之者는 所以使隗囂知光武細謹之不可欺[2]요 賈季未嘗優趙衰而劣趙盾이나 激言之者는 所以使酆舒知趙盾威靈之不可犯이라 馬援嘗與光武有睚眦之隙하니 則世又(抑)〔將〕[3]以疑季者疑援矣리라 心未古而遽欲觀古人之書면 其疑可勝旣耶아

1) 〔역주〕 (人)〔不〕 : 저본에는 '人'으로 되어 있으나, 四庫全書本·三民書局本에 의거하여 '不'로 바로잡았다.

2) 馬援……不可欺 : 見本傳
　≪後漢書≫ 〈馬援列傳〉에 보인다.

3) 〔역주〕 (抑)〔將〕 : 저본에는 '抑'으로 되어 있으나, 三民書局本에 의거하여 '將'으로 바로잡

았다.

賈季가 趙盾과 班次가 바뀐 데 대한 원한은 개인의 원한일 뿐이니, 長久〔百年〕히 살아온 부모의 나라〔故國〕를 어찌 한 趙盾 때문에 버려서야 되겠는가. 趙盾이 감히 賈季를 사신으로 보내어 鄷舒를 꾸짖게 한 것은 賈季가 趙盾을 원망하지만 晉나라를 원망하지 않는다는 것을 알았기 때문이고, 賈季가 鄷舒에게 긍정적으로 대답하면서 趙盾을 칭찬한 것 또한 晉나라를 중시하고 趙盾을 중시하지 않았기 때문이다. 趙盾이 晉나라 名義로 賈季를 사신으로 보낸 것이고 趙盾의 명의로 보낸 것이 아니며, 賈季도 晉나라를 위해 그리 말한 것이고 趙盾을 위해 그리 말한 것이 아니라는 것을 어찌 후세 사람의 좁은 마음으로 헤아릴 수 있겠는가.

趙衰를 겨울 햇볕에 비유하고 趙盾을 여름 햇볕에 비유하였으니, 정황으로 보면 趙衰를 우월하게 여기고 趙盾을 저열하게 여긴 것 같다. 그러나 그(賈季)의 마음은 戎狄은 恩愛로 감싸기 어렵고 위엄으로 복종시키기 쉽다고 여겨, 鄷舒로 하여금 趙盾의 위엄은 침범할 수 없으니 趙衰처럼 친근히 할 수 있는 대상이 아님을 알게 하려 한 것이다. 趙盾의 위엄을 널리 알린〔張揚〕 것은 晉나라의 위엄을 널리 알리기 위함이니, 이른바 '실질적으로는 칭찬하면서 형식적으로는 칭찬하지 않는다.'는 것이다.

〈예를 들면〉 馬援이 漢 高帝를 尊崇하고 光武帝를 輕視한 적이 없었으나 이렇게 격렬하게 말한 것은 隗囂로 하여금 光武帝는 세심하고 謹嚴하여 속일 수 없다는 것을 알게 하기 위함이었고, 賈季가 趙衰를 우월하게 여기고 趙盾을 저열하게 여긴 적이 없으나 이렇게 격렬하게 말한 것은 鄷舒로 하여금 趙盾의 위세와 명성을 침범할 수 없다는 것을 알게 하기 위함이었다. 馬援은 일찍이 光武帝와 작은 원한이 있었으니 世人들은 또 賈季를 의심하는 마음으로 馬援을 의심할 것이다. 古人의 마음이 없이 급히 고인의 서적만을 보고자 한

漢光武帝眞像

다면 일어나는 의심을 어찌 이루 다 말할 수 있겠는가.

18-06 晉郤缺言於趙宣子歸衛地 晉나라 郤缺이 趙宣子에게 衛나라 땅을 돌려줄 것을 말하다

18-06-01 晉郤缺言於趙宣子歸衛地 晉나라 郤缺이 趙宣子에게 衛나라 땅을 돌려줄 것을 말하다

【左傳】 文七年이라 晉郤缺言於趙宣子曰 日衛不睦이라 故取其地[1)]어니와 今已睦矣니 可以歸之니이다 叛而不討면 何以示威며 服而不柔면 何以示懷릿가 非威非懷면 何以示德이며 無德이면 何以主盟이릿가 子爲正卿하야 以主諸侯而不務德이면 將若之何오 夏書曰 戒之用休[2)]하며 董之用威하며 勸之以九歌하야 勿使壞[3)]라하니 九功之德皆可歌也[4)]를 謂之九歌요 六府三事를 謂之九功이요 水火金木土穀을 謂之六府요 正德利用厚生을 謂之三事[5)]요 義而行之[6)]를 謂之德禮니이다 無禮면 不樂이니 所由叛也[7)]니이다 若吾子之德이 莫可歌也면 其誰來之릿가 盍使睦者歌吾子乎잇가 宣子說(열)之하다

1) 〔역주〕 日衛不睦 故取其地 : 日은 往日(前日)이다. 晉나라가 衛나라 땅을 취한 일은 文公 원년에 있었다.〈杜注〉

2) 〔역주〕 戒之用休 : 休를 休息의 뜻으로 해석한 杜氏의 설은 옳지 않은 듯하므로 ≪左氏會箋≫의 설을 취하여 번역하였다. ≪左氏會箋≫에 "休는 慶이다. 賢行이 있는 사람에게는 褒旌〔慶〕하여 더욱 게을리 하지 않도록 권면하는 것이 '以休戒之'이다. 杜氏의 해석은 옳지 않다."고 하였다.

3) 〔역주〕 勸之以九歌 勿使壞 : 楊伯峻은 "이상은 〈夏書〉의 말인데, ≪尙書≫ 僞古文을 만든 자가 이 말을 採用하여 아래 글의 郤缺이 해석한 말까지 아울러 〈大禹謨〉에 끼워 넣었다."고 하였고, ≪左氏會箋≫에는 "이것은 〈虞書 大禹謨〉의 글인데, 夏禹의 말이기 때문에 '夏書'라고 한 것이다. 休는 賞이고, 威는 罰이고, 九歌는 德이다."고 하였다. 譯者는 "〈夏書〉는 逸書이다."라고 한 〈杜注〉에 의거하여 그대로 '〈夏書〉'로 번역하였다.

4) 〔역주〕 九功之德皆可歌也 : 水・火・金・木・土・穀이 각각 제 기능을 다하고 正德・利用・厚生이 모두 이루어져서 백성들이 그 공덕을 노래로 찬송하는 것이다.

5) 〔역주〕 水火金木土穀……謂之三事 : 水・火・金・木・土・穀은 財用이 나오는 곳이기 때문에 '府(창고)'라 하였고, 正德・移用・厚生은 人事의 당연한 바이기 때문에 '事'라고 한 것이다.

6) 〔역주〕 義而行之 : 義는 事宜에 맞게 九功의 일을 행하는 것이다.

7) 〔역주〕 無禮……所由叛也 : 임금이 事宜에 맞게 九功의 일을 행하는 禮를 실천하지 않으면 백성들은 즐거워하지 않는다. 九功의 일이 노래할 만하게 되는 것이 禮이고, 백성들이 기뻐서 歌舞하는 것이 樂이다. 옛날의 聖人은 賞罰만으로는 治民에 한계가 있다고 여겼기 때문에, 禮樂을 제정해 백성을 敎化하여 사람들로 하여금 禮樂으로 스스로 中和의 性情을 기르게 하였다.(≪左氏會箋≫)

文公 7년, 晉나라 郤缺이 趙宣子에게 말하였다.

"前日에는 衛나라와 화목하지 못하였기 때문에 그 땅을 取하였지만, 지금은 이미 화목하게 지내고 있으니 취한 땅을 되돌려주는 것이 좋습니다. 배반하는데도 토벌하지 않는다면 무엇으로 大國의 威嚴을 보이며, 복종하는데도 안무하지 않는다면 무엇으로 회유의 뜻을 보이겠습니까? 위엄과 회유가 아니면 무엇으로 우리의 德을 보이며, 덕이 없으면 무엇으로 제후의 일을 主宰하겠습니까? 당신은 正卿으로 諸侯의 일을 주재하면서 덕을 힘쓰지 않는다면 장차 무엇으로 會盟을 주재하겠습니까?

〈夏書〉에 '善行이 있는 자는 賞을 주어 경계하고, 罪가 있는 자는 형벌로 다스리며, 九歌로 권면하여 〈九功을〉 무너뜨리지 않도록 하라.'고 하였습니다. 九功의 德이 모두 노래로 부를 만한 것을 '九歌'라고 하고, 六府·三事를 '九功'이라 하고, 水·火·金·木·土·穀을 '六府'라 하고, 正德·利用·厚生을 '三事'라 하고, 〈六府·三事를〉 事宜에 맞게 행하는 것을 德과 禮라고 합니다. 예가 없으면 백성이 즐거워하지 않으니 叛亂이 이로 말미암아 일어납니다. 만약 당신의 덕이 노래로 부를 만하지 못하다면 그 누가 歸服하겠습니까? 어찌 화목한 나라(衛나라)에게 당신의 덕을 노래하게 하지 않으십니까?"

宣子는 이 말을 듣고 기뻐하였다.

18-06-02 晉歸衛田 晉나라가 취했던 衛나라 땅을 돌려주다

【左傳】 文八年이라 春에 晉侯使解揚歸匡戚之田于衛[1]하고 且復(부)致公壻池之封하니 自申至於虎牢之竟[2]이라

1) 〔역주〕 晉侯使解揚歸匡戚之田于衛 : 匡은 본래 衛나라 邑이었는데 중간에 鄭나라로 歸屬되었다. 衛나라 大夫 孔達이 匡邑을 쳤으나 승리하지 못하였는데, 지금 晉나라가 鄭나라로 하여금 그 땅을 衛나라에 되돌려주게 하였다. 匡邑과 戚田을 취한 것은 모두 文公

원년에 보인다.〈杜注〉 解揚은 晉나라 大夫이다.〈附注〉

2) 〔역주〕 且復致公壻池之封 自申至於虎牢之竟 : 公壻池는 晉君의 사위이다. 또 衛나라 땅을 취하여 公壻池에게 封地로 주었던 것까지 지금 아울러 衛나라에 돌려준 것이다. 申은 鄭나라 땅이다. 傳의 말은 趙盾이 능히 어린 임금을 보좌하여 제후의 盟主가 되게 하였음을 말한 것이다.〈杜注〉 申과 虎牢는 모두 鄭나라 땅인데, 이 땅은 모두 公壻池의 封地인 듯하다.〈附注〉

文公 8년, 봄에 晉侯가 解揚을 보내어 匡과 戚 두 곳의 땅을 衛나라에 돌려주고, 또 다시 公壻池의 封地를 돌려주었으니 申에서 虎牢의 경계까지였다.

急人之聽者는 **必以言之緩爲大戒**나 **然其所以終不合者**는 **非傷於緩也**라 **傷於急也**니라 **大其聲疾其呼**라도 **而聽者猶若不聞**하고 **危其言激其論**이라도 **而聽者猶謂不切**하며 **檻可折**하고 **墀**(지)**可丹**하며 **冠可免**하고 **笏可還**이라도 **而聽者之心終不可移**라 **忠臣義士**는 **感慨憤悱**(비)하야 **自尤其言之猶未急**하야 **更**(갱)**相激揚**하고 **更相摩厲**하니 **言愈迫而效愈疏**라 **他日聞有一言悟意**하야 **回難回之聽者**면 **意其言必剴**(개)**切的近**하야 **出於吾平日所慮之外**라 **及徐問其說**이면 **乃吾異時所共訕侮以爲迂闊者也**라 **言者急而聽者緩**하고 **言者緩而聽者急**은 **豈聽者樂與言者相反覆耶**아 **覆觴推盎**은 **不能止人之飮**이나 **而談笑諷詠**은 **可以使人終身視酒如仇讐**며 **閉門投轄**은 **不能挽人之留**나 **而邂逅遇合**은 **可以使人終身從我如父子**니 **强人之聽者**가 **固不若使人之自聽也**니라

급박하게 남을 說服하는 자는 반드시 느슨한 말을 큰 경계로 삼는다. 그런데도 끝내 뜻한 대로 되지 않는 것은 말이 느슨한 탓이 아니라 말이 절박한 탓이다. 아무리 큰소리로 다급하게 불러도 듣는 자는 오히려 못 들은 체하고, 아무리 위험한 말로 격렬히 論辨해도 듣는 자는 오히려 절박하게 여기지 않으며, 宮殿의 난간을 부러뜨릴 만하고, 머리를 조아려 피로 섬돌을 붉게 물들일 만하며, 冠을 벗길 만하고 笏을 돌려줄 만해도 듣는 자의 마음은 끝내 변하지 않는다. 〈그러므로〉 忠臣과 義士는 감개하고 격분하여 자기의 말이 오히려 급박하지 못했다고 탓하면서, 더욱 격렬하고 더욱 가다듬어 말을 더욱 급박하게 하지만 효과는 더욱 요원하다.

후일에 어떤 사람이 한마디 말로 마음을 깨우쳐서 돌리기 어려웠던 듣는 자의 마음을 돌렸다는 말을 들으면, 그는 속으로 '그 말이 반드시 간절하고 사리에 가까워서 내

가 평소에 생각했던 범위 밖에서 나왔을 것이다.'라고 생각하다가, 천천히 그 설복시킨 말을 물어보면 도리어 전일에 자기가 迂闊하다고 비웃고 업신여겼던 말이다.

〈遊說할 때에 어떤 경우는〉 말하는 자의 〈태도가〉 급박한데 듣는 자의 〈반응이〉 완만하고, 어떤 경우는 말하는 자의 〈태도가〉 완만한데 듣는 자의 〈반응이〉 급박하니 이것은 어찌 듣는 자가 말하는 자와 서로 反覆하기를 좋아해서이겠는가? 술잔을 엎고 술동이를 밀어내는 방법으로는 사람의 飮酒를 저지할 수 없으나 담소하며 넌지시 깨우치는 방법으로는 사람으로 하여금 종신토록 술을 원수처럼 보게 할 수 있으며, 문을 닫아걸고 비녀장을 뽑아 던지는 방법으로는 客人을 만류할 수 없으나 우연히 만난 사람과 뜻이 맞는 경우는 그 사람으로 하여금 종신토록 나를 父子처럼 따르게 할 수 있으니, 나의 말을 듣도록 사람에게 강요하는 것이 본래 사람으로 하여금 스스로 듣도록 버려두는 것만 못하다.

以衛之弱而取怒於晉하야 **壤地侵削**하고 **隣於危亡**하야 **君臣側席**하고 **朝不謀夕**하니 **勢可謂至急矣**라 **爲衛謀者**는 **必亟問亟禱**하야 **急自解於晉可也**어늘 **今郤缺爲衛請侵地於趙宣子**호되 **乃取古人之陳言所謂六府三事九歌者**하야 **諄諄而誦之**하니 **此何時**완대 **而爲此言耶**아 **然言出而地歸**하야 **曾不旋踵**하니라 **(特)〔持〕**[1]**斷編腐簡熟爛之語**가 **而速於辨士說客(押)〔捭〕**[2]**闔之功**하니 **吾是以知世人之所謂急者**는 **未始不爲緩**이요 **世人之所謂緩者**는 **未始不爲急也**로라

1) 〔역주〕 (特)〔持〕: 저본에는 '特'으로 되어 있으나, 四庫全書本·三民書局本에 의거하여 '持'로 바로잡았다.

2) 〔역주〕 (押)〔捭〕: 저본에는 '押'으로 되어 있으나, 四庫全書本·三民書局本에 의거하여 '捭'로 바로잡았다.

약한 衛나라가 강한 晉나라에 노여움을 사서 國土를 侵奪 당해 거의 危亡의 지경에 이르러, 君臣이 모두 좌불안석하며 아침에 저녁을 생각할 수 없었으니 정세가 지극히 위급하다 할 만하였다. 衛나라를 위해 안정을 꾀하는 자라면 반드시 자주 문안하고 자주 祈禱하여 급히 晉나라에 스스로 해명하는 것이 옳은데, 지금 郤缺이 衛나라를 위해 趙宣子에게 침탈한 땅을 돌려주기를 청하면서 도리어 古人의 진부한 말인 이른바 六府·三事·九歌란 것을 가져다가 간곡하게 말하였으니, 이때가 얼마나 위급한 시기인

데 이런 말을 하였는가?

그러나 〈郤缺의〉 말이 입에서 나가자 晉나라는 지체하지 않고 즉시 땅을 돌려주었다. 殘缺된 책과 썩은 책장 속의 진부한 말을 가지고서 〈설득한 것이〉 辨士와 說客들이 捭闔(遊說術)한 일보다 효과가 빨랐으니, 나는 이로 인해 〈古人들은〉 세상 사람들이 말하는 급박한 일을 완만하게 처리하지 않은 적이 없고, 세상 사람들이 말하는 느슨한 일을 급박하게 처리하지 않은 적이 없다는 것을 알았다.

嗚呼라 **以此之利害而解彼之利害**는 **是同游乎利害之內者也**요 **以此之是非而攻彼之是非**는 **是同游乎是非之內者也**라 **晉旣以壤地爲急**이어늘 **爲衛請者復**(부)**以壤地爲急**이면 **言者聽者俱墮於是非利害之內**라 **是猶兩人之角**이니 **其勝其負**를 **安可預必乎**아 **故郤缺之進說**에 **綽約容與**하야 **不與宣子爭於是非利害之內**하고 **而置宣子於是非利害之外**하니라 **彼方瑣屑猥細滯心壤地尺寸之末**이어늘 **而吾忽以聖人之法語大訓仁聲正樂投於其耳**하니 **心融神釋**[1]하야 **如朝舜禹而陪夔龍**[2]하야 **胸中洞然**하야 **曠無畛域**이리니 **至此豈復**(부)**知有晉疆衛界之辨乎**아 **此其所以不用力**하고 **不費辭**코도 **而平兩國之憾於片言**하야 **還數年之侵於一日也**니라

1) 〔역주〕 心融神釋 : 心神이 溶解된다는 말로, 곧 마음속의 분노와 원한이 모두 사그라짐을 이른다.

2) 〔역주〕 夔龍 : 夔는 虞舜 시절의 樂官이고, 龍은 虞舜 시절 王命을 出納하던 官員이다.

아! 이쪽의 利害를 가지고 저쪽의 이해를 해명하는 것은 쌍방이 함께 이해를 따지는 속에 빠지는 것이고, 이쪽의 是非를 가지고 저쪽의 시비를 공격하는 것은 쌍방이 함께 시비를 다투는 속에 빠지는 것이다. 晉나라가 이미 영토를 〈확장하는 것을〉 急務로 삼았는데, 衛나라를 위해 청하는 자 또한 영토를 〈회복하는 것을〉 급무로 삼는다면 말하는 자와 듣는 자가 모두 함께 시비와 이해 속에 빠지는 것이다. 이는 두 사람이 힘을 겨루는 것〔角力〕과 같으니 그 승부를 어찌 미리 기필 할 수 있겠는가?

그러므로 郤缺이 進言할 때에 태도가 단아하고 조용하여, 宣子와 시비와 이해 안에서 다투지 않고 宣子를 시비와 이해 밖에 두었다. 宣子〔彼〕는 바야흐로 사소한 얼마 되지 않는 占領地에 마음이 凝滯되어 있는데, 郤缺〔吾〕이 갑자기 성인의 法語・大訓・仁聲・正樂을 그 귀에 들려주니, 〈宣子는〉 마음속의 분노와 원한이 사라져서 마치 舜임금

과 禹임금을 朝見하고 夔와 龍을 同班한 듯하여 가슴속이 텅 비고 광활하여 界域이 없었을 것이니, 이때에 이르러 어찌 다시 晉나라와 衛나라의 경계를 구분해야 함을 알았겠는가? 이것이 바로 郤缺이 힘을 쓰지도 않고 말을 허비하지도 않고서 겨우 몇 마디의 짧은 말로써 두 나라의 원한을 和平시켜 수년 동안 점령했던 土地를 하루 사이에 돌려주게 한 까닭이다.

雖然이나 **舜之琴不若舜自鼓**요 **禹之樂不若禹自歌**[1]니 **琴存而操已變**하고 **樂是而人已非**니라 **郤缺追誦六府三事九歌之語於春秋爭奪之中**이어늘 **豈能動物悟人如此之速乎**아 **蓋樂有作輟而至音無存亡**하고 **世有久近而至理無今古**라 **九敍之歌**는 **在唐虞聽之不爲新**이며 **在晩周聽之不爲舊**라 **愈言愈深**하고 **愈聽愈感**하야 **一念警發**에 **固可以再還唐虞之天地於几席之間**이니 **又奚止戚田之還耶**리오

1) 舜之琴不若舜自鼓 禹之樂不若禹自歌：書
≪書經≫〈大禹謨〉에 보인다.

비록 그러나 舜의 琴操는 舜이 직접 연주하는 것만 못하고, 禹의 樂曲은 禹가 직접 노래하는 것만 못하니, 이는 琴操는 남아 있으나 연주하는 사람은 이미 바뀌었고, 악곡은 禹의 악곡이나 노래하는 사람은 이미 禹가 아니기 때문이다. 그런데 郤缺이 古人의 六府・三事・九歌에 관한 말을 〈서로 간의〉 영토 爭奪을 일삼던 春秋時代에 이야기하였으되, 어찌 이처럼 빠르게 사람을 감동시키고 깨우칠 수 있었던가?

대체로 음악의 연주에는 시작과 끝이 있으나 〈사람을 감동시키는〉 미묘한 樂音은 存亡의 구별이 없고 世代에는 원근이 있으나 眞理는 고금의 차이가 없다. 九功이 펴짐을 노래한 것을 唐虞時代 사람이 들었다면 新曲이라 하지 않았을 것이고, 晩周時代 사람이 들었다면 舊曲이라 하지 않았을 것이다. 〈사람을 감동시키는〉 말을 할수록 더욱 깊어지고 〈九功이 펴지는 노래를〉 들을수록 더욱 감동하여 한번 생각하는 사이에 경계하고 깨달았다면 几席에 앉아 있는 사이에 천지를 다시 요순의 시대로 되돌릴 수 있었을 것이니, 또 어찌 戚田을 돌려주는 데서 그쳤겠는가?

19-01 宋襄夫人殺昭公之黨 宋나라 襄夫人이 昭公의 黨與를 죽이다

19-01-01 宋襄夫人殺昭公之黨 宋나라 襄夫人이 昭公의 黨與를 죽이다

【左傳】 文公八年이라 宋襄夫人은 襄王之姊也라 昭公不禮焉[1]이어늘 夫人因戴氏之族[2]하야 以殺襄公之孫孔叔公孫鍾離及大司馬公子(邛)〔卬〕[3]하니 皆昭公之黨也라 司馬握節以死라 故書以官[4]하다 司城蕩意諸來奔에 效節於府人而出[5]일새 公以其官逆之하고 皆復之하다 亦書以官하니 皆貴之也[6]라

1) 〔역주〕 昭公不禮焉 : 夫人은 宋 昭公의 嫡祖母이며, 宋 昭公은 宋 襄公의 손자이다.
2) 〔역주〕 夫人因戴氏之族 : 華氏・樂氏・皇氏가 모두 戴氏의 宗族이다.〈杜注〉
3) 〔역주〕 (邛)〔卬〕 : 저본에는 '邛'으로 되어 있으나, ≪春秋左氏傳≫에 의거하여 '卬'으로 바로잡았다.
4) 〔역주〕 司馬握節以死 故書以官 : 節은 國家의 符信이다. 符信을 쥐고 죽은 것은 君命을 버리지 않는다는 뜻을 보인 것이다.〈杜注〉
5) 〔역주〕 司城蕩意諸來奔 效節於府人而出 : 效는 致(바침)와 같다. 意諸는 公子 蕩의 손자이다.〈杜注〉
6) 〔역주〕 司城蕩意諸來奔……皆貴之也 : 〈杜注〉에서는 "卿이 도망해오면 한 등급 낮추어 大夫의 禮로 대우하는 것이 慣例이다. 그러나 魯 文公은 그가 符節을 반납하고 나온 것을 훌륭하게 여겼기 때문에 그를 본래의 官職으로 영접하고서, 宋나라에 요청해 그의 관직을 회복시킨 것이다. 司城의 官屬이 모두 도망해왔기 때문에 '皆復之'라고 한 것이다."라고 하여, 司城과 그 관속들을 모두 宋나라에 요청하여 원래의 官位로 회복시킨 것으로 해석하였으나, 譯者는 楊伯峻의 설을 취해 번역하였다. 楊伯峻의 ≪春秋左傳注≫에서는 "'皆復之'는 魯 文公이 蕩意諸를 隨從한 관속을 모두 원래의 관직으로 대우한 것이다. 文公 11년 傳에 楊仲이 宋나라에 가서 聘問하고서 또 司城 蕩意諸를 거론하여 회복시킨 것과는 별개의 일인데, 〈杜注〉는 한 가지 일로 혼동하여 여기의 '皆復'을 '請宋而復之'로 해석하였으니, 文義로 볼 때 정확하지 않은 것 같다."고 하였다.

文公 8년, 宋 襄公의 夫人은 周 襄王의 누이이다. 宋 昭公이 禮遇하지 않자, 夫人은 戴氏의 宗族을 이용해 襄公의 손자 孔叔・公孫 鍾離와 大司馬 公子 卬을 죽였으니, 이들은 모두 昭公의 黨이었다. 司馬는 符節을 손에 쥐고 죽었기 때문에 經에 官職을 기록

한 것이다.

司城 蕩意諸는 魯나라로 도망올 때 符節을 府人에게 반납하고 나왔기 때문에 魯 文公은 그를 본래의 官職으로 맞이하였고, 그 官屬들도 모두 본래의 관직으로 대우하였다. 이 또한 經에 관직을 기록하였으니, 두 사람 모두를 尊貴하게 여긴 것이다.

19-01-02 宋襄夫人殺昭公 宋나라 襄夫人이 昭公을 죽이다

【左傳】 文公十六年이라 昭公無道하니 國人奉公子鮑以因夫人[1)]하다 夫人將使公田孟諸而殺之[2)]한대 公知之하고 盡以寶行하다 蕩意諸曰 盍適諸侯잇가 公曰 不能其大夫至于君祖母[3)]以及國人하니 諸侯誰納我리오 且既爲人君이라가 而又爲人臣은 不如死라하고 盡以〔其〕[4)]寶賜左右而使行[5)]하다 夫人使謂司城去公[6)]하니 對曰 臣之而逃其難이면 若後君何[7)]오 冬十一月甲寅에 宋昭公將田孟諸러니 未至에 夫人王姬帥甸攻而殺之[8)]하다 蕩意諸死之하다 書曰 宋人弑其君杵臼라하니 君無道也[9)]라

1) 〔역주〕 國人奉公子鮑以因夫人：夫人의 세력에 의지해 公子 鮑를 임금으로 세우려 한 것이다.

2) 〔역주〕 夫人將使公田孟諸而殺之：襄夫人은 昭公에게 宋나라 孟諸의 大藪로 가서 사냥하게 하고서 기회를 이용해 昭公을 죽이려 한 것이다.〈附注〉

3) 〔역주〕 君祖母：君祖母는 諸侯의 祖母의 稱號이니 襄夫人을 이른다.〈附注〉

4) 〔역주〕 〔其〕：저본에는 '其'가 없으나, ≪春秋左氏傳≫에 의거하여 보충하였다.

5) 〔역주〕 盡以〔其〕寶賜左右而使行：行은 떠나는 것이다.〈杜注〉 그들에게 떠나서 禍難을 피하게 한 것이다.〈附注〉

6) 〔역주〕 夫人使謂司城去公：蕩意諸에게 사람을 보내어 昭公에게서 떠나오게 한 것이다.〈附注〉

7) 〔역주〕 若後君何：다음 임금을 섬길 수 없다는 말이다.〈杜注〉

8) 〔역주〕 夫人王姬帥甸攻而殺之：襄夫人은 周 襄王의 누이이기 때문에 '王姬'라고 칭한 것이다.〈杜注〉 사람을 보내어 郊甸의 군대를 거느리고 가서 昭公을 공격해 죽이게 한 것이다.〈附注〉 都城 밖 1백 리까지가 '郊'이고 郊 밖 1백 리까지가 '甸'인데, 帥甸은 官名으로 甸地의 군대를 거느린 將帥를 이른다.

9) 〔역주〕 宋人弑其君杵臼 君無道也：弑君을 기록함에 있어 임금의 이름을 칭한 것은 임금이 無道했기 때문임을 말한 것이고, 신하의 이름을 칭한 것은 신하의 罪임을 말한 것이다.

文公 16년, 昭公이 無道하니 國人이 公子 鮑를 받들고서 夫人에게 의지하였다. 夫人이 昭公에게 孟諸로 사냥을 나가게 하고서 그 기회를 이용해 죽이려 하였는데, 昭公이 그 陰謀를 알아채고서 보물을 다 챙겨 가지고 사냥을 떠났다. 蕩意諸가 말하기를 "어째서 諸侯國으로 도망가지 않으십니까?"라고 하니, 昭公이 말하기를 "나는 나의 大夫로부터 君祖母와 國人에게까지 신임을 받지 못하였으니, 어느 제후가 나를 받아주겠는가? 그리고 또 이미 임금이 되었다가 다시 남의 신하가 되는 것은 죽느니만 못하다."고 하고서, 가져간 보물을 左右의 侍從들에게 모두 나누어주고서 도망가도록 하였다.

夫人이 司城(蕩意諸)에게 사람을 보내어 昭公을 버리고 떠나라 하니, 蕩意諸가 대답하였다. "그분의 신하가 되어 그분의 禍難을 피한다면 다음 임금을 어떻게 섬길 수 있겠습니까?"라고 하였다.

겨울 11월 甲寅日에 宋 昭公이 사냥하기 위해 孟諸로 가는데 孟諸에 이르기 전에 夫人 王姬(襄夫人)가 帥甸을 보내어 昭公을 공격해 죽이게 하니, 蕩意諸는 昭公을 위해 죽었다. 經에 "宋人이 그 임금 杵臼를 弑害하였다."고 기록하였으니, 이는 昭公이 無道하였기 때문이다.

【主意】 蕩意諸之死節無可議者라 然吾將假意諸之事하야 以爲吾身之戒일새 所以極論其過하고 而不少恕焉이라 主意先稱意諸之忠하고 後責意諸之短하니 爲先揚後抑之體라

蕩意諸가 절개를 위해 죽은 것은 의론할 만한 것이 없다. 그러나 나(東萊)는 蕩意諸의 일을 빌려 자신의 경계로 삼고자 하기 때문에 그의 과오를 철저히 논술하고 조금도 용서하지 않은 것이다. 이 글의 主意는 먼저 蕩意諸의 충성을 칭송하고 뒤에 蕩意諸의 단점을 질책했으니 '먼저 칭양하고 뒤에 억제하는〔先揚後抑〕' 문체이다.

待人欲寬[1)]하고 論人欲盡[2)]이라 待人而不寬이면 君子不謂之恕요 論人而不盡이면 君子不謂之明이라 善待人者는 不以百非沒一善하고 善論人者는 不以百善略一非라 善待人者는 如天地 如江海 如藪澤하야 恢恢乎無所不容하고 善論人者는 如日月 如權衡 如水鑑하야 昭昭乎無所不察이니 二者要不可錯處也라

1) 待人欲寬 : 寬於待人 所以爲恕

사람 대하기를 너그럽게 하는 것은 恕를 하기 위함이다.

2) 論人欲盡 : (嚴)〔盡〕[*)]於論人 所以爲明 ○此句包一篇主意 始借待人欲寬一語 爲對偶耳

사람 논평하기를 자세히 하는 것은 명확하게 하기 위함이다. ○이 구절이 이 한 편의 主意를 포괄하였다. 문장을 시작할 때 '待人欲寬'이란 한 마디를 빌려 對偶로 삼았을 뿐이다.

*) 〔역주〕(嚴)〔盡〕: 저본에는 '嚴'으로 되어 있으나, 문맥에 의거하여 '盡'으로 바로잡았다.

사람을 대함에는 너그럽고자 하고, 사람을 論評함에는 빠짐없이 상세히 하고자 한다. 사람을 대함에 너그럽지 않으면 군자는 이것을 너그럽다고 하지 않고, 사람을 논평함에 빠짐없이 상세히 하지 않으면 군자를 이것을 명확하다고 하지 않는다. 사람을 잘 대하는 사람은 상대에게 백 가지 잘못이 있다 하여 한 가지 선행을 덮어두지 않으며, 논평을 잘하는 사람은 백 가지 선행이 있다 하여 한 가지 잘못을 소홀히 여기지 않는다. 사람을 잘 대하는 사람은 〈흉금이〉 天地 같이, 江河 같이, 늪 같이 넓디넓어서 포용하지 않는 것이 없으며, 논평을 잘하는 사람은 〈식견이〉 日月 같이, 저울대 같이, 맑은 물 같이 밝디밝아서 살피지 못하는 것이 없다. 〈待人과 論人〉 이 두 가지 일은 〈절대로〉 혼동해서는 안 된다.

待人當寬은 世固已知之矣어니와 至於論人當盡하얀 學者每疑其近於刻하야 而不敢盡焉하니 抑不知論人者[1)]는 借人之短하야 以攻我之短하고 借人之失하야 以攻我之失[2)]이니 主於自爲而非爲人也[3)]라 品題之高下는 所以驗吾識之高下[4)]요 與奪之公私는 所以驗吾心之公私[5)]니 苟發於言者가 略而不盡[6)]이면 則藏於心者가 必有昏而(不)〔未〕明者矣[7)]리라 吾夫子譏賜也之方人[8)]이로되 言未絶口而自操春秋褒貶之筆[9)]하야 善善惡惡을 無毫髮貸하시니 是豈遽忘前〔日之〕語哉[10)]리오 待人與論人은 固自有體也[11)]근새니라

1) 抑不知論人者 : 發明論人欲盡之意
'사람을 논평함에는 빠짐없이 상세히 하고자 한다.'는 뜻을 설명한 것이다.

2) 借人之短……以攻我之失 : 全篇主意在此
이 글 全篇의 主意가 여기에 있다.

3) 主於自爲而非爲人也 : 本欲自警 故借意諸之事 而極言之
본래 자신을 경계하고자 하였기 때문에 湯意諸의 일을 빌려 힘을 다해 말한 것이다.

4) 品題之高下 所以驗吾識之高下 : 識見高則品題亦高 識見下則品題亦下
식견이 높으면 품평 또한 높고, 식견이 낮으면 품평 또한 낮다.

5) 與奪之公私 所以驗吾心之公私 : 心術公則予奪亦公 心術私則予奪亦私
마음 씀이 공평하면 〈나에 대한〉 與奪(褒貶) 또한 공평하고, 마음 씀이 사사로우면 〈나에

대한〉 與奪 또한 사사롭다.

6) 苟發於言者 略而不盡 : 反說論人不盡

사람을 논평한 것이 자세하지 않은 경우를 반대로 말한 것이다.

7) 藏於心者 必有昏而(不)〔未〕*)明者矣 : 昏故其言略 不明故其論不盡

사리에 어둡기 때문에 그 말이 소략하고, 밝지 못하기 때문에 그 논평이 상세하지 못하다는 말이다.

*) 〔역주〕 (不)〔未〕 : 저본에는 '不'로 되어 있으나, 四庫全書本·三民書局本에 의거하여 '未'로 바로잡았다.

8) 吾夫子譏賜也之方人 : 論語 子貢方人 子曰 賜也賢乎哉 夫我則不暇 方人 謂比方人物也

≪論語≫ 〈憲問〉에 보인다. 子貢이 사람을 비평하니, 孔子가 말하기를 "賜〔子貢〕는 어진가 보다. 나는 그럴 겨를이 없노라."라고 하였다. 方人은 人物을 비평함을 이른다.

9) 言未絶口而自操春秋褒貶之筆 : 孔子作春秋 褒善貶惡 獨非方人乎

'孔子가 ≪春秋≫를 지어서 善人을 褒奬하고 惡人을 貶斥하였으니, 〈이 또한〉 어찌〔獨〕 人物을 비평함이 아닌가.'라는 말이다.

10) 是豈遽忘前〔日之〕*)語哉 : 非是忘譏子貢之語

子貢을 나무랐던 말을 잊은 것이 아니라는 말이다.

*) 〔역주〕 〔日之〕 : 저본에는 '日之'가 없으나, 四庫全書本·三民書局本에 의거하여 보충하였다.

11) 待人與論人 固自有體也 : 收照起語 ○方人則待人不寬 褒貶不嚴則論人不盡 其體不同也

첫머리의 말〔起語〕에 照應한다. ○사람을 비평하면 사람을 대함이 관대하지 못하고, 포폄이 엄격하지 않으면 남에 대한 논평이 상세하지 않으니 그 체제가 같지 않다는 말이다.

사람을 대함에 너그러워야 한다는 것에 대해서는 세상 사람들이 진즉부터 알고 있으나, 사람을 논평함에는 상세해야 한다는 것에 대해서는 학자들이 매양 너무 각박한 것으로 의심하여 감히 상세히 논평하지 않는다. 이는 남을 논평하는 것은 남의 단점을 빌려 나의 단점을 다스리고 남의 잘못을 빌려 나의 잘못을 다스리는 것이니, 주안점이 자신을 다스리는 데 있고 남을 다스리는 데 있지 않다는 것을 모르는 것이다.

人物의 高下를 품평하는 것은 내 식견의 高下를 검증하기 위함이고, 人物의 公私를 與奪(褒貶)하는 것은 내 마음의 公私를 검증하기 위함이다. 만일 논평에 드러난 말이 소략하고 자세하지 못하다면 이는 마음속에 숨겨져 있는 것이 반드시 어둡고 밝지 못함이 있어서이다.

우리 夫子(孔子)께서는 子貢이 人物을 批評한다고 나무라셨으되, 그 말씀이 채 끝나기도 전에 직접 붓을 잡고서 〈242년 동안의 善惡과 得失을〉 褒貶한 ≪春秋≫를 지으시어 털끝만큼도 용서함 없이 善을 褒奬하고 惡을 貶斥하셨으니, 이것이 어찌 갑자기 지난 날의 〈子貢을 꾸짖은〉 말씀을 잊어서이겠는가? 남을 대하는 것과 남을 논평하는 것에는 본래 각각의 체제가 있기 때문이다.

宋襄夫人之亂[1]에 **蕩意諸始則出奔**[2]하고 **終則致死**[3]하니 **大浸稽天而砥柱不移**[4]하고 **風雨如晦而雞鳴不已**[5]하야 **凜然亂臣賊子之大閑也**[6]라 **雖使有一行之未當**하고 **一善之未全**이라도 **君子尙忍復**(부)**議之乎**아 **當是時**[7]하야 **奔走於夫人之宮者**가 **冠蓋相望**[8]하고 **受施於公子鮑之室者**가 **肩袂相屬**[9]하며 **至於安受昭公之賜**하야 **槖珍囊寶**하야 **散而之四方者**가 **又不知其幾人也**[10]어늘 **不思議此**[11]하고 **而惟意諸之是責**[12]하니 **吾不知與逆徒何親**이며 **與公室何讐乎**[13]아 **與小人何厚**며 **與君子何薄乎**[14]아 **讐公室而親逆徒**하며 **厚小人而薄君子**[15]는 **雖鄕黨自好者**도 **猶恥爲之**[16]하니 **未有名爲學者而反不恥者也**[17]니라

1) 宋襄夫人之亂：入本題書
〈여기부터〉 본편의 일로 들어간다.

2) 蕩意諸始則出奔：宋襄夫人 昭公之祖母也 夫人殺昭公之黨 而意諸出奔
宋 襄夫人은 昭公의 祖母이다. 夫人이 昭公의 黨與를 죽이자 蕩意諸는 망명하였다.

3) 終則致死：夫人殺昭公而意諸死之
襄夫人이 昭公을 죽이자 蕩意諸는 〈昭公을 위해〉 죽었다.

4) 大浸稽天而砥柱不移：砥柱山名 在河中流 禹貢曰東至於底柱
砥柱는 산 이름으로 黃河의 중류에 있다. ≪書經≫ 〈禹貢〉에 "동쪽으로는 底柱山에 이른다."라고 하였다.

5) 風雨如晦而雞鳴不已：詩鄭國風風雨篇 ○此二句稱意諸之節
≪詩經≫ 〈鄭風 風雨篇〉에 보인다. ○이 두 구절은 蕩意諸의 절개를 칭송한 말이다.

6) 凜然亂臣賊子之大閑也：意諸之節 可以防閑逆亂之人
蕩意諸의 절개가 逆亂의 무리를 막는 防閑(제방)이 될 만하다는 말이다.

7) 當是時：襄夫人作亂時
襄夫人이 난리를 일으켰을 때를 이른다.

8) 奔走於夫人之宮者 冠蓋相望：言夫人之黨盛 冠蓋相望用漢書[*)]語
襄夫人의 黨與가 번성하였음을 말한다. '冠蓋相望'은 ≪漢書≫의 말을 인용한 것이다.

*) 〔역주〕 漢書：≪前漢書≫ 〈文帝紀〉에 보인다.

9) 受施於公子鮑之室者 肩袂相屬：□相□□相□[*1)]此韓文語 公子鮑 昭公庶弟文公也 禮於國人 國之材人 無不事也 □[*2)]自戚以下 無不恤也 襄夫人又(時)〔助〕[*3)]之施焉

……公子 鮑는 昭公의 庶弟인 文公이니, 國人에게 예를 다하여 나라의 재주 있는 자들이 섬기지 않는 바가 없었다.……구휼하지 않음이 없었다. 襄夫人이 또 〈은밀히 公子 鮑가 國人들에게〉 은혜를 베푸는 것을 도왔다.

*1) 〔역주〕 □相□□相□ : 저본에는 4자 빈칸으로 되어 있다.

*2) 〔역주〕 □ : 저본에는 1자 빈칸으로 되어 있다.

*3) 〔역주〕 (時)〔助〕 : 저본에는 '時'로 되어 있으나, 문맥에 의거하여 '助'로 바로잡았다.

10) 至於安受昭公之賜槖珍囊寶……又不知其幾人也：謂昭公知不免 盡以寶賜左右而使行

昭公이 화를 면할 수 없음을 알고 左右의 侍從들에게 진귀한 보물을 전부 하사하고 떠나게 했음을 이른다.

11) 不思議此：設問此等逆徒小人黨於襄夫人公子鮑者 其罪惡甚大 何不追而議之

이와 같이 襄夫人과 公子 鮑에게 붙은 逆徒와 小人들은 그 죄악이 매우 중대한데, 어째서 追論하여 評議하지 않느냐고 문제를 제기한 것이다.

12) 惟意諸之是責：僅一意諸死節昭著 又吹毛求疵而責之

오직 蕩意諸 한 사람만이 절개를 위하여 죽은 것이 밝게 드러났을 뿐인데, 또 작심하고 결점을 찾아내어 그를 질책한다는 말이다.

13) 吾不知與逆徒何親 與公室何讐乎：諸逆徒皆叛公室 惟意諸忠於公室

여러 역도들은 모두 公室을 배반하였으나, 蕩意諸만은 公室에 충성하였다는 말이다.

14) 與逆徒何親……與君子何薄乎：諸逆徒皆小人 惟意諸爲君子 ○此四句 設問何 爲捨諸人而獨責意諸

여러 역도들은 모두 소인이고 오직 蕩意諸만이 군자라는 말이다. ○이 네 구절은 '어찌하여 이러한 자들은 버려두고 蕩意諸만을 질책하느냐'고 문제를 제기한 것이다.

15) 讐公室而親逆徒 厚小人而薄君子：承上文而反難

윗글을 이어 반대로 논란한 것이다.

16) 雖鄕黨自好者 猶恥爲之：鄕黨之中 稍知自愛之人 猶不肯如此 ○萬二千五百家爲鄕 五百家爲黨

鄕黨 안에 조금이라도 자중자애할 줄 아는 사람은 오히려 이와 같은 짓을 하려 하지 않는다는 말이다. ○12,500가구를 '鄕'이라 하고, 500가구를 '黨'이라고 한다.

17) 未有名爲學者而反不恥者也：東萊自言 豈有學聖人之道者 反不如鄕黨人之知恥乎

'어찌 성인의 도를 배우는 자 가운데 도리어 鄕黨의 부끄러움을 아는 자만 못한 이가 있겠느냐'고 東萊가 自問한 것이다.

宋나라 襄夫人(襄公의 夫人)이 난리를 일으켰을 때, 蕩意諸가 처음에는 魯나라로 망명하였고, 뒤에는 昭公을 위해 목숨을 바쳤다. 큰물이 하늘에 닿을 듯해도 砥柱山은 〈우뚝이 서서〉 움직이지 않고, 비바람이 몰아쳐 밤같이 어두워도 닭은 울음을 멈추지 않듯이 蕩意諸의 늠름한 〈節概는〉 亂臣賊子들을 위해 세운 큰 제방이다. 그러니 설령 온당하지 못한 하나의 행실이 있고, 온전하지 못한 하나의 선행이 있다 하더라도 군자들이 오히려 잔인하게 다시 그를 評議하겠는가?

公子 鮑가 백성에게 후한 은혜를 베풀어 宋나라를 사다〔公子鮑厚施買國〕

이때 襄夫人의 궁으로 도망가는 자들의 車馬와 冠蓋가 잇달았고, 公子 鮑의 집으로 가서 은혜를 받으려는 자들의 어깨와 소매가 서로 맞닿았으며, 심지어 昭公의 하사품을 편안한 마음으로 접수하여, 진귀한 보물들을 전대와 자루에 넣어 가지고 사방으로 흩어진 자들이 또 몇 명이나 되는지 알 수 없는데, 이런 무리들을 평의할 생각은 하지 않고 蕩意諸만을 질책하니, 나는 逆徒들과 무슨 친분이 있고 公室과 무슨 원한이 있어서 〈그러는 것인지〉 모르겠다. 小人과는 어째서 그리 친후하고 군자와는 어째서 그리 각박한가? 公室을 원수로 보고 역도를 친후하게 대하며 소인을 후대하고 군자를 박대하는 것은 비록 鄕黨에서 제 몸을 아끼는 자도 오히려 부끄럽게 여겨 〈하지 않는 바이니〉, 명색이 학자이면서 도리어 부끄럽게 여기지 않는 자는 없을 것이다.

然立論之際[1)]에 先則譽意諸之忠[2)]하고 後則責意諸之過[3)]하니 變譽爲責[4)]인댄 夫豈得已哉[5)]아 盖將假意諸旣往之過하야 爲吾身將來之戒也[6)]라 言發於意諸나 而心主於吾身也라 意諸效節之去[7)]는 義當去也[8)]요 意諸從田之死[9)]는 義當死也[10)]라 然이나 意諸

親則公族[11]이요 **官則司城**[12]이로되 **坐視昭公之失道**[13]와 **襄夫人之蓄怒**[14]와 **公子鮑之陰謀**[15] 하야 **凶德參會**[16]하야 **待釁而發**[17]하되 **上則不聞有正救之諫**[18]하고 **中則不聞有調護之功**[19]하며 **下則不聞有擊斷之勇**[20]이라 **見亂而始去**[21]하니 **去何晩也**[22]며 **見弑而始死**[23]하니 **死何補也**[24]아

1) 然立論之際：轉說主意

문장을 전환하여 主意를 설명한 것이다.

2) 先則譽意諸之忠：所謂先揚

이른바 '먼저는 칭양함'이라는 말이다.

3) 後則責意諸之過：所謂後抑

이른바 '뒤에는 억제함'이라는 말이다.

4) 變譽爲責：方譽而遽責之

한창 칭찬하다가 갑자기 질책한다는 말이다.

5) 夫豈得已哉：文有起伏

문장에 기복이 있다.

6) 盖將假意諸旣往之過 爲吾身將來之戒也：斷以主意

主意로써 단언한 것이다.

7) 意諸效節之去：夫人殺昭公之黨時

襄夫人이 昭公의 黨與를 죽였을 때를 이른다.

8) 義當去也：其去也合於義

〈蕩意諸가〉 宋나라를 떠난 것이 義에 합당하다는 말이다.

9) 意諸從田之死：夫人使甸殺昭公時

襄夫人이 帥甸을 시켜 昭公을 살해하게 한 때를 이른다.

10) 義當死也：其死亦合於義

〈蕩意諸가 昭公을 위해〉 죽은 것도 義에 합당하다는 말이다.

11) 然意諸親則公族：轉責意諸之罪 ○意諸本宋國同姓之親

문장을 전환하여 蕩意諸의 죄를 질책하였다. ○蕩意諸는 본래 宋나라 公室과 同姓의 친족이라는 말이다.

12) 官則司城：司城本是司空 因宋武公名司空而改之

司城은 본래 司空으로 쓰였는데, 宋 武公의 이름이 司空이기 때문에 고친 것이다.

13) 昭公之失道：昭公無道

昭公이 무도하였다는 말이다.

14) 襄夫人之蓄怒：昭公不禮於襄夫人

昭公이 襄夫人에게 무례하였기 때문이다.

15) 公子鮑之陰謀：公子鮑厚施於國 以收民心 襄夫人 又助之陰爲簒奪之謀 ○此三者 皆人事 而意諸坐視之

公子 鮑가 國人에게 두터이 은혜를 베풀어 민심을 자기 쪽으로 거두어 모으니, 襄夫人이 또 그를 도와 은밀히 찬탈을 모의하였다. ○이 세 가지는 모두 人事인데 蕩意諸는 그대로 보고만 있었다는 말이다.

16) 凶德參會：諸人同惡相濟

〈昭公, 襄夫人, 公子 鮑 등〉 諸人은 惡人끼리 서로 도와가며 함께 惡行을 하였다는 말이다.

17) 待釁而發：俟有釁隙 同爲弑逆

〈襄夫人과 公子 鮑가〉 틈이 생기기를 기다려 함께 〈昭公을〉 시역한 것을 이른다.

18) 上則不聞有正救之諫：昭公無道 而意諸不能諫

昭公이 무도하였는데도 蕩意諸는 능히 간언을 〈올려 바로잡지〉 못하였다는 말이다.

19) 中則不聞有調護之功：夫人積怒 而意諸不能爲之解釋

襄夫人의 분노가 쌓였는데도 蕩意諸는 그(昭公)를 위해 능히 〈그 분노를〉 풀어주지 못하였다는 말이다.

20) 下則不聞有擊斷之勇：公子鮑陰謀 而意諸不能鉏其奸心

公子 鮑가 음모를 꾸미는데도 蕩意諸는 능히 그 간악한 마음을 다스리지 못하였다는 말이다.

21) 見亂而始去：效節之時

〈魯나라로 망명하며〉 符節을 바친 때를 이른다.

22) 去何晩也：不能見幾而作

기미를 보고 떠나지 못했음을 이른다.

23) 見弑而始死：從田之時

사냥에 따라갔을 때를 이른다.

24) 死何補也：不能銷禍未形

화가 이루어지기 전에 소멸시키지 못한 것을 말한다.

그러나 의론을 세울 때에, 먼저는 蕩意諸의 충성을 칭찬하고 뒤에는 蕩意諸의 과실을 질책하였으니 칭찬을 질책으로 바꾸려면 어찌 이렇게 하지 않을 수 있겠는가? 이는 蕩意諸의 지난날의 과오를 빌려 나 자신의 장래의 경계로 삼기 위한 것이니, 言論은 蕩意諸로 인해 일어났으나 마음은 자신에게 주안점을 둔 것이다. 蕩意諸가 부절을 바치고 〈魯나라로〉 떠난 것은 의리에 있어 떠나는 것이 마땅했기 때문이고, 蕩意諸가 〈昭公을〉 따라 사냥을 갔다가 죽은 것은 의리에 있어 죽는 것이 마땅했기 때문이다.

그러나 蕩意諸는 血緣〔親〕으로 말하면 公族이고 관직으로 말하면 司城인데도 昭公의 失道와 襄夫人의 怨怒를 쌓음과 公子 鮑의 陰謀 등을 좌시하였다. 그리하여 凶德이 모여 틈이 생기기를 기다려 발작하였는데도 위로는 昭公의 잘못을 간언하여 바로잡았다는 소리를 듣지 못했고, 중간으로는 襄夫人을 잘 보살피고 보호한 功이 있다는 소리를 듣지 못했으며, 아래로는 〈公子 鮑의 음모에 대항하여〉 공격을 받아 잘린 갓끈을 매며 죽은 용사가 있다는 소리를 듣지 못했다. 亂을 보고서야 비로소 나라를 떠났으니 떠난 것이 어찌 그리 늦었는가? 시해 당하는 것을 보고서야 비로소 죽었으니 죽은들 무슨 도움이 되겠는가?

想夫亂機之將兆[1)]하고 **弑械之將成**[2)]하야 **通國之內外擧知**하니 **曾謂意諸之賢**으로 **獨不知耶**[3)]아 **其所以徘徊濡滯**하야 **不能飄然高擧者**[4)]는 **盖懷其父去官則族無所庇之言**[5)]하야 **顧位苟祿**[6)]하야 **日復一日**[7)]이라 **其意以(爲)〔謂〕無難則忍恥以庇宗**[8)]하고 **有難則捐身以刷恥**[9)]하야 **以後之節**로 **贖前之非**[10)]면 **後世君子要必有哀吾之用心者**[11)]요 **殊不知君子不忍一日置其身於可愧之地**[12)]라 **今日爲善**이라도 **尙恐他日爲惡**[13)]이어늘 **詎有身居可愧之中**[14)]하야 **豫指他日之節**[15)]하야 **以贖今日之非乎**[16)]아 **他日之節未至**[17)]에 **今日之非方增**[18)]하리라 **斯心也**[19)]가 **君子乎**아 **小人乎**[20)]아 **此吾所以爲意諸懼也**[21)]요 **此吾所以不爲意諸懼而爲吾身懼也**[22)]로라

1) 想夫亂機之將兆：承上文見亂言
   윗글의 '亂을 보고서'를 이어 말한 것이다.
2) 弑械之將成：承上文見弑言 公羊傳曰俄而牙[*)]弑械成 ○將兆將成 謂未亂未弑時
   윗글의 '시해 당하는 것을 보고서'를 이어 말한 것이다. 《春秋公羊專》에 "얼마 뒤에 公子 牙가 시해에 필요한 凶器의 준비를 마쳤다."라고 하였다. ○조짐이 거의 드러나고, 음모가 거의 이루어졌다는 것은 아직 난리와 시해가 발생하기 이전을 이른다.

*) 〔역주〕 牙：魯나라 慶父의 母弟인 僖叔으로 叔牙이다. 魯 莊公의 동생으로서 莊公이 후계를 세울 때에 慶父와 뜻을 같이 하자, 叔牙의 아우인 季友가 叔牙에게 독약을 먹고 자살하게 하였다. 애초에 莊公은 孟任을 사랑해 子般을 낳았는데, 莊公이 병이 들어 죽으면서 子班을 후계자로 삼았으나, 慶父가 子般을 죽이고 閔公을 세웠다. 그러나 慶父가 閔公의 아내 哀姜과 사통하자 閔公이 그를 죽이려 하니, 慶父는 閔公을 습격해 죽였다. 이에 季友가 陳나라에 머물고 있던 閔公의 아우 姬申을 불러 魯나라의 군주로 세우니 그가 바로 魯 僖公이다. 慶

父・叔牙・季友는 각각 춘추시대 魯나라의 정치를 전횡했던 三家, 즉 孟孫氏・叔孫氏・季孫氏의 조상이다.

3) 通國之內外擧知 曾謂意諸之賢獨不知耶：意諸亦先知之必矣

蕩意諸도 먼저 알고 있었을 것이 분명하다는 말이다.

4) 其所以徘徊濡滯 不能飜然高擧者：明知其禍 而不忍去

그 화가 닥칠 것을 분명히 알고 있었으나 차마 관직을 떠나지 못하였다는 말이다.

5) 盖懷其父去官則族無所庇之言：此是意諸之父公孫壽 辭司城 請使意諸爲之 旣而告人曰 君無道 吾官近 懼及焉 棄官則族無所庇 子身之貳也 姑紓死焉 雖亡子 猶不亡族

이 구절은 다음과 같은 말이다. 蕩意諸의 부친인 公孫壽가 司城의 官職을 사양하고서 임금에게 청하여 아들 蕩意諸를 司城으로 삼게 하였는데, 얼마 뒤에 公孫壽가 어떤 이에게 말하기를 "임금이 無道한데 나의 官位가 君位에 근접하였으니 禍가 미칠까 두려워 사양한 것이다. 그렇다고 관직을 버리면 宗族이 비호 받을 곳이 없어진다. 자식은 나의 代身이니 〈자식을 司城으로 삼아〉 나의 죽음을 잠시 늦추려 한 것이다. 비록 자식은 잃더라도 종족은 망하지 않을 수 있다."고 하였다.

6) 顧位苟祿：不肯捨去祿位

봉록과 官位를 버리고 떠나려 하지 않았다는 말이다.

7) 日復一日：信安朝夕

〈宗族이 비호 받을 수 있다고 한 아버지의 말을〉 믿고서 편안히 조석(시일)을 보냈다는 말이다.

8) 其意以(爲)〔謂〕*) 無難則忍恥以庇宗：幸而無事 則忍恥居官 以爲宗族之庇

다행히 사건이 없으면 치욕을 참고 벼슬살이하여 종족을 비호하겠다는 말이다.

*) 〔역주〕 (爲)〔謂〕：저본에는 '爲'로 되어 있으나, 四庫全書本・三民書局本에 의거하여 '謂'로 바로잡았다.

9) 有難則捐身以刷恥：一日有變 則損身殉國 以刷前日之恥

어느 날 事變이 생기면 몸을 바쳐 나라를 위해 죽어서 지난날의 치욕을 씻으려 했다는 말이다.

10) 以後之節 贖前之非：以死節盖前非

죽음으로써 절개를 지켜 지난날의 잘못을 덮고자 했다는 말이다.

11) 後世君子要必有哀吾之用心者：冀自免於後日之譏議

스스로 훗날의 비난에서 벗어나기를 바란 것이다.

12) 殊不知君子不忍一日置其身於可愧之地：議論正大

의론이 정대하다는 말이다.

13) 今日爲善 尙恐他日爲惡：恐爲善之不能

선행을 할 수 없을까 두려운 것이다.

14) 詎有身居可愧之中 : 顧位爲祿 坐視國家之禍

벼슬에 연연하고 녹봉을 위해 국가의 화를 좌시하였다는 말이다.

15) 豫指他日之節 : 自期他日爲君效死

스스로 후일에 임금을 위하여 목숨을 바칠 것을 기약했다는 말이다.

16) 以贖今日之非乎 : 以後之節 贖前之非

훗날의 절개로 지난날의 잘못을 속죄하려 한다는 말이다.

17) 他日之節未至 : 未到死君之時

'군주를 위해 목숨을 바칠 때가 되기도 전에'라는 말이다.

18) 今日之非方增 : 但見其苟安以養亂

다만 구차하게 안일에 젖어 禍亂만 양성하는 것을 볼 뿐이라는 말이다.

19) 斯心也 : 意諸 以此之心處此之時

'蕩意諸가 이런 마음을 가지고 이런 때에 처신하였다면'의 뜻이다.

20) 君子乎 小人乎 : 迹雖君子而心則小人也

자취는 군자 같으나, 마음은 소인이라는 말이다.

21) 此吾所以爲意諸懼也 : 論人不得不盡

사람을 논평함에는 빠짐없이 자세하게 논평하지 않을 수 없다는 말이다.

22) 此吾所以不爲意諸懼而爲吾身懼也 : 收照主意 言所以極論意諸者 恐吾身當此之變 亦如意諸之所爲也

主意에 照應한다. 힘을 다해 蕩意諸를 논한 까닭은 내 자신이 이런 變亂을 당하면 나 또한 蕩意諸처럼 하게 될 것이 두려웠기 때문이라는 말이다.

생각건대 저 난리의 조짐이 거의 드러나고 시해의 음모가 거의 이루어져서 온 나라 안팎이 모두 〈逆亂이 일어날 것을〉 알았는데, 蕩意諸의 현명함으로 어찌 홀로 몰랐겠는가? 蕩意諸가 머뭇거리며 지체하고 훌쩍 멀리 떠나지 못한 것은 "官職을 버리면 宗族이 庇護 받을 곳이 없다."고 한 그 아버지의 말이 생각나서 官位를 버리지 못하고 구차히 녹을 먹으면서 하루하루를 보냈기 때문인 듯하다.

그는 마음속으로 '나라에 危難이 없으면 치욕을 참아가며 종족을 비호하고 나라에 위난이 있으면 몸을 바쳐 치욕을 씻어, 훗날의 절개로 지난날의 잘못을 속죄한다면 후세에 〈나를 평론하는〉 군자 중에 반드시 나의 마음 씀을 가엾게 여기는 자가 있을 것이다.'라고만 생각했고, 군자는 차마 하루라도 자기의 몸을 수치스러운 자리에 두지 않는다는 것을 전혀 모른 것이다.

오늘 선행을 하더라도 오히려 훗날 악행을 할까 두려운데, 어찌 그 몸을 수치스러운 자리에 두고서 미리 훗날의 절개로써 오늘의 잘못을 속죄하기를 指望(바람)하려 하는가? 절개를 이룰 훗날이 오기 전에 오늘의 잘못이 끊임없이〔方〕 불어날 것이다. 이렇게 마음을 쓰는 자가 군자인가, 아니면 소인인가? 이것이 내가 蕩意諸를 위해 두려워하는 바이며, 이것이 내가 蕩意諸를 위해 두려워하지 않고 나 자신을 위해 두려워하는 바이다.

19-02 箕鄭父殺先克 箕鄭父가 先克을 죽이다

【左傳】 文八年이라 夷之蒐에 晉侯將登箕鄭父先都[1)]하고 而使士穀梁益耳將中軍[2)]한대 先克曰 狐趙之勳을 不可廢也라하니 從之[3)]하다 先克奪蒯得田於董陰[4)]이라 故箕鄭父先都士穀梁益耳蒯得作亂하다 九年春王正月己酉에 使賊殺先克[5)]하다

1) 〔역주〕 晉侯將登箕鄭父先都：上軍으로 올리려 한 것이다. 夷의 훈련은 文公 6년에 있었다.〈杜注〉

2) 〔역주〕 使士穀梁益耳將中軍：士穀은 본래 司空이었다.〈杜注〉 두 사람을 中軍의 將과 佐로 삼으려 한 것이다.〈附注〉

3) 〔역주〕 從之：狐偃과 趙衰는 晉 文公이 亡命했을 때 隨從한 공로가 있다.〈杜注〉 文公 6년에 狐射姑를 中軍將으로, 趙盾을 中軍佐로 삼았다.〈附注〉

4) 〔역주〕 先克奪蒯得田於董陰：文公 7년에 董陰에서 秦軍을 방어할 때 軍事로 인해 그의 땅을 빼앗은 것이다. 이때 先克은 中軍佐였다.〈杜注〉

5) 〔역주〕 使賊殺先克：箕鄭 등이 시킨 것이다. 亂兵이 先克을 죽인 것이다.〈杜注〉

先克에게 자객을 보내 죽이고, 다섯 장수가 晉나라에서 반란을 일으키다〔刺先克五將亂晉〕

文公 8년, 夷에서 훈련할 때 晉侯가 箕鄭父와 先都의 品階를 올려 주고 士穀과 梁益耳에게 中軍을 거느리게 하려 하자, 先克이 말하기를 "狐偃과 趙衰의 功을 廢棄해서는 안 됩니다."고 하니, 晉侯는 그의 말을 따랐다. 先克이 菫陰에 있는 蒯得의 땅을 빼앗았기 때문에 箕鄭父·先都·士穀·梁益耳·蒯得이 叛亂을 일으켰다.

9년 봄 周王 正月 己酉日에 刺客〔賊〕을 시켜 先克을 죽였다.

見人之禍면 **必思求其得禍之道**하니 **古今之通蔽也**라 **人之得禍**가 **果皆以其道**면 **是天下無不幸而遇禍者也**니 **天下固有得禍而非不幸者矣**라 **四裔之囚**[1]를 **見者不嗟**는 **非不幸也**요 **兩觀之僵**[2]을 **過者不憫**은 **非不幸也**라 **得禍而非不幸**은 **惟此時爲然爾**라 **時非虞也**며 **君非舜也**요 **國非魯也**며 **相非丘也**로되 **流竄相望**이면 **安可槪以凶族待之乎**아 **刀鋸相尋**이면 **安可槪以少正卯待之乎**아 **吾恐四裔之遠**에 **未必無如稷(無)**[3]**如契如垂如益者也**[4]며 **吾恐兩觀之下**에 **未必無如參(無)如騫如由如賜者也**[5]로다 **王綱殄絶**하고 **忿慾橫流**하야 **以私讐公**하고 **以邪戕正**하니 **得禍而不以其道者**가 **夫豈一人耶**리오

1) 四裔之囚 : 流共工于幽洲 放驩兜于崇山 竄三苗于三危 殛鯀于羽山*)

共工을 幽洲에 유배하고 驩兜를 崇山에 留置하고, 三苗를 三危에 몰아내고 鯀을 羽山에 가두었다.

*)〔역주〕 流共工于幽洲……殛鯀于羽山 : ≪書經≫ 〈虞書 舜典〉에 보인다. ≪書經集傳≫에 "流는 보내어 멀리 가게 해서 물이 흘러가는 것과 같이 하는 것이고, 放은 이곳에 가두어 딴 곳에 가지 못하게 하는 것이고, 竄은 驅逐하고 禁錮함이고, 殛은 가두어서 곤궁하게 하는 것이니, 그 죄의 경중에 따라 법을 달리한 것이다.〔流 遣之遠去 如水之流也 放 置之於此 不得他適也 竄 則驅逐禁錮之 殛 則拘囚困苦之 隨其罪之輕重而異法也〕"라고 하였다. 본문의 四裔는 幽州·崇山·三危·羽山을 가리킨다.

2) 兩觀之僵 : 孔子誅少正卯於兩觀之下*)

孔子는 少正卯를 兩觀의 아래에서 誅殺하였다.

*)〔역주〕 孔子誅少正卯於兩觀之下 : 孔子가 大夫 少正卯를 주벌했다는 말은 ≪史略≫ 〈春秋戰國〉 魯나라 조에 보인다. ≪荀子≫ 〈宥坐〉에 의하면, 孔子가 재상의 일을 攝行하여 7일 만에 大夫 少正卯를 처형하자, 문인이 少正卯처럼 유명한 사람을 가벼이 처형한 것이 실수가 아닌지 물었다. 이에 孔子는 少正卯가 "첫째 마음은 일에 통달했으나 음험하고, 둘째 행실이 편벽되면서 굳세고, 셋째 거짓을 말하면서 말재주가 좋고, 넷째 기괴한 일을 널리 기억하고, 다섯째 잘못을 따르면서 꾸민다.〔一日心達而險 二日行辟而堅 三日言僞而辯 四日記醜而

博 五曰順非而澤〕"는 다섯 가지 죄목이 있다고 설명했다. 兩觀은 궁궐 앞 양쪽에 세운 높은 망루로 고대에 이곳에 법률을 게시해 놓았다. 孔子가 少正卯를 양관 아래에서 처형하였다고 하여 '나라의 공공연한 처벌'이라는 의미로도 쓰인다.

3) 〔역주〕 (無) : 저본에는 '無'가 있으나, 四庫全書本에 의거하여 衍文으로 처리하였다. 아래도 같다.

4) 〔역주〕 未必無如稷(無)如契如垂如益者也 : 稷·契·垂·益은 모두 舜임금 때의 賢臣이다.

5) 〔역주〕 未必無如參(無)如騫如由如賜者也 : 參·騫·由·賜는 孔子의 제자 曾參·閔子騫·子路·子貢을 이른다.

〈사람들은〉 남이 화를 당하는 것을 보면 반드시 그가 화를 당하게 된 까닭을 찾기를 생각하니, 이는 古今人의 공통된 병폐이다. 사람들이 화를 당하는 것이 과연 모두 당할 만한 까닭이 있기 때문이라면 천하에 不幸히 화를 당하는 자가 없어야 할 것이다. 그런데 천하에는 본래 화를 당해도 불행이 아닌 〈정당한〉 경우가 있다. 共工·驩兜·三苗·鯀 등 사방의 변경으로 축출 당하는 죄인〔四〕들을 본 자들이 탄식하지 않은 것은 불행으로 당한 화가 아니기 때문이고, 兩觀 아래에 누워 있는 屍身을 보고도 지나가는 자들이 불쌍히 여기지 않은 것은 불행으로 입은 화가 아니기 때문이다.

四凶服罪圖

〈그러나〉 화를 당한 것이 불행이 아닌 경우는 오직 이 시대만이 그러했을 뿐이다. 만약 虞舜이 임금으로 있던 시대가 아닌데 유배가는 자들이 연달았다면 이들이 어찌 모두 凶族의 무리였겠으며, 孔子가 國相으로 있던 魯國이 아닌데 刀鉅(斬刑의 形具)의 사용이 연달았다면 이들이

誅少正卯圖

어찌 모두 少正卯와 같은 무리였겠는가? 〈나의 생각에는〉 아마도 멀리 四境으로 유배가는 자 중에는 반드시 稷·契·垂·益 같은 賢臣이 없지 않았을 것이고, 兩觀의 아래에서 誅殺 당한 자 중에 반드시 曾參·閔子騫·子路·子貢 같은 賢人이 없지 않았을 것이다. 王法의 기강이 무너져서 원한을 풀고 탐욕을 부리는 풍조가 만연하여, 개인적인 감정으로 나라를 원수로 여기고 사악으로 정직을 해쳤으니, 화를 당해야 할 이유 없이 화를 당한 자가 어찌 한 사람뿐이겠는가?

左氏所錄公卿大夫之遇禍者엔 (不)〔必〕[1]**求其召禍之由**하니 **信如是說**이면 **則春秋之時**엔 **無一人不幸而受禍者也**라 **使左氏移此筆**하야 **以書虞之典**하고 **續魯之論**이면 **則雖曰無一人不幸受禍**라도 **吾孰敢以爲非哉**리오 **今記載春秋衰亂之世**호되 **見人之遇禍者**면 **則吹毛求疵**하야 **捃摭**(군척)**其過**하야 **以證成其罪**하고 **不憫君子受禍之不幸而惜小人殺人之無名**하니 **此吾所以深爲左氏惜也**라

1) 〔역주〕 (不)〔必〕 : 저본에는 '不'로 되어 있으나, 四庫全書本에 의거하여 '必'로 바로잡았다.

左氏가 〈《春秋》에서〉 公卿大夫가 화를 당한 것을 기록한 곳에는 반드시 그 화를 초래한 원인을 찾아 밝혔으니, 진실로 이 말과 같다면 春秋時代에는 불행하게 화를 당

한 자가 한 사람도 없었다는 말이 된다. 가령 左氏가 이 붓을 옮겨 ≪書經≫ 〈虞書 舜典〉을 쓰고 ≪論語≫를 이어 기록했다면 비록 불행하게 화를 당한 자가 한 사람도 없다고 말하더라도 우리 중에 누가 감히 그를 그르다고 하겠는가?

〈그러나〉 지금은 쇠퇴하고 혼란한 춘추시대의 일을 기록하되, 화를 당한 사람을 보면 그 사람의 흠을 꼬치꼬치 찾아내고 허물을 낱낱이 주워 모아 그에게 죄과가 있는 것으로 증명하여, 군자가 불행히 화를 당한 것은 가여워하지 않고 〈도리어〉 소인이 정당한 이유〔名義〕 없이 사람을 죽인 것은 애석해하니, 이것이 내가 左氏를 위해 깊이 애석해하는 바이다.

姑以先克一事明之하노라 左氏將書先克之死에 以謀帥之事列其前하고 以奪田之事繼其後하야 積二事以爲先克召禍之由하야 欲後世知箕鄭父輩之作亂不爲無說하고 先克之致死不爲無罪하니 其爲箕鄭父輩謀則忠矣어니와 吾不知先克何負於左氏케라 而謀帥는 大事也니 國之興衰와 民之死生이 所由繫者也라 先克身爲近臣하야 親見晉侯謀帥之未當하니 詎肯坐視耶아 匿情而不言은 不可也요 畏禍而不言은 大不可也라 於是上不敢順主欲하고下不敢恤衆仇하야 奮然請於晉侯而更之하니 可謂不負其君矣라 至於(堇)〔菫〕[1]陰之役하야 以軍事奪蒯得之田하니 此又晉之軍政이요 而非先克之家政也라 大而謀帥와 小而奪田에 爲先克者는 知致吾義하고 而守吾職而已요 人怨耶아 不暇問也며 人不怨耶아 亦不暇問也라 苟豫憂人之怨하야 畏首畏尾[2]면 則在朝必不敢發一言하고 在軍必不敢擧一罰矣리라 人皆持此心이면 社稷何賴焉이며 國家何賴焉이리오 先克所以明知他日之禍而不敢避也니라 爲左氏者가 盍亦深嘉先克之忠하고 毁斥(鄭箕)〔箕鄭〕[3]父輩之罪하야 俾當官而行者로 有所勸하고 覆出爲惡者로 有所懲가 則庶可自附於春秋褒貶之義矣리라 旣乃無一言直先克之枉하고 屑屑然若爲箕鄭父輩解殺人之謗者하니 此吾所以深爲左氏惜也라

1) 〔역주〕 (堇)〔菫〕 : 저본에는 '堇'으로 되어 있으나, ≪春秋左氏傳≫에 의거하여 '菫'으로 바로잡았다.

2) 〔역주〕 畏首畏尾 : 이것도 겁나고 저것도 두렵다는 말로, 너무 소심하여 일을 못하고 벌벌 떤다는 뜻이다. 남이 알게 되는 것을 꺼리고 두려워할 때 쓴다.

3) 〔역주〕 (鄭箕)〔箕鄭〕 : 저본에는 '鄭箕'로 되어 있으나, ≪春秋左氏傳≫에 의거하여 '箕鄭'으

로 바로잡았다.

우선 先克이 被殺 당한 한 가지 일로 말해보겠다. 左氏는 先克의 죽음을 기록할 때에 장수를 선발하는 일을 앞에 기록하고, 〈蒯得의〉 땅을 뺏은 일을 뒤에 기록하였다. 두 일을 아울러 기록하여 先克이 화를 초래한 이유로 삼아 후세 사람들에게 箕鄭父 등이 난을 일으킨 것에는 이유가 없지 않고, 先克이 죽게 된 것에는 죄가 없지 않다는 것을 알게 했으니, 〈左氏가〉 箕鄭父 등을 위해 꾀한 것은 충성스러웠으나, 나는 先克이 左氏에게 무엇을 저버렸〈기에 그리 기록했〉는지 모르겠다.

장수를 선발하는 것은 중대한 일이니 나라의 흥망과 백성의 사생이 달린 바이다. 先克은 近臣의 몸으로 晉侯가 장수를 임용한 것이 합당하지 않음을 직접 보았으니 어찌 그대로 보고만 있으려 했겠는가? 실정을 숨기고 말하지 않는 것은 옳지 않고, 禍를 두려워하여 말하지 않는 것은 더욱 옳지 않다. 이에 위로는 감히 군주의 욕망을 따르지 않고 아래로는 감히 사람들의 원망을 아랑곳하지 않고서 분연히 晉侯에게 주청하여 바꾸게 했으니 그 임금을 저버리지 않았다고 이를 수 있다. 董陰의 전쟁 때 군대의 일로 蒯得의 땅을 빼앗았으니 이 또한 晉나라의 軍政이고 先克의 집안일이 아니다. 크게는 장수를 임용하는 일과 작게는 땅을 빼앗는 일에 先克은 자기의 도의를 다하고 자기의 직분을 지킬 줄만 알았을 뿐, 사람들이 원망하느냐, 원망하지 않느냐에 대해서는 물을 겨를이 없었다. 만일 미리 사람들이 원망할까 걱정하여 이것저것 다 두려워했다면 조정에서는 감히 한 마디 말도 하지 못했을 것이며, 군대에서는 감히 한 가지 벌도 거행하지 못했을 것이다. 사람마다 모두 이런 마음을 가진다면 社稷은 누구를 의지하며 國家는 누구를 의지하겠는가?

先克은 훗날에 〈이로 인해〉 화를 당할 것을 분명히 알았으면서도 감히 〈책임을〉 회피하지 않은 것이다. 그런데 左氏는 어찌하여 先克의 충성을 대단히 가륵하게 여기고 箕鄭父 등의 罪를 꾸짖어, 관직을 맡아 직무를 수행하는 자들에게 권면하는 바가 있게 하고, 반복해서 악행을 저지르는 자들에게 징계하는 바가 있게 하지 않았는가? 〈만약 그렇게 하였다면〉 거의 선악을 포폄한 ≪春秋≫의 大義에 비교할 수 있었을 것이다. 그런데 〈左氏는〉 先克의 억울함〔枉〕을 풀어주는 말은 한 마디도 없으면서, 箕鄭父 등을 위해서는 시시콜콜 많은 말로 殺人했다는 비방을 벗겨준 듯하니 이것이 내가 左氏를 위해 깊이 애석해하는 이유이다.

或曰 陽處父易狐射姑趙盾之班이라가 終以見殺[1)]하니 其事適與先克類라 然則左氏所載者가 亦非歟아 曰 不然하다 陽處父易中軍之帥는 在晉侯命既出之後요 先克謀中軍之帥는 在晉侯命未出之前이니 命既出而擅更之는 逆也요 命未出而亟救之는 忠也라 處父之逆을 司寇不誅하야 至使狐射姑不勝其忿而自戕之하니 襄公於是失刑矣로다 至於先克之忠하야는 猶當十世宥之하야 以勸其事君이어늘 孰謂堂堂晉國不能保一臣하야 而使盜賊竊發之謀를 敢行於朝乎아 君子是以로 知晉之不競也라 處父之事는 在所戒요 先克之事는 非所戒며 處父之禍는 在所懲이요 先克之禍는 非所懲이라 名則魯衛나 實則胡越이니 烏得均(之處)〔處之〕[2)]於一域耶리오

1) 陽處父易狐射姑趙盾之班 終以見殺：文六年[*)]
《春秋左氏傳》 文公 6년에 보인다.

*) 〔역주〕 文六年：晉나라가 夷에서 군사훈련을 할 때 狐射姑에게 中軍을 거느리게 하고 趙盾을 그 副將으로 삼았는데, 趙衰(趙盾의 부친)의 부하였던 陽處父가 趙氏를 편들고 또 趙盾이 유능하다고 하여 趙盾를 中軍將으로 삼았다. 狐射姑(賈季)는 陽處父가 자기의 班次를 바꾼 것에 원한을 품고 사람을 시켜 陽處父를 죽였다.

2) 〔역주〕 (之處)〔處之〕：저본에는 '之處'로 되어 있으나, 四庫全書本에 의거하여 '處之'로 바로잡았다.

어떤 이가 말하기를 "陽處父가 狐射姑와 趙盾의 班次를 바꿨다가 끝내 살해당했으니 그 일이 마침 先克이 피살된 일과 유사하다. 그렇다면 左氏가 기록한 것이 잘못인가?"라고 하기에, 나는 아래와 같이 답한다.

그렇지 않다. 陽處父가 中軍의 장수를 바꾼 것은 晉侯의 명령이 이미 나온 뒤이고, 先克이 中軍의 장수를 추천한 것은 晉侯의 명령이 아직 나오기 전이다. 〈임금의〉 명이 이미 나왔는데 멋대로 장수를 교체하는 것은 반역이고, 명이 나오기 전에 서둘러 구제하는 것은 충성이다. 陽處父의 반역을 司寇가 주벌하지 않아 狐射姑로 하여금 그 분노를 견디지 못해 스스로 자객을 보내어 陽處父를 죽이는 데 이르게 했으니, 晉 襄公이 이로 인해 형벌을 공정하게 시행하지 못한 것이다.

先克의 충성에 대해서는 오히려 그 10代孫이 罪를 지어도 용서하여 〈충성으로〉 임금을 섬기도록 권면함이 마땅한데, 당당한 晉나라가 한 충신을 보호하지 못해 도적의 무리로 하여금 감히 조정에서 살해하는 음모를 자행하게 할 줄을 누가 생각이나 했겠는

가? 군자는 이로 인해 晉나라가 강하지 못할 것을 알았다.

陽處父의 일은 경계해야 할 바이지만 先克의 일은 경계할 바가 아니며, 陽處父의 화는 懲罰할 바이지만 先克의 화는 징벌할 바가 아니다. 〈이 두 일이〉 겉으로 보기에는 魯·衛처럼 서로 비슷하지만 실상은 胡·越처럼 차이가 나니, 어찌 한 곳에 놓고서 비교할 수 있겠는가?

19-03 范山說楚子圖北方 范山이 楚子를 설득하여 北方을 도모하게 하다

【左傳】 文九年이라 范山言於楚子曰 晉君少하야 不在諸侯하니 北方可圖也[1)]니이다 楚子師于狼淵以伐鄭하야 囚公子堅公子尨及樂耳[2)]하다 鄭及楚平하다

1) 〔역주〕 范山言於楚子曰……北方可圖也 : 范山은 楚나라 大夫이다.〈杜注〉 이때 晉 靈公은 어려서 諸侯의 霸者가 되는 데 뜻이 없었다. 楚나라는 南方에 있기 때문에 北方의 諸侯를 도모할 수 있다고 말한 것이다.〈附注〉

2) 〔역주〕 囚公子堅公子尨及樂耳 : 세 사람은 鄭나라 大夫이다.〈杜注〉 生捕하는 것을 '囚'라 한다.〈附注〉

文公 9년, 范山이 楚子에게 "晉君은 어려서 諸侯의 霸者가 되는 데 뜻이 없으니 北方을 도모할 수 있습니다."고 하자, 楚子가 狼淵에 陣을 치고서 鄭나라를 토벌하여 公子 堅·公子 尨과 樂耳를 사로잡았다. 鄭나라가 楚나라와 和平하였다.

【主意】 觀人之道는 近者蔽而遠者明이라 故晉靈之不在諸侯를 擧世未知로되 而楚之范山獨先知之也라

사람을 관찰하는 방법은 가까이 있는 자는 가려져 〈속기 쉽고〉 멀리 있는 자는 밝게 볼 수 있기 마련이다. 그러므로 晉 靈公의 뜻이 諸侯의 패자가 되는 데 있지 않은 것을 온 세상 사람들은 몰랐으나, 楚나라의 范山은 혼자 먼저 알았다.

觀人之道는 **自近者始**니 **一言之誤**와 **一行之愆**을 **同室者知之**로되 **同里者未及知也**며 **同里者知之**로되 **同國者未及知也**라 **國疏於里**하고 **里疏於室**하니 **地愈疏則知愈晩**이 **理也**요 **亦勢也**라 **自鄒視魯**면 **有踰日而不知者矣**며 **自燕視齊**면 **有踰月而不知者矣**며 **自越視胡**면 **有踰歲而不知者矣**리라 **是近者之舊聞**이 **卽遠者之新聞**이요 **近者之飫見**이 **卽**

遠者之創見이니 **庸有近未知而遠先知者乎**아

사람을 관찰하는 방법은 가까운 데로부터 시작해야 한다. 한 마디 말의 잘못이나 한 가지 행동의 허물을 같은 집안 사람은 알지만 같은 마을 사람은 알지 못하며, 같은 마을 사람은 알지만 같은 나라 사람은 알지 못한다. 나라는 마을보다 멀고 마을은 집보다 머니 지역이 멀수록 아는 것도 늦어지는 것이 常理이며 형세이다. 鄒나라에서 魯나라의 소식을 探知하려면 하루가 지나도 알 수 없음이 있고, 燕나라에서 齊나라의 소식을 탐지하려면 한 달이 지나도 알 수 없음이 있고, 南越에서 北胡의 소식을 탐지하려면 일 년이 지나도 알 수 없음이 있을 것이다.

이러므로 가까운 곳에 있는 자들의 舊聞은 바로 멀리 있는 자들의 新聞이 되고, 가까운 곳에 있는 자들이 물리도록 본 것은 바로 멀리 있는 자들이 처음 보는 것이 되니, 어찌 가까운 곳에 있는 자들이 모르는 것을 멀리 있는 자들이 먼저 알 수 있겠는가?

晉靈公卽位之初[1)]엔 **其失德未有聞於人也**[2)]라 **內而欒郤胥原**[3)]이 **日陪日侍**[4)]로되 **傳不載其諷諫之辭**[5)]하고 **外而宋衛陳鄭**[6)]이 **時聘時覲**[7)]이로되 **傳不載其怨誹之語**[8)]니라 **彼范山者**[9)]가 **邈然介居(方城漢水)〔漢水方城〕之間**[10)]하야 **顧瞻汾澮**가 **如在絶域**하니 **果何自而知靈公之可輕**[11)]과 **北方之可圖乎**[12)]아 **是非道聽塗說之誤**라 **必臆度**(탁)**意料之妄也**로다 **然楚師一出**에 **諸夏披靡**하야 **莫敢枝梧**하야 **果不出山之所料**하니 **豈觀於近反不若觀於遠耶**아

1) 晉靈公卽位之初：靈公立在文公(末)〔七〕[*)]年 至是方三年
晉 靈公의 즉위가 魯 文公 7년에 있었으니, 지금 바야흐로 3년째이다.

*) 〔역주〕 (末)〔七〕：저본에는 '末'로 되어 있으나, ≪春秋左氏傳≫에 의거하여 '七'로 바로잡았다.

2) 其失德未有聞於人也：靈公年幼 未有過失可聞
靈公이 年少하여 아직 알려질 만한 과실이 없었다는 말이다.

3) 內而欒郤胥原：晉諸大夫之族
晉나라 여러 대부 족속이다.

4) 日陪日侍：每日隨侍於君
날마다 군주를 따라다니며 모셨다는 말이다.

5) 傳不載其諷諫之辭：未有失德 故諸臣無諷諫之者

失德이 없었기 때문에 여러 신하 중에 풍간하는 자가 없었다는 말이다.

6) 外而宋衛陳鄭：諸侯同盟之國

동맹국의 제후들이다.

7) 時聘時覲：言時朝覲於晉

때에 따라 晉나라에 朝覲했다는 말이다.

8) 傳不載其怨誹之語：未有失德 故無怨謗之者

실덕이 없기 때문에 원망하거나 비방하는 자가 없었다는 말이다.

9) 彼范山者：范道楚人

范山이 楚나라 사람임을 말한 것이다.

10) 邈然介居(方城漢水)〔漢水方城〕[*)]之間：邈遠也 方城山名 楚屈完曰 楚國方城以爲城 漢水以爲池

邈은 멂이다. 方城은 산 이름이다. 楚나라 屈完이 말하기를 "초나라는 方城山으로 성을 삼고 漢水로 해자를 삼는다."라고 하였다.

*) 〔역주〕 (方城漢水)〔漢水方城〕：저본에는 '方城漢水'로 되어 있으나, 四庫全書本・三民書局本에 의거하여 '漢水方城'으로 바로잡았다.

11) 果何自而知靈公之可輕：料國君少不在諸侯

군주가 어려서 뜻이 제후의 패자가 되는 데 있지 않을 것으로 짐작한 것이다.

12) 北方之可圖乎：言北方諸侯可圖 ○以上一節是設疑問難

北方의 제후국을 도모할 만하다는 말이다. ○이상의 한 구절은 의문을 제기하여 논란한 것이다.

晉 靈公이 즉위한 초기에는 그의 失德이 사람들에게 알려진 것이 없었다. 나라 안에서는 欒氏・郤氏・胥氏・原氏가 날마다 모시고 있었으되 史傳에 그들이 풍간한 말이 실려 있지 않고, 나라 밖에서는 宋나라・衛나라・陳나라・鄭나라가 때에 따라 빙문하고 조근하였으되 史傳에 그들이 원망하거나 비방한 말이 실려 있지 않다.

范山은 저 멀리 漢水와 方城山 사이에 거주하여 그곳에서 〈晉나라의〉 汾河와 澮河를 바라보면 아득히 머니 과연 어디에서 듣고서 영공을 輕視할 수 있고 북방을 도모할 수 있다는 것을 알았는가? 이는 잘못된 소문을 들은 것이 아니라면, 반드시 함부로 억측해 짐작한 것이리라. 그러나 楚나라 군대가 한번 출동하자 중원의 군대가 모두 패전하고 감히 저항하지〔枝梧〕 못하여 과연 范山의 예측에서 벗어나지 않았으니, 어찌 가까운 데서 관찰한 것이 도리어 먼 데서 관찰한 것만 못한 것인가?

吾知其說矣[1]로다 以地以勢[2]면 則近者詳而遠者略[3]이나 以情以理[4]면 則近者蔽而遠者明[5]이라 問官府之政於鈴下馬走[6]면 甲是乙非[7]하야 嘈嘈嘵嘵(조조효효)하야 迄無定說[8]이나 至於泰山之隈와 絶澗之曲[9]의 農夫樵父[10]하얀 相與晝地而議長吏之能否[11]면 若辨黑白[12]하고 若數一二[13]하야 較然而不可欺니라 彼豈嘗識刺史之屛[14]하고 而望縣令之舄[15]哉[16]리오 其言堅定精審이 反勝於左右前後擁篲(수)奉轡[17]之人이라 盖愛憎絶於耳目之前[18]이면 則毁譽公於郊野之外[19]니 近者之蔽[20]가 固不如遠者之明也[21]니라

1) 吾知其說矣：立說斷

立說(立論)하여 단정함이다.

2) 以地以勢：以地與勢言之

'지역이나 형세로 말하면'의 뜻이다.

3) 則近者詳而遠者略：近則所知者詳 遠則所知者略

가까이 있는 자는 아는 것이 자세하고, 멀리 있는 자는 아는 것이 소략하다는 말이다.

4) 以情以理：以情與理言之

'인정이나 사리로 말하면'의 뜻이다.

5) 則近者蔽而遠者明：近則所見有蔽 遠則所見自明

가까우면 보는 것이 가려지고, 멀면 보는 것이 명백하다는 말이다.

6) 問官府之政於鈴下馬走：假如官府政事之善否 試以問於鈴下僕 謂效牛馬奔走之人

'가령 관청의 정사가 훌륭한지 아닌지를 시험 삼아 수하의 노복에게 묻는다면'이라는 말이니, 소나 말처럼 분주하게 헌신하는 사람을 이른다.

7) 甲是乙非：此以爲是 彼以爲非

이 사람은 옳다고 하고, 저 사람은 그르다고 함이다.

8) 嘈嘈嘵嘵(조조효효) 迄無定說：終無一定之論

끝내 일정한 결론이 없음이다.

9) 至於泰山之隈 絶澗之曲：山水僻遠之處

산이나 물이 궁벽하여 멀리 떨어진 곳을 이른다.

10) 農夫樵父：耕田伐薪之人

농사짓는 사람과 나무하는 사람을 이른다.

11) 相與晝地而議長吏之能否：此曹議論守令之善惡

이들이 수령의 선악을 評議함이다.

12) 若辨黑白 : 粲然甚明

매우 밝아 또렷함을 이른다.

13) 若數一二 : 秩然有序

정연하게 질서가 있음을 이른다.

14) 〔역주〕 刺史之屛 : ≪宋史≫ 권378 〈綦崇禮傳〉에 “刺史의 성명을 기록한 병풍을 唐 太宗에게 올렸다.〔嘗進唐太宗錄刺史姓名於屛風〕”는 기록이 보이는데, 여기서는 刺史의 뜻으로 쓰였다.

15) 〔역주〕 縣令之舃 : 飛鳧舃(날아가는 신선의 신발)을 이르는데, 여기서는 縣令의 뜻으로 쓰였다. ≪後漢書≫ 〈方術傳〉에 보인다. 後漢의 王喬가 지방관으로 있으면서 매월 초하루 보름이면 車馬도 없이 조정에 와 조회를 하고 갔는데, 이를 이상히 여긴 황제가 太史에게 밀령을 내려 자세히 지켜보게 하니, 그가 올 때쯤 두 마리의 오리가 동남방에서 날아오고 있을 뿐이었다. 그 오리가 가까이 오기를 기다려 그물을 던져 잡았더니 그물 속에는 오직 신발 한 짝이 있었다는 고사가 전한다. 이로부터 지방관원의 행차를 ‘鳧舃’이라 한다.

16) 彼豈常識刺史之屛 而望縣令之舃哉 : 舃 履也 言農樵之人未常〔嘗〕識守令之面

舃은 신발이니, 농부나 나무꾼은 일찍이 수령의 면모를 안 적이 없다는 말이다.

17) 〔역주〕 擁篲(수)奉轡 : 擁篲는 비를 잡아 쓰는 것이고, 奉轡는 고삐를 쥐고 수레를 모는 것이니 모두 가까이서 주인을 모시는 侍從을 이른다.

18) 蓋愛憎絶於耳目之前 : 得於聞見 無私愛憎

듣고 본 것이라 사사로운 애증이 없다는 말이다.

19) 則毁譽公於郊野之外 : 居於草茅 有公毁譽

초야에 살지만 비방과 칭찬에 대한 공론이 있다는 말이다.

20) 近者之蔽 : 鈴下雖近 反有所蔽

鈴下(侍從)가 비록 가까이에 있으나, 도리어 가려진 바가 있다는 말이다.

21) 固不如遠者之明也 : 不若農樵疏遠所見甚明 一篇主意在此

소원한 농민과 樵夫가 본 것이 매우 분명한 것만 못하다는 말이니, 본편의 主意가 여기에 담겨 있다.

나는 그 이유를 알겠다. 지역이나 형세로 말하면 가까이 있는 자는 아는 것이 상세하고 멀리 있는 자는 아는 것이 소략하지만, 인정이나 사리로 말하면 가까이 있는 자는 속기 쉽고 멀리 있는 자가 도리어 밝게 볼 수 있기 때문이다.

관청의 정사를 휘하의 노복〔鈴下〕에게 물으면 甲은 옳다 하고 乙은 그르다 하여 시끄럽게 논쟁하여 끝내 결론이 나지 않지만, 깊은 산골짝이나 외진 물가에 사는 농부와 나무꾼들로 말하면 서로 모여 땅을 그려가면서 官長들의 能否를 논평하는 것이 마치 흑백을 분별하고 하나둘을 세듯 명료하여 속일 수 없다.

〈山野에 사는〉 저들이 어찌 자사의 병풍을 본 적이 있으며, 현령의 신발을 본 적이 있었겠는가? 그런데도 그들의 말이 견고하고 정밀하여 도리어 좌우전후에서 시종하는 자들보다 낫다. 이는 愛憎이 耳目 앞에서 멀어지면 비방과 칭찬이 교외 밖에서 공정해지기 때문이다. 가까이 있는 자들은 가려졌으니 멀리 있는 자들이 밝게 살피는 것만 못함이 당연하다〔固〕.

靈公之不君[1]은 **基於始而成於終**[2]이라 **當其嗣服之初**[3]에 **雖無萌芽之可尋**[4]이라도 **豈無兆朕之可卜**[5]이리오 **擧世不知**[6]나 **而范山獨知之**[7]하니 **豈合衆人之智不如一范山乎**[8]아 **亦有所蔽焉耳**[9]라 **嬖幸者**는 **靈公恩賞之所及也**[10]라 **故蔽於愛而不知**[11]요 **卿大夫者**는 **靈公政令之所及也**[12]라 **故蔽於尊而不知**[13]요 **列於齊盟者**는 **靈公兵威之所及也**[14]라 **故蔽於畏而不知**[15]라 **惟范山立楚之朝**[16]하고 **食楚之祿**[17]하니 **其視靈公若風馬牛**하야 **非恩賞之所及**이라 **故不爲愛所蔽**요 **非政令之所及**이라 **故不爲尊所蔽**요 **非兵威之所及**이라 **故不爲畏所蔽**라 **三蔽旣盡**하야 **一心自明**하니 **此其所以雖身居萬里之表**나 **而揣摩靈公之巧**라 **故揆之趙盾隨會之諫**[18]컨대 **反在於十年之先也**[19]니 **孰謂近者難揜而遠之易(이)欺耶**[20]아

1) 靈公之不君：靈公長而無道
   靈公이 성장하여서는 무도하였다는 말이다.
2) 基於始而成於終：基於年少之時 成於年長之日
   소년기에 基因하고 장년기에 형성되었다.
3) 當其嗣服之初：卽位之始
   즉위한 초기를 이른다.
4) 雖無萌芽之可尋：彼時惡事未生
   그 당시에는 악행의 일이 아직 발생하지 않았다는 말이다.
5) 豈無兆朕之可卜：必有惡念可察
   반드시 살필 만한 나쁜 생각이 있었을 것이라는 말이다.
6) 擧世不知：內無諷諫 外無怨誹

안으로는 풍간하는 말이 없었고 밖으로는 원망과 비방이 없었다는 말이다.

7) 范山獨知之 : 知其不在諸侯

〈靈公의 생각이〉 제후의 패자가 되는데 있지 않음을 알았다는 말이다.

8) 豈合衆人之智不如一范山乎 : 設疑

의문을 제기한 것이다.

9) 亦有所蔽焉耳 : 斷以主意 衆人以近而蔽 范山以遠而明

主意로 단언하였다. 사람들은 가까이 있으므로 인해 가리어졌는데, 范山은 멀리 있으므로 인해 밝았다고 말한 것이다.

10) 嬖幸者 靈公恩賞之所及也 : 承上句蔽字發明 ○左右近臣 受公之恩賞

윗글의 蔽자를 이어 뜻을 밝혔다. ○左右에 있는 近臣은 靈公의 恩賞을 받는다는 말이다.

11) 故蔽於愛而不知 : 愛公之恩賞而有所蔽

靈公의 은상을 사랑하여 가린 바가 있다는 말이다.

12) 卿大夫者靈公政令之所及也 : 朝廷群臣 聽公之政令

조정의 신하들은 靈公의 政令을 듣는다는 말이다.

13) 故蔽於尊而不知 : 尊公之政令而有所蔽

靈公의 政令을 높힘으로 인해 가려지는 바가 있다는 말이다.

14) 列於齊盟者 靈公兵威之所及也 : 同盟之諸侯 服公之兵威

동맹한 諸侯國은 영공의 병력의 위세에 복종한다는 말이다.

15) 故蔽於畏而不知 : 畏公之兵威而有所蔽 已上發明擧世不知意

靈公의 병력의 위세를 두려워하여 가리는 바가 있다는 말이다. 이상은 온 세상이 〈각자가 미치는 바에 가리어져서〉 모르고 있다는 뜻을 밝힌 것이다.

16) 惟范山立楚之朝 : 爲臣於楚

楚나라에 신하가 된 것이다.

17) 食楚之祿 : 受祿於楚

楚나라에서 봉록을 받는다는 말이다.

18) 故揆之趙盾隨會之諫 : 揆 比度也 二臣諫靈公 在左傳宣公二年

揆는 비교함이다. 두 신하가 靈公에게 간한 일은 ≪春秋左氏傳≫ 宣公 2년에 있었다.

19) 反在於十年之先也 : 范山言靈公不在諸侯 距宣公二年几十二年 此言范山心無所蔽 故有先見之明

范山이 靈公은 마음이 제후의 패자가 되는데 있지 않다고 말하였다. 이때로부터 〈趙盾과 隨會가 諫한〉 宣公 2년까지의 거리가 12년이다. 이는 范山의 마음에 가린 바가 없기 때문에 先見之明이 있었음을 말한 것이다.

20) 孰謂近者難揜而遠之易(이)欺耶 : 近者蔽 故不難掩 遠者明 故不易欺

가까이 있는 자는 가려지기 때문에 엄폐하기가 어렵지 않고, 멀리 있는 자는 밝기 때문에 속이기가 쉽지 않다.

靈公이 임금답지 못한 것은 초기에 기인하여 후기에 형성되었다. 즉위한 처음에는 비록 찾아볼 수 있는 악행의 싹은 없었으나 어찌 예측할 만한 조짐이 없었겠는가? 세상 사람들은 모두 몰랐으나 范山만이 홀로 알았으니 어찌 온 세상 사람의 지혜를 합한 것이 한 명의 范山만 못하였는가? 이는 가려진 바가 있어서일 뿐이다.

총애 받는 자들은 靈公의 恩賞(恩賜)이 미치는 대상이기 때문에 총애에 가려서 알지 못하였고, 卿大夫들은 靈公의 政令이 미치는 대상이기 때문에 존귀함에 가려서 알지 못하였으며, 동맹에 참여한 제후들은 靈公의 兵威가 미치는 대상이기 때문에 두려움에 가려서 알지 못하였던 것이다. 오직 范山만은 楚나라의 조정에 벼슬하여 楚나라의 봉록을 받았으니, 그와 靈公의 관계는 바람난 말과 소도 서로 미칠 수 없을 만큼 거리가 멀어 恩賞이 미치는 대상이 아니기 때문에 총애에 가리지 않았고, 政令이 미치는 대상이 아니기 때문에 존귀함에 가리지 않았으며, 兵威가 미치는 대상이 아니기 때문에 두려움에 가리지 않았던 것이다.

세 가지 가림이 이미 다 없어져서 온 마음이 저절로 밝아졌으니, 이것이 그가 비록 몸은 만 리 밖에 있으나 靈公의 간교한 심보를 헤아릴 수 있었던 이유이다. 그러므로 趙盾과 隨會가 靈公에게 간한 때와 비교해보면 도리어 10년이나 앞섰으니, 누가 가까이 있는 자에게는 가리기 어렵고 멀리 있는 자는 속이기 쉽다고 말하였던가?

吾嘗深味范山晉君不在諸侯之一語[1]하고 **有所深感焉**[2]이라 **晉主夏盟**[3]이 **自文至靈三君矣**[4]라 **靈公卽位之始**[5]에 **其拊循諸侯**[6]하니 **必未敢遽改先世之舊**[7]리라 **玉帛瑞節**은 **猶文襄也**[8]요 **芻粟牲牢**는 **猶文襄也**[9]요 **物采辭令**은 **猶文襄也**요 **盟約要束**은 **猶文襄也**[10]라 **惟其心不在諸侯**[11]라 **故幣雖厚而人自見其薄**[12]하고 **禮雖備而人自見其略**[13]하며 **儀雖華而人自見其瘁**[14]하고 **令雖嚴而人自見其慢**[15]하니 **猶人之將疾**에 **百骸九竅**가 **物物備具**나 **然而神不主體**하야 **耳目鼻口**와 **手足肩背**가 **解散而不屬**하고 **弛縱而不隨**하야 **形雖在**나 **而其精華英靈之氣**가 **枵然無復存矣**라 **范山之論晉**은 **置其形而索其神**하고 **遺其迹而察其心**이니 **其亦妙於觀國哉**[16]로다

1) 吾嘗深味范山晉君不在諸侯之一語：摘出此語 爲結尾意

이 말을 끄집어내어 結尾의 뜻으로 삼은 것이다.

2) 有所深感焉：言此語有意味

이 말이 의미가 있다는 말이다.

3) 晉主夏盟：晉爲伯以主諸夏之盟

晉나라가 霸者가 되어 諸夏의 회맹을 주관함을 이른다.

4) 自文至靈三君矣：文公始伯 襄公靈公繼之

文公이 비로소 패자가 되고, 襄公과 靈公이 그 뒤를 이었다.

5) 靈公卽位之始：初立爲君之時

당초 즉위하여 군주가 되었을 때를 이른다.

6) 其拊循諸侯：愛惜同盟之國

동맹국을 사랑하고 아꼈다는 말이다.

7) 必未敢遽改先世之舊：想與文襄之世不異

생각건대, 文公과 襄公의 치세 때와 다르지 않았을 것이라는 말이다.

8) 玉帛瑞節 猶文襄也：玉謂圭璧 帛謂贄幣 瑞節卽五等瑞玉 桓圭 信圭 躬圭 穀壁 蒲璧也

玉은 圭璧을 이르고, 帛은 폐백을 이른다. 瑞節은 곧 다섯 등급의 瑞玉이니, 桓圭・信圭・躬圭・穀璧・蒲璧이다.

9) 芻粟牲牢 猶文襄也：芻粟以飼馬 牲牢以致饟

芻粟은 말 먹이이고, 牲牢는 〈外賓에게 식용으로〉 주는 짐승이다.

10) 物采辭令……猶文襄也：物采 謂儀文 辭令謂問答 盟約要束 謂盟誓之言

物采는 의전의 형식이고 辭令은 응대하는 말이다. 盟約要束은 맹서하는 말이다.

11) 惟其心不在諸侯：說得心字 最精神

心자를 말한 것이 가장 핵심이다.

12) 故幣雖厚而人自見其薄：見其心之薄也 幣謂玉帛瑞節

그 마음이 박함을 알았다는 말이다. 幣는 玉帛과 瑞節을 이른다.

13) 禮雖備而人自見其略：見其心之略也 禮謂芻粟牲牢

마음이 소략함을 알았다는 말이다. 禮는 芻粟과 牲牢를 이른다.

14) 儀雖華而人自見其瘁：見其心之瘁也 儀謂物采辭令

마음이 꾀죄죄함을 알았다는 말이다. 儀는 物采와 辭令을 이른다.

15) 令雖嚴而人自見其慢：見其心之慢也 令謂盟約要束

마음이 태만함을 알았다는 말이다. 令은 盟約과 要束을 이른다.

16) 范山之論晉……其亦妙於觀國哉：以其察見靈公之心 故稱其妙於觀國也

靈公의 마음을 살펴보았기 때문에 나라를 관찰하는데 뛰어났다고 칭찬한 것이다.

내가 일찍이 范山이 "晉君은 諸侯의 패자가 되는 데 뜻이 없다."고 한 한마디 말을 음미해보고 깊이 느끼는 바가 있었다. 晉나라가 諸夏의 회맹을 주관한 것이 晉 文公으로부터 靈公에 이르기까지 이미 세 군주를 거쳤다. 靈公이 즉위한 초기에 제후들을 어루만지고 달램에 있어 반드시 감히 선대의 옛 儀節을 갑자기 바꾸지 않았을 것이다. 玉帛과 瑞節도 文公·襄公 때와 같았을 것이고, 芻粟과 牲牢도 文公·襄公 때와 같았을 것이며, 物采와 辭令도 文公·襄公 때와 같았을 것이고, 회맹 시의 조약문도 文公·襄公 때와 같았을 것이다.

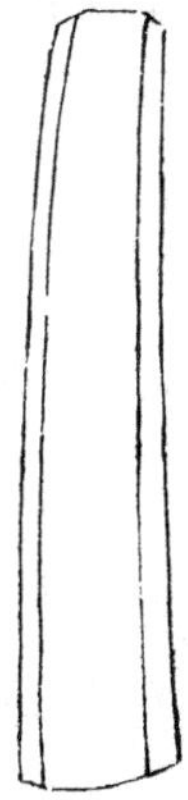
桓圭

信圭

躬圭

穀璧

蒲璧

〈그러나〉 오직 그 마음이 제후의 패자가 되는데 있지 않았기 때문에 폐백이 비록 두터워도 사람들은 스스로 그 마음이 박함을 알았고, 예절이 비록 갖추어졌어도 사람들은 스스로 그 마음이 소략함을 알았으며, 의전이 비록 화려해도 사람들은 스스로 그 마음이 꾀죄죄함을 알았고, 명령이 비록 엄격해도 사람들은 스스로 그 마음이 태만함을 알았다. 이는 마치 사람이 병이 들려 할 때에 百骸와 九竅 등 각 기관이 하나하나 모두 구비되어 있으나 정신이 육체를 主宰하지 못하면 耳目鼻口와 手足肩背가 해산되어 〈제 역할을〉 수행하지 못하고 맥이 풀려 서로 따르지 않아서, 형체는 비록 있다 해도 그 사람의 精華와 英靈의 기운은 텅 비어 다시 남아 있는 것이 없음과 같다. 范山이 晉나라를 논한 것은 외형은 버리고 정신만을 찾은 것이며, 靈公의 形迹은 버리고 그 마음만을 살폈던 것이니 그 또한 나라의 정세를 관찰하는 데 뛰어났다.

19-04 楚范巫矞似 謂成王子玉子西皆强死 楚나라 范邑의 무당 矞似가 成王·子玉·子西는 모두 非命에 죽을 것이라고 예언하다

【左傳】 文十年이라 初에 楚范巫矞似[1])가 謂成王與子玉子西曰 三君皆將强死[2])하리다 城濮之役에 王思之[3])라 故使止子玉曰 毋死라하나 不及[4])하고 止子西하다 〔子西〕[5])縊而縣絶[6])이러니 王使適至하야 遂止之하고 使爲商公[7])하다 沿漢泝江[8])하야 將入郢에 王在渚宮[9])이라가 下見之[10])하니 懼而辭[11]) 曰 臣免於死나 又有讒言하야 謂臣將逃라하니 臣歸死於司敗也[12])니이다 王使爲工尹[13])하니 又與子家謀弑穆王하다 穆王聞之하고 五月에 殺鬪宜申及仲歸[14])하다

1) 〔역주〕 矞似 : 矞似는 范邑의 무당이다.〈杜注〉
2) 〔역주〕 謂成王與子玉子西曰 三君皆將强死 : 세 사람 모두 壽命대로 살지 못하고 죽는다는 말이다.〈附注〉
3) 〔역주〕 城濮之役 王思之 : 成王이 非命으로 죽는다는 范巫의 말을 생각한 것이다.〈附注〉
4) 〔역주〕 毋死 不及 : 子玉이 이미 죽었기 때문에 미치지 못했다고 한 것이다.〈附注〉
5) 〔역주〕 〔子西〕 : 저본에는 '子西'가 없으나, ≪春秋左氏傳≫에 의거하여 보충하였다.
6) 〔역주〕 〔子西〕縊而縣絶 : 이 일은 僖公 28년에 있었다.〈杜注〉
7) 〔역주〕 王使適至……使爲商公 : 商은 楚나라 邑으로 지금의 上雒 商縣이다.〈杜注〉 楚나라는 王의 名號를 僭稱하였기 때문에 그 縣의 尹(長)을 모두 '公'이라 칭하였다. 子西를 商邑의 公으로 삼은 것이다.〈附注〉
8) 〔역주〕 沿漢泝江 : 沿은 물을 따라 내려가는 것이고, 泝는 물을 거슬러 올라가는 것이다.〈杜注〉
9) 〔역주〕 王在渚宮 : 작은 모래톱을 '渚'라 한다.〈杜注〉
10) 〔역주〕 下見之 : 成王이 내려와서 子西를 만난 것이다.〈附注〉
11) 〔역주〕 懼而辭 : 子西가 갑자기 成王을 보고는 겁이 나서 변명으로 成王에게 사죄한 것이다.〈附注〉
12) 〔역주〕 臣歸死於司敗也 : 陳나라와 楚나라는 司寇를 司敗라고 하였다. 子西는 讒言이 두려워 감히 商邑으로 가지 못한 것이다.〈杜注〉 "임금님의 은덕으로 죽음을 면하였으나, 臣이 만약 外方인 商邑으로 간다면 사람들은 '臣이 장차 王을 배반하고 도망갈 것'이라고 참소할 것이니, 外方으로 가서 배반해 도망갈 것이라는 惡名을 얻기보다 차라리 司敗에게 가서 刑官에게 목을 바치겠다."는 말이다.

13)〔역주〕王使爲工尹 : 子西가 商邑으로 가지 않겠다고 하기 때문에 商公으로 임명한 것을 취소하고 工尹에 임명한 것이다. 工尹은 百工을 맡아 다스리는 관직이다.

14)〔역주〕又與子家謀弑穆王……殺鬭宜申及仲歸 : 여기부터 文公 10년의 일에 해당한다. 이 이상은 僖公 28년의 일이다. 宜申은 子西이다.

文公 10년, 당초에 楚나라 范邑의 무당 矞似가 成王과 子玉·子西에게 "세 분께서는 장차 모두 非命에 죽을〔强死〕 것입니다."라고 예언하였다. 城濮의 전쟁 때 成王은 〈무당의 이 말을〉 생각하였다. 그러므로 子玉의 自殺을 저지하기 위해 使者를 보내며 "죽지 못하게 하라."고 하였으나 미치지 못하였다. 子西에게도 사람을 보내어 자살을 저지하게 하였다. 子西는 목을 매었으나 끈이 끊어졌는데 마침 그때 王의 使者가 와서 마침내 그의 자살을 막고서 그를 商邑의 公(長)으로 삼았다.

子西가 漢水를 따라 내려가다가 다시 長江을 거슬러 올라가서 楚나라의 國都 郢으로 들어가려 할 때 成王이 渚宮에 있다가 내려와서 子西를 만나니, 子西는 겁이 나서 변명하기를 "신이 죽음을 면하였으나 또 臣이 도망가려 한다는 讒言이 있으니, 신은 司敗(刑官)에게 가서 죽고자 합니다."라고 하였다. 成王은 그를 工尹으로 삼았다. 〈뒤에 그는〉 또 子家와 함께 穆王을 弑害하려고 음모하니, 穆王이 그 陰謀를 듣고서 5월에 鬭宜申(子西)과 仲歸를 죽였다.

凡人之情은 **厭常而嗜怪**하고 **駭正而從僞**하니 **此古今之通病也**라 **奮臂大呼**는 **不足以動一旅**로되 **而狐鳴魚腹之詐**는 **不移晷而成軍**[1]하고 **徒步獻書**는 **不足以取一官**이로되 **而祭竈鬪棊之誕**은 **不終朝而胙土**[2]하니 **久矣**로다 **夫人之嗜怪而從僞也**여 **天下之常道**는 **惟恐人之不嗜**나 **至於怪**하야는 **則惟恐嗜之太深**하고 **天下之正理**는 **惟恐人之不從**이나 **至於僞**하야는 **則惟恐從之太過**니 **巫覡之說**이 **怪僞之尤者也**로다

1) 狐鳴魚腹之詐[*] 不移晷而成軍 : 見陳勝傳

≪史記≫ 〈陳涉世家〉에 보인다.

*)〔역주〕狐鳴魚腹之詐 : ≪史記≫ 〈陳涉世家〉에 의하면, 秦 二世 원년에 陳勝과 吳廣이 군사를 일으켜 秦나라를 배반하려고 할 때, 대중에게 신임을 얻기 위해 은밀히 '陳勝王'이라는 세 글자를 써서 물고기 뱃속에 넣어두고서 군졸이 발견하게 하였다. 또 吳廣으로 하여금 밤중에 軍營 근처의 樹林 가운데 있는 神廟로 가서 등을 달아놓고 마치 여우의 울음인양 '大楚興陳勝王'이라는 소리를 내게 하였다. 그러자 이를 보고 들은 군사들이 모두 陳勝을 주목했다

고 한다.

2) 祭竈鬪棊之誕*) 不終朝而胙土 : 漢郊祀志

≪漢書≫ 〈郊祀志〉에 보인다.

*) 〔역주〕 祭竈鬪棊之誕 : 祭竈는 竈神에게 제사를 지내면 늙음을 물리칠 수 있다고 한 方士 李少君의 誕說을 이르고, 鬪棊는 丁義가 漢 武帝에게 천거한 方士 欒大가, 武帝의 신임을 얻기 위해 바둑돌에 자석을 붙여 서로 부딪치게 한 속임수를 이른다. 이 두 일은 모두 ≪史記≫ 〈武帝本紀〉에 보인다.

무릇 사람의 常情은 평범한 것을 싫어하고 괴이한 것을 좋아하며, 바른 것을 두려워하고 거짓을 따르니, 이것이 고금의 공통된 병폐이다. 팔을 걷어붙이고 큰 소리로 호통치는 것으로는 한 여단의 군대를 감동시킬 수 없지만, 여우 울음소리와 물고기 뱃속에 글을 넣는 속임수로는 하루가 못되어 대군을 組成하였으며, 걸어가서 글을 바치는 것으로는 관직 하나를 얻기에도 부족했지만, 竈神에게 제사 지내고 바둑알을 튕기는 허탄한 짓으로는 한나절이 되기 전에 封地를 받았으니, 오래되었도다! 사람들이 괴이한 것을 좋아하고 거짓을 따름이여!

天下의 常道는 오직 사람들이 좋아하지 않을까 두렵지만 怪異는 오직 너무 심하게 좋아할까 두려우며, 천하의 正理는 오직 사람들이 따르지 않을까 두렵지만 거짓은 오직 너무 심하게 따를까 두려우니, 무당의 말은 괴이하고 거짓됨이 더욱 심한 것이다.

楚巫矞似謂成王子玉子西호되 **皆將强死**라하니 **三人者銘其說於心**하니라 **至於城濮之敗**하야 **成王汲汲赦子西子玉之罪**하니 **惟恐巫言之或驗**이라 **旣而子玉果不及止而死**[1)]하니 **是巫言旣一中矣**라 **有神妖之說誘之於前**하고 **有子玉之死堅之於後**로되 **爲成王者**가 **尙不知戒**하고 **溺愛奪嫡**이라가 **取熊(蟠)〔蹯〕之禍**[2)]하니 **是巫言旣再中矣**라 **巫言其三而中其二**하고 **惟子西惸**(경)**然孑立**하야 **顧影獨存**하니 **是宜朝警夕戒**하고 **擇地而行**하야 **深圖自免之術**이어늘 **乃顯行逆亂**하야 **以殺其身**이라 **巫者**는 **人之所甚信**이요 **死者**는 **人之所甚畏**어늘 **不信人之所信**하고 **不畏人之所畏**하니 **子西豈與人異情哉**리오 **盖所以信巫者**는 **私心也**요 **所以作亂者**도 **亦私心也**르새니라 **私心之生**이 **乍發乍止**는 **上無所蔕**(체)요 **下無所根**이니 **烏能持久而不變耶**리오 **始怵於妖而信之**하고 **終怵於利而忘之**는

以私奪私하야 互爲消長이니 無惑乎子西之遽忽其所信也로다

1) 至於城濮之敗……既而子玉果不及止而死 : 僖二十八年*)

僖公 28년의 일이다.

*) 〔역주〕 僖二十八年 : 이 해에 晉 文公과 楚 成王의 城濮의 전쟁이 있었다.

2) 爲成王者……取熊(蟠)〔蹯〕*1)之禍*2) : 文(六)〔元〕*3)年

文公 원년의 일이다.

*1) 〔역주〕 (蟠)〔蹯〕 : 저본에는 '蟠'으로 되어 있으나, ≪春秋左氏傳≫에 의거하여 '蹯'으로 바로잡았다.

*2) 〔역주〕 熊蹯之禍 : 楚子(成王)가 商臣(훗날 穆王)을 태자로 세운 지 얼마 되지 않아 또 王子 職을 태자로 세우고 태자 商臣을 廢黜하려고 하자, 商臣은 태자궁의 군대를 거느리고 가서 成王을 포위하였다. 王이 熊蹯(熊掌)을 먹고 죽기를 청하였으나 들어주지 않으니 왕이 목을 매 자살하였다.

*3) 〔역주〕 (六)〔元〕 : 저본에는 '六'으로 되어 있으나, ≪春秋左氏傳≫에 의거하여 '元'으로 바로잡았다.

楚나라 무당 矞似가 成王・子玉・子西에게 "〈세 분께서는〉 장차 모두 非命에 죽을 것입니다."라고 예언하니, 세 사람은 이 말을 가슴에 깊이 새겼다. 城濮의 전쟁에 패전함에 미쳐 成王은 서둘러 子西와 子玉의 패전한 죄를 사면하였으니 이는 오직 무당의 예언이 혹시라도 들어맞을까 두려워서였다. 얼마 후 子玉의 자살을 미처 저지하지 못해 결과적으로 子玉이 죽었으니 이는 무당의 예언이 이미 한 사람에게 적중한 것이다. 신묘하고 요사스런 말이 앞에서 유혹하고 子玉의 죽음이 뒤에서 확정되었는데도 成王은 오히려 경계할 줄 모르고 〈庶子의〉 사랑에 빠져 태자를 바꾸려다가 熊蹯의 禍를 당했으니 이는 무당의 예언이 이미 두 사람에게 적중한 것이다.

무당이 예언한 세 사람 중에 두 사람은 적중했고 子西만이 외로이 홀로 서서 그 자신만 남았으니, 아침저녁으로 경계하고 처지를 가려 행동하여 죽음을 면할 방법을 깊이 도모함이 마땅한데, 도리어 공공연히 반란을 일으켜 제 몸을 죽이는 화를 자초하였다. 무당은 사람들이 깊이 믿는 바이고 죽음은 사람들이 매우 두려워하는 바인데, 사람들이 믿는 것을 믿지 않고 사람들이 두려워하는 것을 두려워하지 않은 것은 子西가 어찌 사람들과 심정이 달라서이겠는가? 이는 아마 무당의 예언을 믿은 것도 私心이고 난을 일으킨 것도 사심이기 때문일 것이다.

사심이 생기는 것이 갑자기 발작하였다가 갑자기 정지하는 것은 위로 매달릴 꼭지가 없고 아래로 내릴 뿌리가 없기 때문이니, 어찌 오래 지속되고 변하지 않을 수 있겠는가? 처음에는 요망한 말에 유혹되어〔怵〕 믿고, 끝에는 이익에 유혹되어 잊는 것은 사심으로 사심을 빼앗아 서로 消長하기 때문이니, 子西가 믿었던 것을 갑자기 잊은 것에 대해 의심할 게 없도다.

世衰道微하야 邪說暴行有作하고 張詭幻禍福之說하야 以誑脅愚俗하니 是亦巫覡類耳어늘 儒者或以陰助敎化許之하야 遽謂蘂宮金地之說[1]은 未必眞有라 要可以引人爲善이 酆都泥犁之說[2]은 未必眞有라 要可以止人爲惡이라 所示者虛요 所得者實이니 亦(可)〔何〕[3]負於天下耶아 抑不知牆之始築에 有一鍤之虛면 則其頹敗가 必見(현)於風雨之時하고 念之始發에 有一毫之虛면 則其渝毁가 必見於事變之日이라 人之始信禍福之說이면 固已失其本心矣라 以誑而趨善은 非本欲爲善也요 以脅而避惡은 非本不爲惡也라 是心本無로되 (持)〔特〕[4]暫爲禍福虛說之所誑脅爾니 他日復爲利害所誑脅이면 安得不變而之他耶리오 此亦一誑脅也요 彼亦一誑脅也니 亦何分輕重於其間哉리오

1) 〔역주〕 蘂宮金地之說 : 蘂宮은 道家의 경전에 나오는 신선이 사는 궁전이다. 金地는 佛寺를 가리킨다. 印度의 須達長者가 釋迦의 설법을 듣고 매우 경모한 나머지, 精舍를 세워주려고 祇陀太子의 園林을 구매하려 하자, 태자가 장난삼아 "황금을 이 땅에 가득 깔면 팔겠다."라고 하였는데, 須達長者가 실제로 집에 있는 황금을 코끼리에 싣고 와서 그 땅에 가득 깔았다. 이에 태자가 감동하여 땅을 매도하는 한편, 자기도 園中의 林木을 喜捨하여 마침내 최초의 불교 사원인 祇園精舍를 건립했다고 한다.(≪大唐西域記≫ 卷6)

2) 〔역주〕 酆都泥犁之說 : 酆都와 泥犁는 모두 佛家의 말로 지옥을 뜻한다.

3) 〔역주〕 (可)〔何〕 : 저본에는 '可'로 되어 있으나, 四庫全書本·三民書局本에 의거하여 '何'로 바로잡았다.

4) 〔역주〕 (持)〔特〕 : 저본에는 '持'로 되어 있으나, 四庫全書本·三民書局本에 의거하여 '特'으로 바로잡았다.

세상의 풍속이 쇠퇴하고 도덕이 미약해지자 사특한 언론과 포학한 행위가 일어나서 터무니없이 허황된 화복의 說을 과장하여 어리석은 사람들을 속이고 위협하니, 이들 또한 무당과 같은 무리일 뿐이다. 〈그런데〉 儒者 중에는 간혹 〈이들의 說이〉 남몰래 교화를 돕는다고 칭찬하면서, 대뜸 말하기를 '저들이 蘂宮이니 金地니 하는 것은 반드시 참으로 〈천당이〉 있다는 것이 아니라, 요점이 사람들에게 선행을 하도록 인도할

수 있는 데에 있고, 酆都니 泥犂니 하는 말을 하는 것은 반드시 참으로 〈지옥이〉 있다는 것이 아니라, 요점이 사람들의 악행을 저지할 수 있는 데에 있다. 제시하는 것은 허구이고 얻는 것은 실재이니, 이 또한 어찌 天下 사람들을 저버리는 것이겠는가.'라고 한다.

그러나 〈무당의 말을 믿는 것은〉 담장을 처음 쌓을 때에 한 삽이라도 허술한 곳이 있으면 담장이 무너지는 것이 반드시 비바람이 칠 때에 드러나고, 생각이 처음 일어날 때에 터럭만치라도 허탄함이 있으면 생각이 바뀌는 것이 반드시 사변이 발생하는 날에 드러난다는 것을 모르는 것이다. 사람이 화복의 설을 믿기 시작했다면 반드시 이미 그 본심을 상실한 것이다. 속임으로 인해 善을 추구하는 것은 선을 하고자 하는 본심이 아니고, 위협으로 인해 악을 피하는 것은 악을 하지 않으려는 본심이 아니다. 본래 이런 〈선을 추구하고 악을 피하는〉 마음이 없는데 잠시 허황된 화복의 설에 속고 위협되어서일 뿐이니, 만약 다른 날에 다시 利害에 속고 위협되면 어찌 변하여 다른 데로 가지 않을 수 있겠는가. 이것도 하나의 속임과 위협이고, 저것도 하나의 속임과 위협이니 또한 그 사이에 무엇으로 경중을 분별하겠는가.

有實理然後有實心하고 有實心然後有實事하니 豈有借虛說而能收實效者耶아 如成王子西는 其始信矞似之說이 至堅至篤이로되 曾未幾何에 蔑棄而不顧하니 則詭幻禍福之說은 不能久使人信明矣로다 其始之銳는 固可以占知其終之怠요 其始之執은 固可以占知其終之移라 本心不堅에 事物攻之者가 四面而至면 固可以拱手而俟其敗리니 何必親與之角哉리오 故吾始憂異端之難攻이나 而終知異端之不足攻也라

진실한 도리가 있은 뒤에 진실한 마음이 있고, 진실한 마음이 있은 뒤에 진실한 일이 있으니 어찌 허탄한 말을 빌려 실제의 효과를 거둘 수 있겠는가. 예컨대 楚 成王과 子西는 처음에 矞似의 예언을 믿은 것이 매우 견고하고 독실했는데 얼마 되지 않아 무시해 버리고 돌아보지 않았으니, 그렇다면 궤탄하고 허망한 화복의 설은 사람들로 하여금 오래 믿게 할 수 없음이 분명하다.

처음에 예민한 것은 진실로 종극에는 무뎌짐을 알 수 있고, 처음에 굳게 지키는 것은 진실로 종극에는 바뀐다는 것을 알 수 있다. 본심이 견고하지 못한 사람에게 공격하는 사물이 사방에서 이르면 본래 손을 놓고서 패망을 기다릴 것이니, 무엇 때문에 그와

직접 爭鬪할 필요가 있겠는가. 그러므로 나는 처음에는 이단을 공격하기 어려울까 우려했더니 종극에는 이단은 공격할 가치도 없음을 알았다.

19-05 楚文無畏戮宋公僕 楚나라 文無畏가 宋公의 僕御를 모욕하다

19-05-01 楚文無畏戮宋公僕 楚나라 文無畏가 宋公의 僕御를 모욕하다

【左傳】 文十年이라 陳侯鄭伯會楚子于息[1]하다 冬에 遂及蔡侯次于厥貉하야 將以伐宋하다 宋乃逆楚子하야 勞且聽命[2]하고 遂道以田孟諸[3]하다 宋公爲右盂하고 鄭伯爲左盂[4]하고 期思公復遂爲右司馬[5]하고 子朱及文之無畏爲左司馬[6]하다 命夙駕載燧[7]로되 宋公違命[8]하니 無畏抶(질)其僕以徇[9]하다 或謂子舟曰 國君不可戮也라한대 子舟曰 當官而行에 何彊之有[10]리오 敢愛死以亂官[11]乎아

1) 〔역주〕 息 : 息은 楚나라 邑이다.〈附注〉

2) 〔역주〕 乃逆楚子 勞且聽命 : 전쟁이 일어나기 전에 미리 宋公이 직접 厥貉으로 가서 楚子를 迎接하고 楚軍을 위로하여 服從의 뜻을 보인 것이다. 聽命은 시키는 대로 順從하는 것이다.

3) 〔역주〕 孟諸 : 孟諸는 宋나라의 큰 濕地로 梁나라 睢陽縣 동북쪽에 있다.〈杜注〉

4) 〔역주〕 宋公爲右盂 鄭伯爲左盂 : 盂는 사냥할 때에 펼치는 陣의 명칭이다. 宋나라는 18년 동안, 鄭나라는 16년 동안 楚나라를 배반하였기 때문에 무력으로 위협하여 두 임금을 左右盂로 삼아 모욕을 준 것이다.(≪左氏會箋≫)

5) 〔역주〕 期思公復遂爲右司馬 : 復遂는 楚나라 期思邑의 公(長)이다. 지금의 弋陽 期思縣이다.〈杜注〉

6) 〔역주〕 子朱及文之無畏爲左司馬 : 사냥할 때는 兩翼으로 陣〔甄〕을 펼쳐야 하기 때문에 두 명의 左司馬를 둔 것이다. 그렇다면 右司馬는 中央을 담당한 것이다.〈杜注〉 子朱와 無畏는 모두 楚나라 大夫이다.〈附注〉

7) 〔역주〕 燧 : 燧는 불을 채취하는 器具이다.〈杜注〉

8) 〔역주〕 宋公違命 : 새벽 일찍 수레에 燧를 실어놓지 않은 것이다.〈杜注〉

9) 〔역주〕 無畏抶(질)其僕以徇 : 抶은 撻(매질함)이고 僕은 御이다. 無畏는 司馬로서 宋 昭公의 御者에게 매질을 하여 諸侯軍에 조리돌려 命을 어긴 罪를 다스린 것이다.〈附注〉

10) 〔역주〕 子舟曰……何彊之有 : 子舟는 無畏의 字이다.〈杜注〉 官職을 맡아 刑罰을 시행하는 것이니 宋君을 彊者라 하여 피하는 것은 부당하다는 말이다.〈附注〉

11) 〔역주〕 亂官 : 맡은 직책을 수행하지 않는 것이 관직을 어지럽히는 것이다.

文公 10년, 陳侯·鄭伯이 息에서 楚子와 會合하였다. 겨울에 세 나라가 드디어 蔡侯와 함께 厥貉에 주둔하여 宋나라를 토벌하려 하였다. 宋나라〔宋公〕가 楚子를 迎接해 慰勞하고서 복종의 뜻을 표시하였다. 그리고는 드디어 楚子를 인도하여 孟諸에서 사냥하였다.

사냥할 때 宋公은 右盂, 鄭伯은 左盂가 되고, 期思公 復遂가 右司馬, 子朱와 文之無畏가 左司馬가 되었다. 楚子가 새벽 일찍이 수레에 燧를 실으라고 命하였으나, 宋公이 命을 어기니 無畏가 宋公의 御者에게 채찍을 쳐서 全軍에 조리돌렸다. 어떤 자가 子舟에게 "國君을 모욕해서는 안 된다."고 하자, 子舟가 말하였다. "官職을 맡아 職務를 수행함에 있어 彊者를 의식할 필요가 뭐 있는가? 내 어찌 감히 죽음을 아껴 관직을 어지럽힐 수 있겠는가?"

19-05-02 宋殺申舟 宋나라가 申舟를 살해하다

【左傳】 宣十四年이라 楚子使申舟[1]聘于齊曰 無假道于宋하라 亦使公子馮聘于晉에 不假道于鄭하라 申舟以孟諸之役惡宋[2]曰 鄭昭하고 宋聾[3]하니 晉使不害어니와 我則必死[4]리라 王曰 殺女면 我伐之하리라 見犀而行[5]하다 及宋하니 宋人止之하다 華元曰 過我而不假道하니 鄙我也라 鄙我면 亡也[6]요 殺其使者면 必伐我하리니 伐我면 亦亡也니 亡一也라하고 乃殺之하다 楚子聞之하고 投袂而起[7]하야 屨及於窒皇[8]하고 劒及於寢門之外하고 車及於蒲胥之市[9]하다 秋九月에 楚子圍宋하다

1) 〔역주〕 申舟 : 申舟는 無畏이다.〈杜注〉
2) 〔역주〕 申舟以孟諸之役惡宋 : 文公 10년에 楚子가 孟諸에서 사냥할 때 無畏가 宋公의 御者에게 매질을 하였다.〈杜注〉
3) 〔역주〕 鄭昭 宋聾 : 昭는 聰明한 것이고, 聾은 昏闇한 것이다.〈杜注〉
4) 〔역주〕 晉使不害 我則必死 : 晉나라로 가는 使者는 鄭나라에 길을 빌리기를 請하지 않아도 일에 害가 없지만, 齊나라에 使者로 가는 나는 宋나라에 길을 빌리기를 請하지 않으면 반드시 殺害 당한다는 말이다.〈附注〉
5) 〔역주〕 見犀而行 : 犀는 申舟의 아들이다. 아들을 楚王에게 부탁한 것은 반드시 죽을 뜻을 보인 것이다.〈杜注〉
6) 〔역주〕 華元曰……亡也 : 옛날에는 다른 나라를 경유할 때 반드시 길을 빌리는 禮가 있었다. 그런데 지금 楚나라 使者가 宋나라를 지나면서 길을 빌리는 禮를 행하지 않았으

니, 이는 宋나라를 楚나라의 邊邑으로 여기는 것이므로 宋나라가 망하지 않았어도 망한 것과 같다고 한 것이다.

7) 〔역주〕 投袂而起 : 投는 휘날리는 것이고, 袂는 소매이다.〈杜注〉

8) 〔역주〕 窒皇 : 窒皇은 寢殿의 뜰이다.〈楊注〉

9) 〔역주〕 屨及於窒皇……車及於蒲胥之市 : 蒲胥는 楚나라의 저자 이름이다. 窒皇에 미쳐 신발을 신고, 寢門 밖에 미쳐 劍을 차고, 楚나라의 저자에 미쳐 수레에 올랐다는 것은 楚子가 急速히 달려간 것을 말한 것이다.〈附注〉

宣公 14년, 楚子가 申舟(文無畏)를 齊나라에 聘問使로 보내며 "宋나라에 길을 빌리기를 請하지 말라."고 하고, 또 公子 馮을 晉나라에 빙문사로 보내며 "鄭나라에 길을 빌리기를 청하지 말라."고 하였다. 申舟는 과거 孟諸에서 사냥할 때 宋나라에 罪〔惡〕를 진 적이 있었다. 그러므로 楚子에게 "鄭人은 聰明하고 宋人은 愚昧〔聾〕하니, 晉나라로 가는 使者는 害를 입지 않을 것이지만 저는 반드시 殺害될 것입니다."라고 하니, 楚王이 "그대를 죽인다면 내가 宋나라를 討伐할 것이다." 하였다. 申舟는 자기 아들 申犀를 楚王에게 謁見시키고서 떠났다.

宋나라에 이르니, 宋人은 그의 길을 막았다. 華元이 말하기를 "우리나라를 지나면서 우리에게 길을 빌리기를 청하지 않으니, 이는 우리나라를 저희 나라의 邊鄙(邊邑)로 여기는 것이다. 우리나라를 저희 나라 邊鄙로 여긴다면 우리나라는 망한 것이나 일반이다. 楚나라의 使者를 죽인다면 반드시 우리를 토벌할 것이니, 우리를 토벌한다면 우리나라는 망할 것이다. 이리 망하나 저리 망하나 망하는 것은 일반이다."고 하고서 드디어 申舟를 죽였다.

楚子는 申舟가 殺害되었다는 말을 듣고 소맷자락을 휘날리며 일어나 〈맨발로 뛰어가니,〉 侍從이 뒤따라가 窒皇에 미쳐 신발을 신기고, 寢門 밖에 미쳐 劍을 채우고, 蒲胥의 저자에 미쳐 수레에 오르게 하였다. 가을 9월에 楚子가 宋나라를 包圍하였다.

【主意】 謂名不可幸取라 無畏以幸而得不畏疆禦之名이나 一旦楚子使之聘齊而不假道于宋하니 則哀鳴乞憐하야 眞情畢露라 始知前日之虛名이 招今日之實禍니 名其可以幸取乎아

명예는 요행으로 취할 수 없음을 말한 것이다. 無畏는 요행으로 疆禦를 두려워하지 않는다는 명예를 얻었으나, 하루아침에 楚子가 그를 齊나라에 聘問가게 하면서 宋나라

에 길을 빌리지 말라고 하니, 〈無畏는〉 애걸복걸하여 진정을 다 드러내었다. 이에 비로소 지난날의 虛名이 오늘날 실제의 화를 부른 것임을 알았으니 명예를 어찌 요행으로 취해서야 되겠는가.

名不可以幸取也[1)]라 天下之事엔 固有外似而中實不然者[2)]하니 幸其似而竊其名[3)]이 非不可以欺一時[4)]나 然他日人卽其似而求其眞[5)]이면 則情見實吐[6)]하야 無不立敗[7)]리니 名果可以幸取耶[8)]아 幸雖在前이나 憂實在後니 人見其似而信其眞은 幸之大者也요 人見其似而責其眞은 憂之大者也라 以一朝之幸으로 易終身之憂니 智者其肯易之耶아 馬之外彊中乾者가 濫得騏驥之名이면 幸則幸矣어니와 馳陵谷而責以騏驥之足이면 憂將若之何오 士之色厲內荏者가 濫得逢干之名[9)]이면 幸則幸矣어니와 臨刀鋸而責以逢干之節이면 憂將若之何오 是故求名易(이)어니와 保名難이요 取名易어니와 辭名難이니 受名之始가 乃受責之始也[10)]라 昔之君子는 內未有其實이면 則避名如避謗하고 畏名如畏辱하야 方逡巡却走之不暇온 況敢乘其似而邀其名乎아

1) 名不可以幸取也 : 虛名不可僥倖而得 此句包一篇主意
虛名은 요행으로 얻을 수 없다. 이 句가 본편의 主意를 포괄하였다.

2) 固有外似而中實不然者 : 外謂迹 內謂心
밖은 자취를 이르고, 안은 마음을 이른다.

3) 幸其似而竊其名 : 幸其迹之近似而竊取虛名
그 자취(外表)가 비슷한 것을 요행으로 여겨 虛名을 절취함이다.

4) 非不可以欺一時 : 如申舟幸得不畏强禦之名 一時人爲其所欺
이를테면 申舟가 요행히 强禦를 두려워하지 않았다는 명예를 얻음으로 인해 당시 사람들이 그에게 속임을 당한 경우를 말한다.

5) 然他日人卽其似而求其眞 : 因其近似 而責以眞實 如楚子使申舟聘齊不假道是也
그 비슷함으로 인해 진실을 요구한다는 것은, 예컨대 楚子가 申舟를 齊나라에 聘問使로 보내면서 〈宋나라에〉 길을 빌리지 못하게 한 일이 이에 해당한다.

6) 則情見實吐 : 如申舟言我則必死 此時乃是眞情發見
예컨대 申舟가 "저는 반드시 살해될 것입니다."라고 말한 것이다. 이때가 바로 진정이 드러난 때라는 말이다.

7) 無不立敗 : 前日虛名 至此盡喪
지난날의 虛名이 이때에 이르러 다 없어진다는 말이다.

8) 名果可以幸取耶：收照起語

첫머리의 말(名不可以幸取也)에 照應한다.

9) 〔역주〕 濫得逢干之名：逢干은 龍逢과 比干이다. 龍逢은 夏나라의 賢臣인 關龍逢인데 桀王의 無道함을 諫하다가 피살되었고, 比干은 殷나라 紂王의 叔父인데 紂王의 惡政을 간하다가 피살되었다.

10) 受名之始 乃受責之始也：轉換精神 發明人卽其似而求其眞之意

정신〔要旨〕을 전환하여 사람들이 그 비슷함을 가지고 진실을 요구하는 뜻을 밝혔다.

명예는 요행으로 취할 수 있는 것이 아니다. 천하의 일에는 본래 겉은 서로 비슷하지만 내면은 실제로 그렇지 않은 것이 있다. 겉이 서로 비슷한 것을 요행으로 여겨 명예를 절취할 경우 당시 사람들을 속일 수 있으나, 훗날 어떤 이가 그 비슷한 것을 가지고 그 진실을 요구하면 실정이 드러나서 즉시 실패하지 않을 자가 없을 것이니 명예를 과연 요행으로 취할 수 있는 것인가?

요행으로 비록 앞에 있으나 실제가 〈드러날까〉 근심함이 뒤에 있으니 사람들이 그 비슷한 것을 보고서 진실이라고 믿어준다면 큰 요행이지만 사람들이 그 비슷한 것을 보고서 진실을 요구한다면 큰 근심이다. 하루아침의 요행을 종신의 근심거리와 바꾸는 격이니 지혜로운 자가 어찌 바꾸려 하겠는가? 겉은 강하나 속은 허약한 말이 분수에 지나치게 천리마라는 명예를 얻는다면 행운이라면 행운이지만, 하루아침에 언덕이나 계곡을 달릴 때에 천리마의 발을 요구한다면 장차 그 근심을 어이하겠는가? 안색은 엄숙하나 내심이 유약한 선비가 분수에 지나치게 關龍逢·比干 같다는 명예를 얻는다면 행운이라면 행운이지만, 하루아침에 단두대에 임하여 關龍逢·比干의 절개를 요구하면 장차 그 근심을 어이하겠는가?

이러므로 명예를 구하기는 쉽지만 명예를 보전하기는 어렵고 명예를 취하기는 쉽지만 명예를 사양하기는 어려우니, 명예를 처음 받는 날이 바로 요구를 처음 받는 날이다. 예전의 군자들은 자신〔內〕에게 그런 실상이 없으면 명예를 피하기를 비방을 피하듯이 하고 명예를 두려워하기를 치욕을 두려워하듯이 하여, 바야흐로 뒷걸음질치고 물러나기에도 겨를이 없었는데 하물며 감히 겉모습이 비슷한 것을 이용해 그 명예를 구하였겠는가.

孟諸之役[1)]에 **文之無畏席强楚之威**하야 **而窘戮宋公**[2)]은 **本無足稱者**[3)]라 **然宋公國**

雖弱이나 而位則君也[4)]요 文之無畏國雖强이나 而位則臣也[5)]라 論其實[6)]이면 則以楚加宋[7)]은 以强凌弱[8)]이니 人之所甚易(이)[9)]요 論其迹[10)]이면 則以卑犯尊[11)]은 以弱擊强[12)]이니 人之所甚難[13)]이라 居甚易之地하야 而坐得至難之名[14)]하니 人情誰不樂此哉[15)]리오 此無畏所以因其似而竊其名也[16)]라 必嘗揮金發粟[17)]然後人許其豪[18)]하고 必嘗赴敵突圍[19)]然後人許其勇[20)]이라 今無畏挾六千里之楚하야 而折一與國之君[21)]하니 前無權勢之可懼[22)]요 後無憂患之可虞[23)]하야 從容談笑而冒不畏强禦之名[24)]하니 天下之所謂幸者가 有過於此乎[25)]아 想無畏正色莊語하야 以答或人之問[26)]에 必謂名固可以幸取[27)]요 人固可以名欺[28)]니 雖吾君이라도 亦以勁正見期[29)]니 孰知吾之有所挾哉[30)]리오 拨衛侯之腕[31)]에 人知涉佗之直[32)]하고 而不知其借晉之威也[33)]며 沒太子之車[34)]에 人知江充之直하고 而不知其借漢之威也[35)]며 戮宋公之僕[36)]에 人知無畏之直[37)]하고 而不知其借楚之威也[38)]라 無畏借楚之威하야 以爲己名[39)]에 無毫末之勞而有丘山之譽[40)]라 使如是而後無憂[41)]면 則誠不如詐하고 直不如曲하며 君子不如小人矣[42)]니라

1) 孟諸之役 : 入本題事 謂宋公道楚子田孟諸時

〈여기부터〉 본편의 일로 들어간다. 宋公이 楚子를 인도하여 孟諸에서 사냥할 때를 이른다.

2) 文之無畏席强楚之威 而窘戮宋公 : 無畏卽申舟名 無畏字子舟 席籍楚威而抶宋公之僕

無畏(文無畏, 文之無畏의 之는 조사)는 申舟의 이름이며, 無畏의 字는 子舟이니, 楚나라의 위세에 의지하여 宋公의 僕御에게 채찍질을 하였다.

3) 本無足稱者 : 其事本無足道

그 일은 본래 말할 것도 못된다는 말이다.

4) 然宋公國雖弱 而位則君也 : 宋國雖弱而宋公爲君則尊也

宋나라가 비록 약소하나 宋公은 임금이니 존귀하다는 말이다.

5) 文之無畏國雖强 而位則臣也 : 楚國雖强而申舟爲臣則卑也

楚나라가 비록 강대하나 申舟는 신하이니 비천하다는 말이다.

6) 論其實 : 以事之實論之

'일의 실상으로 논하면'의 뜻이다.

7) 以楚加宋 : 楚國大 宋國小

楚나라는 크고, 宋나라는 작다.

8) 以强凌弱 : 大故强 小故弱

크기 때문에 강하고 작기 때문에 약하다는 말이다.

9) 人之所甚易(이) : 以楚之强 凌宋之弱 豈不易乎

강한 楚나라로서 약한 宋나라를 능멸하였으니 어찌 쉬운 일이 아니겠느냐는 말이다.

10) 論其迹 : 以事之迹論之

'일의 자취로 논하면'의 뜻이다.

11) 以卑犯尊 : 臣卑君尊

〈지위가〉 신하는 낮고 임금은 높다.

12) 以弱擊强 : 卑則其迹弱 尊則其迹强

〈지위가〉 낮으면 그 자취가 약하고, 높으면 그 자취가 강하다

13) 人之所甚難 : 以臣之弱 擊君之强 豈不難乎

약한 신하로서 강한 임금을 치니 어찌 어려운 일이 아니겠느냐는 말이다.

14) 居甚易之地 而坐得至難之名 : 其實甚易 其迹甚難 申舟所以得此虛名

그 실상은 매우 쉬운 일이지만 그 자취는 매우 어려운 일이니, 申舟(無畏)가 이 때문에 虛名을 얻은 것이라는 말이다.

15) 人情誰不樂此哉 : 人皆好名 誰不願此

사람들은 모두 명예를 좋아하니 누가 이것을 원하지 않겠느냐는 말이다.

16) 此無畏所以因其似而竊其名也 : 應起頭語

서두의 말에 호응한다.

17) 必嘗揮金發粟 : 有此引喩 則文勢委曲 ○假如我曾散財米以與人

이런 비유를 들었으니 文勢가 완곡하다. ○'만일 내가 일찍이 재물과 미곡을 흩어서 사람들에게 주었다면'의 뜻이다.

18) 然後人許其豪 : 然後人以豪邁之名許我

그런 뒤에야 사람들이 호방하다는 명예로 나를 허여할 것이라는 말이다.

19) 必嘗赴敵突圍 : 我曾赴敵而戰 突圍而出

'내가 일찍이 적진으로 달려가 싸워 포위를 뚫고 나왔다면'의 뜻이다.

20) 然後人許其勇 : 然後人以勇敢之名許我

그런 뒤에야 사람들이 용감하다는 명예로 나를 허여할 것이라는 말이다.

21) 今無畏挾六千里之楚 而折一與國之君 : 以强陵弱

강대함으로 약소한 상대를 능멸했다는 말이다.

22) 前無權勢之可懼 : 宋不能以威令臨我

宋나라는 나(無畏)에게 위엄 있는 명령으로 임할 수 없을 것이라는 말이다.

23) 後無憂患之可虞 : 宋不能以刑罰加我

宋나라는 나(無畏)에게 형벌을 내릴 수 없을 것이라는 말이다.

24) 從容談笑而冒不畏强禦之名：不畏强禦 出詩烝民篇 從容談笑 謂申舟得此名甚易

'강포한 자를 두려워하지 않음〔不畏强禦〕'은 ≪詩經≫ 〈烝民〉편에 나온다. "從容談笑"는 申舟가 이런 명예를 얻음은 매우 쉽다는 말이다.

25) 天下之所謂幸者 有過於此乎：應起語以幸取名

서두의 '요행으로 명예를 절취하였다〔以幸取名〕'에 호응한다.

26) 想無畏正色莊語 以答或人之問：答語見本題註[*)]

답한 말이 본편의 주에 보인다.

*) 〔역주〕 答語見本題註：어떤 자가 子舟에게 "國君을 모욕해서는 안 된다."고 하자, 子舟가 대답하기를 "官職을 맡아 職務를 수행함에 있어 彊者를 의식할 필요가 뭐 있는가? 내 어찌 감히 죽음을 아껴 관직을 어지럽힐 수 있겠는가?"라고 하였다.

27) 必謂名固可以幸取：以近似竊虛名

비슷함으로 인해 허명을 절취하였다는 말이다.

28) 人固可以名欺：以虛名欺時人

허명으로 당시 사람들을 속였다는 말이다.

29) 雖吾君 亦以勁正見期：勁直也 言又可欺君而君亦以勁直之名許我

勁은 곧다는 뜻이다. 또 임금을 속일 수 있어서 임금도 '곧다는 명예'로 나를 허여한다는 말이다.

30) 孰知吾之有所挾哉：誰知我所挾者六千里之强楚也 已上數句 發出申舟心術

내가 의지하고 있는 것이 6천 리를 소유한 강한 楚나라임을 누가 알겠느냐는 말이다. 이상의 몇 구절은 申舟의 마음 씀을 밝혔다.

31) 捘衛侯之腕：引事證 ○定公八年 晉師將盟衛侯于鄟澤 趙簡子曰 群臣誰敢盟衛君者 涉佗曰 我能盟之 將歃 涉佗捘衛侯之手 及腕 謂血流至腕也

〈관련 있는〉 일을 인용하여 증거로 삼았다. ○≪春秋左氏傳≫ 定公 8년에 "晉나라 군대가 衛侯와 鄟澤에서 結盟하려 할 때 趙簡子가 말하기를 '신하 중에 누가 감히 衛君과 盟約을 맺을 수 있겠소?'라고 하니, 涉佗가 말하기를 '제가 衛君과 盟約을 맺을 수 있습니다.'고 하였다. 피를 마시려 할 때 涉佗가 衛侯의 손을 밀쳐 피가 衛侯의 팔뚝으로 튀었다."라고 하였으니 '捘衛侯之腕'은 피가 팔뚝에까지 흘렀음을 이른다.

32) 人知涉佗之直：涉佗得此虛名

涉佗가 이런 허명을 얻었다는 말이다.

33) 而不知其借晉之威也：涉佗借晉之威 乃敢如此

涉佗는 晉나라의 위엄을 빌려 감히 이와 같이 하였다는 말이다.

34) 沒太子之車：江充從上甘泉 逢太子家使乘車馬行馳道中[*1)] 充以屬吏 太子使人謝曰 非愛車

馬 誠不欲令上聞之以敎勅亡素者 惟江君宥之 充白奏 上曰 人臣當如是矣 (人)〔大〕[*2)]見信威震京師[*3)]

江充이 上을 따라 甘泉宮에 갈 적에 太子의 사자가 수레와 말을 타고 馳道의 가운데로 가는 것을 보고는 그를 獄吏에게 넘겼다. 太子가 사람을 시켜 강충에게 사례하기를 "내가 수레와 말을 아껴서가 아니라, 진실로 上께서 이 말을 들으시고 '평소 부하들을 가르치고 신칙함이 없다.'고 책망하시는 말씀을 듣고 싶지 않아서이니, 부디 江君은 너그러이 용서하라." 하였다. 강충이 〈듣지 않고〉 마침내 상주하자, 上은 말하기를 "人臣은 마땅히 이와 같아야 한다." 하고 크게 신임하여 등용하니, 위엄이 京師를 진동하였다.

*1) 〔역주〕 逢太子家使乘車馬行馳道中 : 漢나라 법령에 제후는 황제의 制命이 있어야 馳道 가운데를 다닐 수 있었다. 〈일반인은〉 옆길로 가야 하고, 법령대로 하지 않으면 수레와 말을 몰수하였다.

*2) 〔역주〕 (人)〔大〕 : 저본에는 '人'으로 되어 있으나, ≪資治通鑑綱目≫에 의거하여 '大'로 바로잡았다.

*3) 〔역주〕 江充從上甘泉……威震京師 : 이상은 ≪資治通鑑綱目≫ 〈漢武帝〉에 보인다.

35) 人知江充之直 而不知其借漢之威也 : 江充挾漢之威 乃敢如此

江充은 漢나라의 위엄에 의지하여 곧 감히 이와 같이 한 것이라는 말이다.

36) 戮宋公之僕 : 本題事

본편의 일이다.

37) 人知無畏之直 : 猶涉佗江充之得名

涉佗와 江充이 허명을 얻은 것과 같다는 말이다.

38) 而不知其借楚之威也 : 猶涉佗江充之有所挾

涉佗와 江充이 의지하는 바가 있는 것과 같다는 말이다.

39) 無畏借楚之威 以爲己名 : 借楚威以戮宋公 而取不畏强禦之名

楚나라의 위세를 빌려 宋公의 僕御를 모욕하고, 강포한 상대를 두려워하지 않는다는 허명을 취했다는 말이다.

40) 無毫末之勞而有丘山之譽 : 得名甚易

허명을 얻기는 매우 쉽다는 말이다.

41) 使如是而後無憂 : 假使有一朝之幸 無後日之憂

'가령 하루아침의 요행만 있고 훗날의 근심이 없다면'의 뜻이다.

42) 則誠不如詐……君子不如小人矣 : 則是君子之誠實正直 反不如小人之詐僞邪曲 反足以干譽而釣名矣

그렇다면 이것은 군자의 성실과 정직이 도리어 소인의 속임수와 간사함만 못하여, 도리어 명예를 구하고 허명을 낚기에 충분하다는 말이다.

孟諸에서 사냥할 때 文之無畏가 강대한 楚나라의 위세에 의지하여 宋 昭公을 곤란하게 하고 모욕한 일은 본래 거론할 가치도 없다. 그러나 宋公은 나라는 비록 약소해도 지위는 임금이고, 文之無畏는 나라는 비록 강대해도 지위는 신하이다. 실상을 논하면 楚나라로서 宋나라를 억압한 것은 강대국으로 약소국을 능멸한 것이니 사람들이 매우 쉽게 여기는 바이고, 그 자취로 논하면 〈지위가〉 낮은 자로서 높은 자를 침범한 것은 약한 신하로서 강한 임금을 공격한 것이니 사람들이 매우 어렵게 여기는 바이다. 그는 매우 쉬운 처지에 있으면서 힘들이지 않고〔坐〕 매우 어려운 명예를 얻었으니 인정으로 볼 때 누가 이런 것을 즐거워하지 않겠는가? 이것이 바로 無畏가 비슷한 것을 인하여 그 명예를 절취하게 된 까닭이다.

반드시 먼저 금전과 양곡을 흩어 〈은혜를 베푼〉 뒤에야 사람들은 그를 호걸로 인정하고, 반드시 먼저 적진으로 달려가 싸워 포위를 돌파한 뒤에야 사람들은 그를 용사로 인정한다. 그런데 지금 無畏는 6천 리나 되는 楚나라에 의지하여 동맹국의 임금을 折伏(굴복)시켰으니, 앞에는 두려워할 만한 권세가 없고 뒤에는 근심할 만한 후환이 없으므로 조용히 담소하는 사이에 强禦(높은 지위에 있는 자)를 두려워하지 않는다는 명예를 얻었으니 천하 사람들이 말하는 '요행' 이라는 것 중에 이보다 더한 것이 어디 있겠는가? 無畏가 엄정한 안색과 장중한 언어로 或人의 물음에 답할 때를 상상해보면 그는 반드시 마음속으로 '명예는 본래 요행으로 취할 수 있고 사람들은 본래 명예로 속일 수 있다. 비록 우리 임금님이라도 「剛正하다」는 말로 속일 수 있으니, 내가 의지하는 바가 있어서 〈이렇게 된 줄을〉 누가 알겠는가?'라고 하였을 것이다.

〈晉나라와 衛나라가 結盟하여 歃血하려 할 때에 涉佗가〉 衛侯의 팔을 밀쳐 〈피가 衛侯의 팔뚝에 튀게 한 것에 대해〉 사람들은 涉佗가 강직해서인 줄만 알고 그가 晉나라의 위세를 빌린 줄은 모르며. 〈漢나라 武帝 때에 江充이〉 太子의 수레를 몰수한 것에 대해 사람들은 江充이 강직해서인 줄만 알고 그가 漢나라 위세를 빌린 줄은 모르며, 〈無畏가〉 宋公의 僕御를 모욕한 것에 대해 사람들은 無畏가 강직해서인 줄만 알고 그가 楚나라의 위세를 빌린 줄은 모른다. 無畏가 楚나라의 위세를 빌려 자기의 명예로 삼았으니 털끝만한 공로도 없이 태산 같은 명예를 취한 것이다. 가령 이렇게 하고도 후환이 없다면 성실이 사기만 못하고, 정직이 邪曲만 못하고, 군자가 소인만 못하게 된다.

抑不知人旣以直期之[1]면 **亦必以直使之**[2]니라 **楚子異日遣使**[3]**過宋而不假道**[4]에 **置**

他人而推無畏[5)]하니 豈不以直辭勁氣[6)]가 固可以橫身犯難하야 而張强楚之大聲乎[7)]아 無畏始知前日之僞名[8)]이 適所以招今日之實禍[9)]하고 畏縮惶惑하야 言於楚子曰 鄭昭宋聾[10)]하니 晉使不害[11)]어니와 我則必死[12)]하리라 哀鳴乞憐이 一至於此[13)]하니 向來之直辭勁氣安在耶[14)]아 始則曰敢愛死以亂官[15)]고하더니 今則曰我則必死[16)]라하니 始一何壯[17)]이며 今一何怯耶[18)]아 無事則爲不畏死之言[19)]이러니 有事則爲畏死之語[20)]하니 眞情本態가 至是盡露矣[21)]라 名之不可苟得如是哉[22)]ㄴ저

1) 抑不知人旣以直期之：承上文轉說後憂 如申舟者 時人旣許其直

윗글을 이어 〈문장을〉 전환해서 후환을 말하였다. 申舟 같은 이는 당시 사람들이 이미 그의 강직함을 인정하고 있었다는 말이다.

2) 亦必以直使之：亦必因其直而用之 如下文所云

또 반드시 그 강직함으로 인해 쓰였을 것이니, 아래 글에서 말한 바와 같다.

3) 楚子異日遣使：楚莊王果使申子聘于齊

楚 莊王이 과연 申子를 齊나라에 聘問使로 보내었다.

4) 過宋而不假道：遣使過人之國 有假道之禮 楚視宋爲邊鄙之邑 故命申舟無假道焉

사신을 보내어 남의 나라를 지나가게 할 때에는 〈지나는 나라에〉 길을 빌리는 禮가 있다. 楚나라는 宋나라에 대해서 저희 나라의 변읍으로 여겼기 때문에 申舟에게 길을 빌리지 말라고 명한 것이다.

5) 置他人而推無畏：蓋以申舟昔日曾戮宋公僕 其直可使

이는 申舟가 지난날 宋公의 마부를 모욕준 일이 있기 때문에, 그 강직함이 부릴 만하다는 말이다.

6) 豈不以直辭勁氣：直辭謂答或人之問 勁氣謂抶宋公之僕

直辭는 〈無畏가〉 어떤 이의 물음에 답함을 이르고, 勁氣는 宋公의 마부를 채찍질한 일을 이른다.

7) 固可以橫身犯難 而張强楚之大聲乎：莊王以故 期其不畏死以張楚威

莊王은 이런 까닭으로 그(無畏)가 죽음을 두려워하지 않고 楚나라의 위엄을 과시할 것을 기대했다는 말이다.

8) 無畏始知前日之僞名：不畏强禦之名

강포한 상대를 두려워하지 않는다는 명예를 말한다.

9) 適所以招今日之實禍：致殺身之禍

죽게 되는 화를 초래했다는 말이다.

10) 鄭昭宋聾：言鄭人昭明而宋人聾闇

鄭人은 현명하고 宋人은 어리석다는 말이다.

11) 晉使不害 : 公子馮使晉 雖不假道 而鄭必不敢加害

公子 馮이 晉나라에 사신으로 갈 때에 〈鄭나라에〉 길을 빌리기를 청하지 않더라도 鄭나라는 감히 〈公子 馮에게〉 위해를 가하지 않을 것이라는 말이다.

12) 我則必死 : 我使齊 不假道 則宋必殺我

내가 제나라에 사신으로 갈 때에 〈宋나라에〉 길을 빌리기를 청하지 않으면 宋나라는 반드시 나를 살해할 것이라는 말이다.

13) 哀鳴乞憐 一至於此 : 哀鳴乞憐 一至于此

애처로운 소리로 가엾게 봐주기를 빈 것이 이 지경에 이르렀다는 말이다.

14) 向來之直辭勁氣安在耶 : 前日直辭 變爲哀鳴之辭 前日勁氣 變爲畏縮之氣

지난날의 강직한 말은 애처롭게 우는 말로 변했고, 지난날의 강직한 기개는 두려움에 위축된 기운으로 변했다는 말이다.

15) 始則曰敢愛死以亂官 : 前日答或人之言

지난날 어떤 이에게 답한 말이다.

16) 今則曰我則必死 : 今日告楚子之言

지금 楚子에게 고하는 말이다.

17) 始一何壯 : 前日不畏死

지난날엔 죽음을 두려워하지 않았다는 말이다.

18) 今一何怯耶 : 今復畏死

지금은 다시 죽음을 두려워한다는 말이다.

19) 無事則爲不畏死之言 : 設虛言以欺人

빈말로 가설하여 사람을 속였다는 말이다.

20) 有事則爲畏死之語 : 吐眞情而告君

진실한 마음을 토로하여 임금에게 고하였다는 말이다.

21) 眞情本態 至是盡露矣 : 始知所謂不畏死者 皆是不情之語

이른바 죽음을 두려워하지 않는다는 것이 모두 진정한 말이 아니었음을 비로소 알았다는 말이다.

22) 名之不可苟得如是哉 : 收照主意

主意에 照應한다.

그러나 이는 사람들이 이미 강직함을 인정했으면 또한 반드시 그에게 강직한 일을 시킨다는 것을 모른 것이다. 楚子가 후일에 사신을 파견해 宋나라를 지나면서 길을 빌리지 못하게 할 때에 다른 사람은 버려두고 無畏를 발탁하였으니, 이는 어찌 그의 정직한 언사와 강경한 기세가 본래 위험을 무릅쓰고 용감히 맞서서 楚나라의 큰 명성을 과시할 수 있기 때문이 아니겠는가.

無畏는 그제야 비로소 지난날의 헛된 명성이 바로 오늘의 실제의 화를 부른 것임을 알고서, 두려워 움츠리고 당혹해하며 楚子에게 말하기를 "鄭人은 聰明하고 宋人은 愚昧하니, 晉나라로 가는 使者는 〈길을 빌리지 않더라도〉 害를 입지 않을 것이지만 저는 반드시 살해될 것입니다."라고 하였다. 애처로운 소리로 가엾게 봐주기를 빈 것이 이 지경에 이르렀으니 지난날의 정직한 언사와 강경한 기세는 다 어디로 갔단 말인가?

당초에는 "감히 죽음을 아껴 官職을 어지럽힐 수 있겠는가?"라고 하더니 지금은 "저는 반드시 살해될 것입니다."라고 하였으니, 당초에는 어쩌면 그리 壯夫(호걸)답더니 지금은 어째서 그리 비겁하였는가? 일이 없을 때는 죽음을 두려워하지 않는다고 말하더니 일이 생기자 죽음을 두려워하는 말을 하였으니, 진실한 마음과 본래의 모습이 이 때에 이르러 모두 드러났다. 명예를 구차하게 얻어서는 안 됨이 이와 같구나!

嗚呼라 **躄**(벽)**者命在杖**하니 **失杖則顚**하고 **渡者命在壺**하니 **失壺則溺**이라 **挾外以爲重者**[1]는 **失其所挾**이면 **未有不危者也**[2]라 **無畏之所挾者**는 **楚耳**[3]어늘 **一旦身出方城之境**[4]하니 **宋人豈懼(夫)〔失〕楚之無畏哉**[5]리오 **宜其甘心而不顧也**[6]로다 **吾故表而出之**하야 **以爲挾外物者之戒**[7]하노라

1) 挾外以爲重者 : 以挾字立論 作結尾意

挾字로 논의를 세워 結尾의 뜻으로 삼았다.

2) 失其所挾 未有不危者也 : 如申舟挾楚陵宋 自取殺身之禍

申舟가 楚나라에 의지하여 宋나라를 능멸해서 스스로 살해되는 화를 초래한 일과 같다.

3) 無畏之所挾者 楚耳 : 孟諸之役 有楚子之威可挾

孟諸의 싸움에, 의지할 만한 楚子의 위세가 있었다.

4) 一旦身出方城之境 : 方城 楚山名 謂使齊過宋之時

方城은 楚나라에 있는 산 이름이니, 齊나라로 사신 가기 위해 宋나라를 경과할 때를 이른다.

5) 宋人豈懼(夫)〔失〕[*)]楚之無畏哉 : 此時申舟失其所挾 宋人豈復畏之

이때에 申舟는 의지하고 있던 것(楚)을 잃었으니 宋人이 어찌 다시 그를 두려워했겠느냐는 말이다.

*) 〔역주〕 (夫)〔失〕 : 저본에는 '夫'로 되어 있으나, 四庫全書本에 의거하여 '失'로 바로잡았다.

6) 宜其甘心而不顧也：甘心謂殺申舟

甘心은 〈宋나라가〉 申舟를 살해한 것을 이른다.

7) 吾故表而出之 以爲挾外物者之戒：著申舟之禍 以戒後世之倚勢凌人者

申舟의 화를 드러내어, 후세에 외부의 세력에 의지해 남을 능멸하는 자를 경계한다는 말이다.

아! 절뚝발이는 생명이 지팡이에 달려 있으니 지팡이를 잃으면 넘어지고, 물을 건너는 자는 생명이 호리병이 달려 있으니 호리병을 잃으면 물에 빠져 죽는다. 외부의 세력에 의지해 자신의 가치를 높이는 자는 의지하는 대상을 잃으면 위태롭게 되지 않은 경우가 없다.

無畏가 의지하는 대상은 楚나라뿐인데, 하루아침에 그 몸이 方城山 밖으로 나왔으니 宋人이 어찌 楚나라를 떠난 無畏를 두려워하겠는가. 〈宋人이〉 거침없이 통쾌하게 복수한 것이 당연하다. 나는 이로 인해 이 사건을 드러내어 外物에 의지하는 자들의 경계로 삼노라!

19-06 叔孫得臣獲長狄僑如 叔孫得臣이 長狄僑如를 생포하다

【左傳】 文十一年이라 冬十月甲午에 敗狄于鹹(함)하고 獲長狄僑如[1]하다 富父終甥이 摏(용)其喉以戈殺之[2]하니 埋其首於子駒之門[3]하고 以命宣伯[4]하다 初에 宋武公之世에 鄋(수)瞞伐宋[5]하니 司徒皇父帥師禦之할새 耏(이)班御皇父充石[6]하고 公子穀甥爲右하고 司寇牛父駟乘[7]하야 以敗狄于長丘[8]하고 獲長狄緣斯[9]하다 晉之滅潞也[10]에 獲僑如之弟焚如하고 齊襄公之二年[11]에 鄋瞞伐齊하니 齊王子成父獲其弟榮如[12]하야 埋其首於周首之北門[13]하고 衛人獲其季弟簡如[14]하니 鄋瞞由是遂亡[15]하다

1) 〔역주〕 獲長狄僑如：僑如는 鄋瞞國의 임금으로 身長이 거의 3丈이었다. 僑如의 생포를 經에 기록하지 않은 것은 夷狄을 賤하게 여겨서이다.〈杜注〉

2) 〔역주〕 富父終甥 摏(용)其喉以戈殺之：摏은 衝(찌름)과 같다.〈杜注〉 창으로 僑如의 목을 찌른 것이다.〈附注〉

3) 〔역주〕 埋其首於子駒之門：子駒는 魯나라 外郭의 門이다. 僑如의 骨節이 보통사람들과 달랐으므로 그 머리를 묻은 것은 功을 드러내기 위함이었다.(≪左氏會箋≫)

4) 〔역주〕 以命宣伯：得臣은 큰 事件이 일어나기를 기다려 그 세 아들의 이름을 짓기로 하였다가 이번 일로 인해 宣伯의 이름을 僑如로 지어 자기의 功을 드러내었다.〈杜注〉 '세

아들의 이름'이란 得臣이 이번 전쟁에 僑如·虺·豹를 잡아 죽이고는 그 功을 드러내기 위해 세 아들의 이름을 僑如·虺·豹로 지었음을 이른다.(≪春秋左氏傳≫ 襄公 30년)

5) 〔역주〕 鄋(수)瞞伐宋 : 鄋瞞은 狄의 國名이다. 防風氏의 후손으로 漆姓이다.〈杜注〉

6) 〔역주〕 彭(이)班御皇父充石 : 皇父는 戴公의 아들이다. 充石은 皇父의 이름이다.〈杜注〉

7) 〔역주〕 駟乘 : 兵車에 將軍은 왼쪽, 御는 중앙, 車右는 오른쪽에 타는 것이 常例인데 이를 驂乘이라 하고, 이 밖에 한 사람이 더 탈 경우 이를 '駟乘'이라 하는데, 그 職은 車右의 助手이다.

8) 〔역주〕 長丘 : 長丘는 宋나라 땅이다.〈杜注〉

9) 〔역주〕 緣斯 : 緣斯는 僑如의 先代이다.〈杜注〉

10) 〔역주〕 晉之滅潞也 : ≪春秋左氏傳≫ 宣公 15년에 보인다.〈杜注〉

11) 〔역주〕 齊襄公之二年 : 魯 桓公 16년이다.〈杜注〉 ≪史記≫ 〈魯世家〉에 이 傳文을 인용한 곳에 "齊 惠公 2년이다."라 하였고, 또 〈齊世家〉에도 "惠公 2년에 長翟이 來侵하자 王子 城父가 공격해 죽였다."라 하였고, 〈十二諸侯年表〉에도 "王子 成父가 長翟을 패배시켰다."고 기록되어 있다. 襄公은 惠公으로 고쳐야 하니, 傳寫하는 과정에서 잘못된 것이다. 齊 惠公 2년은 바로 魯 宣公 2년으로 晉나라가 潞國을 擊滅하기 12년 전이다. 〈杜注〉에 "榮如가 죽은 魯 桓公 16년에서 魯 宣公 15년까지가 103년이다."라 한 것은 杜氏가 이미 잘못된 板本을 보았기 때문에 이렇게 말한 것이다. 그러나 사리로 헤아려 볼 때 통하지 않는 말이다. ≪左氏會箋≫과 楊伯峻의 ≪春秋左傳注≫에도 "襄公의 '襄'자는 ≪史記≫에 따라 '惠'로 고쳐야 한다."고 하였다.

12) 〔역주〕 齊王子成父獲其弟榮如 : 榮如는 焚如의 아우이다. 焚如가 뒤에 죽었는데 먼저 말한 것은 兄弟의 伯季에 따라 순서대로 기록하고자 해서이다. 榮如가 죽은 魯 桓公 16년에서 宣公 15년까지는 103년의 세월이 흘렀는데 이때까지 그 兄이 살아 있었다. 傳의 말은 身長이 크고 長壽한 것이 보통사람과 달랐음을 말한 것이다. 王子 成父는 齊나라 大夫이다.〈杜注〉

13) 〔역주〕 周首之北門 : 周首는 齊나라 邑이다. 濟北 穀城縣 동북쪽에 周首亭이 있다.〈杜注〉

14) 〔역주〕 衛人獲其季弟簡如 : 齊나라를 치다가 退走하여 衛나라로 갔다가 사로잡힌 것이다.〈杜注〉

15) 〔역주〕 鄋瞞由是遂亡 : 長狄의 種子가 끊긴 것이다.〈杜注〉

文公 11년, 겨울 10월 甲午日에 狄人을 鹹에서 敗北시키고 長狄僑如를 생포하였다. 富父終甥이 창으로 그 목을 찔러 죽이니, 得臣은 그 머리를 子駒門 밑에 묻고서 자기의 아들 宣伯의 이름을 僑如로 지었다.

당초에 宋 武公 때 鄋瞞이 宋나라를 侵伐하니 司徒 皇父가 군대를 거느리고서 방어하였다. 耏班을 皇父充石의 御로, 公子 穀甥을 車右로, 司寇 牛父를 駟乘으로 삼아 狄人을 長丘에서 패배시키고서 長狄緣斯를 잡았다. 晉나라가 潞國을 滅할 때에 僑如의 아우 焚如를 잡았고, 齊 襄公 2년에 鄋瞞이 齊나라를 侵伐하자 齊나라 大夫인 王子 成父가 焚如의 아우 榮如를 잡아 〈목을 베어〉 그 머리를 周首의 北門 밑에 묻고, 衛人은 그 막내아우 簡如를 잡으니, 鄋瞞은 이로 말미암아 드디어 滅亡하였다.

【主意】長狄은 以形爲之累하야 飛揚跋扈하고 陵跨中國하니 不至於殄滅其類而不止也니라

長狄은 長大한 신체를 믿고서 함부로 날뛰면서 중국을 능멸하였으니, 그 종족이 전멸하기 전에는 만행을 그치지 않았을 것이다.

防風氏는 身橫九畝[1)]나 不能免於會稽之誅[2)]하고 巨無霸는 身大十圍나 不能免於昆陽之戮[3)]하니 久矣라 形之不足恃也[4)]여 造化一機[5)]가 坯冶一陶[6)]하야 陰翕陽張[7)]하야 萬形竝賦[8)]라 遇川澤則黑而津[9)]하고 遇墳衍則晳而瘠[10)]하며 遇原隰則豐而痺[11)]하고 遇山林則毛而方[12)]이로되 予其形者無愛憎[13)]이요 受其形者無恩怨[14)]이라 是故鵾鵬不以大自夸하고 蜩鷃不以小自慊[15)]하며 冥靈不以長自喜하고 蟪蛄(혜고)不以短自憂[16)]라 私天地之形하야 以爲己有는 固已得罪於鑪錘[17)]니 況敢恃之爲暴耶[18)]아

1) 防風氏 身橫九畝 : 用二事 引起極切題意

두 가지 일을 인용하여 주제의 의미를 매우 절실하게 일으켰다.

2) 不能免於會稽之誅 : 國語 吳伐越 墮會稽[*1)] 獲巨骨一節 專車 使人問於仲尼 仲尼曰 昔禹致群臣[*2)]於會稽之山 防風後至 禹殺而戮之 身橫九畝

≪國語≫에 보인다. 吳나라가 越나라를 치고 會稽를 무너뜨리다가 거대한 뼈마디 하나를 얻었는데 크기가 수레를 채울 정도였다. 사람을 보내어 仲尼에게 물으니, 仲尼가 말하기를 "옛날 禹임금이 群神들을 會稽의 산에 모이게 하고 제사 지내려 할 적에 防風이 뒤늦게 이르렀다. 禹임금이 그를 죽여서 시체를 펼쳐 놓았는데 그 몸이 九畝를 차지할 정도로 거대했다."고 하였다.

*1) 〔역주〕 吳伐越 墮會稽 : 會稽는 山 이름이고, 墮는 무너뜨림이다. 吳나라 왕 夫差가 越나라를 패배시켰는데 越나라 왕 句踐이 會稽에 머물렀다. 이에 吳나라가 포위하여 무너뜨렸다.

*2) 〔역주〕 群神 : 산천을 主掌하는 임금을 말하니, 여러 신의 주인이 되므로 神이라고 하였다.

3) 巨無霸身大十圍 不能免於昆陽之戮：光武與尋邑*)戰 尋邑兵盛 時有長人巨無霸 長一丈大十圍 以爲壘尉 光武乃與敢死者三千人破之

後漢 光武帝가 王尋・王邑과 전쟁을 벌일 때, 王尋・王邑의 군대가 강성했다. 당시 〈王尋・王邑은〉 신장이 한 길이고 몸집이 열 아름이나 되는 거인 巨無霸를 壘尉으로 삼았는데, 光武帝는 목숨 바쳐 싸울 수 있는 군사 삼천 명과 함께 그들을 무찔렀다.

*)〔역주〕尋邑：王尋과 王邑으로 王莽 때의 三公이다.

4) 久矣 形之不足恃也：結上文二事 包主意 恃字是血脉

윗글의 두 가지 일을 맺어 主意를 담아내었다. '恃'자는 이 글의 혈맥이다.

5) 造化一機：造化之生人物

조물주가 인간과 만물을 낳는다는 말이다.

6) 坯冶一陶：猶爐冶之鑄器用

대장장이가 기물을 주조하는 것과 같다는 말이다.

7) 陰翕陽張：陰氣收斂 陽氣發散

陰氣는 수렴하고 陽氣는 발산한다.

8) 萬形竝賦：鑄出萬物之形

만물의 형체를 만들어 낸다는 말이다.

9) 遇川澤則黑而津：流水曰川 鍾水曰澤 其民黑色而津潤

흐르는 물을 川이라 하고 물이 모인 곳을 澤이라 하는데, 그런 곳에 사는 백성은 낯빛이 검고 윤기가 난다는 말이다.

10) 遇墳衍則晳而瘠：水涯曰墳 下平曰衍 其民白色而癯瘠

물가를 墳이라 하고 지대가 낮고 평평한 지역을 衍이라 하는데, 그런 곳에 사는 백성은 얼굴이 창백하고 야위었다는 말이다.

11) 遇原隰則豐而痺：高平曰原 下隰曰隰 其民肉豐厚而卑短

높고 평평한 지역을 原이라 하며 지대가 낮고 습한 지역을 隰이라 하는데, 그런 곳에 사는 백성은 몸집이 풍만하면서도 키가 작다는 말이다.

12) 遇山林則毛而方：土石曰山 竹木曰林 其民毛而方正 已上皆出周官司徒

흙과 돌이 있는 곳을 山이라 하고, 대나무와 나무들이 있는 곳을 林이라 하는데, 그런 곳에 사는 백성은 털이 나고 얼굴이 모났다는 말이다. 이상은 모두 ≪周禮≫ 〈司徒〉에 나온다.

13) 予其形者無愛憎：造化賦形 不以愛憎而爲姸醜

조물주가 형체를 부여할 때 愛憎으로 아름답거나 추하게 만들지 않는다는 말이다.

14) 受其形者無恩怨：人物受形 不以姸醜而爲恩怨

사람이나 만물이 형체를 받을 때에도 아름답거나 추함에 따라 恩怨을 삼지 않는다는 말이다.

15) 鵾鵬不以大自夸 蜩鷽不以小自慊：莊子 北冥有魚 其名曰鵾[*1) 化而爲鳥 其名曰鵬 怒而飛 其翼若垂天之雲 蜩與〔學〕[*2)鳩笑之曰 我決起而飛 搶楡枋 時則不至 控於地而已矣 奚以九萬里而南爲 斥鴳笑之曰 我騰躍而上 不過數仞而下翱翔蓬〔蒿〕[*3)之間 此亦飛之至也 而彼且奚適也 此言物形之大小 各安其天也

《莊子》에 보인다. 북녘 검푸른 바다에 물고기가 있으니 그 이름을 鵾이라고 한다. 이 물고기가 변신해서 새가 되니 그 이름을 鵬이라고 한다. 온몸의 힘을 다해 날면 그 활짝 편 날개는 하늘 한쪽에 가득히 드리운 구름과 같다. 매미나 작은 비둘기가 비웃으며 이렇게 말한다. “우리는 빠르게 있는 힘을 다해 날아올라 느릅나무나 다목나무 가지 위에 머무르되, 때로는 혹 거기에도 이르지 못하고 땅바닥에 동댕이쳐지는 경우도 있다. 그러니 무엇 때문에 鵬은 9만 리 꼭대기까지 올라가 남쪽으로 갈 필요가 있겠는가.” 메추라기가 이것을 비웃으며 이렇게 말한다. “나는 힘껏 날아올라도 몇 길을 지나지 않고 도로 내려와 쑥대밭 사이를 날아다닐 뿐이다. 이것이 또한 내가 날아다닐 수 있는 최상의 경지이다. 그런데 저것은 또 어디로 가려고 하는가.” 이는 형체의 크고 작음에 따라 나름대로 그 天稟을 편하게 여긴다는 말이다.

*1) 〔역주〕 鵾 : 《莊子》에는 ‘鯤’으로 되어 있다.

*2) 〔역주〕 〔學〕 : 저본에는 1자 빈칸으로 되어 있으나, 《莊子》에 의거하여 ‘學’을 보충하였다.

*3) 〔역주〕 〔蒿〕 : 저본에는 없으나, 《莊子》에 의거하여 ‘蒿’를 보충하였다.

16) 冥靈不以長自喜 蟪蛄(혜고)不以短自憂：同上 楚之南有冥靈者 以五百歲爲春 五百歲爲秋 又曰 朝菌不知晦朔 蟪蛄不知春秋 冥靈木名 蟪蛄蟬也 此言物壽之長短 各安其天也

윗글과 마찬가지로 《莊子》에 보인다. 楚나라 남쪽에 冥靈이라는 나무가 있으니 5백 년을 봄으로 하고 5백 년을 가을로 삼았다. 또 말하기를 “朝菌은 한 달을 알지 못하고, 쓰르라미는 봄·가을을 알지 못한다.”라고 하였다. 冥靈은 나무 이름이고, 蟪蛄는 매미이다. 이는 장수의 길고 짧음에 따라 나름대로 그 天稟을 편하게 여긴다는 말이다.

17) 私天地之形……固已得罪於鑪錘：錘垂上聲 ○鑪錘 鑄器之冶 以喩天地也 莊子曰 大冶鑄金 金踴躍曰 我且必爲鏌鋣 夫大冶必以爲不祥之金 今一受人之形 而曰人耳人耳 夫造物者必以爲不祥之人

錘는 垂韻으로 上聲이다. ○鑪錘는 기물을 주조하는 대장장이인데, 이로써 천지를 비유한 것이다. 《장자》에 이르기를 “대장장이가 쇠붙이를 녹여서 주물을 만드는데, 쇠붙이가 뛰어 올라와 ‘나는 장차 반드시 鏌鋣와 같은 名劍이 되겠다.’고 말한다면, 대장장이는 반드시 상서롭지 못한 쇠붙이라고 여길 것이다. 이제 한 번 인간의 형체를 받아 세상에 태어났으면서 ‘나는 언제까지나 사람으로만 살겠다. 사람으로만 살겠다.’고 말한다면, 저 造化者도 반드시 상서롭지 못한 사람이라고 생각할 것이다.”라고 하였다.

18) 況敢恃之爲暴耶：責長狄恃形爲暴自取滅亡 恃字應前文
長狄이 형체를 믿고 난폭한 짓을 하여 멸망을 자초하였음을 질책한 말이다. 恃자는 앞글에 호응한다.

防風氏는 신장이 9畝를 가로지를 정도였으나 會稽山에서 誅殺을 면치 못하였고, 巨無霸는 體軀의 크기가 열 아름이었으나 昆陽에서 패전을 면치 못하였으니, 오래되었도다. 형체의 장대함을 믿을 것이 못됨이여! 하나의 틀에서 만물이 창조되는 것이 마치 한 가마에서 〈종류는 같으나 형체가 다른〉 瓦缶·銅鐵이 나오는 것과 같으니, 陰氣의 수렴과 陽氣의 발산으로 인해 온갖 형상이 부여된다.

내나 늪지대에 사는 사람을 만나보면 피부가 검고 윤기가 나며, 물가나 평평한 지대에 사는 사람을 만나보면 피부가 창백하고 말랐으며, 평원이나 습지대에 사는 사람을 만나보면 뚱뚱하고 키가 작으며, 山林 지대에 사는 사람을 만나보면 털이 많고 얼굴이 모났다. 그러나 형체를 부여한 조물주는 이들에 대해 사랑하거나 미워함이 없고, 형체를 받은 만물도 조물주에 대해 은혜로워하거나 원한하는 마음이 없다.

그러므로 鵾魚와 大鵬은 형체가 크다고 해서 스스로 자랑하지 않고, 매미와 메추리는 형체가 작다고 해서 스스로 불만을 갖지 않으며, 冥靈은 장수한다고 해서 스스로 기뻐하지 않고, 매미는 수명이 짧다고 해서 스스로 근심하지 않는다. 사사로이 천지가 부여한 형체를 一身의 사유로 여기는 것이 본래 이미 조물주〔鑪錘〕에게 죄를 얻는 것인데, 하물며 감히 이것(형체)을 믿고서 난폭한 짓을 함이랴?

衣不勝而成霸晉之功者는 **無所恃也**[1)]요 **貌不稱而擅佐漢之謀者**는 **無所恃也**[2)]요 **形不長而專伐蔡之勛者**는 **無所恃也**[3)]라 **以是知無恃者存**[4)]하고 **有恃者亡**[5)]이라 **尩弱幺麼**[6)]가 **未必非福**[7)]이며 **魁梧壯偉**[8)]가 **未必非殃**[9)]이라 **有形不能使**[10)]면 **而反見使於形**[11)]이면 **可不爲大哀耶**[12)]아

1) 衣不勝而成霸晉之功者 無所恃也：此言趙武也 記檀弓曰 趙文子其中退然 如不勝衣 其言吶吶然 如不出諸口 所擧於晉國 管庫之士 七十餘家人 以爲知人 晉之復伯 文子之力也
이는 趙武에 대한 말이다. ≪禮記≫ 〈檀弓〉에 "趙文子는 그 마음이 겸손하여 옷의 무게를 이겨내지 못하는 듯 연약하였고 말은 어눌하여 입에서 나오지 못하는 듯하였으나, 晉나라에 인재를 천거한 것이 창고지기 등 70여 가구에 이르니, 당시 사람들이 '趙文子는 사람을 알아본다'고 여겼다."라고 하였으니, 晉나라가 회복된 것이 趙文子의 힘이었다.

2) 貌不稱而擅佐漢之謀者 無所恃也：此言張良也 贊曰 聞張良之智勇 以爲其貌魁梧奇偉 反若婦人女子 故孔子稱以貌取人失之子羽*)

이는 張良에 대한 말이다. 〈≪前漢書≫ 〈張陳王周傳〉에〉 아래와 같이 찬하였다. "張良의 지혜와 용기를 듣고 그 외모가 장대하고 매우 위용이 있으리라고 생각했는데 도리어 부인이나 여자의 모습이었다. 그러므로 孔子는 '모습만 보고 사람을 취했다가 子羽에게서 잘못되었다.'라고 하였다."

*) 〔역주〕 子羽：孔子 제자인 澹臺滅明으로 매우 못생겼다고 한다.

3) 形不長而專伐蔡之勛者 無所恃也：裴度退然纔中人 而神觀邁爽 操守堅正 平蔡 旣有功 名震四夷 使外國者 其君長必問度年今幾狀貌孰似 其自贊云 爾形不長 爾貌不揚 胡爲將 胡爲相 一點靈臺 丹靑莫狀 事見唐文

裴度는 겸손한 보통사람이었으나 견해가 뛰어나고 고매했으며 바르고 굳셈으로 지조를 지켰다. 〈반란을 일으킨〉 蔡의 吳元濟를 평정하여 이미 공훈을 세우자 이름이 사방 이민족에까지 떨쳐지니, 외국에 사신으로 가는 자들에게 그곳의 君長이 반드시 裴度의 나이를 묻고 그 모습이 누구나 비슷한지를 물었다. 裴度가 스스로 지은 글에 "네 형체 장대하지 않고 네 용모 멋지지 않으니, 어찌 장군이 되겠으며 어찌 재상이 될까. 한 조각 마음을 그림으로는 그려낼 수 없구나."라고 하였다. ≪新唐書≫ 〈裴度傳〉에 보인다.

4) 知無恃者存：如上三功臣是

위의 세 공신과 같은 이가 여기에 해당한다.

5) 有恃者亡：如長狄之類也

長狄과 같은 무리를 이른다.

6) 尫弱么麽：瘠小之人

파리하고 왜소한 사람을 이른다.

7) 未必非福：無恃而存

믿는 바가 없어서 보존된다는 말이다.

8) 魁梧壯偉：長大之人

장대한 사람을 이른다.

9) 未必非殃：有恃而亡

믿는 바가 있어서 망한다는 말이다.

10) 有形不能使：不能自制其形

스스로 자기의 형체를 제어하지 못한다는 말이다.

11) 而反見使於形：而反爲形所使

도리어 형체에 부림이 된다는 말이다.

12) 可不爲大哀耶：哀其恃形以取亡也

형체를 믿어서 망하게 된 것을 슬퍼한다는 말이다.

입은 옷의 무게도 감당하지 못하리만큼 잔약하였으나 晉나라가 霸業의 공을 이룰 수 있게 한 趙武는 믿을 만한 형체가 없었고, 외모는 일컬을 것이 없었으나 漢나라를 돕는 지모를 전담한 張良은 믿을 만한 형체가 없었으며, 형체는 왜소하였으나 蔡州를 평정한 공훈을 독점한 裴度는 믿을 만한 형체가 없었다. 이로 인해 믿을 만한 형체가 없었던 자는 길이 존재하고, 믿을 만한 형체가 있었던 자는 패망했음을 알겠다. 몸이 파리하고 왜소한 것이 꼭 복이 아니라고 할 수는 없고, 몸이 우람하고 장대한 것이 꼭 재앙이 아니라고 할 수는 없다. 〈우람한〉 형체를 갖고도 잘 사용하지 못하여 도리어 형체의 부림을 받는다면 크게 슬픈 일이 아니겠는가.

長狄之種[1)]은 其軀幹絶異於人[2)]이나 是亦偶得一氣之偏者耳[3)]라 自緣斯以來[4)]로 負其軀幹[5)]하야 暴蔑上國[6)]하야 每出輒敗[7)]하니라 一出而斃於長丘하고 再出而斃於周首하며 三出而斃於鹹하고 四出而斃於潞하야 種殲族殄[8)]하야 靡有孑遺[9)]하니 豈非形爲之累耶[10)]아 東方之夷는 被髮文身이로되 自古及今히 其族類自若也[11)]며 西方之戎은 被髮衣皮로되 自古及今히 其族類自若也라 使長狄賦形與四夷等[12)]이면 彼將安其氈毳甘其湩酪(동락)[13)]하야 未必敢與上國抗衡[14)]이리라 縱使蟲賊邊鄙라도 亦將知難而退리니 詎至若此極耶[15)]리오 惟其偉岸自伐[16)]이라 故飛揚跋扈[17)]하야 陵跨中國[18)]하야 塊視泰華[19)]하고 垤視城郭[20)]하며 蟻視甲兵[21)]하야 兄踣於前而不悛[22)]하고 弟仆於後而不止[23)]하야 挫愈奮[24)]하고 敗愈張[25)]하니 非覆宗絶祀[26)]하야 蕩無吹火[27)]면 未有晏然〔而〕不爲諸華之害者也[28)]리라

1) 長狄之種 : 入本題事 ○按國語長狄出防風氏之後

〈여기부터〉 본편의 일로 들어간다. ○≪國語≫를 살펴보건대 長狄은 防風氏에게서 나온 후손이다.

2) 其軀幹絶異於人 : 形之長大 無與爲比

형체의 장대함을 달리 비교할 대상이 없다는 말이다.

3) 是亦偶得一氣之偏者耳 : 造物賦形 何嘗有心

조물주가 형체를 부여할 때에 어찌 일찍이 〈사사로운〉 마음이 있었겠느냐는 말이다.

4) 自緣斯以來 : 緣斯 宋武公時所獲長狄名 詳見本題註

緣斯는 宋 武公 때에 사로잡은 長狄人의 이름이다. 자세한 것은 본편의 주에 보인다.

5) 負其軀幹 : 恃其異人之形

보통사람과 다른 신체를 믿은 것이다.

6) 暴蔑上國 : 屢伐中國

여러 차례 중국을 친 것을 이른다.

7) 每出輒敗 : 宋人獲緣斯 魯人獲僑如 晉人獲焚知 齊人獲榮如 衛人獲簡如

宋人은 緣斯를 사로잡았고, 魯人은 僑如을 사로잡았으며, 晉人은 焚知를 사로잡았고, 齊人은 榮如를 사로잡았으며, 衛人은 簡如를 사로잡았다는 말이다.

8) 種殲族殄 : 鄋瞞氏之族亡

鄋瞞氏의 종족이 멸망하였다는 말이다.

9) 靡有孑遺 : 無復遺類

더 이상 남아 있는 사람이 없다는 말이다.

10) 豈非形爲之累耶 : 恃其形以至此

그 형체를 믿어서 이 지경에 이르렀다는 말이다.

11) 東方之夷……其族類自若也 : 族類至今猶存

종족이 지금까지도 여전히 존재한다는 말이다.

12) 使長狄賦形與四夷等 : 假設如此

이와 같이 가설한 것이다.

13) 彼將安其氈毳甘其湩酪(동락) : 謂安其風俗也 烏孫公主歌云 穹廬*)爲屋兮 氈爲裳 以肉爲食兮 酪爲漿

자기들의 풍속을 편안히 여김을 이른다. 烏孫公主의 노래에 "파오로 집을 삼음이여, 짐승 털로 치마를 만든다네. 고기로 식량을 삼음이여, 짐승 젖을 음료로 먹는다네."라고 하였다.

*) 〔역주〕 穹廬 : 몽고인이 생활하는 위가 둥글고 높은 모양의 천막으로, 파오를 이른다.

14) 未必敢與上國抗衡 : 必不敢爲中國仇敵

반드시 감히 중국의 적국이 되지 않았을 것이라는 말이다.

15) 詎至若此極耶 : 安有滅族之禍

어찌 종족이 멸망하는 화가 있었겠느냐는 말이다.

16) 惟其偉岸自伐 : 恃其形軀以自矜伐

그 신체를 믿고서 스스로 자부했다는 말이다.

17) 故飛揚跋扈 : 形容不安靜貌

불안정한 모습을 형용한 것이다.

18) 陵跨中國 : 視中國無與敵者

중국을 대적할 만한 가치가 없는 것으로 여겼다는 말이다.

19) 塊視泰華 : 視中國山岳如土塊然

중국의 산악을 흙덩이처럼 여겼다는 말이다.

20) 垤視城郭 : 視中國城郭如丘垤然

중국의 성곽을 개미둑처럼 여겼다는 말이다.

21) 蟻視甲兵 : 視中國師旅如螻蟻然

중국의 군대를 개미떼처럼 여겼다는 말이다.

22) 兄踣於前而不悛 : 踣斃也 悛改也

踣는 쓰러져 죽는 것이고, 悛은 고침이다.

23) 弟仆於後而不止 : 仆顚也 言兄弟皆爲人所殺

仆는 전복됨이니 兄弟가 모두 남에게 살해당함을 이른다.

24) 挫愈奮 : 愈挫而心愈奮

꺾일수록 마음은 더욱 떨쳐 일어난다는 말이다.

25) 敗愈張 : 愈敗而氣愈張

패배할수록 기운은 더욱 펼쳐진다는 말이다.

26) 非覆宗絶祀 : 覆其宗族 絶其享祀

그 종족을 전복시켜 제사를 끊어버린다는 말이다.

27) 蕩無吹火 : 蕩盡而無人煙

〈종족이〉 소탕되어 人家에 밥 짓는 연기가 나지 않는다는 말이다.

28) 未有晏然〔而〕*) 不爲諸華之害者也 : 言非至滅亡則爲害不已

멸망되지 않으면 침해하는 일을 그치지 않을 것이라는 말이다.

*) 〔역주〕〔而〕: 저본에는 '而'가 없으나, 四庫全書本·三民書局本에 의거하여 보충하였다.

長狄의 종족은 그 체구가 보통사람과 크게 다르다. 그러나 이 또한 우연히 일종의 편벽된 기운을 받은 것일 뿐이다. 緣斯 이래로 장대한 신체를 믿고서 포학하게 중국을 멸시하여 출병할 때마다 번번이 실패하였다. 첫 번째 출병에 〈緣斯가〉 長丘에서 죽임을 당하고, 두 번째 출병에 〈榮如가〉 周首에서 죽임을 당하고, 세 번째 출병에 〈僑如가〉 鹹에서 죽임을 당하고, 네 번째 출병에 〈簡如가〉 潞에서 죽임을 당하였다. 종족이 전멸되어 살아남은 자가 하나도 없으니 이것이 어찌 형체에 연루되어서가 아니겠는가.

東方의 夷族은 머리를 풀어헤치고 문신을 하는데, 예로부터 지금까지 그 종족은 여전히 그대로 생활하고 있으며, 西方의 戎族은 머리를 풀어헤치고 가죽옷을 입는데 예로부터 지금까지 그 종족은 여전히 그대로 생활하고 있다. 가령 長狄이 부여받은 체형이 四夷와 같았다면 저들도 응당 짐승 털로 짠 옷을 편안히 여기고, 짐승 젖으로 만든 음료를 달게 여기며 생활하고 감히 중국과 맞서려 하지 않았을 것이다. 비록 변방을 침해하더라도 응당 어려움을 알아 물러났을 것이니 어찌 이와 같은 지경(亡國滅族)에 이르렀겠는가.

〈그러나 長狄은〉 오직 체구가 장대한 것만을 스스로 과시하였다. 그러므로 함부로 날뛰면서 중국을 능멸하여, 泰山과 華山을 흙덩이로 보고 성곽을 개미둑으로 보며 군대를 개미떼처럼 여겨, 형이 앞에서 죽어 넘어지는데도 회개하지 않고 아우가 뒤에서 죽어 엎어지는데도 멈추지 않았다. 꺾일수록 더욱 분발하고 패배할수록 더욱 〈사악한 기세를〉 펼쳤으니, 종족이 멸망하고 제사가 끊겨 밥 짓는 연기를 찾아볼 수 없는 지경에 이르지 않고는 〈저들이〉 편안히 지내고 중국의 여러 나라를 침해하지 않는 날이 없었을 것이다.

貙虎之猛은 **形實驅之**[1]요 **犬馬之馴**은 **形實束之**[2]니 **長狄族類**가 **豈皆爲暴哉**[3]리오 **一受長狄之形**이니 **雖欲已而有所不能自已也**[4]라 **心爲君則形爲臣**[5]이요 **形爲君則心爲臣**[6]이니 **同是貌也**로되 **仲尼聖而陽貨狂**[7]이요 **同是目也**로되 **大舜仁而項籍暴**[8]니 **賦其形者非有異**[9]라 **特制其形者不同耳**[10]니라 **苟長狄能制其形**이면 **則必能保其形矣**리니 **豈至身首異處**에야 **而爲萬世戒哉**리오 **小心翼翼**[11]하고 **徽柔懿恭**[12]하여 **見者忘其十尺之高者**[13]는 **是亦西夷之人也**[14]니 **議者**는 **勿謂狄無人**[15]하라

1) 貙虎之猛 形實驅之：賦形旣猛 故爲物害

부여받은 형체가 이미 사납기 때문에 사물을 해친다는 말이다.

2) 犬馬之馴 形實束之：賦形旣馴 故爲人用

부여받은 형체가 이미 길들여졌기 때문에 사람에게 쓰인다는 말이다.

3) 長狄族類 豈皆爲暴哉：轉發此意又新

문장을 전환하여 이 뜻을 드러내니 더욱 참신하다.

4) 一受長狄之形 雖欲已而有所不能自已也：爲形所使 不得自由

형체에 부려져서 자유로울 수 없다는 말이다.

5) 心爲君則形爲臣：聖賢以形 聽命於心

聖賢은 형체가 마음에게서 명령을 듣는다는 말이다.

6) 形爲君則心爲臣：常人以心 聽命於形

보통사람은 마음이 형체에게서 명령을 듣는다는 말이다.

7) 同是貌也 仲尼聖而陽貨狂：孔子過匡 匡人以爲陽虎而圍之 爲其貌相似也

孔子가 匡을 지나갈 때에 匡人이 孔子를 陽虎라고 여겨서 포위한 것은, 陽虎의 외모가 孔

子와 서로 비슷했기 때문이라는 말이다.

8) 同是目也 大舜仁而項籍暴：周生有言 舜盖重瞳子 項羽亦重瞳子 豈其苗裔耶 何其興之暴也*) 引此以見大舜孔子心爲君 陽虎項羽形爲君

周生이 말하기를 "舜임금은 눈동자가 두 개였는데, 項羽도 눈동자가 두 개이니 項羽는 舜임금의 후예인가. 어찌 그렇게 갑작스레 일어났는가."라고 하였는데, 이것을 인용하여 舜임금과 孔子는 마음을 임금으로 여기고, 陽虎와 項羽는 형체를 임금으로 여김을 드러내었다.

*)〔역주〕周生有言……何其興之暴也：≪史記≫〈項羽本紀〉에 보인다.

9) 賦其形者非有異：天地賦人之形 何嘗有異

天地가 부여해준 사람의 형체가 어찌 다른 적이 있었느냐는 말이다.

10) 特制其形者不同耳：但聖賢能制其形 常人則不能耳

다만 聖賢은 형체를 제어할 수 있으나, 보통사람은 제어할 수 없어서일 뿐이라는 말이다.

11) 小心翼翼：翼翼敬也 詩大明篇

翼翼은 공경하는 모양이다. ≪詩經≫〈大明〉篇에 보인다.

12) 徽柔懿恭：柔順而加以徽美 恭敬而將以□*1)懿*2) 見周書無逸篇

柔順하면서도 아름다움으로 더했고, 공경하면서도 아름다움으로 더했다는 말이다. ≪周書≫〈無逸〉篇에 보인다.

*1)〔역주〕□：저본에는 1자 빈칸으로 되어 있다.

*2)〔역주〕柔順而加以徽美 恭敬而將以□懿：≪書經≫〈無逸〉에 "徽柔懿恭 懷保小民(아름답게 부드럽고 아름답게 공손하시어 백성들을 품어 보호하시고)"이라는 말이 있다. 이에 대해 蔡沈은 ≪書經集傳≫에서 "부드러움을 아름답다고 일렀으면 유약함의 柔가 아니고, 공손함을 아름답다고 일렀으면 足恭(지나친 공손)의 恭이 아니다.〔柔謂之徽 則非柔懦之柔 恭謂之懿 則非足恭之恭〕"라고 하였다.

13) 見者忘其十尺之高者：孟子 曹交曰交聞文王十尺

≪孟子≫에 "曹交가 말하기를 '제가 들으니 文王은 키가 10척이라고 하였습니다.' 하였다."라고 하였다.

14) 是亦西夷之人也：孟子曰 文王西夷之人也 此言文王能制其形 以証上文之意

孟子가 말하기를 "文王은 西夷 사람이다."라고 하였다. 이는 文王이 그 형체를 제어할 수 있었음을 말하여 윗글의 뜻을 증명한 것이다.

15) 議者 勿謂狄無人：文王生西夷之地 而爲聖人 實不可謂夷狄無人也 結句遒健

文王은 西夷 지역에서 태어났으나 聖人이 되셨으니 실제로 夷狄이라 인재가 없다고 말할 수 없다는 말이다. 結句의 말이 매우 힘 있다.

貔貅와 호랑이가 사나운 것은 그 형체가 실제로 그렇게 하도록 몰아가서이고, 개와 말이 사람에 길들여지는 것은 그 형체가 실제로 그렇게 구속해서이니, 長狄의 종족인들 어찌 모두 포악한 짓 하기를 좋아하였겠는가? 하지만 일단 우람하고 장대한 長狄의 형체를 받았으므로 비록 〈포악한 짓을〉 그만두려 해도 스스로 그만둘 수가 없었을 것이다.

마음을 임금으로 여기면 형체는 신하가 되어 〈부림을 받지만,〉 형체를 임금으로 여기면 마음이 도리어 신하가 되어 〈부림을 받을 것이다.〉 생김새가 같았는데도 仲尼는 성인이 되고 陽貨는 미치광이가 되었으며, 눈동자가 둘인 것은 같았는데도 舜임금은 인자하고 項籍은 포악하였다. 이는 부여받은 형체에 다름이 있어서가 아니라 그 형체를 제어하는 사람이 같지 않아서일 뿐이다.

만일 長狄이 자기 형체를 제어할 수 있었다면 반드시 자기 형체를 보존할 수 있었을 것이니 어찌 몸과 머리가 분리되는 데 이르러 만세의 경계가 되었겠는가? 조심하고 공경하며 유순하면서도 아름다우며 선량하면서도 공순하여 〈사람들로 하여금〉 10척의 큰 키를 잊게 한 周 文王도 西夷 사람이다. 후세의 평론가들은 夷狄에는 인재가 없다고 이르지 말라.

匡 땅 사람들이 포위를 풀다〔匡人解圍〕

東萊博議 卷20

20-01 秦伯使西乞術來聘　秦伯이 西乞術을 보내와 聘問하다

【左傳】 文十二年이라 秦伯使西乞術來聘하고 且言將伐晉하다 襄仲辭玉曰 君不忘先君之好하야 照臨魯國하야 鎭撫其社稷하고 重之以大器하니 寡君敢辭玉[1]하노라 對曰 不腆(전)敝器니 不足辭也라 主人三辭하니 賓答曰 寡君願徼福于周公魯公以事君[2]하야 不腆先君之敝器를 使下臣致諸執事하야 以爲瑞節[3]하야 要結好命[4]이라 所以藉寡君之命하야 結二國之好라 是以敢致之하노라 襄仲曰 不有君子면 其能國乎[5]아 國無陋矣[6]라하고 厚賄之[7]하다

1) 〔역주〕 重之以大器 寡君敢辭玉 : 大器는 圭璋이다. 秦나라와 友好하고 싶지 않았기 때문에 그 玉을 돌려준 것이다.〈杜注〉
2) 〔역주〕 寡君願徼福于周公魯公以事君 : 徼는 要(求)이다. 魯公은 伯禽이다. 魯君과 사이좋게 지내고 아울러 魯나라 先君에게 福을 받기를 원한다는 말이다.〈杜注〉
3) 〔역주〕 瑞節 : 朝聘할 때 가지고 가서 信標로 사용하는 玉으로 만든 符節이다.
4) 〔역주〕 好命 : 友好이다.
5) 〔역주〕 不有君子 其能國乎 : 襄仲은 使臣의 온화하고 겸손한 말을 들었기 때문에 秦나라에 君子가 있다는 것을 안 것이다.〈附注〉
6) 〔역주〕 國無陋矣 : 이로써 보면 天下에 아무리 地域이 窮僻하고 風俗이 鄙陋한 나라라 하더라도 文辭를 崇尙하지 않는 나라는 없다는 말이다.〈附注〉
7) 〔역주〕 厚賄之 : 賄는 禮物을 주어 보내는 것이다.〈杜注〉

文公 12년, 秦伯이 西乞術을 보내와 聘問하고 또 晉나라를 토벌하려 한다고 말하였다. 襄仲이 〈秦伯이 보낸〉 玉을 사양하며 말하기를 "秦君께서 先君의 友好를 잊지 않고 魯나라에 枉臨하여 우리나라〔社稷〕를 安撫하고 거듭 大器를 주셨습니다만 寡君은 감히 玉을 사양하십니다."고 하니, 西乞術이 대답하기를 "변변치 못한 敝器여서 사양하실 만한 가치도 없습니다."고 하였다.

主人(襄仲)이 세 번 사양하니 賓(西乞術)이 대답하기를 "과군께서는 魯君과 잘 지내 周公과 魯公께 복을 구하기를 바라시어, 변변치 못한 先君의 敝器를 下臣으로 하여금 執事에게 바쳐 瑞節로 삼아 友好를 맺도록 하셨습니다. 그러므로 과군의 命으로 〈이 옥을 바쳐〉 두 나라 사이에 우호를 맺으려는 것입니다. 그러므로 감히 이 玉을 바치는

것입니다.”고 하였다. 襄仲이 말하기를 “君子가 없다면 〈秦나라가〉 어찌 나라를 잘 다스릴 수 있겠는가? 秦나라는 鄙陋한 나라가 아니다.”고 하고서 〈西乞術이 돌아갈 때〉 많은 예물을 주어 보냈다.

天下之情은 **待之厚者責之厚**하고 **待之薄者責之薄**이라 **厚責難勝**이니 **謗之所集**이요 **薄責易(이)塞**이니 **譽之所歸**라 **是故**로 **名大於實者**는 **先榮而後辱**하고 **實大於名者**는 **先辱而後榮**이라 **非人情之多變也**라 **失所期則〔怒**하고 **過所期則〕**[1]**喜**하니 **喜怒之變**이 **卽榮辱之變也**라 **總角之童**의 **一拜一起**가 **粗中儀節**이면 **不〔崇〕朝而譽滿州閭**[2]나 **至於成人**하얀 **則正冠束衽**하야 **終日兢兢**이라도 **少有惰容**이면 **譏譙四起**리니 **天下之情**을 **夫豈難見耶**아

1) 〔역주〕〔怒 過所期則〕: 저본에는 '怒過所期則'이 없으나, 四庫全書本・三民書局本에 의거하여 보충하였다.

2) 〔역주〕〔崇〕[*]朝而譽滿州閭 : '崇朝'는 날이 샐 때부터 아침밥을 먹을 때까지의 시간을 말한다. ≪詩經≫ 〈蝃蝀〉에 “아침에 서쪽에서 무지개 떠오르니, 아침에만 비가 내리네.〔朝隮于西 崇朝其雨〕”라고 하였는데, 그 注에 “崇은 終이니, 날이 샐 때부터 아침밥을 먹을 때까지를 終朝라고 한다.〔崇終也 從旦至食時爲終朝〕”라고 하였다.

*) 〔역주〕〔崇〕: 저본에는 1자 빈칸으로 되어 있으나, 王明飛 點譯本에 의거하여 '崇'을 보충하였다.

천하의 常情으로 말하면 기대하는 것이 많은 자에게는 요구하는 것도 많고, 기대하는 것이 적은 자에게는 요구하는 것도 적다. 많은 요구는 상대로 하여금 감당하기 어렵게 하니 내 몸에 비방이 모이는 원인이 되고, 적은 기대는 만족하기 쉬우니 내 몸에 명예가 돌아오는 원인이 된다. 이러므로 명성이 실제보다 큰 자는 앞에는 영예로우나 뒤에는 욕되고, 실제가 명성보다 큰 자는 앞에는 욕되나 뒤에는 영예롭다. 이는 인정에 변화가 많아서가 아니라, 기대한 것보다 부족하면 노하고 기대한 것보다 넘치면 기뻐하기 때문이니, 기뻐함과 노함이 변하는 것은 바로 영예와 치욕이 변하는 것이다.

성년이 되지 않은 아이의 절하고 일어나는 동작이 대략 儀節에 맞으면 아침이 지나기 전에 칭찬이 온 마을에 퍼지지만, 成人의 경우는 관을 단정히 쓰고 옷깃을 여미고서 하루 종일 조심하고 삼가더라도 만약 게으른 모습이 조금이라도 있으면 꾸짖는 소리가 사방에서 일어난다. 천하 사람의 상정을 어찌 알기 어렵겠는가.

秦之爲秦은 **介在西戎**하야 **聲教文物闕如也**라 **至於魯**하얀 **則習周公伯禽之教**하고 **世秉周禮**하야 **俎豆羽籥**과 **弁冕鼎鉶**(형)에 **蔚然先王之遺風在焉**하니 **雖宋衛陳鄭 號爲諸華者**도 **猶且下視之**온 **況如秦之僻陋在夷者乎**아

秦나라의 강역은 西戎 사이에 끼여 있어서 교화와 문물이 전무하지만, 魯나라로 말하면 周公과 伯禽의 교화를 익히고 대대로 周나라의 禮를 지켜, 俎豆(禮器)·羽籥(舞樂)·弁冕(禮帽)·鼎鉶(食器) 등에 성대하게 선왕의 유풍이 남아 있다. 비록 諸夏로 불리는 宋·衛·陳·鄭도 오히려 下視했는데 하물며 궁벽하고 누추한 夷狄의 땅에 사는 秦나라이랴?

當西乞術入境之時에 **魯人固預以戎狄待之矣**라 **入粤者**는 **不敢言鎛**(박)이요 **入胡者**는 **不敢言弓**이며 **入燕者**는 **不敢言函**이요 **入魯者**는 **不敢言禮**[1)]어늘 **孰謂西乞術出於戎狄下國**하야 **乃不量其力**하고 **欲與魯之君臣周旋酬酢於玉帛鐘鼓之間乎**아 **四方將命而來**하야 **至於雉門兩觀之下者**[2)]에 **鮮不失禮受辱而退**라 **孫文子**는 **有同登之辱**[3)]하고 **范獻子**는 **有歸費之辱**[4)]하며 **徐容居**는 **有進含之辱**[5)]하고 **齊慶封**은 **有茅鴟之辱**[6)]이어든 **矧區區西乞術**이 **詎能免此辱耶**아

1) 〔역주〕 入粤者……不敢言禮 : 越나라는 농사에 힘써 농기구가 많고, 胡 지역에는 활이 많이 생산되며, 燕나라는 갑옷을 잘 만들고, 魯나라는 禮教가 잘 행해지고 있으니, 각각 그 지역에 가서 그 지역에 흔한 것을 자랑할 수 없다는 말이다.

2) 〔역주〕 至於雉門兩觀之下者 : 雉門은 고대 궁정에 설치한 다섯 개의 문 가운데 하나이다. ≪周禮≫ 〈閽人〉에 "밖에서 들어올 때 皐門, 庫門, 雉門, 應門, 路門을 거친다."라고 하였다. 兩觀은 궁궐 앞 양쪽에 세운 높은 망루로 고대에 이곳에 법률을 게시해놓았다. 孔子가 魯나라에서 섭정할 때에 少正卯를 양관 아래에서 처형하였다고 하여 나라의 공공연한 처벌이라는 의미로 쓰인다.

3) 孫文子 有同登之辱 : 襄七年[*)]

≪春秋左氏傳≫ 襄公 7년에 보인다.

*) 〔역주〕 襄七年 : 衛나라 孫文子가 魯나라에 聘問와서 襄公이 뜰의 한 層階를 오를 때마다 그도 襄公과 나란히 層階를 오르니, 相인 叔孫穆子가 빠른 걸음으로 나아가 그를 저지하였다. 그러나 孫文子는 해명도 하지 않고 뉘우쳐 고치려는 모습도 없었다. 魯나라 대부 穆叔이 말하기를 "孫文子는 반드시 망할 것이다. 신하가 되어 임금처럼 행동하고, 허물을 짓고도 고치

지 않는 것은 망하는 張本이다." 하였는데, 뒤에 그는 衛君을 逐出하는 일에 앞장섰다.

4) 范獻子 有歸費之辱：昭二十(二)〔一〕*1)年*2)

《春秋左氏傳》 昭公 21년에 보인다.

*1)〔역주〕(二)〔一〕: 저본에는 '二'로 되어 있으나, 《春秋左氏傳》에 의거하여 '一'로 바로잡았다.

*2)〔역주〕昭二十一年：이는 范獻子 자신이 치욕을 받은 것이 아니라, 魯나라가 치욕을 받은 일이다. 魯나라는 대부인 叔孫과 季孫 간의 갈등으로 인해 사신으로 魯나라에 온 范獻子에게 七牢로 접대하였는데, 이는 지난날 齊나라에서 費를 돌려주기 위해 魯나라에 파견된 사신 鮑國을 대우했던 예였다. 이에 范獻子가 노하자 魯人은 두려워하여 오히려 四牢를 追加하여 十一牢로 접대하였다. 牛·羊·豕로써 賓客을 접대하는 禮를 牢禮라고 하는데, 牛·羊·豕 三牲을 갖춘 것이 一牢이다.

5)〔역주〕徐容居 有進含之辱：襄十八年*)

《春秋左氏傳》 襄公 18년에 보인다.

*)〔역주〕襄十八年：《春秋左氏傳》 襄公 18년조에는 이에 관련된 일이 없다. 이 일은 《禮記》〈檀弓〉에 보인다. 徐나라의 대부인 容居가 徐나라 군주의 명을 받고 邾婁國의 考公의 喪에 조문 가서 飯含(죽은 사람의 입에 구슬을 물리는 일)을 하려다가 邾婁國의 관원에게 저지당하는 일이 있었다.

6) 齊慶封 有茅鴟之辱：襄二十八年*)

《春秋左氏傳》 襄公 28년에 보인다.

*)〔역주〕襄二十八年：慶封은 崔杼와 같이 齊 莊公을 죽이고 齊 景公을 추대한 인물이다. 후에 崔杼마저 제거하고 齊나라의 정사를 專斷하다가 齊나라의 世家들의 공격을 받았다. 慶封이 魯나라로 도망해 왔는데, 叔孫穆子가 慶封에게 飮食을 접대하자, 慶封이 祭(고수레)하는 음식을 멀리 흩으니 穆子는 불쾌하여 樂工을 시켜 그를 위해 〈茅鴟〉 詩를 朗誦하게 하였다. 그러나 慶封은 자기를 諷刺하는 것인 줄을 알지 못하였다. 〈茅鴟〉는 逸詩인데, 不敬을 풍자한 詩이다.

西乞術이 魯나라 국경에 들어왔을 때, 魯나라 사람은 본래 그를 戎狄으로 대우하기로 생각했을 것이다. 越나라에 들어간 자는 감히 농기구에 대한 지식을 말하지 못하고, 胡 지역에 들어간 자는 감히 활에 대한 지식을 말하지 못하며, 燕나라에 들어간 자는 감히 갑옷에 대한 지식을 말하지 못하고, 魯나라에 들어간 자는 감히 禮에 대한 지식을 말하지 못한다. 그런데 누가 알았으랴! 西乞術이 下國인 戎狄 출신으로 도리어 스스로의 역량을 헤아리지 못하고 玉帛을 바치고 鐘鼓를 울리는 사이에서 魯나라의 君臣과 揖讓進退하며 술잔을 주고받을 줄을.

사방의 나라에서 君命을 받들고 魯나라에 사신으로 와서 성문〔雉門〕의 兩觀 아래에 이른 자들 중에 예절을 어겨 치욕을 받고 물러가지 않은 자가 드물다. 〈衛나라의〉 孫文子는 魯 襄公과 계단을 나란히 오르는 잘못을 범해 치욕을 당했고, 〈晉나라의〉 范獻子는 費를 돌려주기 위해 온 사신을 대우했던 예로 대우받는 치욕을 당했으며, 徐나라의 容居는 飯含하려다가 치욕을 당했고, 齊나라 慶封은 〈茅鴟〉를 낭송하는 치욕을 당했는데, 하물며 보잘것없는 西乞術이 어찌 이러한 치욕을 면할 수 있었겠는가.

想術奉璋薦瑞之際에 公卿環列하고 輿隷堵觀하야 俟其步武之蹉跌以爲嘲하고 伺其辭令之舛差以爲哂이라 今術俯仰音吐에 (手)〔丰〕[1]容華暢이 出於魯人之意表하니 始以爲烏鳶이러니 今乃爲鸞鳳이요 始以爲蓬蒿러니 今乃爲梧檟라 此襄仲所以失聲歎息하고 而繼之以重賄也라 觀其儀하니 固魯人之常見이요 聽其言하니 亦魯人之常聞이라 襄仲所以變色而稱揚之者가 庸非以夷狄遇之耶아 曰不有君子면 其能國乎者는 駭而疑之也요 曰國無陋矣者는 矜而進之也라 前之倨는 適所以爲後之恭이요 前之輕은 適所以爲後之重이니 其視鄭人之璞[2]에 稱頌未已어늘 而唾罵隨至者론 亦有間矣라

1) 〔역주〕 (手)〔丰〕 : 저본에는 '手'로 되어 있으나, 四庫全書本・三民書局本에 의거하여 '丰'으로 바로잡았다.

2) 〔역주〕 其視鄭人之璞 : ≪戰國策≫ 〈秦策〉에 "鄭나라 사람들은 아직 다듬지 않은 옥을 璞이라 하고, 周나라 사람들은 아직 말리지 않은 쥐고기를 朴이라 한다. 周나라 사람이 朴을 품에 품고 와서 鄭나라 상인에게 '朴을 사겠느냐?'고 묻자, 鄭나라 상인은 발음이 같은 璞인 줄 알고 '사겠다'고 하였다. 그 朴을 꺼내어 보여주니 바로 쥐였다. 그러자 사양하며 거절하였다."라고 하였다.

생각건대 西乞術이 圭璋을 들고 瑞玉을 바칠 때에 〈魯나라의〉 공경대부들은 사방에 빙 둘러서고, 노복들은 담처럼 둘러서서 구경하면서 그 걸음걸이가 법도에 어긋나기를 기다려 비웃고, 그 辭令이 잘못되기를 기다려 비웃으려 하였다. 그런데 지금 西乞術의 進退하는 동작과 聲音・담론〔談吐〕에 풍치가 있어 화려하기가 魯人의 생각 밖이니, 처음에는 까마귀나 솔개 소리로 여겼더니 지금은 도리어 난새나 봉황의 울음 같고, 처음에는 흔한 쑥대로 여겼더니 지금은 도리어 오동나무 같은 재질이니, 이것이 襄仲이 자기도 모르게 탄식하고 이어 많은 예물을 준 이유이다.

그의 거동을 보면 본래 魯人이 항상 보던 것이고, 그의 말을 들어보면 또한 魯人이 항상 듣던 것이었다. 襄仲이 얼굴색을 바꾸면서 그를 칭찬한 것이 어찌 夷狄으로 대우한 것이 아니겠는가. "君子가 없다면 〈秦나라가〉 어찌 나라를 잘 다스릴 수 있겠는가."라고 한 것은 놀라 의심한 것이고, "秦나라는 鄙陋한 나라가 아니다."라고 한 것은 칭찬하여 격려한 것이다. 이것이 전일의 오만이 후일의 공손으로 변한 이유이고, 전일의 경시가 후일의 중시로 변한 이유이니, 〈周人이〉 鄭人에게 璞을 칭찬하는 말을 다 하기도 전에 鄭人이 침을 뱉으며 욕하는 말이 뒤따른 것과 비교하면 차이가 있다.

名逐我則逸하고 **我逐名則勞**라 **甚智**로되 **而居以愚**하고 **甚辯**이로되 **而居以訥**이라가 **他日微見**(현)**端倪**하고 **少出鋒穎**이면 **一談而人一驚**하고 **一動而人一服**이리니 **雖欲逃名**이나 **名亦將逐之而不置矣**리라 **未智而先得智之名**하고 **未辨而先得辨之名**이면 **終日矻矻追逐**하야 **以求副其實**이라도 **一不稱**이면 **而萬有餘喪矣**리라 **昔之智者**가 **所以寧使名負我**언정 **而不使我負名也**라 **名負我**면 **則責在名**하고 **我負名**이면 **則責在我**니 **二者之勞逸相去亦遠矣**라 **雖然**이나 **此猶未免名與我之對也**라 **形不知有影**이나 **而影未嘗離形**이요 **聲不知有響**이나 **而響未嘗離聲**이며 **聖人不知有名**이나 **而名未嘗離聖人**이라 **嗚呼**라 **豈春秋之士所及哉**리오

명예가 나를 좇아오면 편안하고 내가 명예를 좇아가면 고달프다. 매우 지혜로우면서 어리석은 체하고, 매우 언변이 좋으면서 어눌한 체하다가 후일에 단서를 약간 드러내고 예리한 언변을 조금 내보여, 한 번 말하여 사람들을 일제히 놀라게 하고 한 번 행동하여 사람들을 일제히 복종하게 한다면, 비록 명예를 피하고자 해도 명예가 실로 나를 좇아 내버려 두지 않을 것이다.

지혜롭지 않은데 먼저 지혜롭다는 명예를 얻고 구변이 없는데 먼저 구변이 있다는 명예를 얻으면, 종일 동안 힘써 명예를 좇으며 실제에 부합하기를 구하여도 하나라도 서로 맞지 않으면 모든 것을 다 잃게 될 것이다. 〈이것이 바로〉 옛날의 지혜로운 자들이 차라리 명예가 나를 저버리게 할지언정 내가 명예를 저버리지 않았던 까닭이다. 명예가 나를 저버리면 책임이 명예에 있고, 내가 명예를 저버리면 책임이 나에게 있으니 兩者의 고달픔과 편안함의 차이가 매우 크다.

비록 그러나 이것은 여전히 명예와 나를 대립관계로 보는 데서 벗어나지 못한 것이

다. 형체는 그림자가 있음을 모르나 그림자는 형체를 떠난 적이 없고, 소리는 메아리가 있음을 모르나 메아리는 소리를 떠난 적이 없으며, 聖人은 명예가 있음을 모르나 명예가 성인을 떠난 적이 없다. 아! 어찌 춘추시대의 선비들이 미칠 수 있는 바였겠는가.

20-02 **隨會料晉師** 隨會가 晉나라 군대의 정황을 예측하다

20-02-01 **隨會料晉師** 隨會가 晉나라 군대의 정황을 예측하다

【左傳】 文十二年이라 秦爲令狐之役[1]故로 冬에 秦伯伐晉하야 取羈馬하다 晉人禦之할새 以從秦師于河曲하다 臾駢曰 秦不能久리니 請深壘固軍以待之[2]하소서 從之하다 秦人欲戰하야 秦伯謂士會曰 若何而戰[3]가 對曰 趙氏新出其屬曰臾駢[4]이니 必實爲此謀하야 將以老我師也니이다 趙有側室曰穿이니 晉君之婿也[5]니이다 有寵而弱하야 不在軍事[6]하고 好勇而狂하며 且惡(오)臾駢之佐上軍也하니 若使輕者肆焉이면 其可[7]리이다 秦伯以璧祈戰于河[8]하다 秦軍掩晉上軍하니 趙穿追之나 不及[9]하다 反하야 怒曰 裹糧坐甲은 固敵是求[10]어늘 敵至不擊하고 將何俟焉가 軍吏曰 將有待也[11]니이다 穿曰 我不知謀하니 將獨出이라하고 乃以其屬出하다 宣子曰 秦獲穿也면 獲一卿矣[12]니 秦以勝歸면 我何以報오하고 乃皆出戰타가 交綏[13]하다 秦行人夜戒晉師[14]曰 兩軍之士가 皆未憖(은)也니 明日請相見也하노라 臾駢曰 使者目動而言肆하니 懼我也[15]라 將遁矣니 薄諸河[16]면 必敗之리이다 胥甲趙穿當軍門呼曰 死傷未收而棄之는 不惠也요 不待期而薄人於險은 無勇也라하니 乃止[17]하다 秦師夜遁하다 復(부)侵晉하야 入瑕하다

1) 〔역주〕 令狐之役 : 令狐의 전쟁은 文公 7년에 있었다. 羈馬는 晉나라 邑이다.〈杜注〉

2) 〔역주〕 請深壘固軍以待之 : 深壘는 高壘이다. 해자가 깊으면 堡壘가 높아지는 것이다. '固軍'은 군대가 머문 곳에 경비를 견고히 하는 것이다. '待之'는 저들과 전쟁하지 않고, 저들 스스로 지치기를 기다리는 것이다.〈附注〉

3) 〔역주〕 秦伯謂士會曰 若何而戰 : 晉나라의 士會가 文公 7년에 秦나라로 도망갔다.〈杜注〉 士會는 隨武子로 士蔿(晉나라 대부)의 손자이다. 士會는 晉 文公 사후 후계를 세우는 과정에서 일이 잘못되어 할 수 없이 先蔑을 좇아 秦나라로 망명하지만 晉나라를 저버린 것이 아니었다. 秦나라에 있으면서도 先蔑과 한 번도 만나지 않았다. 이는 晉나라에 있을 때 先蔑이 正卿으로서 잘못을 諫하여 바로잡지 못한 죄를 책망하는 뜻과, 또 함께 出奔하였기 때문에 黨을 짓는다는 비난을 싫어하는 뜻에서 만나지 않은 것이라고 〈杜注〉에 밝히고 있다. 士會는 文公 13년에 晉나라로 돌아온다.

4) 〔역주〕 臾騈 : 臾騈은 趙盾의 屬大夫로 새로 進出하여 上軍의 佐가 되었다.〈杜注〉
5) 〔역주〕 趙有側室曰穿 晉君之婿也 : 側室은 支子이다. 穿은 趙夙의 庶孫이다.〈杜注〉
6) 〔역주〕 有寵而弱 不在軍事 : 弱은 年少한 것이다. 또 전쟁을 겪은 적이 없어 軍事를 모른다는 말이다.〈杜注〉
7) 〔역주〕 若使輕者肆焉 其可 : 肆는 갔다가 즉시 後退하는 것이다.〈杜注〉 輕銳兵을 시켜 잠시 가서 공격하고는 속히 후퇴하게 하여 趙穿을 激怒시킨다면 一戰할 수 있다는 말이다.〈附注〉
8) 〔역주〕 秦伯以璧祈戰于河 : 승리를 祈求한 것이다.〈杜注〉
9) 〔역주〕 趙穿追之 不及 : 上軍은 움직이지 않고 趙穿이 혼자 추격한 것이다.〈杜注〉
10) 〔역주〕 裹糧坐甲 固敵是求 : 坐甲은 戰士들이 갑옷을 입으면 다시 누울 수 없기 때문에 앉아서 敵을 기다리는 것이다.〈附注〉
11) 〔역주〕 將有待也 : 공격할 시기를 기다린다는 말이다.〈杜注〉
12) 〔역주〕 秦獲穿也 獲一卿矣 : 僖公 33년에 晉侯가 一命으로 郤缺을 임명하여 卿으로 삼고도 軍帥의 數에는 넣지 않았으니, 그렇다면 晉나라에는 본래부터 이름만 있고 實職이 없는〔散位〕 卿이 있었다.〈杜注〉
13) 〔역주〕 乃皆出戰 交綏 : 司馬法에 "옛날에는 도망가는 敵을 멀리까지 추격하지 않고, 후퇴하는〔綏〕 적을 따라잡지 않았다. 도망가는 적을 멀리 추격하지 않으면 敵이 우리를 유인하기 어렵고, 후퇴하는 적을 따라잡지 않으면 적이 우리의 城을 함락하기 어렵다."고 하였으니, 그렇다면 옛날에는 退軍하는 것을 '綏'라고 한 것이다. 晉과 秦 두 나라는 전쟁하려는 뜻이 굳지 못하였기 때문에 무기를 서로 마주치기도 전에 兩軍이 앞다투어 퇴각한 것이다. 그러므로 '交綏(兩軍이 동시에 퇴각하였다)'라고 한 것이다.〈杜注〉
14) 〔역주〕 秦行人夜戒晉師 : 交戰하는 사이에도 使者는 왕래하기 때문에 秦나라가 밤에 行人을 晉軍으로 보내어 교전할 시기를 약속하게 한 것이다.〈附注〉
15) 〔역주〕 使者目動而言肆 懼我也 : 目動은 마음이 불안한 것이고, 言肆는 소리가 放恣하여 常度를 잃은 것이다.〈杜注〉
16) 〔역주〕 薄諸河 : 薄은 逼迫이다.〈杜注〉
17) 〔역주〕 乃止 : 晉軍이 秦軍을 黃河로 몰아붙이는 일을 停止한 것이다. 宣公 원년에 胥甲을 추방한 傳의 배경이다.〈杜注〉

文公 12년, 秦나라는 令狐에서의 싸움에서 패배한 이유로 겨울에 秦伯이 晉나라를 토벌해 羈馬를 取하였다. 晉人이 秦軍을 방어하여 河曲에서 秦軍을 맞아 싸웠다. 臾騈이 "秦軍이 오래 버티지 못할 것이니 堡壘를 높이 쌓고 軍陣의 경비를 단단히 하고서 기다리소서."라고 하니, 그의 말을 따랐다. 秦人은 交戰하고자 하여 秦伯이 士會(隨會)에게 "어떻게 하면 전쟁할 수 있겠는가?"고 물으니, 士會가 대답하였다. "趙氏가 새로 臾駢이라는 부하〔屬〕를 발탁〔出〕하였는데, 실로 이 자가 이런 計策을 꾸며 우리 군대를 지치게〔老〕 하려는 것입니다. 趙氏에게는 穿이라는 側室이 있는데 晉君의 사위로 총애를 받고 있으나 나이가 어려 軍事를 알지 못하고 용맹을 좋아하여 함부로 잘난 체하며〔狂〕, 또 臾駢이 上軍의 佐가 된 것을 미워하니, 輕鋭兵을 시켜 한번 공격하고는 즉시 後退하게 한다면 전쟁할 수 있을 것입니다." 秦伯은 玉璧을 黃河에 던져 전쟁의 승리를 빌었다.

秦軍이 晉나라 上軍을 습격하니 趙穿이 秦軍을 뒤쫓았으나 따라잡지 못하였다. 趙穿은 돌아와서 화를 내며 말하였다. "糧食을 싸서 메고 갑옷을 입은 채 앉아 있는 것은 진실로 敵을 잡기 위해서인데 지금 敵이 왔는데도 추격하지 않고 장차 무엇을 기다린다는 말인가?" 軍吏가 "아마 기다리는 바가 있어서일 것입니다."고 하니, 趙穿이 말하기를 "나는 計謀를 모르니 혼자라도 나가서 싸우려 한다."고 하고서 그 부하들을 거느리고 나갔다. 그러자 宣子가 말하기를 "秦軍이 趙穿을 잡는다면 우리나라의 한 卿을 잡는 것이니, 秦軍이 승리하고 돌아간다면 우리는 〈우리나라의 父老들에게〉 무어라고 報告하겠는가?"라고 하고서 全軍을 거느리고 나가 싸우다가 兩軍이 동시에 퇴각하였다.

秦나라의 行人(使者)이 밤에 晉軍에 가서 告하기를 "兩國 軍隊에 모두 缺損〔憖〕이 없으니 내일 戰場에서 서로 만나기를 청합니다."고 하였다. 臾駢이 말하기를 "使者의 눈동자가 어지러이 움직이고 말소리가 침착하지 않으니, 우리를 두려워하는 것입니다. 장차 도망치려는 것이니 저들을 黃河로 몰아붙이면 반드시 敗北시킬 수 있습니다."고 하자, 胥甲과 趙穿이 軍門을 막아서서 큰소리로 말하기를 "死傷者를 수습하지 않고 버리는 것은 은혜롭지 않은 짓이고, 약속한 시기를 기다리지 않고 秦人을 험한 곳으로 몰아붙이는 것은 용맹이 없는 짓이다."고 하니 晉軍은 추격을 停止하였다. 秦軍은 밤을 이용해 도망하였다. 〈뒤에 秦軍은〉 또 晉나라를 侵攻하여 瑕로 쳐들어갔다.

20-02-02 吳將伐魯 問叔孫輒公山不狃 吳나라가 魯나라를 치고자 하여 叔孫輒과 公山不狃에게 묻다

【左傳】 哀八年이라 吳爲邾故로 將伐魯하야 問於叔孫輒[1)]한대 叔孫輒對曰 魯有名而無情[2)]하니 伐之면 必得志焉하리라하고 退而告公山不狃[3)]한대 公山不狃曰 非禮也[4)]라 君子

違에 不適讐國[5)]하며 未臣而有伐之면 奔命焉하야 死之可也[6)]요 所託也則隱[7)]이라 且夫人之行也[8)]에 不以所惡(오)廢鄕[9)]이어늘 今子以小惡로 而欲覆宗國하니 不亦難乎[10)11)]아

1) 〔역주〕 問於叔孫輒 : 討伐해도 될지를 물은 것이다. 輒은 본래 魯나라 사람이다.〈杜注〉

2) 〔역주〕 魯有名而無情 : 大國이란 이름만 있고, 그에 걸맞은 실상이 없다는 말이다. 〈杜注〉

3) 〔역주〕 退而告公山不狃 : 公山不狃도 본래 魯나라 사람이다.〈杜注〉

4) 〔역주〕 非禮也 : 故國를 대하는 禮가 아니라는 말이다.〈附注〉

5) 〔역주〕 君子違 : 違는 故國을 떠나 他國으로 도망가는 것이다. ≪論語≫ 〈公冶長〉에 "崔子弑齊君 陳文子有馬十乘 棄而違之(崔子가 齊나라 임금을 시해했을 때 陳文子에게 말 10乘이 있었으나 陳文子는 재산을 포기하고 齊나라를 떠났다.)"란 말이 보인다.

6) 〔역주〕 未臣而有伐之……死之可也 : 도망간 나라의 신하가 되기 전에 만약 本國을 토벌하는 일이 있으면, 돌아와서 임금의 명을 받고 달려가 싸우다가 그 禍難에 죽어야 한다는 말이다.〈杜注〉

7) 〔역주〕 所託也則隱 : 일찍이 依託한 바가 있으면 故國을 위하여 나쁜 점을 숨긴다는 말이다.〈杜注〉 몸을 의탁하였으면 그 토벌에 참여하지 않고 몸을 숨기는 것이다.〈楊注〉

8) 〔역주〕 且夫人之行也 : 夫人은 君子를 가리킨다. 군자가 자기 나라를 떠나는 경우를 말한 것이다.〈附注〉

9) 〔역주〕 不以所惡(오)廢鄕 : 개인의 원한〔怨惡〕으로 옛 鄕黨의 友好를 폐기하지 않는 것이다.〈杜注〉

10) 〔역주〕 今子以小惡……不亦難乎 : 叔孫輒은 魯나라 公族이다. 그러므로 魯나라를 宗國(祖國)이라 한 것이다.〈杜注〉

11) 〔역주〕 본편의 ≪春秋左氏傳≫ 인용은 여기까지이나, 본문의 이해를 위하여 아래 글을 첨부한다. 아래는 吳王과 公山不狃의 대화이다.

吳王이 子洩에게 묻자, 子洩(公山不狃)이 대답하기를 "魯나라에 비록 나라를 함께 부흥시킬 사람은 없으나 반드시 함께 죽을 사람은 있습니다. 諸侯가 救援하려 할 것이니 뜻을 이룰 수 없을 것입니다. 晉나라가 齊나라·楚나라와 함께 魯나라를 돕는다면 이 나라들이 吳나라의 네 怨讐國이 될 것입니다. 저 魯나라는 齊나라와 晉나라의 입술입니다. 입술이 없어지면 이가 시려지는 것은 임금님께서도 아시는 바이니, 저 齊나라와 楚나라가 魯나라를 구원하지 않고 어찌하겠습니까?"라고 하였다.〔王問於子洩 對曰 魯雖無與立 必有與斃 諸侯將救之 未可以得志焉 晉與齊楚輔之 是四讐也 夫魯 齊晉之脣 脣亡齒寒 君所知也 不救何爲〕

哀公 8년, 吳나라가 邾나라를 위한 이유로 魯나라를 치고자 하여 叔孫輒에게 묻자,

叔孫輒이 대답하기를 "魯나라는 이름만 있고 실상이 없으니, 토벌하면 반드시 뜻을 이룰 수 있을 것입니다."고 하고서 물러와서 公山不狃에게 고하였다. 그러자 公山不狃가 말하였다.

"〈당신께서 이렇게 말한 것은〉 禮가 아닙니다. 君子는 본국을 떠나 外國으로 亡命하는 경우에도 怨讐의 나라로 가지 않고, 〈도망간 나라의〉 신하가 되기 전에 그 나라가 本國을 치는 일이 있으면 〈본국으로 돌아가서〉 임금의 명을 받고 달려가 싸우다가 죽어야 하고, 이미 그 나라에 몸을 依託하였으면 〈그 토벌에 참여하지 않고〉 몸을 숨겨야 합니다. 그리고 또 군자가 자기 나라를 떠난 경우에도 怨恨으로 인해 故鄕을 버리지 않는 것인데, 지금 당신께서는 작은 원한으로 조국을 顚覆시키고자 하시니 어렵지 않겠습니까?"

見一事而得一理는 非善觀事者也요 聞一語而得一意는 非善聽語者也라 理本無間하니 一事通則萬事皆通하고 意本無窮하니 一意解則千語皆解라 圯(이)上之書[1]一編耳니 尺簡寸牘에 所載幾何오 豈能盡括車壘輿地之形하야 預數嬴項韓彭[2]之難哉아 然子房得之하니 則問羊知馬[3]하고 覘影知形하야 迎閱而群策鋒起하고 隨諷而衆機叢生하니 此所以能用有限之書로 對無窮之變也라 如使子房見一事而滯於一事하고 聞一語而滯於一語면 則雖盡納九州之圖於胸中이라도 倉卒造次에 亦必有書之所不能該者矣리라 書已盡이라야 變方出하고 書已陳이라야 變方新하니 非告往知來者면 殆未足與議也리라

1) 〔역주〕 圯(이)上之書 : 漢 高祖 劉邦의 謀臣인 張良이 일찍이 下邳의 '흙다리 위〔圯上〕'에서 黃石公을 만났는데, 黃石公이 짐짓 다리 밑으로 떨어뜨린 신을 주워다가 그의 명에 따라 공손히 꿇어앉아서 신겨 주었다. 그러자 黃石公은 닷새 뒤 새벽에 여기에서 만나자고 하였다. 張良이 약속한 날 새벽에 그곳으로 가 보니 黃石公이 벌써 나와 있었다. 黃石公이 늙은이와 약속하고 늦게 왔다고 꾸짖으며 다시 닷새 뒤에 일찍 나오라고 하였다. 이렇게 세 번을 반복한 다음에야 太公의 兵書를 받았다. 張良이 이를 숙독하고 익혀 漢 高祖를 보좌해서 마침내 秦나라를 멸하고 漢나라를 세웠다.(≪史記≫ 〈留侯世家〉)

2) 〔역주〕 嬴項韓彭 : 秦나라의 姓이 嬴이다. 嬴은 嬴政으로 秦 始皇을 가리키며, 項은 漢 高祖 劉邦과 접전을 벌였던 項羽이고, 韓彭은 楚漢의 전쟁에서 크게 활약했던 장군인 韓信・彭越을 가리킨다.

3) 〔역주〕 問羊知馬 : '問羊知馬'는 곁을 따라 에둘러 조사함으로써 事情의 眞相을 명백하게 아는 것을 의미한다. ≪漢書≫ 〈趙廣漢傳〉에 "가령 말의 값을 알고자 하면 먼저 개 값부터 묻고

다음에 양 값을 묻으며, 또 소 값을 물어본 다음에 말 값에 미쳐야 한다. 그 값을 삼삼오오 따져서 비슷한 것들끼리 서로 기준이 되게 하면 말의 좋고 나쁨을 알게 되어 실상을 잃지 않을 것이다.〔鉤距者 設欲知馬賈 則先問狗 已問羊 又問牛 然後及馬 參伍其賈 以類相準 則知馬之貴賤不失實矣〕"라고 하였다.

한 가지 일을 보고 하나의 이치를 터득하는 것은 일을 잘 관찰하는 자가 아니고, 한 마디 말을 듣고 하나의 뜻을 터득하는 것은 말을 잘 알아듣는 자가 아니다. 이치는 본래 차이가 없으니 한 가지 일에 통달하면 온갖 일에 모두 통달할 수 있으며, 뜻은 본래 다함이 없으니 한 마디 말의 뜻을 이해하면 천 마디 말을 모두 이해할 수 있다.

〈張良이〉 흙다리 위〔圯上〕에서 받은 서책은 한 권의 兵書일 뿐이니, 작은 간독에 실린 것이 얼마나 되었겠는가. 그런데 어찌 車馬와 보루와 지리의 형세를 다 포괄하여 嬴政·項羽·韓信·彭越의 성패〔難〕를 예측할 수 있었는가? 그러나 子房(張良)이 이 책을 얻고는 양 값을 물어 말 값을 알게 되고, 그림자를 보고 형체를 알게 되어, 실린 글을 閱讀하면 온갖 책략이 벌떼처럼 일어났고, 풍간을 들으면 온갖 機謀가 무더기로 생겨났다. 이것이 〈子房이〉 有限한 병서로 無窮한 변화에 대처할 수 있었던 이유이다.

黃石公과 張良

가령 子房이 한 가지 일을 보고 한 가지 일에 구애되고 한 마디 말을 듣고 한 마디 말에 구애되었다면, 비록 九州의 지도를 가슴속에 모두 담았다고 하더라도 총망중에 반드시 병서 속에 기재되지 않은 일을 만나는 경우가 있을 것이다. 책이 다 닳아 없어져야 바야흐로 변화에 응대할 방법이 생기고, 책이 누더기가 되어야 바야흐로 새로운 방법을 얻을 것이다. 그러나 간 것을 일러주면 올 것을 아는 자가 아니라면, 더불어 의논할 만하지 못하다.

蓋嘗以左氏所載論之라 **隨會自晉奔秦**[1)]하야 **而爲秦謀晉**에 **說者秖以爲隨會之過耳**요 **公山不狃自魯奔吳**[2)]하야 **而不爲吳謀魯**에 **說者秖以爲公山不狃之善耳**라 **過在隨會**가 **於我何損**이며 **善在不狃**가 **於我何加**리오 **政使能體之於身**이면 **則所懲者**는 **特謀宗國之一過**나 **天下之過**가 **果盡於此乎**아 **所法者特全宗國之一善**이나 **天下之善**이 **果盡於此乎**아 **惟擧一隅而反三隅**면 **則因二子得失之迹**하야 **固可爲吾身無窮之用焉**이리라

1) 隨會自晉奔秦 : 文六年
 《春秋左氏傳》 文公 6년에 보인다.
2) 公山不狃自魯奔吳 : 定十二年
 《春秋左氏傳》 定公 12년에 보인다.

사람들은 일찍이 《春秋左氏傳》에 기록된 바로써 의론한 적이 있다. 隨會가 晉나라에서 秦나라로 망명하여 秦나라를 위해 晉나라를 공격하기를 계획한 것에 대해 논평한 자는 이것을 단지 隨會의 과실로 여겼을 뿐이고, 公山不狃가 魯나라에서 吳나라로 망명하여 吳나라를 위해 魯나라를 공격하기를 계획하지 않은 것에 대해 논평한 자는 이것을 단지 公山不狃의 선행으로 여겼을 뿐이다.

〈그러나 논평하는 자의 말대로라면〉 과실이 隨會에게 있는 것이 나에게 무슨 손해가 되고 선행이 公山不狃에게 있는 것이 나에게 무슨 보탬이 되겠는가. 가령 입장을 바꾸어 생각한다면 징계할 것은 다만 조국을 謀害한 한 가지 과실 뿐이다. 그러나 천하의 과실이 과연 여기에서 다 끝나는 것인가? 본받을 것은 다만 조국을 보전한 한 가지 선행뿐이다. 그러나 천하의 선행이 과연 여기에서 다 끝나는 것인가? 오직 한 모퉁이를 들어 세 모퉁이를 반증할 수 있다면 이 두 사람의 잘잘못을 이용해 반드시 내 몸의 무궁한 쓰임으로 삼을 수 있을 것이다.

隨會有謀晉之過로되 **而不失爲良大夫**하니 **吾是以知素行之不可無**요 **公山不狃有全魯之善**이로되 **而不免爲叛人**하니 **吾是以知小節之不足恃**라 **以隨會之賢**으로 **而忽有謀晉之過**하니 **吾是以知惡念之難防**이요 **以不狃之不肖**로 **而忽有全魯之善**하니 **吾是以知善**

念之易(이)發이라 使隨會事事皆若謀晉이면 則隨會將轉而爲不狃요 使不狃事事皆若全魯면 則不狃將轉而爲隨會리니 吾是以知治己者必長其善而絶其過라 以終身論이면 則隨會爲君子요 不狃爲小人이며 以一事論이면 則隨會爲小人이요 不狃爲君子라 吾是以知論人者必略其暫而待其終이라 自兩端而推之면 可慕可懲과 可遵可戒가 擧集其中이라 然其用猶未窮也리라

隨會는 晉나라를 모해한 과실이 있었으나 어진 대부가 됨을 잃지 않았으니 나는 이로써 평소에 操行이 없어서는 안 됨을 알았고, 公山不狃는 魯나라를 보전한 선행이 있었으나 반역자가 됨을 면하지 못했으니 나는 이로써 작은 절개는 믿을 것이 못됨을 알았다. 隨會의 어짊으로도 갑자기 晉나라를 모해하는 과실이 있었으니 나는 이로써 惡念은 막기 어려움을 알았고, 公山不狃의 불초함으로도 갑자기 魯나라를 보전하는 선행이 있었으니 나는 이로써 善念은 일어나기 쉬움을 알았다.

가령 隨會가 행한 일마다 모두 晉나라를 모해한 일과 같았다면 隨會가 바뀌어 公山不狃가 되었을 것이고, 가령 公山不狃가 행한 일마다 모두 魯나라를 보전한 일과 같았다면 公山不狃가 바뀌어 隨會가 되었을 것이다. 나는 이로써 자신을 다스릴 줄 아는 자는 반드시 자기의 善念을 키우고 과실을 단절함을 알았다.

終身의 行事로 논하면 隨會는 君子이고 公山不狃는 小人이며, 한 가지 일로 논하면 隨會는 소인이고 公山不狃는 군자이다. 나는 이로써 사람을 논평하는 자는 반드시 그 사람의 일시의 행사는 놔두고 그 사람의 일생의 행사를 갖춰야 함을 알았다. 이 두 가지로부터 미루어나가면 사모할 만하고 징계할 만하고 준수할 만하고 戒懼할 만한 것이 모두 그 안에 모일 것이다. 그러나 그 쓰임은 오히려 무궁할 것이다.

抑又有大可論者焉이라 隨會는 晉之良也라 其言於晉國無隱情이 其祝史陳信於鬼神에 無愧辭也하니 必非賣宗國以求和者也라 其意以(謂)〔爲〕[1]一心可以事百君이나 百心不可以事一君이니 在晉則當忠於晉하고 在秦則當忠於秦이라 苟於秦伯之問에 而不以實對면 明則有隱於秦伯이요 幽則有愧於鬼神矣라 抑不知子爲父隱하고 臣爲君隱이니 在他人則以直〔爲直〕[2]이요 在君父則以隱爲直이라 今隨會視君父如他人하야 盡發宗國之情하야 以資寇讐하니 是攘羊之徒[3]耳라 惜夫라 隨會後太公而生하야 不聞反葬之

義[4)]하고 **先夫子而沒**하야 **不見遲行之風**[5)]이라 **故其視父母之國**을 **恝**(괄)**然無情**하야 **意在爲直**이나 **卒陷於不直**이라 **吾是以知善之難擇**이요 **而是之難審也**라

1) 〔역주〕 (謂)〔爲〕 : 저본에는 '謂'로 되어 있으나, 三民書局本에 의거하여 '爲'로 바로잡았다.
2) 〔역주〕 〔爲直〕 : 저본에는 '爲直'이 없으나, 四庫全書本·三民書局本에 의거하여 보충하였다.
3) 〔역주〕 攘羊之徒 : 攘羊은 ≪論語≫ 〈子路〉에 "아비가 양을 훔치자 그 자식이 고발했다.〔其父攘羊 其子證之〕"에서 따온 말로, 지나치게 곧아 남의 허물을 용납하지 못함을 뜻한다.
4) 隨會後太公而生 不聞反葬之義 : 史記*)
≪史記≫에 보인다.
*) 〔역주〕 史記 : ≪史記≫에는 보이지 않는다. ≪禮記≫ 〈檀弓 上〉에 의하면 太公이 營丘〔齊〕에 봉해진 뒤에도 5대 동안 周나라에 反葬하였다고 한다. 反葬은 고향을 잊지 못해 타향에서 죽은 사람을 그 고향으로 옮겨다가 장사지냄이다.
5) 不見遲行之風 : 孟子*)
≪孟子≫에 보인다.
*) 〔역주〕 孟子 : 遲行은 孔子가 고국인 魯나라를 떠날 때에 차마 발걸음이 떨어지지 않아 천천히 걸은 것을 이른다. ≪孟子≫ 〈萬章 下〉에 "孔子之去魯 曰 遲遲 吾行也(孔子께서 魯나라를 떠나실 적에는 '더디고 더디다, 내 걸음이여!'라고 하셨다.)"라는 말이 보인다.

또 크게 논할 만한 것이 있다. 隨會는 晉나라의 어진 대부이다. 그가 晉나라 정세를 분석한 말에 조금의 숨김도 없으니, 祝史가 鬼神에게 신임을 취하는 기도의 말로 써도 부끄러울 말이 없다. 그는 결코 조국을 팔아 화해를 구한 자가 아니다. 그의 속마음은 아래와 같이 생각했을 것이다.

"한 마음으로 여러 군주를 섬길 수는 있지만 여러 마음으로 한 군주를 섬길 수 없으니, 晉나라에 있을 때에는 晉나라에 충성을 다하여야 하고, 秦나라에 있을 때에는 秦나라에 충성을 다하여야 한다. 만일 秦伯의 물음에 진실한 대답을 하지 않는다면 살아서는 秦伯에게 숨김이 있는 것이고, 죽어서는 鬼神에게 부끄러움이 있는 것이다."

그러나 이는 자식은 아비를 위해 숨겨주는 것이 도리이고 신하는 군주를 위해 숨겨주는 것이 도리이니, 타인에게 있어서는 정직을 정직으로 여기고, 君父에게 있어서는 숨김을 정직으로 여기는 것이 도리임을 모른 것이다.

지금 隨會는 君父 보기를 타인 보듯이 해서 조국의 실정을 다 드러내어 원수를 도왔으니, 이는 양을 훔친 아비를 고발한 자식과 같은 무리일 뿐이다. 아! 애석하다. 隨會가 太公보다 뒤에 태어나서 反葬하는 의리를 듣지 못하고, 孔子보다 먼저 죽어서 遲行

하신 풍도를 보지 못했음이여! 그러므로 그는 父母의 나라를 냉담하게 보고 정이 없어서 정직하게 행동하는 데 뜻이 있었으나 끝내 정직하지 못한 죄에 빠졌으니, 나는 이로써 善惡을 선택하기 어렵고 是非를 살피기 어려움을 알았다.

至於公山不狃所以眷眷宗國하야 **藹然忠厚**는 **蓋以勦聞闕里洙泗之餘敎而然耳**라 **然自隨會而觀不狃**면 **則厚薄有間**이요 **若格之以吾聖人之法**이면 **則不狃之所自處者**는 **亦未得爲盡善也**라 **不狃對叔孫之辭正矣**로되 **至於使之爲(師)〔帥〕**[1]하얀 **乃導而之險**하야 **以困吳師**하니 **惜其始正而終入於詐也**라 **魯國當隱**하고 **吳亦不當欺**라 **不狃苟未忘宗國**이면 **則辭於吳子**하야 **弗與伐魯之役**이니 **旣不負於舊君**하고 **亦不負於新主**하야 **義聲將徹於吳魯之間矣**리라 **今身爲吳帥**하야 **而心爲魯用**이니 **懷二心而事人**이라 **庸非聖門之罪人乎**아 **吾是以益知善未易(이)擇**이니 **愈擇愈差**하고 **是未易審**이니 **愈審愈謬**라 **君子之於學**에 **其可以易心處之哉**아

1) (師)〔帥〕: 저본에는 '師'로 되어 있으나, 三民書局本에 의거하여 '帥'로 바로잡았다. ≪春秋左氏傳≫ 哀公 8년에 "若使子率(만약 吳나라가 당신께 군대를 거느리고 가라 한다면)"이라고 하였는데, 여기서 '帥'는 '率'의 뜻이다. 〈附注〉에 "吳王은 반드시 나에게 군대를 거느리게 할 것이라는 말이다."라고 설명하였다. '帥'는 단지 군대의 앞에서 길을 인도하며 무리를 이끌고 가는 것을 이르며, 군대의 將帥는 아니다.

公山不狃에게 조국을 잊지 못해 연연해하며 따사로운 忠厚의 마음이 있었던 것은 闕里에서 孔子의 가르침을 전해 들었기 때문에 그러했을 것이다. 그러나 隨會의 〈不直을〉 公山不狃의 〈忠厚와〉 비교해보면 두 사람의 厚薄(善惡)에 차이가 있다. 만일 우리 성인의 법도로 추구해보면 公山不狃가 스스로 처신한 것 또한 盡善함이 될 수 없다. 公山不狃가 叔孫에게 대답한 말은 정직했으나 吳王이 그를 원수로 삼음에 미쳐서는 도리어 吳軍을 인도해 험난한 길로 행군하게 하여 吳軍을 곤란하게 하였으니, 그가 처음에는 정직했고 끝내는 속임에 이른 것이 애석하다.

魯나라를 위해서 숨김이 있었던 것이 당연하지만 吳나라에 대해서도 속임이 있는 것은 마땅하지 않다. 公山不狃가 진실로 조국을 잊지 않았다면 吳王에게 사절하고서 魯나라를 치는 전쟁에 참여하지 않았어야 하니, 〈그렇게 했다면〉 이미 옛 임금도 저버리지 않고 또 새 임금도 저버리지 않아 충의롭다는 명성이 吳나라와 魯나라 사이에 퍼졌을

것이다. 그런데 지금 그 몸은 吳나라의 장수가 되었으면서 마음은 魯나라를 위해 연연해하였다. 이는 두 마음을 품고 남을 섬긴 것이니 어찌 聖門의 죄인이 아니겠는가.

나는 이로써 善惡은 선택하기가 쉽지 않아서 선택할수록 더욱 실수가 생기고, 是非는 쉽게 살필 수가 없어서 살필수록 더욱 잘못된다는 것을 알았다. 군자가 학문을 함에 있어 어찌 경솔한 마음으로 처리해서야 되겠는가.

讀隨會不狃之事者는 **不過以爲兩事而止耳**라 **類而通之**하고 **區而別之**하야 **直而推之**하고 **曲而暢之**면 **(間)〔聞〕**[1] **見層出**하고 **衆理輻湊**리니 **此陳亢之所以問一得三也**[2]요 **此顏子(之)**[3]**所以聞一知十也**[4]요 **此大舜所以聞一善言見一善行**하사는 **若決江河**하야 **莫之能禦也**[5]니라

1) 〔역주〕 (間)〔聞〕: 저본에는 '間'으로 되어 있으나, 三民書局本에 의거하여 '聞'으로 바로잡았다.

2) 〔역주〕 此陳亢之所以問一得三也 : ≪論語≫ 〈季氏〉에 보인다. "陳亢이 물러나와 기뻐하면서 말하였다. '하나를 물어서 셋을 알았으니, 詩를 듣고 禮를 들었으며, 또 君子가 그 아들을 멀리하는 것을 들었노라.'〔陳亢 退而喜曰 問一得三 聞詩聞禮 又聞君子之遠其子也〕"

3) 〔역주〕 (之) : 저본에는 '之'가 있으나, 三民書局本에 의거하여 衍文으로 처리하였다.

4) 〔역주〕 此顏子(之)所以聞一知十也 : ≪論語≫ 〈公冶長〉에 보인다. "子貢이 대답하기를 '제가 어떻게 감히 顏回를 바라보겠습니까? 顏回는 하나를 들으면 열을 알고, 저는 하나를 들으면 둘을 압니다.'라고 하였다.〔對曰 賜也何敢望回 回也 聞一以知十 賜也 聞一以知二〕"

5) 〔역주〕 此大舜所以……莫之能禦也 : ≪孟子≫ 〈盡心 上〉에 보이는 孟子의 말이다. "舜임금이 깊은 산중에 거처하실 적에는 나무, 돌과 함께 거처하시며, 사슴, 멧돼지와 함께 노시니, 깊은 산중의 야인과 다른 점이 드물었는데, 한 善言을 듣고 한 善行을 봄에 미쳐서는 마치 강하를 터놓은 것 같아 그 성대한 기세를 막을 수 없으셨다.

顏回

〔舜之居深山之中 與木石居 與鹿豕遊 其所以異於深山之野人者幾希 及其聞一善言 見一善行 若決江河 沛然莫之能禦也〕”

隨會와 公山不狃의 일을 읽는 자들은 〈이를 서로 관계없는〉 두 가지 일로 여기는데 지나지 않을 뿐이다. 그러나 종류별로 모아 공통점을 찾고 서로 다른 점을 구별하여, 곧은 일은 미루어 넓히고 굽은 일은 잘 펴서 통하게 한다면, 식견이 층층이 쌓이고 각종 사리가 모두 모일 것이다. 이것이 바로 陳亢이 한 가지를 물어 세 가지를 알게 된 방법이며, 顔子가 하나를 듣고 열을 안 방법이며, 大舜이 한 善言을 듣고 한 善行을 봄에 미쳐서는 마치 江河를 터놓은 것 같아 그 성대한 기세를 막을 수 없게 된 방법이다.

20-03 晉使魏壽餘僞以魏叛以誘士會 晉나라가 魏壽餘에게 魏邑人을 거느리고서 晉나라를 배반한 것처럼 僞裝해 士會를 유인해 오도록 하다

【左傳】 文十三이라 晉人患秦之用士會也[1]하야 六卿相見於諸浮[2]하다 趙宣子曰 隨會在秦하고 賈季在狄[3]하야 難日至矣니 若之何오 中行桓子曰 請復賈季[4]하라 能外事[5]요 且由舊勳[6]이라 郤成子曰 賈季亂[7]하고 且罪大[8]하니 不如隨會라 能賤而有恥하고 柔而不犯[9]하며 其知足使也며 且無罪니라 乃使魏壽餘僞以魏叛者하야 以誘士會하다 執其帑於晉하고 使夜逸[10]하다 請自歸于秦[11]하니 秦伯許之[12]하다 履士會之足於朝[13]하다

1) 〔역주〕 晉人患秦之用士會也 : 士會가 秦나라를 强盛해지도록 도와서 晉나라의 害가 될 것을 염려한 것이다.〈附注〉

2) 〔역주〕 六卿相見於諸浮 : 諸浮는 晉나라 땅이다. 은밀한 謀議가 누설될 것을 우려해 外野로 가 사람들을 물리치고서 사사로이 모의한 것이다.(≪十三經注疏≫)

3) 〔역주〕 隨會在秦 賈季在狄 : 文公 6년에 賈季가 狄으로 도망갔다.〈杜注〉 隨會는 士會이고, 賈季는 狐射姑이다.〈附注〉

4) 〔역주〕 中行桓子曰 請復賈季 : 中行桓子는 荀林父이다. 僖公 28년에 비로소 中行의 將帥가 되었기 때문에 ‘中行’을 氏로 삼은 것이다.〈杜注〉 賈季를 불러들여 그 地位를 회복시켜주라는 말이다.〈附注〉

5) 〔역주〕 能外事 : 賈季는 狐突의 손자이니 본래 狄人이다. 狄의 사정을 잘 알기 때문에 미리 대비할 수 있다는 말이다.(≪左氏會箋≫)

6) 〔역주〕 且由舊勳 : 狐偃의 舊勳이 있다는 말이다.〈杜注〉 舊勳은 그의 아버지 狐偃이 文

公에게 세운 功을 말한 것이다.

7) 〔역주〕 賈季亂 : 그가 文公 6년에 公子 樂을 불러들인 일을 말한 것이다.

8) 〔역주〕 且罪大 : 陽處父를 죽였기 때문에 죄가 크다고 한 것이다.〈杜注〉

9) 〔역주〕 能賤而有恥 柔而不犯 : 스스로 卑賤하게 처신하는 자는 염치가 없는데 隨會는 비천하게 처신하면서도 염치가 있고, 유순한 자는 남의 침범을 받는데 隨會는 유순하면서도 남의 침범을 받지 않으니, 이는 사람들이 능히 할 수 없는 일인데 隨會는 능히 한다는 말이다.(≪左氏會箋≫)

10) 〔역주〕 乃使魏壽餘僞以魏叛者……使夜逸 : 魏壽餘는 畢萬의 後裔이다. 帑은 壽餘의 아들이다.〈杜注〉 壽餘는 魏邑을 지키는 大夫이다. 壽餘가 그 私邑의 人民을 거느리고서 晉나라를 배반하고 秦나라에 붙을 것처럼 위장한 것인데, 실은 士會가 魏邑을 취하기 위해 오도록 유인해 歸國시키기로 계책을 꾸민 것이다. 壽餘의 처자는 晉나라에 잡아 가두고 壽餘는 밤에 몰래 도주하게 한 것이다.〈附注〉

11) 〔역주〕 請自歸于秦 : 魏邑을 사사로이 秦나라에 바치기를 청한 것이다.〈附注〉

12) 〔역주〕 秦伯許之 : 그 읍을 接受하겠다고 허락한 것이다.〈杜注〉

13) 〔역주〕 履士會之足於朝 : 士會의 발을 밟은 것은 그를 떠나게 하고자 한 것이다.〈杜注〉 壽餘는 많은 사람 앞에서 士會에게 말로 자기의 의사를 전할 수 없었기 때문에 발을 밟아 士會를 데리러 왔다는 뜻을 암시한 것이다.

文公 13년, 晉人은 秦나라가 士會를 重用하는 것을 근심하여, 六卿이 諸浮에서 서로 만나 보았다. 趙宣子가 "隨會는 秦나라에 있고 賈季는 狄에 있어 禍難이 날로 이르고 있으니 어쩌면 좋겠는가?" 하니, 中行桓子가 "賈季를 불러들여 그 地位를 회복시키십시오. 그는 외국의 사정을 잘 알고, 또 〈이렇게 하면〉 옛 功臣의 아들을 중용하는 것입니다." 하였다. 郤成子(郤缺)가 말하였다. "賈季는 亂을 일으켰고 또 지은 죄가 크니 隨會를 불러들여 지위를 회복시키는 것만 못합니다. 隨會는 卑賤하게 처신하면서도 염치가 있고 유순하면서도 남의 침범을 받지 않으며, 그 지혜도 충분히 부릴 만하고 罪도 없습니다."

〈晉나라는〉 이에 魏壽餘에게 魏邑人을 거느리고서 晉나라를 배반한 것처럼 위장해, 士會를 유인해 오도록 하였다. 晉나라는 魏壽餘와 그의 妻子를 잡아 가두고는 밤에 壽餘를 도망가게 놓아주었다. 〈壽餘는 秦나라로 도망가서〉 秦나라에 歸順하기를 청하니 秦伯이 허락하였다. 이때 壽餘는 조정에서 士會의 발을 슬쩍 밟았다.

忍棄其所不可棄者는 必有大不可棄者也라 刃在頭目이면 斷指不顧하고 病在腹心이면

灼膚不辭라 彼豈以爲不足愛而棄之哉아 是必有大不可棄者而奪其愛也라 君子之於信義에 與生俱生하야 猶手足體膚之不可須臾捨也니 一旦幡然棄之하야 自處於信義之外가 豈得已哉아 其必有說矣리라

버려서는 안 될 것을 냉정하게 버리는 자는 반드시 이보다 더 중대하게 버려서는 안 될 것이 있기 때문이다. 칼날이 목 앞에 있으면 손가락이 잘리는 것을 아랑곳하지 않고, 병이 뱃속에 있으면 살갗이 그슬리는 것을 마다하지 않는다. 이것이 어찌 저 〈손가락이나 살갗을〉 아낄만한 가치가 없다 하여 버리는 것이겠는가. 이는 반드시 버려서는 안 될 중대한 것이 있어서 〈손가락이나 살갗에 대한〉 아낌을 빼앗아서이다. 군자와 信義의 관계는 출생과 함께 생겨나서 마치 잠시도 버릴 수 없는 手足과 體膚 같은데, 하루아침에 갑자기 버리고서 스스로 信義의 밖에 처신한다면 이것이 어찌 기꺼이 하는 것〔得已〕이겠는가. 그렇게 하는 데는 반드시 이유가 있을 것이다.

隨會之信義는 歷數晉之公卿이라도 未能或之先也로되 至於詐秦歸晉之際하야는 雖借辭於髡衍하고 問策於儀秦이라도 殆不過如此라 會果何所見而忍於自棄耶아 蓋壽餘之來에 會之終身通塞決於俄頃이라 歸亦今日이요 否亦今日이니 此時不反이면 後將無時요 此策不行이면 後將無策이라 此其所以忍棄平昔之所不可棄者也라

隨會의 信義는 晉나라의 公卿들을 일일이 세어보아도 누구도 그를 앞설 수 없으나, 隨會가 秦나라를 속이고 晉나라로 돌아올 때의 일로 말하면 비록 순우곤과 公孫衍에게 말을 빌리고 張儀와 蘇秦에게 책략을 물었다 해도 이와 같은 데서 지나지 않았을 것이다. 隨會는 과연 무슨 소견이 있었기에 〈자신의 신의를〉 냉정하게 버렸는가?

魏壽餘가 〈秦나라에〉 왔을 때가 隨會의 일생동안의 通塞(窮達)이 결정되는 순간이었다. 고국으로 돌아가는 것도 오늘에 달렸고, 돌아가지 않는 것도 오늘에 달렸으니, 지금 돌아가지 않는다면 이후에는 돌아갈 수 있는 때가 없을 것이며, 지금 이 책략이 시행되지 않는다면 이후에는 다시 시행할 책략이 없을 것이다. 이것이 隨會가 평소에 버리지 않았던 것을 냉정하게 버린 이유이다.

嗚呼라 使會知自古皆有死之說이면 則歸與不歸에 固有命矣라 不然이면 身將歸晉이나

吾恐其心放而不知歸也라 爲身謀而棄信義는 夫人知其不可矣니 爲國謀而棄信義可乎哉아 溫嶠爲王敦所留에 敦遣歸建業하니 嶠實欲歸晉이나 外懼敦之疑하야 乃陽不欲行하야 旣辭復入이 至於再三[1]이라 嶠之所以詐敦者가 卽會之所以詐秦伯也라 會爲身謀하니 固不逃君子之論矣어니와 嶠爲國謀하니 獨不可諒其心而許其權乎아 晉祚存亡이 一嶠是繫하니 使嶠幸逃虎口면 則危可平하고 難可解하야 亡可存이니 豈惟江左是賴아 其自宣景而下[2]로 (寘)〔實〕[3]寵嘉之하야 義存君親하니 庸非不信之信乎아

1) 〔역주〕 溫嶠爲王敦所留……至於再三 : 溫嶠(288~329)와 王敦(266~324)은 東晉 사람이다. 왕돈이 江東을 근거지로 반란을 일으켰는데, 조정에서 온교를 사신으로 보냈다. 왕돈이 온교를 억류하고 보내지 않아, 온교는 오랜 시간 왕돈 치하에 있게 된다. 온교가 晉으로 돌아가고자 하는 속내를 숨기고 왕돈에게 거짓으로 충심을 보이니, 결국 왕돈이 온교를 믿고 晉의 조정이 있는 建業으로 온교를 보낸다. 이때 온교는 끝까지 건업으로 돌아가고픈 심정을 감추고 짐짓 다시 강동으로 돌아오는 몸짓을 두세 차례 하여 더욱 왕돈으로부터의 의심에서 벗어나 마침내 건업에 돌아오게 된다. 조정으로 돌아온 온교는 황제에게 왕돈의 반역 사실을 고하고 마침내 왕돈을 제거하는데 성공한다.(≪晉書≫ 〈溫嶠列傳〉)

2) 〔역주〕 其自宣景而下 : 宣景은 西晉의 宣帝와 景帝이다. 선제는 司馬懿이며 경제는 司馬師이다. 司馬懿의 손자인 司馬炎이 西晉의 초대황제가 된 뒤에 각각 선제와 경제로 추존하였다.

3) (寘)〔實〕: 저본에는 '寘'로 되어 있으나, 三民書局本에 의거하여 '實'로 바로잡았다.

아! 가령 隨會가 예로부터 사람은 모두 죽음이 있었다는 도리를 알았다면 〈고국으로〉 돌아가는 것과 돌아가지 않는 것에 본래 命이 있다는 것을 알았을 것이다. 그렇지 않다면 나는 그의 몸은 비록 晉나라로 돌아갔으나 그 마음이 이미 달아나 돌아올 줄 모르게 되지나 않을까 두렵다. 일신의 利害를 위해 信義를 버리는 것이 옳지 않음을 사람들은 아는데, 나라를 위하여 계획하면서 信義를 버려서야 되겠는가?

溫嶠가 王敦에게 억류되었을 때 王敦이 溫嶠를 파견하여 建業으로 돌아가게 하자, 溫嶠는 실제로 晉으로 돌아가고 싶었으나 겉으로는 王敦이 의심할까 두려워 가고 싶지 않은 것처럼 위장하여, 이미 王敦에게 하직 인사를 하고 떠났다가 다시 들어온 것이 두세 차례였다. 溫嶠가 王敦을 속인 방법이 바로 隨會가 秦伯을 속인 방법이다. 隨會는 자신의 이해를 위해 꾀하였으니 당연히 군자의 비난을 피할 수 없겠으나, 溫嶠는 나라를 위해 꾀하였으니 어찌 그 마음을 諒察하고 그 權術(임기응변의 수단)을 허여함이 옳지 않겠는가. 晉나라의 존망이 溫嶠 한 사람에게 달려있으니 가령 溫嶠가 요행

히 虎口를 벗어났다면 晉나라의 위난이 평정되고 재난이 해결되어 망해가는 나라가 존속되었을 것이니, 어찌 江南〔江左〕의 君民만이 도움을 받았겠는가. 宣帝와 景帝 이래로 실로 溫嶠를 寵嘉(총애)하여 신의가 끝내 君親(君主)과 〈신하 사이에〉 존재하였으니 溫嶠의 행위는 어찌 〈왕돈에 대한〉 불신으로 〈晉君에 대한〉 신의를 지킨 것이 아니겠는가.

曰信義不可須臾棄也라 君子平居暇日이라도 尙不忍以不信不義自處은 況敢以浼(매)君親乎아 吾平居暇日에 未嘗爲詐어늘 因君父之難而爲之면 是我之詐由君父而生也라 詐由君父而生이면 亦是君父之詐也라 免君父於難이라가 而納君父於詐하니 有忠孝之心者가 忍爲之乎아 此吾之所以罪嶠也라 危晉者는 王敦耳니 使嶠力竭不能救社稷하야 而繼之以死라도 是亡晉者는 王敦也요 非嶠也라 今嶠苟爲詐謀하야 幸存社稷이나 然以不正之名累君父하니 是危晉者王敦이요 而累晉者溫嶠라 以五十步笑百步니 相去幾何哉아

〈그러나〉 나는 신의는 잠시도 버려서는 안 된다고 생각한다. 군자는 평소 한가한 날에도 오히려 차마 不信과 不義에 자처할 수 없는데, 하물며 감히 〈불신과 불의로써〉 君親을 더럽혀서야 되겠는가. 내가 평소 한가한 날에 속임수를 쓴 적이 없는데, 君父의 危難을 구제하는 일로 인해 속임수를 쓴다면 이는 나의 속임수가 군부로 인해 생겨난 것이다. 속임수가 군부로 인해 생겨났다면 이 또한 군부의 속임수와 일반이다. 군부를 위난에서 벗어나게 하려다가 도리어 군부를 속임수에 들게 하였으니, 忠孝의 마음을 가진 자라면 차마 이런 짓을 할 수 있겠는가. 이것이 내가 溫嶠를 罪責하는 이유이다.

晉나라를 위태롭게 한 자는 王敦 〈한 사람일〉 뿐이니 가령 溫嶠가 심력을 다하였으나 社稷을 구제할 수 없어서 죽음으로써 뒤를 이었더라도 바로 晉나라를 망친 잘못은 王敦에게 있고 溫嶠에게 있지 않을 것이다. 그런데 지금 溫嶠가 구차하게 속임수를 써서 요행히 사직은 보존하였으나 바르지 못한 악명으로 군부를 욕되게 하였으니, 이로써 보면 晉나라를 위태롭게 한 자는 王敦이지만 晉나라를 욕되게 한 자는 溫嶠이다. 오십 보로써 백 보를 비웃는 것이니 서로의 거리가 얼마나 되겠는가.

世俗之說에 以爲君父在難에 若可圖全이면 詼譎邪枉도 靡所不可라하니 皆指嶠輩爲

法이라 抑不知吾身在難에 知自愛者必不敢設詐以自免이로되 至於君父在難하야는 則爲之하니 豈不謂以詐免身이면 則無以自解나 以詐免君父면 則可以歸之君父以自解耶아 是君父乃吾歸惡之地也니 是以所賤事君父也라 薄莫甚焉이라 隨會之過를 冠圓冠者[1] 擧知之나 至於溫嶠之事하얀 吾恐意在於忠孝而未嘗學者不幸而蹈其失이라 故論之以待後世君子하노라

1) 〔역주〕 冠圓冠者 : 事理에 통달한 儒者을 가리키는 말이다. ≪莊子≫ 〈田子方〉에 "儒者 冠圓冠者 知天時 履句屨者 知地形(儒者가 둥근 갓을 머리에 쓰고 있는 것은 天時를 아는 것을 상징하고, 네모난 신발을 신고 있는 것은 地形을 잘 아는 것을 상징한다.)"이라고 하였다.

세속의 말에 君父가 危難 중에 있을 때에 안전을 도모할 수만 있다면 어떠한 속임수나 부정한 방법을 써도 안 될 것이 없다고 하니, 이는 모두 溫嶠와 같은 무리를 가리켜 본보기로 삼은 것이다. 그러나 이는 아래와 같은 것을 모르는 것이다.

자기의 몸이 위난에 처했을 때에 자신의 명예를 아낄 줄을 아는 자는 반드시 감히 속임수를 써서 위난에서 벗어나려 하지 않지만 군부가 위난에 처했을 때는 속임수를 쓰니, 이는 어찌 속임수를 써서 자신이 위난에서 벗어나면 스스로 해명할 방법이 없으나 속임수를 써서 군부를 위난에서 벗어나게 하면 군부에게 책임을 돌리고 스스로 해명할 수 있다고 여겨서가 아니겠는가? 이는 군부를 바로 내가 죄악을 돌릴 수 있는 곳으로 여긴 것이다. 이는 천하게 여기는 것으로 군부를 섬기는 것이니 야박하기 그지없다. 隨會의 과실은 둥근 갓을 쓴 자(儒者)들이 모두 알고 있지만, 溫嶠의 일은 그의 뜻이 충효에 있었으므로 나는 아직 학문을 한 적이 없는 자들이 불행히도 그 과실을 답습할까 두렵다. 그러므로 이렇게 논하여 후세의 군자를 기다리노라.

20-04 魏壽餘履士會之足於朝[1] 魏壽餘가 秦나라 조정에서 士會의 발을 슬쩍 밟다

匪手携之라 言示之事며 匪面命之라 言提其耳[2]는 久矣니 夫喩人之難也라 我以爲羊腸한대 而彼方以爲衢道하고 我以爲烏喙한대 而彼方以爲稻粱하니 主涇賓渭하야 分騖(무)背馳라 奚適而能相喩哉리오 言者는 不知聽者之心하야 而每恨其悟之遲하고 聽者는 不知言者之心하야 而每駭其談之遽라 攻愈力에 閉愈堅하고 叩愈煩에 應愈怠라 南面而君 北面而臣과 東面而師 西面而徒에 所以百諫而不從하고 屢告而不入者는 職此

之由也라

1) 魏壽餘履士會之足於朝 : 註見上篇
　주석이 윗편(〈晉使魏壽餘僞以魏叛以誘士會〉)에 보인다.
2) 〔역주〕 匪手携之……言提其耳 : ≪詩經≫ 〈大雅 抑〉의 구절이다. ≪毛詩≫에 "이 시는 衛나라 武公이 厲王을 풍자하고, 또한 스스로 경계한 詩이다."라고 하였다.

〈≪詩經≫ 〈大雅 抑〉에〉 "손을 잡고 일러줄 뿐 아니라 일의 옳고 그름을 보여주며 대면해 가르칠 뿐 아니라 귀에 대고 말해주노라" 하였으니, 오래 되었도다. 사람을 깨우치기 어려움이여! 내가 이 길을 양의 창자〈처럼 꼬불꼬불한 오솔길이〉라고 하면 저 사람은 도리어〔方〕 사방으로 통하는 큰 길이라고 하고, 내가 이것을 烏喙(附子)라고 하면 저 사람은 도리어 稻粱이라 한다. 이는 마치 작은 涇水를 크다〔主〕고 하고 큰 渭水를 작다고 하여, 두 마리의 말이 서로 등지고 반대 방향으로 달리는 것과 같으니, 어떻게 서로 깨우칠 수 있겠는가. 말하는 자는 듣는 자의 심정을 모르고서 매양 그 깨달음이 더딘 것을 한스러워하고, 듣는 자는 말하는 자의 심정을 모르고서 매양 그 말이 빠른 데에 혼란스러워한다. 〈그의 닫힌 마음을 열어주기 위해〉 더욱 힘써 공격할수록 더욱 견고히 닫고, 더욱 자주 叩問할수록 더욱 게을리 대답한다. 南面하는 임금이나 北面하는 신하나 東面하는 스승이나 西面하는 제자가 백번을 간하여도 따르지 않고 자주 고해도 받아들이지 않는 까닭은 오로지 이 때문이다.

盖嘗觀魏壽餘之誘隨會컨대 一履其足而歸晉之機已傳하니 是獨何術而動物悟人如此其捷耶아 殆非壽餘術之工이라 乃隨會聽之切也라 會思晉之念이 如獸思壙하고 鳥思林하며 魚思淵이로되 蹩躠拘縶而不得騁이라가 一朝壽餘以歸晉之機動之하야 微見其端에 心領神受하야 舃交踵接에 閟策已通하니 庸非聽之切則得之速耶아 使會歸晉之念不切이면 則壽餘雖刺其股하고 搏其膺이라도 亦將撫機而不喩矣리라 歜職相感以一抶而商人戕[1)]은 蓄憾之切者也요 魏韓相警以一肘而智伯滅[2)]은 慮患之切者也며 餘會相悟以一履而去計定은 謀歸之切者也라 使數子者移蓄憾爲蓄德하고 移慮患爲慮善하며 移謀歸爲謀道면 則皆將默會至理於交臂目擊之間이리니 豈有告諄諄而聽藐藐者耶아 信矣라 切之一字誠入道之門也여

1) 歜職相感以一抶而商人戕 : 文十八年 齊懿公之爲公子也 與邴歜之父 爭田弗勝 及卽位 掘而刖之

而使歜僕 納閻職之妻而使職驂乘 夏五月 公游于申池 二人浴于池 歜以扑抶職 職怒 歜曰人奪女妻而不怒 一抶女庸何傷 職曰 與刖其父而弗能病者 何如 乃謀殺懿公 納諸竹中 歸舍爵而行

文公 18년의 일이다. 齊 懿公이 公子로 있을 때 邴歜의 아비와 土地를 다투었으나 이기지 못한 일이 있었다. 懿公은 卽位한 뒤에 〈邴歜의 아비의 尸體를 무덤에서〉 파내어 그 발목을 자르고는 그 아들 邴歜을 僕(御者)으로 삼았으며, 閻職의 아내를 奪取해〔納〕 제 여자로 삼고는 閻職을 驂乘으로 삼았다. 여름 5월에 懿公이 申池에서 水泳할 때 두 사람도 申池에서 목욕을 하였는데, 이때 邴歜이 말채찍으로 閻職을 치니 閻職이 노하였다. 그러자 歜이 "남이 네 아내를 빼앗아가도 노하지 않더니 너를 한 번 친 것이 뭐 그리 해로우냐?"고 하니, 閻職이 "제 아비의 발목을 잘랐는데도 怨恨을 품지 않는 자와 비교해 어떠하냐?"고 하였다. 두 사람은 이에 懿公을 弑害하여 그 尸體를 대밭 속에 버리고 돌아와 〈술을 마시고는〉 술잔을 내려놓고서 逃走하였다.(≪春秋左氏傳≫)

2) 魏韓相警以一肘而智伯滅 : 威烈二十三年 智伯求蔡皐狼之地於趙襄子 襄子弗與 智伯怒 帥韓魏之甲以攻趙氏 襄子乃走晉陽 三家以國人圍而灌之 城不浸者三版 智伯行水曰*1) 吾乃知水可以亡人國也 桓子肘康子 康子履桓子之跗 以汾水可以灌安邑 絳水可以灌平陽也*2) 趙襄子使張孟談潛出見二子 二子乃陰與張孟談約 爲之期日而遣之 襄子夜使人殺守隄之吏而決水灌智伯軍 智伯軍救水而亂 韓魏翼而擊之 遂殺智伯 盡滅其族

威烈王 23년의 일이다. 智伯이 蔡나라 皐狼의 땅을 趙襄子(無恤)에게 요구하였는데 襄子가 주지 않았다. 智伯이 노하여 韓氏·魏氏의 군대를 거느리고 趙氏를 공격하니, 襄子는 마침내 晉陽으로 도망하였다. 三家(韓, 魏, 智)가 온 나라 사람을 동원하여 晉陽城을 포위하고 물을 대니, 城이 물에 잠기지 않은 것이 세 版뿐이었다. 智伯이 물길을 순행하며 말하기를 "나는 이제야 물이 남의 나라를 멸망하게 할 수 있으리라는 것을 알았다."라고 하니, 魏桓子가 韓康子의 팔꿈치를 밀쳤고 韓康子는 魏桓子의 발등을 슬쩍 밟았다. 〈智伯의 말은 韓康子와 魏桓子에게〉 이는 汾水로 安邑을 물에 잠기게 할 수 있고, 絳水로 平壤을 물에 잠기게 할 수 있다는 말로 들렸기 때문이다. 趙襄子가 張孟談을 시켜 몰래 성을 나가 二子(魏桓子와 韓康子)를 만나 〈도움을 요청하니,〉 二子가 마침내 은밀히 張孟談과 약속하고는 날짜를 기약하고 張孟談을 돌려보냈다. 趙襄子가 밤에 사람을 시켜 제방을 지키는 관리를 죽이고 물을 터서 智伯의 軍中에 대니, 智伯의 군사들이 물에서 헤어 나오느라 혼란하였다. 韓氏와 魏氏가 좌우에서 공격하니, 마침내 智伯을 죽이고 智氏의 종족을 모두 멸하였다.(≪資治通鑑≫)

*1) 〔역주〕 智伯行水曰 : ≪資治通鑑≫ 威烈王 23년에 의하면 '智伯行水'와 '曰'사이에 '魏桓子御韓康子驂乘智伯'이 더 있다. 당시에 三家(韓, 魏, 智)가 趙襄子를 멸하고자 물길을 순행할 때에 이들이 함께 수레를 탔는데, 智伯은 尊者의 자리인 왼편에 있고 魏桓子와 韓康子는 智伯의 강성함을 두려워하여 魏桓子가 御者가 되고 韓康子가 車右가 되었다.

*2) 〔역주〕 桓子肘康子……絳水可以灌平陽也：桓子와 康子는 각각 韓康子와 魏桓子를 가리킨다. 安邑은 魏나라 초기 도읍지이며, 平陽은 韓나라 초기 도읍지로 주변에 각각 汾水와 絳水가 흐른다. 智伯의 말을 듣고 자신들의 도읍지도 趙襄子처럼 물바다가 될 것을 걱정하여 서로 눈짓을 한 것이다.

일찍이 魏壽餘가 隨會를 유인한 것을 관찰하건대 한번 그의 발을 슬쩍 밟자 晉나라로 돌아가자는 心機(계책)가 이미 전달되었다. 이는 무슨 방법이기에 사람을 동요시키고 깨우친 것이 이처럼 빨랐는가? 아마도 魏壽餘의 방법이 뛰어나서가 아니라 隨會의 소식을 듣고 싶어 하는 마음이 간절해서일 것이다. 隨會가 晉나라를 그리워하는 생각이 짐승이 광야를 그리워하고 새가 숲을 그리워하며 물고기가 심연을 그리워하는 생각과 같은데, 제지당하고 구속되어 달리지 못하다가 하루아침에 魏壽餘가 晉나라로 돌아가자는 계책으로 그를 감동시키기 위해 그 기미를 살짝 내보이자 隨會는 마음으로 알아차리고 정신으로 이해하여, 신발이 발꿈치에 닿자마자 閟策(秘策)이 이미 통하였으니, 이는 어찌 소식을 듣기를 바라는 마음이 간절하기 때문에 신속히 동요하고 깨우친 것이 아니겠는가.

智伯이 강물을 터서 晉陽城을 잠기게 하다
〔智伯決水灌晉陽〕

가령 隨會가 晉나라로 돌아갈 생각이 간절하지 않았다면 魏壽餘가 그의 다리를 찌르고 가슴을 쳤더라도 수회는 아마 기회가 닥쳤어도 깨닫지 못했을 것이다. 邴歜과 閻職은 채찍으로 한 번 채찍질하는 것으로 서로 감응하여 商人(齊 懿公의 이름)을 살해했으니 이는 원한이 쌓여 〈복수하고자 하는 마음이〉 간절했기 때문이고, 魏桓子와 韓康子는 한 번 팔꿈치를 치는 것으로 서로 경계하여 智伯을 멸망시켰으니 이는 환란을 우려하는 마음이 간절했기 때문이며, 魏壽餘와 隨會는 한 번 발을 밟는 것으로 서로 깨우쳐 秦나라를 탈출할 계획을 정하였으니 이는 돌아가기를 도모하는 마음이 간절했기 때문이다.

가령 이 몇 사람이 원한을 쌓는 마음을 바꾸어 德을 쌓고, 환란을 걱정하는 마음을 바꾸어 선행을 걱정하고, 돌아가기를 꾀하는 마음을 바꾸어 道를 꾀한다면, 모두 장차 어깨를 한번 스치고 눈으로 한번 바라보는 사이에 진리를 마음속으로 깨닫게 될 것이니, 어찌 고해주는 사람이 정성스레 가르치는데 듣는 자가 딴청을 부리는 일이 있겠는가? '切'이라는 한 글자가 진실로 道로 들어가는 門徑임을 믿을 수 있도다.

自孔孟(後而)〔而後〕[1]로 感發轉移之機不復(부)見於天下가 蓋數千年于此矣라 學者慨誦塵編하며 浩然歎息하야 以爲沒身不可復遇也라 抑不知道不可離요 理不可(忘)〔亡〕[2]이라 孔孟雖往이나 感發轉移之機가 豈隨孔孟而往哉리오 前觀之古하고 後觀之今하며 仰觀之朝하고 俯觀之野면 利害相激하고 事會相投하야 此機此理가 隨遇而發이라 下至於壟斷罔利之徒하얀 萬貨錯陳하고 五方畢會면 低昂盈縮하야 出沒變化가 一瞬未終이로되 彼此咸喩하야 相語不以口而以形하고 相視不以迹而以神이라 是廛肆市區가 皆處洙泗之濱하야 工賈商旅도 皆具游夏之用也라 擧目皆妙用이로되 而吾自不觀하고 盈耳皆(入)〔至〕[3]言이로되 而吾自不聽이라 終日與理遇오도 而反有不遇之嘆하니 噫라 理不遇人耶아 人不遇理耶아

1) 〔역주〕 (後而)〔而後〕: 저본에는 '後而'로 되어 있으나, 三民書局本에 의거하여 '而後'로 바로잡았다.

2) 〔역주〕 (忘)〔亡〕: 저본에는 '忘'으로 되어 있으나, 三民書局本에 의거하여 '亡'으로 바로잡았다.

3) 〔역주〕 (入)〔至〕: 저본에는 '入'으로 되어 있으나, 四庫全書本・三民書局本에 의거하여 '至'로 바로잡았다.

孔孟 이후로 감발하여 전이하는 작용이 다시 천하에 보이지 않은 지가 오늘까지 대략 수천 년이 되었다. 학자들은 개탄해가며 古書를 송독하고 크게 탄식하면서 종신토록 다시는 이런 일을 보지 못할 것이라고 한다. 그러나 이는 道는 떠나서는 안 되고,

理는 없을 수 없다는 것을 모른 것이다. 孔孟은 비록 가셨으나 감발하여 전이하는 작용까지 어찌 孔孟를 따라 멀리 갔겠는가? 먼저 古代를 살펴보고 뒤에 현재를 살펴보며 위로 조정을 살펴보고 아래로 초야를 살펴보면, 이해가 서로 부딪치기도 하고 일의 기회가 우연히 서로 부합하기도 하여 機와 理가 만남에 따라 발생한다.

아래로 유리한 곳에 자리를 잡아 시장의 이익을 망라하는 무리로 말하면 각종 화물을 뒤섞어 펼쳐놓고서 오방 사람들이 다 모이면 값을 올리기도 하고 내리기도 하며 물건을 채우기도 하고 줄이기도 하면서 이랬다저랬다 하는 변화가 한 순간도 마침이 없다. 그러나 저들은 피차 모두 그 의도를 알고서 서로 말을 해도 입으로 하지 않고 몸으로 하며 서로 볼 때도 자취(동작)로 하지 않고 표정으로 하니, 이는 가게와 시장이 모두 洙水와 泗水 가에 있어서 장인과 상인들도 모두 〈孔門의〉 子游와 子夏의 才用을 갖춘 것 같다. 눈을 뜨면 보이는 것이 모두 신묘한 작용인데 내 스스로 보지 않고, 귀에 가득한 것이 모두 至言인데 내 스스로 듣지 않으면서 종일 동안 眞理와 만나면서도 도리어 만난 적이 없다고 탄식하니, 아! 眞理가 사람을 만나지 못한 것인가, 사람이 진리를 만나지 못한 것인가.

20-05 趙盾納捷菑于邾 趙盾이 捷菑를 邾나라로 들여보내다

【左傳】 文十四年이라 邾文公元妃齊姜은 生定公하고 二妃晉姬는 生捷菑하다 文公卒에 邾人立定公하니 捷菑奔晉하다 趙盾以諸侯之師八百乘納捷菑于邾[1]하다 邾人辭曰 齊出玃且(확저)長이라하니 〔宣〕[2]子曰 辭順而弗從[3]이면 不祥이라하고 乃還하다

1) 〔역주〕 趙盾以諸侯之師八百乘納捷菑于邾 : 800乘은 60,000人이니, 힘이 넉넉함을 말한 것이다.〈杜注〉

2) 〔역주〕 〔宣〕 : 저본에는 '宣'이 없으나, ≪春秋左氏傳≫에 의거하여 보충하였다.

3) 〔역주〕 辭順而弗從 : 年長者를 嫡子로 세웠기 때문에 '辭順'이라고 한 것이다.〈杜注〉

文公 14년, 邾文公의 元妃 齊姜은 定公을 낳고, 二妃 晉姬는 捷菑를 낳았다. 邾文公이 卒하자 邾人이 定公을 세우니, 捷菑가 晉나라로 도망갔다. 晉나라 趙盾이 諸侯의 군대 800乘을 거느리고서 捷菑를 호송해 邾나라로 들여보내어 〈임금으로 세우게 하였다.〉 邾人이 辭絶하며 말하기를 "齊女가 낳은 玃且(定公)가 연장자이기 때문에 그를 임금으로 세웠다."고 하니, 宣子(趙盾)는 "말이 事理에 맞는다. 그런데도 따르지 않는다

면 상서롭지 못하다."고 하고서 還軍하였다.

物固有不可竝者라 一事而是非竝이면 擇一焉可也요 一人而褒貶竝이면 擇一焉可也라 參是於非하고 等褒於貶이면 則其論鬪鬩(혁)陵奪하야 無以自立於天下리라 信矣라 說之不可竝也여 竝其不可竝이 豈君子樂爲異論哉아 天下之言은 固有相反而不可相無者하니 殆未易(이)以前說律也라 是非有時而竝存하고 褒貶有時而竝立하니 異而同하고 舛而合하며 戾而順하고 睽而逆은 惟君子爲能言之요 君子爲能一之라

일에는 본래 함께 거론할 수 없는 것이 있다. 한 가지 일에 옳은 것도 있고 그른 것도 있다면 그중 하나를 선택해서 〈확정하는 것이〉 옳고, 한 사람에게 褒獎할 것도 있고 폄훼할 것도 있다면 그중 하나를 선택해서 〈결정하는 것이〉 옳다. 만약 옳고 그름을 뒤섞고 褒獎할 일과 폄훼할 일을 대등하게 논한다면 그 논평은 서로 모순되고 서로 공격적이어서 천하에 스스로 논리를 세울 수 없을 것이다. 진실이로다! 논설에는 是非를 함께 들어 논해서는 안 됨이여! 함께 거론하지 말아야 할 것을 함께 거론하는 것이 어찌 군자가 논의를 달리하기를 즐겨서이겠는가.

그러나 천하의 언론에는 본래 서로 반대이지만 서로 없어서는 안 될 것이 있으니, 아마도 〈하나를 선택해야 한다고 한〉 앞의 말로 쉽게 기준을 삼아서는 안 될 듯하다. 때로는 옳고 그름과 포장과 폄훼가 함께 존재하니, 다르면서 같고, 어긋나면서 부합하며, 사나우면서 순응하고, 반목하면서 맞이하는 것은 오직 군자만이 이 이치를 말할 수 있으며 군자만이 이를 동일하게 볼 수 있다.

晉趙盾以諸侯之師로 納捷菑于邾에 鳴鐘擊鼓하며 至其城下나 屈於邾人長少之義하야 徒手而還하니 責之者는 咎其知之晩하고 獎之者는 歎其改之勇이라 論者莫能竝也나 吾以爲二說要當兩行然後可라 治疾欲速은 愈久愈侵이요 知非欲蚤는 愈久愈謬라 由是說이면 則盾可責이니 遇過之尙淺者면 盍以此警之리오 已成之疚는 難望其瘳요 已成之非는 難望其革이라 由是說이면 則盾可獎이니 遇過之旣深者면 盍以此誘之리오 用前說警過之淺者하야 使不敢自堅하고 用後說誘過之深者하야 使不至自棄니 缺一焉可乎哉아

晉나라 趙盾이 諸侯의 군대를 거느리고서 捷菑를 호송해 邾나라로 들여보낼 때 종을

울리고 북을 치며 성 아래에 이르렀으나, 邾人의 '적장자를 임금으로 세운다는 의리〔長少之義〕'에 굴복하여 빈손으로 돌아왔으니, 그를 질책하는 자는 그가 잘못을 늦게 안 것을 허물하고 그를 칭찬하는 자는 그가 잘못을 고친 용기에 감탄한다. 논평하는 자는 누구도 〈질책과 칭찬 두 설을〉 병합해 논하지 못하였으나, 나는 이 두 설이 兩行(어느 쪽도 편들지 않고 사리를 따져 동시에 論及함)한 뒤에야 타당하다고 생각한다.

병을 빨리 치료하고자 하는 것은 오래될수록 병이 더욱 심해지기 때문이고, 잘못을 빨리 알고자 하는 것은 오래될수록 더욱 잘못되기 때문이다. 이로써 논하면 趙盾은 질책할 만하니 허물이 아직 경미한 자를 만나면 어찌 이것으로 경계하지 않겠는가? 이미 생긴 고질병은 쾌유를 기대하기 어렵고 이미 조성된 잘못은 고치기를 기대하기 어렵다. 이로써 말하면 趙盾은 칭찬할 만하니 허물이 이미 심각한 자를 만나면 어찌 이것으로 인도하지 않겠는가? 前說을 가지고 허물이 경미한 자를 경계하여 그로 하여금 감히 스스로 고집을 부리지 못하게 하고, 後說을 가지고 허물이 심각한 자를 인도하여 그로 하여금 자포자기하지 못하게 해야 하니, 이 두 가지 중에 한 가지라도 없으면 되겠는가.

苟徒執一說이면 **沒其奬而專其責**하야 **以謂盾也受愬之時**에 **弗詢弗考**하고 **發命之時**에 **弗慮弗圖**하야 **內興車甲**하고 **外勤諸侯**하야 **跋履山川**하야 **傳其國都而後反**하니 **盾意雖回**나 **而旣憊之力**과 **旣費之財**를 **終不可回也**라 **悔於邾**가 **不若悔於晉**이요 **悔於郊**가 **不若悔於都**요 **悔於朝**가 **不若悔於室**이라 **其悔彌遠**이면 **其失彌多**니 **改過雖美**라도 **豈如無過之可改爲快哉**아

만일 한 가지 기준만을 고집한다면 칭찬할 만한 일은 묻어두고 오로지 질책할 점만을 들어 이렇게 비난한다. 趙盾은 처음 〈捷菑의〉 하소연을 들었을 때에 묻지도 않고 조사도 하지 않았고 출병을 명할 때도 깊은 생각과 원대한 計謀도 없이, 안으로 거마와 갑병을 일으키고 밖으로 제후의 군대를 勤勞시켜 산을 넘고 내를 건너 〈邾나라〉 國都에 다다른 뒤에 〈빈손으로〉 돌아왔다. 趙盾이 비록 생각을 바꾸어 회군하였으나, 이미 지친 병력과 이미 허비한 재물은 끝내 만회할 수 없다.

邾나라에 가서야 후회하는 것이 晉나라에 있을 때 후회하는 것만 못하고, 遠郊에 가서야 후회하는 것이 國都에 있을 때 후회하는 것만 못하며, 조정에서 후회하는 것이

室內에 있을 때 후회하는 것만 못하다. 후회하는 장소가 멀어질수록 실수가 더욱 많아지니, 허물을 고치는 것이 설령 아름다운 일이라 해도 어찌 고칠 만한 허물이 없는 상쾌함만 하겠는가.

嗚呼라 **無疾則不必醫**하고 **無過則不必論**이라 **醫爲病設**이요 **論爲過設**이라 **使盾審之於初**하야 **師不出**하고 **過不形**이면 **則亦何論之有**리오 **惟其陷而能拔**하고 **迷而能反**하야 **棄前日之勞**하고 **成今日之決**하니 **此奬之之說**을 **所以不可偏廢也**라 **一言之尤**와 **一筆之誤**도 **或者猶諱其短而遂成之**온 **況盾以明主之令**과 **八百乘之賦**로 **反見阻於蕞爾小國**이라 **驅馳暴露之疲**와 **餫**(운)**饋屝屨之耗**와 **侯甸男邦之訾**에도 **勇於從義**하야 **皆不暇顧**하니 **是豈碌碌凡子所能(辨)〔辦〕**[1]**乎**아 **戲之代括**[2]하고 **突之攘忽**[3]하니 **以强脅弱**은 **自古而然**이라 **盾若挾晉之威**하야 **援周宋之比**면 **邾將覆亡之不暇**리니 **何力之敢抗**이리오 **今見義之大**하고 **而忘邾之小**하며 **不念前功之可惜**하고 **惟知今失之當除**하니 **盾之大過人者此也**라

1) 〔역주〕 (辨)〔辦〕 : 저본에는 '辨'으로 되어 있으나, 三民書局本에 의거하여 '辦'으로 바로잡았다.

2) 〔역주〕 戲之代括 : 戲와 括은 魯나라 武公의 두 아들로 括이 형이고 戲가 동생이다. 魯 武公이 두 아들을 데리고 周 宣王을 알현하니 宣王이 주변의 간언에도 불구하고 戲를 세우라고 하였다. 그러므로 동생인 戲가 魯君이 되었으니, 이가 懿公이다. 뒤에 魯人이 懿公을 시해하고 장자인 括을 세우니 이가 魯 孝公이다.

3) 〔역주〕 突之攘忽 : 突과 忽은 춘추시대 鄭 莊公의 두 아들로 忽이 형이고 突이 동생이다. 莊公이 죽자 太子 忽이 즉위하였으니, 이가 昭公이다. 突은 宋나라의 외손이다. 宋나라는 鄭나라 卿 祭仲이 忽을 세웠다는 말을 듣고, 祭仲을 宋나라로 유인해와서 잡아가두고는 突을 세우지 않으면 죽이겠다고 협박하였다. 이때 宋나라는 강하고 鄭나라는 약했으므로 祭仲은 부득이 突을 세웠으니, 이가 厲公이다. 이 소식을 들은 昭公은 衛나라로 망명하였다. ≪史記≫ 〈鄭世家〉에 자세히 보인다.

아! 병이 없으면 의원이 필요치 않고 허물이 없으면 논평이 필요치 않다. 醫療는 병 때문에 마련되고 논평은 허물 때문에 마련된 것이다. 가령 趙盾이 초기에 잘 살펴서 군대가 출동하지 않고 허물이 형성되지 않았다면 또한 무슨 논평할 것이 있겠는가. 오직 그가 허물에 빠졌으나 스스로 벗어나고 미로를 헤맸으나 능히 돌아와서 전일의 노

고를 버리고 오늘의 결단을 이루었으니, 이것이 그를 칭찬하는 말을 偏廢(이것만 거론하고 저것은 버림)할 수 없는 이유이다.

한마디 말의 허물이나 짧은 한 문단의 오류에 대해서도 어떤 이는 오히려 그 결점을 숨기고서 마침내 허물로 만드는데, 하물며 趙盾이 현명한 군주의 명령으로 800乘의 군대를 거느리고도 도리어 보잘것없는 작은 나라에 저지를 당한 것이겠는가. 말을 달리며 야영하는 피곤과 군수품을 운반하고 사용하는 소모와 여러 제후들의 비난에도 용감하게 義를 따르고 〈나머지는〉 모두 돌아볼 겨를을 두지 않았으니, 이것이 어찌 평범한 사람이 할 수 있는 바이겠는가.

〈周 宣王은〉 戱를 세워 括을 대신하게 하고, 〈宋나라는〉 突을 세워 忽의 자리를 빼앗게 하였으니, 강한 형세를 이용해 약한 자를 위협하는 것은 예로부터 그러했다. 만약 趙盾이 晉나라의 위세를 믿고 周나라와 宋나라가 했던 일을 끌어다가 비교해서 처리하였다면 邾나라는 망하기에도 겨를이 없을 것인데 무슨 힘이 있어 감히 반항하였겠는가. 그런데 지금 義의 위대함만 보고 邾나라의 약소함은 잊었으며, 前功이 애석한 것은 생각지 않고 오직 지금의 잘못을 제거함이 마땅한 줄만 알았으니, 趙盾이 사람들보다 크게 뛰어난 점이 바로 이것이다.

盖嘗觀戰國之際컨대 諸子蠭起나 終身蔽蒙者는 置不足議라 至若宋(硜)〔牼〕[1]淳于髡之徒하얀 皆親嘗爲孟子之所折壘摧陣衂(뉵)矣나 終不肯幡然儒服하고 竟自名其家하니라 是非不知操術之誤나 反顧平生肄習之勤하야 未能決然捨也라 彼於呻吟佔畢間에도 尙戀戀不肯棄온 況興師之衆으로 征伐之重乎아 奬盾之義를 宜吾之不敢廢也로다 吾嘗歷考世變컨대 冒甚厚之名은 必就甚厚之實하고 辭甚厚之實은 必避甚厚之名하니 其避其就가 不出名實之兩端而已라 盾之退師가 將以避名耶ㄴ댄 則有輕率之(機)〔譏〕[2]요 將以就實耶ㄴ댄 則無錙銖之獲하니 所避非名이면 則避者果何事며 所就非實이면 則就者果何物고 學者嘗試思之어다

1) 〔역주〕 (硜)〔牼〕 : 저본에는 '硜'으로 되어 있으나, 四庫全書本에 의거하여 '牼'으로 바로잡았다.

2) 〔역주〕 (機)〔譏〕 : 저본에는 '機'로 되어 있으나, 四庫全書本에 의거하여 '譏'로 바로잡았다.

일찍이 戰國時代를 살펴보건대 諸子百家가 벌떼처럼 일어났으나 종신토록 邪說에 속

은 자들은 의론할 가치도 없다. 그러나 〈변설가인〉 宋牼이나 淳于髡 같은 무리로 말하면 모두 일찍이 직접 孟子에게 성루가 무너지고 戰陣이 꺾이는 패배를 당하였으되, 끝까지 자신의 주장을 바꾸어 儒者의 옷으로 갈아입으려 하지 않고, 마침내 스스로 학파를 命名하였다. 이는 자기의 학술이 옳지 않음을 모른 것이 아니라, 자신이 평생동안 부지런히 익혀온 것을 회고하며 결연히 버릴 수가 없었던 것이다. 저들은 簡編을 읽고 읊조리는 사이에도 오히려 연연해하며 버리려 하지 않았는데, 하물며 많은 군대를 거느리고 정벌하는 중대한 일은 〈그 결정을 번복함이〉 어떠하였겠는가. 그러므로 趙盾의 의로움을 칭찬하는 것을 내가 감히 폐기하지 못하는 것이 당연하다.

내가 일찍이 세상의 변화를 두루 고찰하건대 두터운 명성을 假冒하는 자는 반드시 두터운 이익을 구하고, 두터운 이익을 사양하는 자는 반드시 두터운 명성을 피한다. 피함과 구함은 名과 實 두 가지에서 벗어나지 않을 뿐이다. 趙盾이 군대를 물린 것이 혹시〔將〕 명성을 피하기 위한 것이었다면 경솔하다는 비난을 받았을 것이고, 혹시 실리를 취하기 위한 것이었다면 한 푼의 수확도 없었을 것이다. 피한 것이 명성이 아니라면 피한 것이 과연 무슨 일이며, 구한 것이 實利가 아니라면 취한 것이 과연 무슨 일이란 말인가. 學者는 한번 생각해볼지어다.

20-06 周公王孫蘇訟于晉　周公이 王孫 蘇를 상대로 晉나라에 訴訟을 제기하다

【左傳】 文十四年이라 周公將與王孫蘇訟于晉[1)]하니 王叛王孫蘇하고 而使尹氏與聃啓訟周公于晉[2)]하다 趙宣子平王室而復之[3)]하다

1) 〔역주〕 周公將與王孫蘇訟于晉 : 周 頃王이 죽은 뒤에 周公 閱과 王孫 蘇가 정권을 다투어, 周公 閱이 王孫 蘇를 상대로 晉나라에 소송을 제기하고자 한 것이다.
2) 〔역주〕 使尹氏與聃啓訟周公于晉 : 訟은 辯護〔理之〕하는 것이다. 尹氏는 周나라 卿士이고 聃啓는 周나라 大夫이다.〈杜注〉
3) 〔역주〕 復之 : 다시 和親하게 한 것이다.〈杜注〉 復은 '다시'의 뜻이 아니라 回復의 뜻이다. 宣子가 王과 王孫의 사이를 和解시켜 각각 제자리로 돌아오게 했다는 말이다.

文公 14년, 周公이 王孫 蘇를 상대로 晉나라에 訴訟을 제기하려 하니, 匡王은 王孫 蘇를 배반하고서 尹氏와 聃啓를 晉나라에 보내어 周公을 辯護〔訟〕하게 하였다. 趙宣子는 王室을 和平시켜 각각 제자리로 돌아오게 하였다.

【主意】周之二臣有訟에 不之王而之晉은 是周之大權已失이니 雖存而實亡矣라 然晉可取而不取者는 則以周之微弱하야 下儕小國하야 而無可取者也니라

周나라의 두 신하가 송사를 하려 할 적에 王에게로 가지 않고 晉나라로 갔으니 이는 周나라가 대권을 이미 상실했기 때문이다. 왕실은 비록 존재하고 있으나, 실제로 망한 것과 일반이었다. 그러나 晉나라가 〈周나라를〉 취할 수 있는데 취하지 않은 것은, 周나라가 미약해서 아래에 있는 작은 나라들이나 다를 것이 없었으므로 취할 만한 가치가 없기 때문이었다.

昔者에 文王聽虞芮之訟에 而商道始衰[1)]라 聽訟非文王之心也[2)]라 東冰西炭이면 凍者不得不西요 左淵右陸이면 溺者不得不右라 虞芮之訟에 文王未嘗招之使來라 蓋麾之不能去也리라 文王雖不與虞芮期로되 而虞芮自至[3)]라 故議者以二國之向背로 筮商周之興亡也[4)]라 舜避朱[5)]하고 禹避均[6)]하고 益避啓[7)]하야 其辭其受[8)]에 未嘗不視獄訟之所歸以爲決[9)]이라 虞芮之訟[10)]에 近捨朝歌하고 而遠趍豐鎬[11)]하니 彼紂雖屈强於酒池肉林間[12)]이나 直寄坐焉耳[13)]라 吾嘗持是而觀後世隆替之由[14)]하니 權在則昌[15)]하고 權去則亡[16)]하야 未有失其權而國不隨亡者也[17)]라

1) 昔者……而商道始衰：虞芮之君 相與爭田 久而不平 乃往質於西伯 詩大雅所謂虞芮質厥成[*)] 卽此事也

虞와 芮의 임금이 토지문제로 서로 분쟁하여 오래도록 해결이 되지 않으니, 이에 西伯(文王)에게 가서 판결해주기를 청하였다. ≪詩經≫ 〈大雅〉에 "虞와 芮가 그 화평을 이루었네." 라고 한 것이 바로 이 일이다.

*) 〔역주〕 詩大雅所謂虞芮質厥成：≪詩經集傳≫ 〈大雅 綿〉에 "虞, 芮는 두 나라의 이름이다. 質은 질정이고, 成은 분쟁을 화평하게 하는 것이다. 傳에 이르기를 '虞, 芮의 군주가 서로 토지를 다투어 오래되어도 분쟁을 해결하지 못하였다. 이에 서로 더불어 周나라에 조회하려고 그 국경에 들어가보니, 밭가는 자들은 밭두둑을 사양하고 길가는 자들은 길을 사양하며, 邑에 들어가보니 男女가 서로 길을 달리하고 斑白이 된 자가 짐을 들거나 끌지 아니하며, 조정에 들어가보니 士는 大夫가 되기를 사양하고 大夫는 卿이 되기를 사양하였다. 이에 두 나라의 군주가 감동하여 서로 이르기를 「우리들은 小人이니, 君子 나라의 경계를 밟을 수 없다.」 하고는 서로 사양하여 다투던 토지를 閒田〔묵는 밭〕으로 만들고 물러갔다. 천하에서 이 말을 듣고 周나라로 귀의한 것이 40여 國이었다.' 하였다."라고 하였다.

2) 聽訟非文王之心也：文王何心聽二國之訟

'文王이 무슨 마음으로 두 나라의 쟁송을 판결했겠느냐'는 말이다.

3) 文王雖不與虞芮期 而虞芮自至：時商紂無道 文王有聖德 所以人心自歸

당시에 商紂는 無道하고 文王은 聖人의 德이 있었기 때문에 인심이 저절로 귀의한 것이라는 말이다.

4) 故議者以二國之向背 筮商周之興亡也：獄訟者 不之商而之周 則商亡而周興也決矣

獄訟을 하는 자가 商나라 조정으로 가지 않고 周나라로 갔으니, 이는 商나라가 망하고 周나라가 일어난 것이 분명하다는 말이다.

5) 舜避朱：堯薦舜於天 堯崩 舜避堯之子丹朱於南河之南

堯임금이 舜임금을 하늘에 추천하였는데 堯임금이 붕어하자 舜임금은 南河의 남쪽으로 가서 堯임금의 아들인 丹朱를 피하였음을 이른다.

6) 禹避均：舜薦禹於天 舜崩 禹避舜之子商均於陽城

舜임금이 禹임금을 하늘에 추천하였는데 舜임금 붕어하자 禹임금은 陽城으로 가서 舜임금의 아들인 商均을 피하였음을 이른다.

7) 益避啓：禹薦益於天 禹崩 益避禹之子啓於箕山之陰

禹임금이 益을 하늘에 추천하였는데 禹임금이 붕어하자 益은 箕山의 북쪽으로 가서 禹임금의 아들인 啓를 피하였음을 이른다.

8) 其辭其受：益卒辭天下而舜禹受之

益은 마침내 天下를 사양했으나 舜임금과 禹임금은 천하를 받았다.

9) 未嘗不視獄訟之所歸以爲決：朝覲訟獄 之舜之禹 故舜禹有天下 朝覲訟獄者 不之益而之啓 故益不有天下 用此事証文王聽訟事極明

朝覲하는 자와 訟獄하는 자가 舜임금에게로 가고 禹임금에게로 갔기 때문에 舜임금과 禹임금이 천하를 소유하였고, 朝覲하는 자와 訟獄하는 자가 益에게로 가지 않고 啓에게로 갔기 때문에 益이 天下를 소유하지 못하였다는 말이다. 이 일로 文王이 聽訟한 일을 징험하는 것이 매우 분명하다.

10) 虞芮之訟：爭田

토지문제로 분쟁한 것이다.

11) 近捨朝歌 而遠趍豐鎬：朝歌 商紂所都 豐鎬周二邑名 言虞芮不近訟於商 而遠訟於周也

朝歌는 商나라 紂王의 도읍지이고, 豐과 鎬는 周나라의 두 邑 이름이니, 虞와 芮가 가까이 있는 商나라에 송사를 제기하지 않고 멀리 있는 周나라에 송사를 제기했다는 말이다.

12) 彼紂雖屈强於酒池肉林間：屈其勿反 ○紂無道作酒池肉林

屈(倔)은 其와 勿의 반절로 읽는다. ○紂王이 무도하여 酒池肉林을 만들었다는 말이다.

13) 直寄坐焉耳：言人心已離 大權已失也

人心이 이미 떠나고 큰 권력을 이미 잃었다는 말이다.

14) 吾嘗持是而觀後世隆替之由：隆替 猶興廢也 轉入本題意

隆替는 興廢와 같은 말이다. 문장을 전환하여 본편의 뜻으로 들어갔다.

15) 權在則昌：大權在己則盛

큰 권력이 자기에게 있으면 흥성한다는 말이다.

16) 權去則亡：大權去之則亡

큰 권력이 없어지면 망한다는 말이다.

17) 未有失其權而國不隨亡者也：已上三句 終篇主意

이상의 세 구절은 본편을 마치는 主意이다.

옛날에 文王이 虞와 芮의 訟事를 심리한 것은 商나라의 國運이 衰微하기 시작했기 때문이니, 訟事를 심리한 것은 文王의 본심이 아니었다. 동쪽(商紂)은 얼음처럼 차고 서쪽(文王)은 숯불처럼 따뜻했으니 추위에 언 자들이 서쪽으로 가지 않을 수 없고, 왼쪽은 깊은 물이고 오른쪽에 육지이니 물에 빠진 자들이 오른쪽으로 가지 않을 수 없었다. 虞와 芮가 송사하기 위해 온 것은 文王이 일찍이 그들을 불러서 오게 한 것이 아니라 아마 물리쳐도 그들이 가지 않은 것이리라. 文王이 虞·芮와 약속하지 않았는데도 虞·芮가 스스로 온 것이므로 평론가들은 이 두 나라의 向背를 가지고 商나라와 周나라의 興亡을 점쳤던 것이다.

舜임금이 丹朱를 피하고 禹임금이 商均을 피하고 益이 啓를 피하였을 적에 〈천하를〉 사양하고 받는 것을 쟁송하는 사람이 귀의하는 것을 살펴 결정하지 않은 적이 없었다. 虞와 芮가 소송을 가까이 있는 〈商나라의 도읍인〉 朝歌에 제기하지 않고 멀리 있는 〈周나라의 도읍인〉 豐·鎬로 가서 제기한 것은, 저 紂王이 비록 酒池肉林 사이에서 위세를 부리지만 사실은 〈아무 권한 없이〉 그저 자리에만 앉아 있을 뿐이라는 것을 〈알았기 때문이다.〉 내 일찍이 이로써 후세의 국가가 흥성하고 쇠퇴한 이유를 살펴보니 권력이 수중에 있을 때에는 국가가 번창하고 권력이 떠난 때에는 국가가 멸망하였으니, 권력을 잃고도 그 나라가 뒤이어 망하지 않은 경우는 없었다.

周道旣降[1)]에 **孱王僕臣**[2)]이 **不能主方夏之柄**[3)]하야 **儕於列國**[4)]이러니 **至匡王之世**하얀 **則殆甚焉**[5)]이라 **周公**은 **大臣也**[6)]요 **王孫蘇**는 **卿士也**[7)]로되 **二臣有訟**[8)]에 **不之王而之晉**[9)]이라 **君天下者**는 **尙將照臨萬國**[10)]하야 **大明淑慝**[11)]하야 **外薄海表**[12)]히 **咸得其**

職[13)]이어늘 今至不能尸堦戺(계사)之訟[14)]하니 則國之置王果何用乎[15)]아 虞芮介然遠國矣[16)]로되 其質成於周[17)]하니 議者尙爲商危之[18)]하니라 向若飛廉惡來가 內相忿競[19)]하야 棄紂而卽文[20)]이면 紂雖無道나 亦未必能堪也[21)]리라 匡王愔然坐視[22)]하야 不惟不駭[23)]라 反使人於晉하야 助所厚者之訟[24)]코도 惴惴然恐其不伸[25)]이라 巍然被袞[26)]하고 號稱天子[27)]가 顧乃企足矯首하야 待晉之予奪하야 以爲輕重[28)]하니 何其衰也[29)]오 是周之危過於商[30)]이요 而匡王之無恥甚於紂也[31)]라

1) 周道旣降 : 入本 虞書曰道有升降*)

〈여기부터〉 본편의 일로 들어간다. 〈虞書〉에 "道에는 오르내림이 있다."고 하였다.

*) 〔역주〕 虞書曰道有升降 : 통행본 ≪書經≫에는 해당 내용이 〈周書 畢命〉에 수록되어 있다.

2) 孱王僕臣 : 天子弱 群臣微

천자가 약하면 여러 신하들이 쇠잔하다는 말이다.

3) 不能主方夏*)之柄 : 中國權柄 不在於內

중국의 권력이 국내에 있지 않다는 말이다.

*) 〔역주〕 方夏 : 중화의 각국을 이르는 말이다.

4) 儕於列國 : 下同列國之侯

아래로 열국의 제후와 같다는 말이다.

5) 至匡王之世 則殆甚焉 : 是年匡王初立 而周公與王孫蘇政

이해에 匡王이 갓 즉위하여 周公과 王孫 蘇가 정치에 관여하고 있었다는 말이다.

6) 周公 大臣也 : 爵爲公而采地於周

〈周公은〉 爵位가 公이고 周를 采地로 봉해 받은 자이다.

7) 王孫蘇 卿士也 : 天子之孫曰王孫 蘇 其名也 周士八蘇之官*)

天子의 손자를 王孫이라한다. 蘇는 그의 이름이다.

*) 〔역주〕 周士八蘇之官 : 未詳이다.

8) 二臣有訟 : 爭政

정권을 다툰 것이다.

9) 不之王而之晉 : 又有甚於虞芮

虞나라와 芮나라가 분쟁한 것보다 더 심한 것이 있다는 말이다.

10) 君天下者 尙將照臨萬國 : 天子當與日月同明 無遠不照

天子는 마땅히 日月과 같이 밝아서 멀다고 비추지 않음이 없다는 말이다.

11) 大明淑慝 : 分別善惡

善과 惡을 분별할 줄 안다는 말이다.

12) 外薄海表：其外至於四海之隅

그 밖은 사해의 모퉁이까지 이른다는 말이다.

13) 咸得其職：使物物得其所

모두가 제자리를 얻게 한다는 말이다.

14) 今至不能尸堦陀(계사)之訟：今朝廷之上公卿有爭 而匡王不能主之

지금 조정에서 公卿들이 정권을 다투고 있으나 匡王은 이를 주관할 수 없다는 말이다.

15) 則國之置王果何用乎：何取其爲天子

어디에서 그가 天子임을 취하겠느냐는 말이다.

16) 虞芮介然遠國矣：二國僻遠 非元朝公卿比

두 나라는 먼 궁벽한 곳에 있으니 큰 조정의 公卿에 비할 바가 아니라는 말이다.

17) 其質成*) 於周：以王事訟於周

王事를 周나라에서 請訟하고자 한 것이다.

*) 〔역주〕 質成：제삼자에게 본인 사건의 시비를 판단하여 공정하게 판결해주기를 청하는 것이다.

18) 議者尙爲商危之：危大權之去商

큰 권력이 商나라를 떠남을 위태롭게 여긴 것이다.

19) 向若飛廉惡來*) 內相忿競：假使紂之二臣有爭

'가령 紂王의 두 신하가 다툼이 있다면'의 뜻이다.

*) 〔역주〕 飛廉惡來：飛廉과 惡來는 紂王의 신하이다. 飛廉은 달리기를 잘해 紂王에게 등용되었고, 그의 아들 惡來도 재주가 있어 周王에게 등용되었다.

20) 棄紂而卽文：亦如周公王孫蘇之卽晉

또한 周公과 王孫 蘇가 〈청송하기 위해〉 晉나라로 간 것과 같다는 말이다.

21) 紂雖無道 亦未必能堪也：亦必不能堪忍

반드시 容忍할 수 없었을 것이라는 말이다.

22) 匡王憎然坐視：吾二臣訟於晉而不以爲怪

자기의 두 신하가 晉나라로 가서 청송하고자 하는 것을 괴이하게 여기지 않았다는 말이다.

23) 不惟不駭：不以權之去己爲懼

권력이 자기에게서 떠나는 것을 두려워하지 않았다는 말이다.

24) 反使人於晉 助所厚者之訟：見本題 出處妙

본편의 《春秋左氏傳》 출처에 보인다. 처세가 신묘하다.

25) 惴惴然恐其不伸：唯恐周公之訟不勝

오직 周公이 쟁송에서 이기지 못할까 두려워한 것이다.

26) 巍然被袞：袞冕 王者之服

袞冕은 王者의 복식이다.

27) 號稱天子：有代天作子之名

하늘을 대신하여 '天子'라는 이름이 지어지게 된 것이라는 말이다.

28) 顧乃企足矯首……以爲輕重：不能自斷其臣之爭 而取決於伯(패)者之國

자기 신하의 다툼을 스스로 결단하지 못하고 霸者國에게서 판결을 취했다는 말이다.

29) 何其衰也：深責匡王

匡王을 깊이 꾸짖는 말이다.

30) 是周之危過於商：與前議者爲商危之相應

앞의 '의논하는 자들은 商나라를 위해 위태롭게 여겼다.'라는 말과 서로 호응한다.

31) 而匡王之無恥甚於紂也：與前紂未必能堪相應

앞의 '紂王은 그대로 용인하지 않았을 것이다.'라는 말과 서로 호응한다.

周나라의 道(국운)가 쇠퇴한 뒤로 잔약한 임금과 노복 같은 신하들이 중국의 정권을 주관할 수 없어서 〈그 지위가〉 아래로 열국과 같았더니 周 匡王의 시대에 이르러서는 더욱 심해졌다. 周公 說은 大臣이고 王孫 蘇는 卿士인데 두 신하 사이에 쟁송이 있자 匡王에게 가서 제소하지 않고 晉나라로 가서 제소하였다. 천하를 통치하는 天子는 오히려 萬國을 비추어 옳고 그름을 크게 밝히고 밖으로는 四海의 모퉁이에 이르기까지 모두 그 직책을 얻게 해야 하는데, 지금은 조정 안의 송사도 주관할 수 없는 데 이르렀으니 나라에서 왕(천자)을 세운들 과연 어디에 쓰겠는가?

虞와 芮는 멀리 떨어져 있는 나라인데도 그들이 周나라에 가서 質成하니, 의논하는 자들은 오히려 商나라를 위해 위태롭게 여겼다. 그때 가령 飛廉과 惡來가 나라 안에서 서로 분쟁을 일으켜 〈質成하기 위해〉 紂王을 버리고 文王에게로 갔다면 紂王이 아무리 無道했어도 반드시 그 치욕을 견딜 수 없었을 것이다. 그런데 匡王은 평온하게 앉아서 구경만 하고 놀라지 않았을 뿐만 아니라, 도리어 晉나라에 사람을 보내어 자신과 친분이 두터운 자(周公 說)의 소송을 돕게 하면서도 그가 소송에 이기지 못할까 두려워했다. 고귀한 왕위에 앉아 곤룡포를 입고 天子로 불리는 분이 도리어 발돋움을 하고 목을 빼고서 晉나라의 판결을 기다려 경중을 삼고자 했으니 어쩌면 그렇게도 쇠퇴하였는가? 이것이 바로 周나라의 위태로움이 商나라보다 심하고, 匡王의 無恥가 紂王보다 심한 것이다.

周之積敝가 甚於商季[1]로되 何爲當亡而不亡[2]이며 晉侯之小心이 不及〔於〕文王[3]이로되

何爲可取而不取[4)]아 **盖嘗思其故矣**[5)]노라 **紂之季年**[6)]엔 **雖三分失其二**[7)]나 **然威令尙行境內**[8)]하고 **凶虐尙能及人**[9)]이라 **故民不堪其暴**하야 **而共亡之**[10)]하니라 **晚周之微**[11)]엔 **門內小訟**[12)]도 **猶不得專**[13)]하니 **雖欲淫侈**ㄴ들 **誰聽其掊克**[14)]이며 **雖欲殘酷**인들 **誰受其指令**[15)]가 **其起其仆**[16)]이 **近不係斯民之休戚**[17)]하고 **遠不係諸侯之强弱**[18)]하니 **晉雖陽尊貌敬**[19)]이나 **實不過以邾莒遇之耳**[20)]니 **何嫌何疑而遽欲墟之哉**[21)]아 **故周非不亡**이라 **無可亡也**[22)]며 **晉非不取**라 **不足取也**[23)]니라

1) 周之積敝 甚於商季：積敝 謂敗壞也 承上文意反難

積敝는 망하고 무너짐을 이른다. 윗글의 뜻을 이어 반론하였다.

2) 何爲當亡而不亡：設問周何以不亡

周나라가 어찌 망하지 않았는지 문제를 제기한 것이다.

3) 晉侯之小心 不及〔於〕*)文王：文王有事君之小心 故雖三分天下有其二 而猶以服事商

文王에게는 임금을 섬기는 조심스러움이 있었기 때문에 비록 천하를 삼등분하여 그중 둘을 소유하였어도 오히려 商나라를 복종하여 섬겼다는 말이다.

*) 〔역주〕〔於〕: 저본에는 '於'가 없으나, 四庫全書本 · 三民書局本에 의거하여 보충하였다.

4) 何爲可取而不取：設問晉侯何爲不伐周而取之

晉侯가 어찌 周나라를 쳐서 취하지 않았는지 문제를 제기한 것이다.

5) 盖嘗思其故矣：解說

이에 대해 설명하겠다는 말이다.

6) 紂之季年：末年

〈紂王의 재위〉 말년이라는 말이다.

7) 雖三分失其二：二分爲周所有

〈천하의〉 삼분의 이는 周나라의 소유가 되었다는 말이다.

8) 然威令尙行境內：境內之地 尙奉其威令

국경 안의 땅에서는 여전히 그 위세와 명령을 받들었다는 말이다.

9) 凶虐尙能及人：境內之人 尙畏其凶虐

국경 안의 사람들은 여전히 그 흉포한 학정을 두려워했다는 말이다.

10) 故民不堪其暴 而共亡之：以其暴虐故民叛而亡之

그 폭정 때문에 백성이 반란을 일으켜 망하게 했다는 말이다.

11) 晚周之微：匡王之時

匡王의 때를 이른다.

12) 門內小訟：公卿之爭

公卿들 간의 다툼을 이른다.

13) 猶不得專：尙聽命於晉國

오히려 晉나라에게 명을 들었다는 말이다.

14) 雖欲淫侈 誰聽其掊克*)：威令不行境內故也

위세와 명령이 국경 안에 행해지지 못하기 때문이다.

*)〔역주〕掊克：권세를 믿고 함부로 돈이나 물건을 거두어들임을 이른다.

15) 雖欲殘酷 誰受其指令：凶虐不能及人故也

흉포한 학정이 사람들에게 미칠 수 없기 때문이다.

16) 其起其仆：起謂興 仆謂廢

起는 일어남이고, 仆는 망함을 이른다.

17) 近不係斯民之休戚：無生殺之柄以馭其民

백성을 제어할 수 있는 生殺의 권력이 없다는 말이다.

18) 遠不係諸侯之强弱：無予奪之柄以馭侯國

제후국을 제어할 수 있는 予奪의 권력이 없다는 말이다.

19) 晉雖陽尊貌敬：陽尊而陰卑之 貌敬而乃忽之

겉으로는 높이고 있으나 속으로는 낮추고 있는 것이며, 공경하는 모습이나 〈실제로는〉 도리어 홀대하고 있는 것이라는 말이다.

20) 實不過以邾莒遇之耳：待之如小國然

小國을 대하듯이 한다는 말이다.

21) 何嫌何疑而遽欲墟之哉：釋晉不伐周之意

晉나라가 周나라를 치지 않은 뜻을 해석한 것이다.

22) 故周非不亡 無可亡也：答前周何爲而不亡

앞의 '周나라는 어찌하여 망하지 않았는가?'에 대한 답이다.

23) 晉非不取 不足取也：答前晉何爲而不取

앞의 '晉나라는 어찌하여 취하지 않았는가?'에 대한 답이다.

周나라의 쇠퇴함이 商나라 말기보다 심하였으니 망함이 마땅한데 어찌하여 망하지 않았으며, 晉侯의 조심성이 文王에 미치지 못하였으니 취할 만한데 어찌하여 취하지 않았는가? 일찍이 그 까닭을 생각해보았다.

紂王의 말년에 비록 천하의 삼분의 이를 잃었으나 政令이 오히려 경내에 통행되었고, 흉악한 학정이 오히려 사람들에게 미칠 수 있었기 때문에 백성들이 그 폭정을 견딜 수 없어 함께 商나라를 망친 것이다. 쇠미한 周나라 만년에는 朝廷 안의 작은 소송도 오히려 專決하지 못하였으니, 紂王이 비록 사치하고자 한들 누가 그 苛斂誅求를 따르겠으며, 비록 잔혹한 짓을 하고자 한들 누가 그 명령을 받들겠는가? 周나라의 흥망이 가까이로는 이 백성들의 안락과 우환에 관계가 없고, 멀리로는 제후들의 강성과 쇠약에 관계가 없었다. 晉나라가 비록 겉으로는 周나라를 높이고 공경하였으나 실제로는 郲나라나 莒나라 정도로 대우하는 데 지나지 않았을 뿐이니, 무엇을 협의할 것이 있어서 서둘러 周나라를 폐허로 만들려 하였겠는가? 그러므로 周나라는 망하지 않은 것이 아니라 망할 만한 가치가 없었던 것이며, 晉나라가 취하지 않은 것이 아니라 취할 만한 가치가 없었던 것이다.

大抵能害人者라야 **必能利人**이요 **能殺人者**라야 **必能生人**[1]이라 **紂雖下愚不移**[2]나 **然操柄猶未盡失**[3]에 **使其移比干之戮於崇侯**[4]하고 **移崇侯之寵於比干**[5]하며 **朝發鹿臺之財**[6]하고 **暮發鉅橋之粟**[7]이면 **烏知其不祈天永命**하야 **編名六七君之列乎**[8]아 **至於匡王**[9]하야는 枵(효)**然建空名於六服之上**[10]이요 **禮樂刑政**이 **擧不在己**[11]하니 **雖欲自奮**인들 **其道何由**[12]리오 **是將僨之商**은 **猶有復起之望**[13]이나 **未墜之周**는 **已如旣隕之時也**[14]라 **左支廢**하고 **右支綏**[15]하야 **奄奄餘息**[16]이면 **綿百世而閱千齡**[17]인들 **樂乎哉**[18]아 **周過其歷之言**[19]을 **吾未敢信**[20]이로다

1) 大抵能害人者……必能生人：一句指紂而言

이 한 구절은 紂王을 가리켜 말한 것이다.

2) 紂雖下愚不移：伊川以人之自暴自棄者 爲下愚不移 而以商紂當之 故其引用如此

程伊川은 自暴自棄의 사람을 '변화시킬 수 없는 최하 등급의 어리석은 자'라고 하였는데, 商나라의 紂王이 이에 해당하기 때문에 이와 같이 인용한 것이다.

3) 然操柄猶未盡失：威令凶虐尙能行之

위세와 명령, 흉포한 학정을 여전히 행사하였다는 말이다.

4) 使其移比干之戮於崇侯：假使不戮比干而戮崇侯

'가령 比干을 죽이지 않고 崇侯를 죽였더라면'의 뜻이다.

5) 移崇侯之寵於比干：不寵崇侯而寵比干 ○比干 紂之諸父 以極諫而死 崇侯虎 無道之諸侯 而紂寵之

'崇侯를 총애하지 않고 比干을 총애했더라면'의 뜻이다. ○比干은 紂王의 숙부인데 극렬히 간언하다가 죽었고, 崇侯 虎는 無道한 제후인데 紂王이 총애하였다.

6) 朝發鹿臺之財：發以予人

〈재물을〉 풀어 남에게 준다는 말이다.

7) 暮發鉅橋之粟：發以及人 ○假設紂能如此 是以其害人者而利人 以其殺人者而生人也

〈곡식을〉 풀어 남에게 미친다는 말이다. ○紂王이 이와 같을 수 있었다면 남을 해치는 것으로 남을 이롭게 할 수 있고, 남을 죽이는 것으로 남을 살릴 수 있었을 것이라고 가설하였다.

8) 烏知其不祈天永命 編名六七君之列乎：如此則天命未必去商 而商家六七賢聖之君 紂亦可以廁其列也

이와 같다면 天命이 商나라를 떠나지 않았을 것이니, 商나라의 예닐곱 정도 되는 賢聖한 임금 중에 紂王도 그 대열에 낄 수 있었을 것이라는 말이다.

9) 至於匡王：與紂不同

紂王과 다르지 않다는 말이다.

10) 枵(효)然建空名於六服之上：六服 侯甸男采衛 并王畿而六也 言其空存天子之名於諸侯之上

六服은 侯・甸・男・采・衛에 王畿를 아울러 여섯 가지를 가리키니, 천자의 이름이 제후의 위에 공허하게 존재한다는 말이다.

11) 禮樂刑政 擧不在己：大權盡屬他人

큰 권력이 모두 남에게 속한다는 말이다.

12) 雖欲自奮 其道何由：不能害人 安能利人 不能殺人 安能生人

남을 해칠 수 없는데 어찌 남을 이롭게 해줄 수 있으며, 남을 죽일 수 없는데 어찌 남을 살릴 수 있느냐는 말이다.

13) 是將僨之商 猶有復起之望：商將亡 而猶可復興

商나라는 망해가고 있어도 그래도 다시 일어날 수 있다는 말이다.

14) 未墜之周 已如旣隕之時也：周未亡 而不可復張

周나라는 아직 멸망하지 않았으나 다시 펼칠 수 없다는 말이다.

15) 左支廢 右支緩：譬如風廢之人四支不擧

비유하자면 중풍에 걸려 사지를 거동하지 못하는 사람과 같다는 말이다.

16) 奄奄餘息：僅存一線之氣

겨우 한 줄기 숨을 보존하고 있다는 말이다.

17) 綿百世而閱千齡：縱然長壽如此

'비록 이와 같이 장수하더라도'의 뜻이다.

18) 樂乎哉：又豈足樂乎 周之事正如此

또 어찌 즐거울 만하겠느냐는 말이다. 周나라의 일이 바로 이와 같다는 말이다.

19) 周過其歷之言：成王定鼎于郟鄏 卜世三十 卜年七百[*)] 而周享國八百年 故曰周過其歷 秦不及期

成王이 郟鄏에 도읍을 정하여 九鼎을 안치하고 세대 수를 점치니 삼십 세였고, 연수를 점치니 700년이었는데, 周나라의 누린 햇수가 800년이기 때문에 周나라는 그 역년을 넘었고

秦나라는 그 기간을 미치지 못했다고 말한 것이다.

*)〔역주〕成王定鼎于郟鄏……卜年七百 : ≪春秋左氏傳≫ 宣公 3년에 보인다.

20) 吾未敢信 : 東萊不信斯言者 盖如柳子厚所謂余以爲周之喪久矣 徒建空名於公侯之上耳*)

東萊가 이 말을 믿지 못하겠다는 것은 대체로 柳子厚가 말한 "나는 周나라가 망한지 오래되었다고 생각한다. 周나라는 빈 명칭을 公侯의 윗자리에 세워놓았을 뿐이다."와 같은 뜻이다.

*)〔역주〕柳子厚所謂……於公侯之上耳 : ≪柳河東集≫ 〈封建論〉에 보인다.

대저 남을 해칠 수 있는 사람이라야 반드시 남을 이롭게 할 수 있고, 남을 죽일 수 있는 사람이라야 반드시 남을 살릴 수 있다. 紂王이 비록 변화시킬 수 없는 매우 어리석은 사람이었지만, 장악한 정권을 완전히 상실하기 전에 가령 比干을 죽인 일을 崇侯에게 옮겨 시행하고 崇侯를 총애한 일을 比干에게 옮겨 시행하며, 아침에 鹿臺의 재물을 흩고 저녁에 鉅橋의 곡식을 풀었다면, 그가 하늘에 國運의 장구를 빌어 그 이름이 예닐곱 정도 되는 商나라 賢君의 반열에 끼지 않았을 줄을 어찌 장담할 수 있겠는가.

匡王으로 말하면 부질없이 六服의 제후 위에 天子라는 虛名만 가졌고 禮樂과 刑政의 大權은 모두 자신에게 있지 않았으니, 비록 스스로 떨쳐 일어나고자 한들 무슨 방법이 있었겠는가. 이로써 보면 거의 넘어져가던 商나라는 오히려 다시 일으킬 희망이 있었지만 아직 墜落(몰락)하지 않은 周나라는 이미 殞絶한 때와 같았다. 왼쪽 몸은 망가지고 오른쪽 몸은 늘어져서 숨만 겨우 붙어 있다면 백 살을 살고 천 살을 산들 즐겁겠는가. 周나라는 이미 누릴 年限을 초과하였다고 하는 史家의 말을 나는 감히 믿지 않노라.

東萊博議 卷21

21-01 晉侯秦伯圍鄭 晉侯와 秦伯이 鄭나라를 포위하다

【左傳】 僖三十年이라 秋에 晉侯秦伯圍鄭하다 佚之狐言於鄭伯曰 國危矣니이다 若使燭之武見秦君이면 師必退하리이다 公從之하다 辭曰 臣之壯也에도 猶不如人이러니 今老矣라 無能爲也已니이다 公曰 吾不能早用子라가 今急而求子하니 是寡人之過也라 然鄭亡이면 子亦有不利焉하리라 許之하고 夜에 縋而出하야 見秦伯曰 秦晉圍鄭하니 鄭既知亡矣니이다 若亡鄭而有益於君이면 敢以煩執事릿가 越國以鄙遠은 君知其難也니 焉用亡鄭以陪隣이닛가 隣之厚는 君之薄也니 若舍鄭以爲東道主[1)]하야 行李之往來에 共其(困乏)〔乏困〕[2)3)]이면 君亦無所害리이다 且君嘗爲晉君賜矣[4)]에 許君焦瑕[5)]러니 朝濟而夕設版焉[6)]은 君之所知也니이다 夫晉何厭之有잇가 既東封鄭이면 又欲肆其西封[7)]하리니 若不闕秦이면 將焉取之릿가 闕秦以利晉[8)]이니 唯君圖之[9)]하소서 秦伯說(열)하야 與鄭人盟하고 使杞子逢孫楊孫戍之하고 乃還하다 子犯請擊之한대 公曰 不可하다 微夫人之力이면 不及此[10)]니 因人之力而敝之는 不仁[11)]이요 失其所與는 不知요 以亂易整은 不武니 吾其還也리라하다

1) 〔역주〕 若舍鄭以爲東道主 : 秦나라가 諸侯와 戰爭하려면 반드시 동쪽으로 나와야 하고, 동쪽으로 나오려면 반드시 鄭나라를 經過해야 하므로 鄭나라를 치지 말고 그대로 두고서 秦나라가 東方을 往來할 때 모든 便宜를 提供하는 主人으로 삼으라는 말이다.

2) 〔역주〕 (困乏)〔乏困〕 : 저본에는 '困乏'으로 되어 있으나, ≪春秋左氏傳≫에 의거하여 '乏困'으로 바로잡았다.

3) 〔역주〕 行李之往來 共其(困乏)〔乏困〕 : 乏은 부족〔闕〕이고 困은 피곤〔憊〕이니, 留宿할 舍館과 부족한 物資 및 糧食을 제공하게 하라는 말이다.〈附注〉

4) 〔역주〕 且君嘗爲晉君賜矣 : 賜는 은혜이다. 秦 穆公이 晉 惠公을 도와 晉나라로 들여보내어 임금으로 세워준 일을 말한다.

5) 〔역주〕 許君焦瑕 : 晉 惠公이 자신을 도와 晉나라의 임금으로 세워주면 秦나라에 焦・瑕 등 河外의 다섯 城을 주겠다고 약속한 일을 말한다.

6) 〔역주〕 朝濟而夕設版焉 : 版築은 築城이다. 晉 惠公이 秦나라의 도움으로 晉나라로 들어가서 임금이 된 뒤에는 약속을 저버리고서 秦나라를 防備하기 위해 성을 쌓은 일을 말한다.

7) 〔역주〕 既東封鄭 又欲肆其西封 : 封은 疆이고, 肆는 申(넓힘)이다.〈杜注〉 鄭나라를 擊滅

하여 鄭나라의 땅을 晉나라의 東界로 삼은 뒤에는 또 서쪽으로 疆土를 넓히려 할 것이라는 말이다.〈附注〉

8) 〔역주〕 闕秦以利晉 : 秦나라가 晉나라를 도와 鄭나라를 치는 것은 秦나라의 땅을 깎아서 晉나라를 이롭게 하는 결과가 된다는 말이다.

9) 〔역주〕 唯君圖之 : 唯君圖之 : 唯는 願의 뜻이다.

10) 〔역주〕 公曰……不及此 : 秦軍을 攻擊하자고 요청한 것이다. 夫人은 秦 穆公을 이름이다.〈杜注〉

11) 〔역주〕 因人之力而敝之 不仁 : 晉 文公은 본래 秦 穆公의 도움으로 인해 晉나라를 얻었는데 지금 도리어 秦나라를 해치는 것은 仁者가 할 일이 아니라는 말이다.〈附注〉

僖公 30년, 가을에 晉侯와 秦伯이 鄭나라를 포위하였다. 〈鄭나라 大夫〉 佚之狐가 鄭伯에게 말하였다. "나라가 위태롭습니다. 그러나 燭之武를 보내어 秦君을 만나게 한다면 저들의 군대가 반드시 물러갈 것입니다." 公이 이 말을 따랐다. 〈그러자 燭之武가〉 사양하였다. "臣은 壯年 때에도 오히려 남만 못하였는데, 이제는 늙었으니 아무 일도 할 수 없습니다." 公이 말하였다. "내 일찍이 그대를 登用하지 않았다가 이제 나라가 위급하게 되어 그대에게 요구하니 이는 寡人의 잘못이다. 그러나 鄭나라가 망한다면 그대 또한 이롭지 못함이 있을 것이다." 〈燭之武는 鄭伯의 요청을〉 許諾하고서 밤에 밧줄을 타고 성밖으로 나가서 秦伯을 만나 말하였다. "秦軍과 晉軍이 鄭나라를 포위하였으니 鄭나라가 망하리라는 것을 이미 알고 있습니다. 鄭나라를 멸망시켜 君께 이익이

晉 文公

된다면 무엇 때문에 감히 이 일로 執事를 번거롭게 하겠습니까? 다른 나라를 넘어 먼 곳을 本國의 邊邑으로 삼기 어렵다는 것은 君께서도 알고 계실 것입니다. 그런데 무엇 때문에 鄭나라를 멸망시켜 이웃 나라에게 영토를 보태어주려 하십니까? 이웃 나라의 땅이 많아지는 것은〔厚〕 임금님의 땅이 줄어드는〔薄〕 것입니다. 그러니 鄭나라를 그대로 놓아두고서 東道의 주인으로 삼아 使臣이 왕래할 때에 부족한 물자와 留宿할 舍館을 제공하게 한다면 君께서도 해로움이 없을 것입니다. 그리고 또 君께서 晉君(惠公)에게 은혜를 베푸셨을 적에 晉君은 焦·瑕 등의 邑을 〈君에 드리기로〉 약속하고서 아침에 河水를 건너 〈晉나라로 들어가자〉 저녁에 城을 쌓은 일은 君께서도 아시는 바입니다. 저 晉나라가 언제 만족한 적이 있었습니까? 동쪽으로 鄭나라를 疆土로 삼은 뒤에는 또 서쪽으로 강토를 넓히려 할 것이니, 秦나라의 땅을 침탈하지 않는다면 장차 어디에서 땅을 취하겠습니까? 秦나라를 해치고 晉나라를 이롭게 하는 일이니 君께서는 헤아리시기 바랍니다." 이 말을 들은 秦伯은 기뻐하여 鄭人과 結盟하고서 杞子·逢孫·楊孫에게 鄭나라를 지키게 하고 돌아갔다.

〈晉나라〉 子犯이 秦軍을 공격하기를 청하니 晉 文公이 말하였다. "안 된다. 저 사람〔夫人〕의 도움〔力〕이 아니었다면 내가 오늘에 이르지 못했을 것이다. 그 사람의 도움으로 인해 오늘의 내가 있게 되었는데 도리어 그 사람을 敗北시키는 것은 不仁이고, 友邦을 잃는 것은 不知며, 亂으로 안정을 바꾸는 것은 不武니, 나는 돌아갈 것이다."

天下之事는 有非出於人情之常者면 其終必不能安이라 受施者致其報하고 施者享其報가 人情之常也니 居施者之地而爲報者之事는 非人情之常也라 矯也니라 其所以矯情而爲之者는 抑有說矣라 彼徒見夫有德於人者가 責報則兩傷하고 忘報則兩全也하고는 遂以謂忘報者도 猶足以全其恩이온 況吾度越常情之外하야 居施者之地하야 而爲報者之事면 其恩厚豈有涯哉리오 抑不知君子不盡人之歡하고 亦不盡己之歡하며 不竭人之忠하고 亦不竭己之忠하야 人與己無二情也니라 人受施於我에 其報猶有時而厭이온 況我有施於人하고 反僕僕然爲報者之事면 是果人情之所安乎아 惟其不出於吾情之所安이면 雖矯而行之하고 激而爲之라도 矯者怠하고 激者衰면 則吾情終有時而不能繼矣리라 恩之而不能繼면 則釁隙生焉이니 曾不如相忘者之爲安也라 常理之外에 不可加一毫之理요 常情之外에 不可加一毫之情이라 是故過厚者必薄하고 過親者必疏하며 過愛者

必憎하고 過喜者必怒니 情豈有過而不反者哉아

천하의 일은 사람의 常情에서 나온 것이 아니면 그 뒤끝이 반드시 편안하지 못하다. 은혜를 입은 자는 힘을 다해 보답하고, 은혜를 베푼 자는 보답을 받아 누리는 것이 사람의 상정이니, 은혜를 베푼 자가 은혜를 갚는 자의 일을 하는 것은 상정이 아니라 상정을 어김이다. 〈은혜를 베푼 자가〉 상정을 어겨가면서 〈은혜를 갚는 자의〉 일을 하는 까닭에 대해 한번 解說해보겠다.

사람들은 한갓 남에게 은덕을 베푼 자가 보답을 요구하면 양쪽의 恩情이 손상되고 보답받기를 잊으면 양쪽의 은정이 온전한 것만을 보고서, 드디어 "보답받기를 잊는 것도 오히려 양쪽의 은정을 보전할 수 있는데, 하물며 내가 상정을 초월해 은혜를 베푼 자의 위치에서 은혜를 갚는 자의 일을 한다면 그 은정의 두터움이 어찌 끝이 있겠는가?"라고만 생각하고, 군자는 남이 나에게 환심을 다하기를 바라지 않고 나 또한 남에게 환심을 다하지 않으며, 남이 나에게 충성을 다하기를 바라지 않고 나 또한 남에게 충성을 다하지 않아서, 나와 남을 대함에 다른 마음이 없다는 것은 모른다. 남이 나에게 은혜를 입었을 때에 은혜를 갚는 일이 오히려 싫어질 때가 있을 것인데, 하물며 내가 남에게 은혜를 베풀고서 도리어 수고롭게 은혜를 갚는 자의 일을 한다면 이것이 과연 인정에 편안한 바이겠는가? 오직 내 마음의 편안한 바에서 나온 것이 아니면 비록 상정을 어겨가며 행하고 억지로 하더라도, 상정을 어기는 일이 게을러지고 억지로 하려는 마음이 쇠하게 되니, 그렇게 되면 나의 마음도 끝내 계속할 수 없는 때가 있을 것이다. 은혜를 베풀되 그 일을 계속하지 못하면 틈이 생기니, 보답받기를 잊는 것이 편안함만 못하다. 常理(통상의 도리) 이외에 터럭만큼의 도리를 추가해서도 안 되고 常情 이외에 터럭만큼의 정을 추가해서도 안 된다. 그러므로 지나친 은혜는 반드시 박하게 되고 지나친 친밀은 반드시 소원하게 되며, 지나친 사랑은 반드시 미워하게 되고 지나친 기쁨은 반드시 노하게 되니, 人情이 어찌 지나치면 〈원래의 상태로〉 되돌아오지 않음이 있겠는가?

盖嘗觀秦穆晉文之爭端然後에 知常情之果不可加也로라 晉文以一亡公子而列於五霸하니 揆厥本原이면 果誰之力耶아 流離之時에 使無秦穆이면 則爲疷爲瘠하고 爲僵爲殍요 呂郤之難[1]에 使無秦穆이면 則爲灰爲燼하고 爲煙爲埃리라 始拔之於疷瘠僵殍之

中하고 終脫之於灰燼煙埃之外하야 使襲先祀하고 使君萬民하고 使專土疆하고 使擅利勢하니 一身之間에 自冕及舃히 皆秦穆所致也라 有丘山之施로되 而不受涓滴之報하니 在秦穆旣爲盛德矣어늘 今秦穆非特不責報於晉이라 乃反致其報於晉하야 務欲加於常情하야 以結晉之歡焉이라 嗚呼라 情果可加면 則聖人已先加之矣리라 聖人所不能加를 而秦穆則欲加之하니 豈自以爲勝於聖人耶아 秦穆始欲加聖人之所不能加나 終則自不能繼而怨隨之하니 隙開於鄭之圍而成於殽之役[2]이라 吾是以知始之加가 乃終之損也[3]로라

1)〔역주〕 呂郤之難 : 僖公 24년에 呂甥과 郤芮가 公宮에 불을 놓아 晉 文公을 태워 죽이려고 꾀한 일을 이른다.

2)〔역주〕 殽之役 : 僖公 33년 4월에 晉人이 돌아가는 秦軍의 길목을 지키고 있다가 공격해 승리한 전쟁을 이른다.

3)〔역주〕 吾是以知始之加 乃終之損也 : '加'는 秦·晉 두 나라가 연합하여 鄭나라를 포위했던 일을 가리키고, '損'은 훗날 두 나라가 서로 전쟁하게 된 일을 가리킨다.

내 일찍이 秦 穆公과 晉 文公의 爭端(분쟁의 실마리)을 관찰한 뒤에 常情 〈이외의 은혜를〉 과연 추가해서는 안 됨을 알았다. 晉 文公은 한낱 망명한 公子로서 다섯 霸者에 끼었으니, 그 근본을 헤아려보면 과연 누구의 힘이었는가? 난을 피해 돌아다닐 때에 만약 秦 穆公의 도움이 없었다면 쇠약하고 초췌하여 주려 죽은 송장이 되었을 것이고, 呂甥과 郤芮가 난을 일으키려 할 때에 만약 秦 穆公의 도움이 없었다면 불에 타죽어 재가 되거나 먼지가 되었을 것이다. 처음에는 쇠약하고 초췌하여 주려 죽은 송장이 되는 데서 구제하고, 뒤에는 불타 죽어 재나 먼지가 되는 데서 벗어나게 하여, 晉 文公으로 하여금 先君의 제사를 물려받게 하고 萬民의 군주가 되게 하고, 일국의 영토를 專有하게 하고 이익과 권세를 독점하게 하니, 그 몸에 착용한 冕旒冠으로부터 舃履(신발)에 이르기까지 모두 秦 穆公이 〈晉 文公을 위해〉 준비한 것들이다. 태산 같은 은혜를 베풀고도 작은 보답도 받지 않았으니 秦 穆公의 〈입장에서 말하면〉 이미 은덕이 성대했다고 할 수 있는데, 지금 秦 穆公은 晉나라에 보답을 요구하지 않았을 뿐만 아니라 도리어 정성을 다해 晉나라에 보답하여, 常情 〈이외의 은혜를〉 추가하여 晉나라와 좋은 관계를 맺고자 힘썼다.

아! 常情 〈이외의 은혜를〉 과연 추가해도 되는 것이라면 성인께서 이미 먼저 추가하

셨을 것이다. 성인께서도 추가할 수 없었던 것을 秦 穆公이 추가하고자 하였으니, 어찌 자신이 성인보다 낫다고 여긴 것이 아니겠는가? 秦 穆公이 처음에는 성인도 추가할 수 없었던 것을 추가하려 하였으나, 끝내는 스스로 그 일을 계속하지 못해 晉나라의 怨怒가 뒤따랐다. 〈秦·晉나라의〉 틈은 〈양국이 공동으로〉 鄭나라를 포위할 때에 시작되어 殽山의 전투에서 형성되었다. 나는 이로 인해 처음에 〈常情 이외의 은혜를〉 추가한 것이 바로 뒤에 〈은혜를〉 손상시킨 원인이 되었다는 것을 알았다.

或者咎秦穆與晉俱圍鄭에 **反背晉而(成)〔戍〕**[1]**之**라 **吾謂是固秦穆之罪**나 **然其禍源正不在是**하니라 **一室之人**이 **同盤而食**에도 **辛甘酸鹹所嗜猶雜然而不齊**어든 **況二國竝立**이나 **形異勢異**하고 **利異害異**ㄹ새 **秦穆乃以秦徇晉**하야 **無役不會**하고 **無盟不同**이라 **挾未報之德**이오도 **矯情屈意**하야 **反若受役於晉者**하니 **是安可久耶**리오 **釁隙不發於今**이면 **必發於後**리라 **燭之武之說**(세)와 **三大夫之戍**는 **特釁隙之迹**이요 **而非其端也**라

1) 〔역주〕 (成)〔戍〕 : 저본에는 '成'으로 되어 있으나, 三民書局本에 의거하여 '戍'로 바로잡았다.

어떤 이는, 秦 穆公이 晉나라와 함께 鄭나라를 포위하기로 약속해놓고서 도리어 晉나라를 배반하고 鄭나라를 지켜준 것에 허물을 돌린다. 나는 이 일이 본래 秦 穆公의 죄이기는 하지만 〈양국이 서로 원수로 보게 된〉 禍의 근원은 여기에 있지 않다고 생각한다.

한 집에 사는 사람이 한 상에서 밥을 먹어도 맵고 달고 시고 짠 것을 좋아하는 식성이 오히려 각각 달라 같지 않은데, 하물며 두 나라가 동시에 나란히 섰으나 형세와 이해가 달랐기 때문에 秦 穆公은 이에 秦나라로써 晉나라에 屈從하여 晉나라의 戰役에 참가하지 않은 적이 없고 晉나라의 會盟에 동참하지 않은 적이 없었다. 晉나라가 은덕을 보답하지 않았다는 생각을 품고 있으면서도 감정을 숨기고 뜻을 굽히고서 도리어 晉나라의 부림을 받는 것처럼 행동하였으니, 이런 일을 어찌 오래 지속할 수 있겠는가? 〈두 나라 사이의〉 틈이 오늘 발생하지 않았다면 반드시 뒤에 발생했을 것이다. 燭之武의 遊說와 세 大夫의 戍衛는 서로 틈이 발생한 흔적일 뿐, 그 發端이 아니다.

噫라 **晉人初受秦穆生全之際**에 **懷恩未報**하야 **方以爲我負秦**이러니 **習見秦穆服從之**

久론 **少有不合**이면 **遽以爲秦負我**하니라 **是秦穆之以恩召怨**도 **固可責**이어니와 **晉人之以恩爲怨**은 **尤可責也**라 **以恩爲怨**은 **少知自愛者皆恥之**하니 **獨秦穆之失**은 **不得不發之以告學者焉**이로라 **露之濡**에 **根莖苗節無不沾**하고 **雨之降**에 **丘陵原隰無不被**하니 **天之恩物至矣**라 **然日出陽升**이면 **則天不知有露也**하고 **雲歸空霽**면 **則天不知有雨也**라 **種一草**하고 **植一木**하고 **幸而滋榮**하야 **則朝環夕繞**하야 **認以爲己恩**하야 **爬搔培壅**이 **未必不反爲物之害者**가 **其秦穆類耶**아

아! 晉 文公이 처음 생명을 보전시켜준 秦 穆公의 은혜를 입었을 즈음에는 입은 은혜를 갚지 못했다는 마음이 들어 자기가 秦나라를 저버린 것으로 여기더니, 秦 穆公이 오랫동안 복종하는 것을 익히 본 뒤론 조금이라도 마음에 맞지 않는 것이 있으면 갑자기 秦나라가 자기를 저버린 것으로 여겼다. 이는 秦 穆公이 은혜로써 원수를 부른 것이니 꾸짖는 것이 당연하지만 秦 穆公이 은혜를 원수로 갚은 것이니 더욱 꾸짖을 만하다. 은혜를 원수로 갚는 일은 自重해야 함을 조금이라도 아는 자라면 모두 부끄러워하니, 유독 〈잘 드러나지 않은〉 秦 穆公의 잘못을 드러내어 배우는 자들에게 일러주지 않을 수가 없다.

이슬이 내리면 〈식물의〉 뿌리와 줄기, 싹과 마디가 촉촉이 젖지 않음이 없고, 비가 내리면 구릉과 평원이 〈비의 은택을〉 입지 않음이 없으니 하늘이 만물에게 은혜를 베풂이 지극하다 하겠다. 그러다가 태양이 떠오르면 하늘은 이슬이 있었던 것을 알지 못하고, 구름이 흩어져 하늘이 맑게 개면 하늘은 비가 있었던 것을 알지 못한다. 〈어떤 자가〉 花草 한 포기와 나무 한 그루를 심고서 〈그것들이〉 잘 자라 번성하기를 바라 아침저녁으로 가서 주위를 빙빙 돌면서 〈살았는지 죽었는지를 살피고서 살았으면〉 자기의 은혜로 여기고, 〈의심스러우면 껍질을〉 손톱으로 긁어 보고 지나치게 북을 주는 것이 도리어 그 식물을 해침이 되지 않는 것이 없으니, 어찌 秦 穆公의 행위와 유사하지 않은가?

21-02 秦穆出師襲鄭　秦 穆公이 出師하여 鄭나라를 습격하다

21-02-01 秦穆出師襲鄭　秦 穆公이 出師하여 鄭나라를 습격하다

【左傳】 僖三十二年이라 杞子自鄭使告于秦曰 鄭人使我掌其北門之管하니 若潛師以來면

國可得也리이다 穆公訪諸蹇叔한대 蹇叔曰 勞師以襲遠은 非所聞也니이다 師勞力竭하고 遠主備之리니 無乃不可乎아 師(知)〔之〕[1]所爲를 鄭必知之리니 勤而無所면 必有悖心이리이다 且行千里니 其誰不知리잇가 公辭焉하고 召孟明西乞白乙하야 使出師於東門之外[2]하다 蹇叔哭之曰 孟子야 吾見師之出이요 而不見其入也[3]리라 公使謂之[4]曰 爾何知오 中壽라도 爾墓之木拱矣[5]리라 蹇叔之子與師러니 哭而送之曰 晉人禦師必於殽[6]리라 殽有二陵焉하니 其南陵은 夏后皐之墓也[7]요 其北陵은 文王之所辟風雨也[8]라 必死是間이리니 余收爾骨焉하리라 秦師遂東하다

1) 〔역주〕 (知)〔之〕 : 저본에는 '知'로 되어 있으나, ≪春秋左氏傳≫에 의거하여 '之'로 바로잡았다.

2) 〔역주〕 召孟明西乞白乙 使出師於東門之外 : 孟明은 百里孟明視이고, 西乞은 西乞術이고, 白乙은 白乙丙이다.〈杜注〉

3) 〔역주〕 蹇叔哭之曰……而不見其入也 : 蹇叔이 孟明을 불러 "나는 그대가 군대를 거느리고 나가는 것만을 볼 뿐, 그대가 군대를 거느리고 들어오는 것은 보지 못할 것이다."고 말한 것이다.〈附注〉

4) 〔역주〕 公使謂之 : 穆公은 蹇叔이 출동하는 군대를 향해 곡한 것에 노하여 사람을 보내 그를 꾸짖은 것이다.〈附注〉 蹇叔이 出征하는 장수에게 不吉한 말을 하였다 하여 사람을 보내어 꾸짖은 것이다.

5) 〔역주〕 中壽 爾墓之木拱矣 : 두 손을 벌려 껴안을 둘레를 '拱'이라 한다. 蹇叔이 지나치게 늙어 정신이 昏亂하니 그의 말이 쓸 만하지 못하다는 말이다.〈杜注〉 人生의 上壽는 120세, 中壽는 100세이고 下壽는 80세이다. 穆公은 그를 헐뜯어 "네가 中壽만 살고 죽었더라도 네 무덤 위의 나무가 이미 한 아름 굵기로 자랐을 것이다."고 한 것이니, 곧 죽음이 이를 것이라는 말이다.〈附注〉 中壽에 관해서는 說이 분분하다. 孔疏에는 "上壽는 120세, 中壽는 100세, 下壽는 80세이다."고 하였고, ≪莊子≫ 〈盜跖篇〉에는 "上壽는 100세, 中壽는 80세, 下壽는 60세이다."고 하였고, ≪論衡≫ 〈正說篇〉에는 "上壽는 90세, 中壽는 80세, 下壽는 70세이다."고 하였다. 여기에 말한 中壽는 80세 이하 60세 이상으로 보는 것이 옳을 것 같다.〈楊注〉 이 말은 蹇叔은 老妄한 늙은이이므로 그 말을 신용할 수 없다는 뜻이다.

6) 〔역주〕 晉人禦師必於殽 : 殽山은 弘農 澠池縣 서쪽에 있다.〈杜注〉 殽山은 지금의 函谷關이다.〈附注〉

7) 〔역주〕 夏后皐之墓也 : 皐는 夏桀의 祖父이다.〈杜注〉

8) 〔역주〕 其北陵 文王之所辟風雨也 : 이곳의 길이 두 언덕 사이의 南谷 가운데로 나 있는

데, 골짜기가 깊고 꼬불꼬불하며 두 山이 서로를 향해 기울어져 있기 때문에 風雨를 피할 수 있다. 옛날에는 이 길을 經由하였는데, 魏 武帝(曹操)가 서쪽으로 巴漢(蜀漢)을 討伐할 때 이 길이 험한 것을 꺼려 다시 北山에 高道를 내었다.〈杜注〉

僖公 32년, 杞子가 鄭나라에서 사람을 보내어 秦나라에 告하기를 "鄭人이 우리에게 北門의 열쇠를 맡겼으니, 은밀히 군사를 이끌고 온다면 鄭나라를 얻을 수 있다."고 하였다. 秦 穆公이 蹇叔을 찾아가서 이 일에 관해 물으니, 蹇叔이 말하였다. "군대를 수고롭게 하여 먼 지방의 나라를 襲擊한다는 말은 들어보지 못하였습니다. 군대는 勞苦에 지쳐 힘이 枯渴될 것이고, 먼 나라(鄭) 임금은 이를 대비할 것이니 不可하지 않겠습니까? 우리 군대의 계획을 鄭나라도 반드시 알고 있을 것이니, 군대들이 고생만 하고 얻는 것이 없으면 반드시 원망하는 마음〔悖心〕을 가질 것입니다. 그리고 또 千里 길을 가는데 그 누가 모르겠습니까?"

公은 그의 말을 듣지 않고 孟明·西乞·白乙을 불러 군대를 거느리고 東門 밖에서 출발하게 하였다. 蹇叔이 울면서 "孟子야, 나는 군대가 나가는 것은 보지만 들어오는 것은 보지 못할 것이다."라고 하니, 公이 사람을 보내어 蹇叔에게 이르기를 "네가 무엇을 아느냐? 네가 中壽만 살고 죽었더라도 네 무덤 위에 심은 나무가 이미 한 아름은 되었을 것이다."라고 하였다. 이때 蹇叔의 아들도 그 군대 속에 끼어 있었다. 蹇叔은 울면서 아들을 보내며 말하였다. "晉人은 반드시 우리 군대를 殽山에서 막을 것이다. 殽山에는 두 언덕이 있는데 남쪽 언덕은 夏后 皐의 무덤이 있는 곳이고, 북쪽 언덕은 文王이 風雨를 피했던 곳이다. 네가 반드시 이 두 언덕 사이에서 죽을 것이니 내가 〈그곳으로 가서〉 너의 뼈를 거두리라."

秦軍은 드디어 동쪽을 향해 出發하였다.

21-02-02 秦師過周北門 秦師가 周나라 北門을 지나다

【左傳】僖三十三年이라 秦師過周北門할새 左右免胄而下[1)]라가 超乘者三百乘[2)]이러라 王孫滿尚幼러니 觀之하고 言於王曰 秦師輕而無禮하니 必敗리이다 輕則寡謀하고 無禮則脫이니 入險而脫하고 又不能謀면 能無敗乎잇가 及滑하니 鄭商人弦高將市於周라가 遇之하야 以乘韋先하고 牛十二犒師[3)]曰 寡君聞吾子[4)]將步師出於敝邑하고 敢犒從者하노이다 孟明曰 鄭有備矣니 不可冀也라 攻之不克하고 圍之不繼리니 吾其還也로라 滅滑而還하다

1) 〔역주〕 秦師過周北門 左右免冑而下 : 王城의 北門이다. 冑는 투구이다. 大將의 兵車가 아닌 경우에 御者는 가운데 앉아 수레를 몰기 때문에 左右만 내리고 御者는 내리지 않은 것이다.〈杜注〉 수레에는 세 사람이 타는데, 가운데 앉아 수레를 모는 사람을 '御'라 하고, 활을 들고 오른쪽에 탄 사람을 '車右'라 하고, 槍劍을 들고 왼쪽에 탄 사람을 '車左'라 한다. 左右는 바로 車左와 車右이다.

2) 〔역주〕 超乘者三百乘 : 超乘은 수레로 뛰어올라 타는 것이다. 左右가 투구를 벗고 내렸다가 수레로 뛰어올라 탄 것은 수레에 속히 오르고자 해서인 듯하다.〈附注〉

3) 〔역주〕 鄭商人弦高將市於周……牛十二犒師 : 商은 돌아다니며 장사하는 사람이다. 乘은 네 장의 가죽이다. 먼저 가죽을 주고 나서 소를 준 것이다. 옛날에 남에게 물건을 줄 때에는 반드시 작은 물건부터 먼저 주었다.〈杜注〉 弦은 姓이고 高는 이름이다. 周나라로 장사하러 가는 길이었다.

네 마리의 말을 '乘'이라 하기 때문에 乘을 四의 數로 사용한다. 남에게 물건을 줄 때에는 가벼운 물건을 중요한 물건에 앞서 먼저 주기 때문에 弦高가 秦軍을 犒饋할 때 먼저 네 장의 가죽을 준 뒤에 소 열 두 마리를 준 것이다.〈附注〉 犒饋는 군대에게 음식을 주어 위로함이다.

4) 〔역주〕 吾子 : 상대를 친숙하게 부르는 말인데, 여기서는 秦軍의 將帥 孟明 등을 이른 말이다.

僖公 33년, 秦軍이 周나라의 北門을 지날 적에 〈天王께 敬意를 표하기 위해〉 左右가 투구를 벗고 수레에서 내렸다가 다시 뛰어올라 타는 그 수레의 수가 300乘이었다. 이때 아직 어린 王孫 滿이 이 광경을 보고 王에게 말하였다. "秦軍은 가볍고 無禮하니 반드시 敗戰할 것입니다. 가벼우면 計策이 부족하고 無禮하면 생각이 치밀하지 못하니, 험한 곳에 들어가면서 치밀하지 못하고 또 계책도 없다면 어찌 패전하지 않을 수 있겠습니까?"

秦軍이 滑에 이르니 鄭나라 商人 弦高가 周나라로 장사하러 가다가 秦軍을 만났다. 弦高는 먼저 네 장의 가죽으로 〈秦軍에게 禮를 표한 뒤에〉 소 열두 마리를 주어 秦軍을 犒饋하며 말하기를 "寡君께서 吾子(孟明)가 군대를 거느리고 우리나라로 온다는 말을 들으시고 저를 보내어 從者(秦軍)를 犒饋하게 하셨습니다."라고 하였다. 孟明이 말하기를 "鄭나라가 대비하고 있으니 勝利를 바랄 수 없다. 공격하여도 이기지 못할 것이고, 포위하더라도 받쳐줄 후속부대가 없으니 나는 돌아갈 것이다." 하고서, 滑을 격멸하고 還軍하였다.

【左傳】 晉原軫曰 秦違蹇叔하고 而以貪勤民하니 天奉我也[1)]니이다 奉不可失이요 敵不可縱이니이다 縱敵이면 患生하고 違天이면 不祥이니 必伐秦師하소서 欒枝曰 未報秦施어늘 而伐其師면 其爲死君乎[2)]아 先軫曰 秦不哀吾喪하고 而伐吾同姓하니 秦則無禮라 何施之爲[3)]릿가 吾聞之하니 一日縱敵이면 數世之患也라하니이다 謀及子孫이니 可謂死君乎[4)]ㄴ저 遂發命하다

1)〔역주〕 天奉我也 : 奉은 與(줌)이다.〈杜注〉

2)〔역주〕 其爲死君乎 : 임금이 죽었다 하여 秦나라의 은혜를 잊는다는 말이다.〈杜注〉 楊伯峻의 ≪春秋左傳注≫에는 兪樾의 말을 인용해 爲를 有(無視의 반대)로 보아, '文公이 입은 秦나라의 은혜를 보답하지 않고 도리어 秦나라를 치는 것은 先君(文公)을 무시하는 것'이라는 뜻으로 해석하였다.

3)〔역주〕 秦則無禮 何施之爲 : 秦나라가 우리에게 無禮한 짓을 하였으니 은혜를 돌아볼 것이 없다는 말이다.〈杜注〉

4)〔역주〕 謀及子孫 可謂死君乎 : 죽은 임금에 대한 背叛이라고 할 수 없다는 말이다.〈杜注〉

晉나라 原軫이 말하였다. "秦 穆公이 蹇叔의 말을 듣지 않고 이익을 탐하여 백성을 수고롭게 하니, 하늘이 우리에게 기회를 준 것입니다. 하늘이 준 기회를 놓쳐서도 안 되고, 敵을 놓아주어서도 안 됩니다. 적을 놓아주면 禍患이 생기고 하늘의 뜻을 어기면 祥瑞롭지 못하니 반드시 秦軍을 토벌하소서."

欒枝가 말하였다. "秦나라의 은혜를 아직 갚지 못했는데 秦軍을 토벌한다면 어찌 돌아가신 임금님(文公)을 위하는 것이겠습니까?" 先軫이 말하였다. "秦나라는 우리의 喪을 哀悼하지 않고 우리의 同姓國을 토벌하였습니다. 秦나라가 이처럼 무례한데 은혜를 말할 게 뭐 있습니까? 내가 듣건대 '하루에 적을 놓아주면 몇 代의 화환이 된다.'고 하였습니다. 〈秦나라를 치는 일은〉 子孫을 위한 계책이니 돌아가신 임금님을 배반했다고 할 수 있습니까?" 晉 襄公은 드디어 명을 내렸다.

【左傳】 夏四月에 敗秦師于殽하야 獲百里孟明視西乞術白乙丙以歸하다 文嬴請三帥[1)]하니 公舍之하다 秦伯素服郊次하야 鄕師而哭曰 孤違蹇叔하야 以辱二三子하니 孤之罪也요 不替孟明도 孤之過也[2)]라 大夫何罪오 且吾不以一眚掩大德[3)]하리라

1)〔역주〕 文嬴請三帥 : 文嬴은 晉 文公이 처음 秦나라에 갔을 때 秦 穆公이 文公에게 아내로 준 夫人으로 襄公의 嫡母이다. 三帥는 孟明 등 세 사람이다.〈杜注〉 세 將帥의 放免을

요청한 것이다.〈附注〉

2) 〔역주〕 不替孟明 孤之過也 : 孟明을 버리지 않고 등용했다가 실패를 자초한 것도 나의 과실이라는 말이다.〈附注〉

3) 〔역주〕 大夫何罪 且吾不以一眚掩大德 : 한 번 敗戰한 작은 허물로 평생동안 세운 큰 功德을 掩蔽하지 않겠다는 말이다.〈附注〉

여름 4월에 〈晉侯는〉 殽山에서 秦軍을 敗北시키고서 百里孟明視·西乞術·白乙丙을 잡아 데리고 돌아왔다. 文嬴이 세 장수의 放免을 요청하니, 公은 이들의 방면을 허락하였다. 秦伯이 素服을 입고 郊外에서 기다리다가 〈孟明 등이 이끌고 돌아온〉 군대를 향해 곡하며 말하기를 "내〔孤〕가 蹇叔의 말을 듣지 않아 그대들에게 恥辱을 끼쳤으니 나의 罪이다. 孟明을 交替하지 않은 것도 나의 허물이니 大夫들에게 무슨 죄가 있는가? 그리고 나는 한 번의 過誤로 큰 功德을 掩蔽하지 않겠다."고 하였다.

21-02-03 秦使孟明爲政 秦伯이 孟明을 執政으로 삼다

【左傳】 文元年이라 殽之役[1]에 晉人旣歸秦帥하니 秦大夫及左右皆言於秦伯曰 是敗也는 孟明之罪也니 必殺之하소서 秦伯曰 是孤之罪也라 周芮良夫之詩曰 大風有隧하니 貪人敗類[2]로다 聽言則對나 誦言如醉[3]로다 匪用其良하야 覆俾我悖[4]라하니 是貪故也니 孤之謂矣라 孤實貪以禍夫子[5]하니 夫子何罪오하고 復使爲政[6]하다

1) 〔역주〕 殽之役 : 殽山의 전쟁은 僖公 33년에 있었다.

2) 〔역주〕 周芮良夫之詩曰……貪人敗類 : 詩는 ≪詩經≫〈大雅 桑柔篇〉이다. 隧는 작은 길이다. 周나라 大夫 芮伯이 厲王을 풍자하여, 탐욕스런 사람이 善類를 해치는 것이 마치 大風이 지나가는 곳에는 衆物이 파괴되어 가는 곳마다 길이 생기는 것과 같다고 말한 것이다.〈杜注〉

3) 〔역주〕 聽言則對 誦言如醉 : 昏亂한 임금은 經典을 외는 말을 좋아하지 않아, 이를 들으면 마치 술에 취한 듯이 행동하고, 근거 없는 허튼 소리를 들으면 좋아하며 대답한다는 말이다.〈杜注〉

4) 〔역주〕 匪用其良 覆俾我悖 : 覆은 反(도리어)이고, 俾는 使(하여금)이다. 良臣의 말을 채용하지 않아, 도리어 나로 하여금 悖亂한 짓을 하게 한다는 말이다.〈杜注〉

5) 〔역주〕 是貪故也……孤實貪以禍夫子 : 夫子는 孟明을 가리킨 것이다.〈附注〉

6) 〔역주〕 夫子何罪 復使爲政 : 이것이 다음해에 秦나라가 晉나라와 彭衙에서 전쟁한 傳의 배경이다.〈杜注〉

文公 원년, 殽山의 전쟁이 끝난 뒤에 晉人이 포로로 잡은 秦나라의 將帥들을 돌려보내자 秦나라 大夫와 좌우의 신하들이 모두 秦伯에게 "이번 전쟁의 패배는 孟明의 罪이니 반드시 그를 죽이소서."라고 하였다. 秦伯이 말하기를 "이것은 나의 죄이다. 周나라 芮良夫의 詩에 '大風이 지나는 곳에 〈온갖 물건 다 망가져〉 길이 생기듯이 탐욕스런 사람이 선한 사람을 해친다. 허튼 소리 들으면 기뻐하며 대답하나 좋은 말을 해주면 술에 취한 듯이 듣지 않는다. 良臣의 말을 듣지 않아 도리어 나로 하여금 悖亂한 짓을 하게 한다.'고 하였다. 이는 탐욕 때문이니 바로 나의 경우를 말한 것이다. 내가 실로 탐욕을 부려 夫子에게 禍를 끼친 것이니 夫子에게 무슨 죄가 있는가?"라고 하고서, 다시 그를 執政으로 삼았다.

21-02-04 晉秦戰彭衙 復用孟明 晉과 秦이 彭衙에서 전쟁할 때 秦伯이 다시 孟明을 등용하다

【左傳】 文二年이라 秦孟明視帥師伐晉하야 以報殽之役하다 二月에 晉侯禦之하다 甲子에 及秦師戰於彭衙하야 秦師敗績이로되 秦伯猶用孟明하니 孟明增修國政하야 重施於民하다 趙成子言於諸大夫曰[1] 秦師又至면 將必辟之[2]라 懼而增德하니 不可當也라 詩曰 毋念爾祖하야 聿修厥德[3]이라하니 孟明念之矣로다 念德不怠하니 其可敵乎아

1) 〔역주〕 趙成子言於諸大夫曰 : 成子는 趙衰이다.〈杜注〉
2) 〔역주〕 將必辟之 : 將은 當의 뜻으로 쓰였다.
3) 〔역주〕 詩曰……聿修厥德 : 詩는 ≪詩經≫ 〈大雅 文王篇〉이다. 그 祖考를 생각한다면 의당 祖考를 이어 덕을 닦아서 祖考를 빛나게 해야 한다는 말이다. 毋念은 念이다.〈杜注〉

文公 2년, 秦나라 孟明視가 군사를 거느리고 와서 晉나라를 토벌하여 殽山의 戰爭을 보복하였다. 2월에 晉侯(襄公)가 秦軍을 방어하였다. 甲子日에 彭衙에서 秦軍과 交戰하여 秦軍이 大敗하였으되, 秦伯이 오히려 孟明을 임용하니 孟明은 더욱 국정을 닦아 백성들에게 두터운 恩德을 베풀었다. 趙成子가 大夫들에게 말하였다.

"秦軍이 다시 오면 반드시 피해야 할 것이다. 〈敗戰의〉 두려움으로 인해 더욱 덕을 닦고 있으니, 이런 사람은 당할 수가 없다. 詩에 '너의 조상을 생각하여 그 덕을 닦으라.'고 하였는데, 孟明이 이 詩를 염두에 두고 있다. 덕 닦기를 생각해 게을리 하지 않고 있으니, 그런 사람을 어찌〔其〕 당할 수 있겠는가?"

21-02-05 秦濟河焚舟 秦伯이 黃河를 건넌 뒤에 배를 다 불태우다

【左傳】 文三年이라 秦伯伐晉할새 濟河焚舟하야 取王官及郊로되 晉人不出하니 遂自茅津濟하야 封殽尸而還하야 遂霸西戎하니 用孟明也라 君子是以知秦穆之爲君也에 擧人之周也하고 與人之一[1]也하며 孟明之臣也에 其不解也하고 能懼思也하며 子桑之忠也에 其知人也하야 能擧善也라 詩曰 于以采蘩고 于沼于沚로다 于以用之오 公侯之事[2]로다하니 秦穆有焉이라 夙夜匪解하야 以事一人[3]이라하니 孟明有焉이라 詒厥孫謀하야 以燕翼子[4]라하니 子桑有焉이라

1) 〔역주〕 一 : ≪春秋左氏傳≫에는 '壹'로 되어 있으니, 통용이다.
2) 〔역주〕 詩曰……公侯之事 : 詩는 ≪詩經≫ 〈召南 采蘩篇〉이다. 연못가와 물가의 쑥은 지극히 보잘것없는 물건인데도 그것을 뜯어다가 公侯의 제사에 썼듯이 秦 穆公이 작은 장점〔小善〕도 버리지 않은 것을 비유한 것이다.〈杜注〉
3) 〔역주〕 夙夜匪解 以事一人 : 詩는 ≪詩經≫ 〈大雅 蒸民篇〉인데 仲山甫를 讚美한 詩이다. 一人은 天子이다.〈杜注〉
4) 〔역주〕 詒厥孫謀 以燕翼子 : 詒는 遺이고 燕은 安이고 翼은 成이다. 詩는 ≪詩經≫ 〈大雅 文王有聲篇〉인데, 武王이 그 자손을 위해 훌륭한 計謀를 남겨 자손에게 安寧이 이루어지게 한 것을 찬미하였다. 子桑에게 인재를 천거한 計謀가 있음을 말한 것이다.〈杜注〉 "以燕翼子"는 〈杜注〉에는 翼을 成으로 해석하였으나, 譯者는 輔(도움)의 뜻으로 飜譯하였다.

文公 3년, 秦伯이 晉나라 토벌할 때 黃河를 건넌 뒤에 배를 다 불태우고서 王官을 취하고 晉나라의 近郊에까지 갔으나 晉軍이 出戰하지 않자, 드디어 茅津에서 黃河를 건너 殽山의 전쟁에서 죽은 秦軍의 屍身을 수습해 埋葬하고서 還軍하였다. 〈이로부터 秦나라가〉 드디어 西戎의 霸主가 되었으니 이는 孟明을 重用하였기 때문이다.

君子는 이로 인해 다음과 같은 것을 알았다고 하였다. "秦 穆公이 임금 노릇 함에 있어 人才를 擧用함에는 모든 것을 두루 보고 거용한 인재를 信任〔與〕하기를 한결같이 하였으며, 孟明이 신하 노릇 함에 있어 게을리 하지 않고 〈지난 敗戰을〉 두려워하여 〈앞으로의 일을〉 생각하였으며, 子桑이 충성함에 있어 사람을 알아보고서 人才〔善〕를 薦擧하였다. 詩에 '어디에서 쑥을 뜯는가? 연못가와 물가이지, 어디에 쓰는가? 公侯의 祭祀이지.'라고 하였는데 秦 穆公에게 이런 점이 있고, 詩에 '밤낮으로 게을리 하지 않고서 한 사람만을 섬긴다.'고 하였는데 孟盟에게 이런 점이 있고, 詩에 '후손을 위해

좋은 計謀를 남겨 자손을 편안하도록 도왔다.'고 하였는데, 子桑에게 이런 점이 있다."

天下之事는 以利而合者는 亦必以利而離라 秦晉連兵而伐鄭하니 鄭將亡矣[1]라 燭之武出說(세)秦穆公하야 立談之間에 存鄭於將亡하고 不惟退秦師라 而又得秦置戍而去[2]하니 何移之速也오 燭之武一言이 使秦穆背晉親鄭하야 棄强援附弱國하고 棄舊恩召新怨하며 棄成功犯危難하니 非利害深中秦穆之心이면 詎能若是乎아

1) 〔역주〕 鄭將亡矣 : 將은 '거의'의 뜻으로 쓰였다.

2) 又得秦置戍而去 : 僖三十年

《春秋左氏傳》 僖公 30년에 보인다.

천하의 일은 이익으로 인해 서로 결합한 자는 또한 반드시 이익으로 인해 서로 분리된다. 秦나라와 晉나라가 군대를 연합해 鄭나라를 토벌하니 정나라는 거의 망하게 되었다. 〈鄭나라 大夫〉 燭之武가 城을 빠져나와 秦 穆公에게 遊說하여 잠깐 동안 담론하는 사이에 거의 망해가는 鄭나라를 보존시켰고, 秦軍을 물러가게 하였을 뿐만 아니라 또 秦나라가 鄭나라를 衛戍하는 군대를 남겨두고 돌아가게 하였으니, 어쩌면 정세를 전환시킴이 그리도 빨랐는가! 燭之武의 한 마디 말이 秦 穆公으로 하여금 晉나라를 배반하고 鄭나라를 가까이하여, 강한 援助國을 버리고 약한 나라에 붙으며, 옛 은덕을 버리고 새로운 원한을 부르며, 성공을 포기하고 危難을 범하게 하였으니, 〈燭之武가 말한〉 利害가 秦 穆公의 마음에 깊이 부합하지 않았다면 어찌 이와 같이 할 수 있었겠는가.

秦穆之於晉에 相與之久也며 相信之深也며 相結之厚也로되 一怵(술)於燭之武之利하야 棄晉如涕唾하니 亦何有於鄭乎아 他日利有大於燭之武者면 吾知秦穆必飜然從之矣리라 是則杞子襲鄭之謀는 實燭之武有以開之也라 擧鄭國之人이 咸誦燭之武退兩國之師하고 續百年之祀於頰舌之間하니 孰知危亡之釁이 亦已芽於武之頰舌乎아 秦穆從燭之武之言而戍鄭者는 非愛鄭也라 利在焉故也요 從杞子之言而襲鄭者는 非憎鄭也라 利在焉故也라 心無晉鄭이요 惟利之趨라 豈有輕絶數十年締交之晉하고 而反重結數年始附之鄭者乎아 燭之武以利始之하고 杞子以利終之하니 使外無弦高之謀하고 內有三子之應이면 豈復有鄭乎아 是燭之武之留戍는 乃所以留禍니 雖免國於晉이나 而輸國於

秦也라 君子之重言利는 其以是哉ㄴ저

秦 穆公이 晉나라와 서로 사이좋게 지낸 지가 오래이며 서로 신임한 것이 깊으며, 서로 맺은 정이 두터웠는데도 한 번 燭之武가 말하는 이해에 유인[怵]되어 晉나라를 침 뱉듯이 버렸으니, 〈그런 秦나라가〉 어찌 鄭나라에 관심을 두겠는가. 〈만약〉 후일에 燭之武가 말한 것보다 더 큰 이익이 있으면 秦 穆公은 반드시 즉시 마음을 바꾸고서 그 이익을 좇아갈 것을 나는 알겠다.

이로 보면 杞子가 鄭나라를 습격한 음모는 실제로 燭之武가 인도한 것이다. 온 鄭나라 사람은 모두 燭之武가 말재간으로 두 나라의 군대를 물리쳐 백년의 제사를 존속시킨 것을 칭송하니, 危亡의 조짐이 이미 燭之武의 말에서 싹튼 줄을 누가 알겠는가. 秦 穆公이 燭之武의 말에 따라 군대를 보내어 鄭나라를 지키게 한 것은 鄭나라를 사랑해서가 아니라 〈그렇게 하는 것이〉 이로웠기 때문이고, 杞子의 말에 따라 鄭나라를 습격한 것은 鄭나라를 미워해서가 아니라 〈그렇게 하는 것이〉 이로웠기 때문이다. 마음에는 晉나라나 鄭나라에 대한 관심이 없고 오직 이익을 좇을 생각뿐이었다. 〈그렇지 않았다면〉 어찌 수십 년 동안 교분을 맺어온 晉나라와의 관계를 가볍게 끊어버리고, 도리어 몇 해 전에 비로소 歸附한 鄭나라와 거듭 관계를 맺을 리가 있었겠는가?

燭之武는 이익으로써 〈두 나라(秦과 鄭) 사이의 友好를〉 시작하게 하였고, 杞子는 이익으로써 〈두 나라 사이의 우호를〉 끝내게 하였다. 가령 밖으로 弦高가 秦나라 군대를 퇴각시킨 計謀가 없고 세 大夫가 秦나라 군대와 接應함이 있었다면 어찌 다시 鄭나라가 있었겠는가. 이렇고 보면 燭之武가 秦軍을 남겨 鄭나라를 衛戍하게 한 것은 바로 禍를 남긴 것이다. 비록 나라가 晉나라에 멸망하는 것은 면하였으나 나라를 秦나라에 바친 꼴이다. 君子가 利를 말하기 어려워하는 것은 아마도 이 때문인 듯하다.

秦穆旣以利輕絶晉하니 亦必以利輕絶鄭이리라 利心一開에 不能自窒하니 宜其蔑蹇叔之諫하고 而取殽之敗也라 殽之役에 說者或歸其曲於晉하야 以謂秦所襲者鄭이요 所滅者滑이라 於晉未有朝夕之急이로되 乃冒喪而邀之하니 吾以爲晉固可責이나 秦穆亦不得無罪焉이라 孫權與劉備約同伐劉璋에 備方發被髮入山之辭以拒權하고는 不旋踵而自取之하니 此權所以深怨而有荊州之師也[1]라 晉與秦同圍鄭에 秦獨退師留戍以背晉하고는 不旋踵而自襲之하니 此晉所以深怨而有殽之師也라 前則恐人分其利하고 後

則以己專其利하니 **最人情之所甚惡**(오)라 **知權之怨備**면 **則知晉之怨秦矣**니 **安可獨歸曲於晉乎**아

1) 孫權與劉備……而有荊州之師也：見三國志
　≪三國志≫에 보인다.

秦 穆公이 이미 이익으로 인해 가벼이 晉나라와의 관계를 끊었으니 또한 반드시 이익으로 인해 鄭나라와의 관계도 가벼이 끊을 것이다. 이익을 탐하는 마음이 한 번 열리자 스스로 막을 수가 없었으니, 秦 穆公이 蹇叔의 諫言을 무시하여 殽山의 패전을 자초한 것이 당연하다. 殽山의 전쟁에 대해 논평하는 자 중에 혹자는 그 잘못을 晉나라에 돌려 "秦나라가 습격한 것은 鄭나라이고 擊滅한 것은 滑나라이며, 晉나라에 대해서는 당장의 위급한 상황도 없었는데 〈晉나라는〉 도리어 喪中을 무릅쓰고 秦軍을 요격하였다."고 말한다. 그러나 나는 晉나라도 응당 꾸짖어야 하지만, 秦 穆公도 죄가 없을 수 없다고 생각한다.

孫權이 劉備와 함께 劉璋을 치기로 약속하려 하자, 劉備는 "〈宗室의 同姓을 치느니〉 머리를 풀어 헤치고 산중으로 들어가겠다."는 말로 孫權의 요구를 거절하고는 얼마 지나지 않아 스스로 〈군사를 이끌고 가서 蜀을〉 취하였으니, 이것이 孫權이 劉備를 깊이 원망해 〈후일에〉 荊州를 습격해 탈취하는 전쟁이 있게 된 원인이 되었다. 먼저는 다른 사람과 그 이익이 나뉠 것을 두려워하고, 뒤에는 그 이익을 자기가 독점하는 것이 인정에 가장 심히 미워할 바이다. 孫權이 劉備를 원망한 〈까

劉備가 직접 益州牧을 점령하다〔劉備自領益州牧〕

닭을〉 안다면 晉나라가 秦나라를 원망한 까닭을 알 것이니 어찌 그 잘못을 유독 晉나라에게만 돌려서야 되겠는가?

然秦穆懲殽之敗하야 **仍用孟明**하야 **增修國政**하야 **竟刷大恥**하니라 **夫子驟列其悔過之誓於二帝三王之後者**는 **抑有意焉**이라 **一悔可以破百非**요 **一善可以滌百利**라 **秦穆在春秋中**하니 **朝議暮貶**이요 **左瑕右玷**하야 **雖擢髮不足以數其罪**어늘 **及入於書**하야는 **則溫然粹然**하야 **不見微隙**하니 **是典謨誥誓**[1]**之秦穆**이요 **而非復春秋之秦穆也**라 **聖人之勸深矣**라 **自時厥後**로 **晉有邲之敗**[2]하고 **齊有鞍之敗**[3]하며 **楚有鄢陵之敗**[4]하고 **其餘敗軍者**도 **未易**(이)**概擧**로되 **如秦之懲敗而悔過者**는 **則無聞焉**이라 **此書之所以止於秦也**라 **繼秦穆而有悔過自誓之擧**면 **則夫子之序書詎終於秦耶**아

1)〔역주〕典謨誥誓 : ≪尙書≫의 〈堯典〉·〈大禹謨〉·〈湯誥〉·〈秦誓〉 등을 이른다.

2) 晉有邲之敗 : 宣十二年
≪春秋左氏傳≫ 宣公 12년에 보인다.

3) 齊有鞍之敗 : 成二年
≪春秋左氏傳≫ 成公 2년에 보인다.

4) 楚有鄢陵之敗 : 成十六年
≪春秋左氏傳≫ 成公 16년에 보인다.

그러나 秦 穆公은 殽山에서의 패전을 교훈으로 삼아 孟明을 계속 임용해 國政을 더욱 닦아 마침내 대패했던 치욕을 씻었다. 孔子께서 〈≪尙書≫를 정리하실 때에 秦 穆公이〉 허물을 뉘우친 誓辭를 二帝三王의 뒤에 갑작스레 列記하신 것은 아마도 뜻이 있는 듯하다. 한 번의 뉘우침이 백 가지 잘못을 제거할 수 있고, 한 번의 착한 생각이 백 가지 이욕을 씻어낼 수 있기 때문이리라.

≪春秋≫ 가운데 실린 秦 穆公의 〈기록을 보면〉 아침저녁으로 당하는 것이 비평과 貶斥이고 좌우가 온통 흠투성이여서 비록 머리털을 다 뽑아도 그 죄를 세기에 부족한데, ≪尙書≫에 記入됨에 미쳐서는 溫厚하고 純正하여 털끝만한 흠도 볼 수 없다. 이는 〈堯典〉·〈大禹謨〉·〈湯誥〉·〈秦誓〉에 기록된 秦 穆公이고, 다시 ≪春秋≫에 기록된 秦 穆公이 아니니 성인께서 後人을 권면하신 뜻이 깊다.

〈殽山의 전쟁〉 이후로부터 晉나라는 邲의 패전이 있었으며, 齊나라는 鞍의 패전이

있었으며, 楚나라는 鄢陵의 패전이 있었으며, 이 밖의 나라들도 패전한 경우를 다 열거하기 어려울 〈정도로 많았으되,〉 秦 穆公처럼 패전을 교훈삼아 허물을 뉘우친 자가 있다는 말은 듣지 못하였다. 이것이 ≪尙書≫가 〈秦誓〉에서 끝난 까닭이다. 秦 穆公의 뒤를 이어 허물을 뉘우치고서 스스로 맹서하는 일이 있었다면 孔子께서 ≪尙書≫를 정리하신 것이 어찌 〈秦誓〉에서 끝났겠는가?

21-03 齊國莊子聘魯 郊勞贈賄 禮成而加之以敏 齊나라 國莊子가 魯나라를 聘問하였는데, 郊勞에서 贈賄까지 禮에 맞게 행동하고 더욱이 穎敏하기까지 하다

21-03-01 齊國莊子聘魯 郊勞贈賄 禮成而加之以敏 齊나라 國莊子가 魯나라를 聘問하였는데, 郊勞에서 贈賄까지 禮에 맞게 행동하고 더욱이 穎敏하기까지 하다

【左傳】 僖三十三年이라 齊國莊子來聘하다 自郊勞至于贈賄[1]히 禮成而加之以敏[2]하니 臧文仲言於公曰 國子爲政하야 齊猶有禮하니 君其朝焉하소서 臣聞之하니 服於有禮는 社稷之衛也라하니이다

1) 〔역주〕 自郊勞至于贈賄 : '郊勞'는 使臣이 聘問國의 30리 밖 近郊에 이르면 受聘國의 임금이 卿을 보내어 위로하는 것이고, '贈賄'는 使臣이 聘問을 마치고 떠나 近郊에 머물면 역시 受聘國의 임금이 卿을 보내어 幣帛을 주어 餞送하는 것이다.(≪儀禮≫ 〈聘禮〉)

2) 〔역주〕 自郊勞至于贈 禮成而加之以敏 : 올 때 迎接하는 것을 '郊勞'라 하고, 갈 때 餞送하는 것을 '贈賄'라 한다. 穎敏은 일 처리가 細審하여 事理에 맞는 것이다.〈杜注〉 禮成은 禮儀에 어긋남이 없다는 말이다.〈附注〉

僖公 33년, 齊나라 國莊子가 와서 聘問하였다. 郊勞에서 贈賄까지 禮에 맞게 행동하고 더욱이 穎敏하기까지 하니, 臧文仲이 公에게 말하였다. "國子가 政(執政者)이 되어 齊나라에는 오히려 禮가 있으니, 君께서는 齊나라에 朝見하소서. 臣이 듣건대 '禮가 있는 나라에 服從하는 것이 社稷을 保衛하는 것이다.'고 하였습니다."

21-03-02 鄭公孫段相鄭伯 禮無違 鄭나라 公孫 段이 鄭伯의 相이 되었을 때 禮儀에 어긋남이 없다

【左傳】 昭三年이라 夏四月에 鄭伯如晉할새 公孫段相이러니 甚敬而卑하야 禮無違者하니 晉

侯嘉焉하야 授之以策[1]曰 子豐有勞於晉國[2]을 余聞而弗忘이로라 賜女州田하야 以胙乃舊勳[3]하노라 伯石再拜稽首하야 受策以出하다 君子曰 禮는 其人之急也乎ㄴ저 伯石之汰也로 一爲禮於晉하야 猶荷其祿이온 況以禮終始乎아 詩曰 人而無禮면 胡不遄死오하니 其是之謂乎ㄴ저

1) 〔역주〕 授之以策 : 策은 命을 내리는 글이다.〈杜注〉

2) 〔역주〕 子豐有勞於晉國 : 子豐은 公孫 段의 아버지이다.〈杜注〉

3) 〔역주〕 胙乃舊勳 : 네 아버지의 옛 功勳에 報答한다는 말이다.〈附注〉

昭公 3년, 여름 4월에 鄭伯이 晉나라에 갔을 때 公孫 段이 相이 되었다. 매우 공경하고 자신을 낮추어 禮儀에 어긋남이 없으니, 晉侯가 가상히 여겨 그에게 策書를 주며 말하기를 "子豐이 晉나라에 功勞가 있었다는 것을 들은 뒤로 내 잊은 적이 없노라. 너에게 州縣의 土地〔州田〕를 주어 네 아버지의 옛 功勳에 보답하노라."고 하였다. 伯石이 두 번 절하고 머리를 조아리고서 策書를 받아가지고 나왔다.

君子는 이에 대해 다음과 같이 論評하였다. "禮儀는 사람에 있어 더없이 急(重要)한 것이다. 驕慢한 伯石으로도 晉나라에서 한 번 禮儀를 행하여 오히려 福祿을 받았는데, 하물며 시종 禮儀를 행하는 사람이겠는가? ≪詩經≫ 〈鄘風 相鼠〉에 '사람으로서 禮儀가 없으면 어찌 빨리 죽지 않겠는가?'라고 하였으니, 〈이 詩는〉 아마도 이런 경우를 이른 듯하다."

21-03-03 昭公如晉 郊勞贈賄 無失禮 昭公이 晉나라에 갈 때 郊勞에서부터 贈賄까지 예를 잃음이 없다

【左傳】 昭五年이라 公如晉하야 自郊勞至于贈賄[1]히 無失禮하니 晉侯謂女叔齊曰 魯侯不亦善於禮乎아 對曰 魯侯焉知禮릿가 公曰 何爲오 自郊勞至乎贈賄히 禮無違者하니 何故不知오 對曰 是儀也니 不可謂禮니이다 禮는 所以守其國하고 行其政令하야 無失其民者也니이다 今政令在家로되 不能取也하고 有子家羈로되 弗能用也하고 奸大國之盟하야 陵虐小國[2]하고 利人之難[3]하야 不知其私[4]니이다 公室四分하야 民食於他[5]하야 思莫在公이로되 不圖其終[6]하고 爲國君하야 難將及身이로되 不恤其所니이다 禮之本末이 將於此乎在[7]어늘 而屑屑焉習儀以亟하니 言善於禮가 不亦遠乎잇가 君子謂 叔侯於是乎知禮라하니라

1) 〔역주〕 自郊勞至于贈賄 : 올 때에는 郊勞가 있고, 돌아갈 때에는 贈賄가 있다.〈杜注〉

2) 〔역주〕 奸大國之盟 陵虐小國 : 莒나라를 토벌하여 鄆邑을 取한 것을 이른다.〈杜注〉

3) 〔역주〕 利人之難 : 작년에 莒나라가 混亂할 때 鄫을 取한 것을 이른다.〈杜注〉

4) 〔역주〕 不知其私 : 자기 個人에게 禍難이 생길 것은 모른다는 말이다.〈杜注〉

5) 〔역주〕 公室四分 民食於他 : 他는 三家를 이른다. 魯君의 處地가 백성과 다름이 없음을 말한 것이다.〈杜注〉

6) 〔역주〕 思莫在公 不圖其終 : 昭公을 위해 終始를 생각하는 자가 없다는 말이다.〈杜注〉 群臣의 생각이 公家에 있지 않다는 말이다.〈附注〉 "不圖其終"은 魯君이 앞으로 닥칠 事態를 생각하지 않는 것이다. 위의 "不知其私"와 아래의 "不恤其所"와 함께 모두 同一句法으로 昭公이 하지 않는 것이다.

7) 〔역주〕 將於此乎在 : 此는 앞서 언급한 세 가지, 守國·行政令·無失民을 이른다.

昭公 5년, 昭公이 晉나라에 가서 郊勞에서 贈賄까지 禮를 잃음이 없으니, 晉侯가 女叔齊에게 말하기를 "魯侯가 禮에 뛰어나지 않은가?"라고 하자, 女叔齊가 "魯侯가 어찌 예를 알겠습니까?"라고 대답하였다. 晉 平公이 말하기를 "어째서 그리 말하는가? 郊勞에서 贈賄까지 예에 어긋난 것이 없는데, 어째서 예를 모른다고 하는가?"라고 하니, 女叔齊는 다음과 같이 대답하였다.

"이는 儀式이니 예라고 할 수 없습니다. 예는 나라를 지키고 政令(政權)을 行하여 백성을 잃지 않는 것입니다. 그런데 지금 魯나라는 政令이 三家의 手中에 있는데도 회수하지 못하고, 子家羈 같은 賢者가 있는데도 등용하지 못하고, 大國과 맺은 盟約을 어기고서 小國을 능멸해 虐待하고, 남의 禍難을 자기의 利益으로만 여기고 자기에게 禍亂이 닥칠 줄은 모릅니다. 公室이 넷으로 쪼개져서 백성들은 저들(三家)의 도움으로 衣食하므로 임금을 생각하는 자가 없는데도 魯侯는 앞으로 닥칠 結果〔其終〕를 생각하지 않고, 나라의 임금이 되어 禍難이 몸에 미치려 하는데도 자기의 地位〔其所〕를 걱정하지 않습니다. 禮의 本末이 여기에 있는 것인데도 부지런히 儀式만을 익히기에 급급하니, 禮에 뛰어나다는 말이 〈實際와〉 거리가 멀지 않습니까?" 君子는 "女叔齊가 이처럼 禮를 알았다."고 論評하였다.

21-03-04 孟僖子不能答郊勞 孟僖子가 郊勞에 답례하지 못하다

【左傳】 昭七年이라 三月에 公如楚할새 鄭伯勞于師之梁하다 孟僖子爲介러니 不能相儀하고 及楚에 不能答郊勞하다

昭公 7년, 3월에 昭公이 楚나라에 갈 때 鄭伯이 師之梁(鄭나라 國都의 城門)에서 昭公을 慰勞하였다. 이때 孟僖子가 使介였는데, 儀典을 잘 輔佐하지 못하였고, 楚나라에 이른 뒤에 楚나라의 郊勞에 〈제대로〉 答禮하지 못하였다.

21-03-05 孟僖子病不能相禮 乃講學之 孟僖子가 禮를 잘 輔佐하지 못한 것을 수치로 여겨 禮를 학습하다

【左傳】 昭七年이라 九月에 公至自楚하다 孟僖子病不能相禮하야 乃講學之한대 苟能禮者면 從之하다 及其將死也에 召其大夫曰 禮는 人之幹也니 無禮면 無以立이라 吾聞將有達者曰孔丘[1]하니 聖人之後也라 我若獲沒이면 必屬(촉)說與何忌於夫子하야 使事之하야 而學禮焉하야 以定其位하라 故孟懿子與南宮敬叔師事仲尼하니라

1)〔역주〕吾聞將有達者曰孔丘：孟僖子가 卒할 때 孔子의 나이 35세였다.〈杜注〉

昭公 7년, 9월에 昭公이 楚나라에서 돌아왔다. 孟僖子는 禮를 잘 輔佐하지 못한 것을 羞恥〔病〕로 여겨 禮를 學習하였는데, 禮에 능한 사람이 있다고 하면 그를 찾아가서 배웠다. 그러다가 죽을 때에 미쳐 手下 大夫를 불러놓고 말하기를 "禮는 사람이 되는 根本이니, 禮가 없으면 立身(處世)할 수가 없다. 내 듣건대 장차 顯達할 자로 孔丘라는 사람이 있는데, 그는 聖人의 後裔라고 한다. 내가 만약 壽命을 다하고 죽는다면 반드시 說(南宮敬叔)과 何忌(孟懿子)를 夫子에게 맡겨, 夫子를 師事하여 禮를 배워 그 지위를 安固히 하게 하라."고 하였다. 그러므로 孟懿子와 南宮敬叔이 仲尼를 師事한 것이다.

21-03-06 趙簡子問子太叔揖讓周旋之禮 趙簡子가 子太叔에게 揖讓周旋의 禮를 묻다

【左傳】 昭二十五年이라 夏에 會于黃父하니 謀王室也[1]라 趙簡子令諸侯之大夫[2]輸王粟具戍人[3]曰 明年에 將納王[4]하리라 子太叔見趙簡子하니 簡子問揖(읍)〔讓〕[5]周旋[6]之禮焉하다 對曰 是儀也요 非禮也라 簡子曰 敢問何謂禮오 對曰 吉也聞諸先大夫子產하니 曰 夫禮는 天之經也[7]요 地之義也[8]며 民之行也[9]라 天地之經을 而民實則之니라 云云

1)〔역주〕會于黃父 謀王室也：王室에 子朝의 叛亂이 있었기 때문에 安定시키기를 상의한 것이다.〈杜注〉

2)〔역주〕趙簡子令諸侯之大夫：簡子는 趙鞅이다.〈杜注〉

3) 〔역주〕 輸王粟具戍人 : 糧穀을 수송해 王室에 공급하고 人徒(軍士)를 준비해 周나라를 지키게 한 것이다.〈附注〉

4) 〔역주〕 明年 將納王 : 敬王을 王城으로 들여보내는 것이다.〈杜注〉

5) 〔역주〕 (遜)〔讓〕 : 저본에는 '遜'으로 되어 있으나, 四庫全書本·三民書局本에 의거하여 '讓'으로 바로잡았다.

6) 〔역주〕 揖讓周旋 : 賓主가 相見할 때 서로 揖하고 사양하면서 進退하는 動作을 이른다.

7) 〔역주〕 夫禮 天之經也 : 經은 常久不變의 道를 이른다.〈杜注〉

8) 〔역주〕 天之經也 地之義也 : 天地 사이에 존재하는 不變의 法則을 이른다. 地義는 地宜로도 쓰는데, 地宜는 大地에는 높은 곳과 낮은 곳이 있어 각종 植物의 성장에 適宜하다는 뜻이다.

9) 〔역주〕 民之行也 : 行은 사람이 履行하는 바이다.〈杜注〉

昭公 25년, 여름에 黃父에서 會合하였으니, 이는 王室의 安定을 상의하기 위함이었다. 趙簡子가 諸侯의 大夫에게 王室에 糧穀을 輸送할 것과 王室을 守護할 軍士를 준비〔具〕할 것을 命하면서 "明年에 敬王을 王城으로 들여보내려 한다."고 하였다.

子太叔(游吉)이 趙簡子를 만나니, 趙簡子가 揖讓周旋의 禮를 물었다. 子太叔이 "이는 儀式이고 禮가 아닙니다."고 대답하였다. 趙簡子가 "감히 묻습니다. 무엇을 禮라 합니까?"라고 하니, 子太叔이 "제가 先大夫 子產에게 들으니 '禮는 하늘의 法則〔經〕이고 땅의 道理〔義〕이며 사람들이 본받아 履行하는 것이다.'고 하였으니 天地의 법칙을 사람들이 본받는 것입니다."라고 대답하였다.

同言者는 權之以事하고 同事者는 權之以人이라 國莊子聘魯에 郊勞贈賄히 禮成加敏하니 而臧文仲稱之하니라 魯昭公朝晉에 郊勞贈賄히 無失禮하니 而晉平公稱之하니라 至於趙簡子之問禮하야도 亦止於揖遜周旋之間焉하니 是三者는 其言同也요 其事同也라 因其同而同之면 則女叔齊之對平公과 子太叔之對簡子에 旣皆以爲儀而不以爲禮하니 彼臧文仲其亦知儀而不知禮者歟아 是殆未嘗權之以人也니라 臧文仲何如人也오 其身死로되 其言凜然在春秋中하야 如砥柱之屹橫流하니 非女叔齊子太叔輩所敢仰望也라 臧文仲之所知를 女叔齊子太叔所不能知者多矣나 未有女叔齊子太叔之所知를 臧文仲反不能知者也라 今女叔齊子太叔尙識其爲儀로되 而臧文仲乃指以爲禮라하니 其必有說矣라

같은 말은 事理로써 헤아려야 하고, 같은 일은 사람으로써 헤아려야 한다. 〈齊나라〉 國莊子가 魯나라를 빙문했을 적에 郊勞에서 贈賄까지 禮에 맞게 행동하고 더욱이 穎敏하기까지 하니, 臧文仲이 칭찬하였다. 魯나라 昭公이 晉나라에 朝見 갔을 적에 郊勞에서 贈賄까지 禮를 잃음이 없으니, 晉나라 平公이 칭찬하였다. 趙簡子가 〈子太叔에게〉 禮를 물음에 이르러서도 揖遜周旋하는 儀節 사이에 그쳤다. 이 세 경우는 그 말도 같고 그 일도 같다. 〈말과 일이〉 같음으로 인해 같다고 한다면 女叔齊가 平公에게 대답한 말과 子太叔이 簡子에게 대답한 말에서 이미 모두 儀節이라 하고 禮라 하지 않았으니 〈그렇다면 홀로 禮가 있다고 말한〉 저 臧文仲이 어찌 의절만을 알고 예를 알지 못한 자이겠는가? 이는 아마도 일찍이 사람으로써 헤아려보지 않아서인 듯하다.

臧文仲이 어떤 사람인가? 그 몸은 죽었으나 그 말은 늠름하게 《春秋》 가운데 살아 있어, 마치 砥柱山이 범람하는 黃河 중류에 우뚝 솟은 것과 같으니, 女叔齊나 子太叔 같은 무리가 감히 仰望할 수 있는 분이 아니다. 臧文仲이 아는 것을 女叔齊와 子太叔이 알지 못하는 것은 많았으나, 女叔齊와 子太叔이 아는 것을 臧文仲이 도리어 알지 못하는 것은 있지 않다. 그런데 지금 女叔齊와 子太叔도 오히려 그것이 儀節임을 알았는데, 臧文仲은 도리어 그것을 지적해 禮라고 하였으니, 그리 말한 데에는 반드시 이유가 있을 것이다.

道無精粗하고 **無本末**하니 **未嘗有禮外之儀**하며 **亦未嘗有儀外之禮也**라 **升降裼襲**과 **與窮神知化者**는 **本無二塗**하고 **掃灑應對**와 **與存心養性者**는 **本無二說**하니 **未有析禮與儀爲兩物者也**라 **禮與儀既不可離**라 **故古者言禮與儀**에 **亦未嘗有所擇**이라 **專言禮者**에 **如曰大禮, 如曰有禮**는 **非謂禮中無儀也**며 **專言儀者**에 **如曰多儀, 如曰威儀**는 **非謂儀中無禮也**라 **隨意而言**하고 **隨言而足**이니 **曷嘗聞指一物而爲禮**하고 **又指一物而爲儀者哉**아

道에는 精粗와 本末이 없으니, 禮 밖에 儀節이 있은 적이 없으며 또한 儀節 밖에 禮가 있은 적이 없다. 계단을 오르내리고 上衣를 벗어 裼衣를 드러내기도 가리기도 하는 것과, 신묘한 이치를 窮究하여 만물의 변화를 아는 것이 본래 두 갈래 길이 아니고, 掃灑應對와 存心養性이 본래 두 가지 說이 아니니, 禮와 儀를 나누어 두 가지 事物로 만든 적이 없다.

禮와 儀를 이미 분리할 수 없기 때문에 옛사람들이 禮와 儀를 말할 때에도 〈두 가지를〉 구별〔擇〕한 적이 없다. 순전히 禮를 말한 자가 '大禮'라 하고 '有禮'라 한 것은 禮 가운데 儀가 없다는 것을 이름이 아니고, 순전히 儀를 말한 자가 '多儀'라 하고 '威儀'라고 한 것은 儀 가운데 禮가 없다는 것을 이름이 아니다. 생각에 따라 禮를 말하기도 儀를 말하기도 하였으며, 말에 따라 禮를 중시〔足〕하기도 儀를 중시하기 하였으니, 언제 일찍이 한 가지 일을 가리켜 禮라 하고, 또 한 가지 일을 가리켜 儀라고 한 적이 있었는가?

春秋之初는 去古猶近하야 是理未亡하니 此臧文仲之論所以不數數然[1]爲之區別也라 德又下衰에 禮與儀始判而不合하야 見拜者止謂之拜라하고 見揖者止謂之揖이라하며 見獻者止謂之獻이라하고 見酬者止謂之酬라하야 遂以此爲禮之極하고 而至理精義漫不復知矣라 故女叔齊子太叔不得已而指之曰 此儀也요 非禮也라하니 儀之外當知復有所謂禮也라 二人者가 夫豈不知言出而道離[2]哉리오 亦有所不得已焉耳라 使其居臧文仲之時면 肯判禮儀以開破裂之漸耶아 是非女叔齊子太叔之說이 變於臧文仲之說이라 蓋女叔齊子太叔之時가 薄於臧文仲之時也니라

1)〔역주〕數數然 : 박절한 모양이다.
2)〔역주〕知言出而道離 : 여기에 말한 道는 禮와 儀를 통틀어 이른 것이다.

春秋時代 初期는 古代와의 거리가 오히려 가까워서 이런 도리가 아직 없어지지 않았으니 이것이 臧文仲이 禮를 논할 때에 박절하게 〈禮와 儀를〉 구별하지 않은 이유이다. 세상에 道德이 더욱 낮아지고 쇠퇴하면서부터 禮와 儀가 비로소 둘로 갈라지고 하나로 합쳐지지 않아서, 절하는 자를 보면 그것을 절이라고만 이르고, 揖하는 자를 보면 그것을 읍이라고만 이르며, 禮物을 奉獻하는 자를 보면 그것을 봉헌이라고만 이르고, 酬酌하는 자를 보면 그것을 수작이라고만 이르고서, 드디어 이것을 예의 극치로 여기고 예의 至理와 精義에 대해서는 전혀 다시 알려 하지 않는다. 그러므로 女叔齊와 子太叔이 부득이 그것을 가리켜 "이것은 儀이고 禮가 아니다."라고 하였으니, 이는 儀 밖에 다시 이른바 禮란 것이 있음을 안 것이다. 저 두 사람이 어찌 이 말이 입에서 나가면 道(禮儀)가 분리된다는 것을 몰랐겠는가? 그들 또한 부득이해서이다.

가령 그들이 臧文仲 시대에 살았다면 어찌 禮와 儀를 구분하여 〈그 의론이〉 파손되고

찢어지는 꼬투리를 열었겠는가? 이는 女叔齊와 子太叔의 說이 臧文仲의 說을 변경한 것이 아니라, 女叔齊와 子太叔의 시대가 臧文仲의 시대에 비해 〈風氣가〉 경박했기 때문이다.

孔子不攻異端[1)]이로되 **而孟子則攻之**[2)]하니 **豈樂異於孔子哉**아 **亦迫於時耳**니라 **世俗乃謂因孟子之言而異端之害始出**이라하며 **因女叔齊子太叔之言而禮儀之辨始明**이라하고 **抑不知君子願如孔子之不攻**이요 **而不願如孟子之攻**이며 **願如臧文仲之不辨**이요 **不願如女叔齊子太叔之辨**이라 **昏昏之毁**는 **吾所甘受**어니와 **察察之名**은 **乃吾力辭而不可得者也**니 **此豈易**(이)**與世士言耶**리오 **魯昭公知郊勞贈賄之禮**나 **而不知乾侯之危**[3)]하고 **孟僖子不知郊勞擯相之禮**나 **而反知孔子之聖**이라 **當時之所謂禮者**는 **不足以定賢愚如此**하니 **爲君子者安得不力辨於毫釐之際耶**아 **苟尙如臧文仲之信國莊子**면 **則吾恐伯石之汰亦可以聲音笑貌取州田之賞矣**리라 **吾是以知女叔齊子太叔之謂**는 **有所不得已也**라

1) 孔子不攻異端：孔子曰 攻乎異端 斯害也已[*)]
孔子가 말씀하였다. "異端을 공격하면 해로울 뿐이다."
*)〔역주〕攻乎異端 斯害也已：≪論語≫〈爲政〉에 보인다.
2) 孟子則攻之：孟子 正人心 息邪說 距詖行 放淫辭 以承三聖
≪孟子≫〈滕文公 下〉에 "〈내가 또한〉 人心을 바로잡아 邪說을 종식시키며, 詖行을 막고 淫辭를 내쫓음으로써 세 聖人(禹·周公·孔子)을 계승하려고 하는 것이니, 〈어찌 변론을 좋아해서이겠는가. 부득해서이다.〉"라고 하였다.
3) 不知乾侯之危：二十九年
≪春秋左氏傳≫ 昭公 29년에 보인다.

孔子는 異端을 공격하지 않았으되 孟子는 이단을 공격하였으니, 이것이 어찌 〈孟子가〉 孔子와 달리하기를 좋아해서였겠는가? 이 또한 時勢에 몰려 부득이 그리 말한 것뿐이다. 그런데 세속에서는 도리어 孟子의 말로 인해 이단의 해로움이 비로소 생겼고, 女叔齊와 子太叔의 말로 인해 禮와 儀의 분변이 비로소 명백해진 줄로만 알고, 군자는 孔子처럼 공격하지 않기를 원하고 孟子처럼 공격하기를 원하지 않으며, 臧文仲처럼 분변하지 않기를 원하고 女叔齊와 子太叔처럼 분변하기를 원하지 않는다는 것을 알지 못한다. 우매하다는 비방은 내 달게 받겠으나, 분명하게 구분하여 잘 가린다는 美名은

내 극력 사양했음에도 뜻대로 되지 않았다. 이런 일을 어찌 세속의 선비들과 더불어 쉽게 말할 수 있겠는가?

魯나라 昭公은 郊勞와 贈賄의 예는 알았으나 乾侯의 危難은 알지 못했으며, 孟僖子는 郊勞에 대해 답하고 보좌하는 예는 몰랐으나, 도리어 孔子가 聖人인 것은 알았다. 당시에 이른바 禮란 것으로 賢愚를 판정하기에 부족함이 이와 같았으니 君子는 어찌 힘을 다해 毫釐의 즈음에 대해 변별하지 않아서야 되겠는가? 만약 臧文仲이 國莊子를 믿듯이 한다면 나는 伯石(揚食我)처럼 교만한 자가 聲音과 笑貌로 〈한번 예를 행하여〉 州田의 賞을 취하게 될까 두렵다. 나는 이로 인해 女叔齊와 子太叔의 말은 부득이해서 한 말임을 알게 되었다.

好辨한다는 評에 대해 답하는 孟子

21-04 狼瞫死秦師　狼瞫이 秦나라 군대와 싸우다

【左傳】 文二年이라 春에 秦孟明(率)〔視帥〕[1]師伐晉하니 秦師敗績하다 晉襄公縛秦囚[2]하야 使萊駒以戈斬之한대 囚呼[3]하니 萊駒失戈하다 狼瞫(심)取戈以斬囚[4]하고 禽之以從公乘[5]하니 遂以爲右[6]하다 箕之役[7]에 先軫黜之하고 而立續簡伯하니 狼瞫怒하다 其友曰 盍死之오 瞫曰 吾未獲死所[8]로라 其友曰 吾與女爲難[9]하리라 瞫曰 周志有之하니 勇則害上이면 不登於明堂[10]이라하니 死而不義면 非勇也라 共用之謂勇[11]이니 吾以勇求右라가 無勇而黜은 亦其所也[12]라 謂上不我知러니 黜而宜하니 乃知我矣[13]라 子姑待之하라 及彭衙하야 旣陳에 以其屬馳秦師하야 死焉[14]하니 晉師從之하야 大敗秦師하다 君子謂狼瞫於是乎君子로다 詩曰 君

子如怒면 亂庶遄沮[15)]라하고 又曰 王赫斯怒하야 爰整其旅[16)]라하니 怒不作亂하고 而以從師하니 可謂君子矣로다 云云

1) 〔역주〕 (率)〔視帥〕 : 저본에는 '率'로 되어 있으나, ≪春秋左氏傳≫에 의거하여 '帥'로 바로잡고, 孟明의 이름인 '視'를 보충하였다.
2) 〔역주〕 晉襄公縛秦囚 : 秦囚는 晉人이 生捕한 秦兵인 듯하다.〈附注〉
3) 〔역주〕 使萊駒以戈斬之 囚呼 : 秦囚가 겁이 나서 고함을 지른 것이다.〈附注〉
4) 〔역주〕 萊駒失戈 狼瞫(심)取戈以斬囚 : 狼瞫도 晉나라 사람이다. 떨어진 창을 주어 포로를 베어 죽여 자신의 용맹을 보인 것이다.〈附注〉
5) 〔역주〕 禽之以從公乘 : 狼瞫이 죽인 포로의 귀를 베어 가지고 公의 수레를 따라간 것이다.〈附注〉 禽은 秦囚의 귀를 벤 것이 아니라 萊駒를 잡은 것이다. 萊駒가 매우 나약하여 겁이 많으니 狼瞫이 그에게 恥辱을 주어 士氣를 振作시키고자 하였다. 그러므로 秦囚를 죽인 뒤에 萊駒를 포박해 끌고 公의 수레를 뒤쫓아 가서 자신의 용맹을 과시한 것이다.(≪左氏會箋≫)
6) 〔역주〕 遂以爲右 : 禽은 잡는 것이다. 上文에 萊駒가 창을 놓쳤기 때문에 '禽之'라고 한 것이다. 생포하거나 죽인 것을 모두 '禽'이라 한다.〈杜注〉 襄公은 그의 용기를 가상하게 여겨 萊駒를 대신해 車右가 되게 한 것이다.〈附注〉
7) 〔역주〕 箕之役 : 箕의 전쟁은 僖公 33년에 있었다.〈杜注〉
8) 〔역주〕 吾未獲死所 : 죽어야 할 곳을 얻지 못했다는 말이다.〈杜注〉
9) 〔역주〕 吾與女爲難 : 그대와 함께 先軫을 죽이고자 한다는 말이다.〈杜注〉
10) 〔역주〕 周志有之……不登於明堂 : 〈周志〉는 〈周書〉이다. 明堂은 祖廟이다. 明堂은 功勞를 策에 기록하고 功德의 序列을 정하는 곳이기 때문에 의롭지 못한 사람은 오를 수 없다.〈杜注〉 "勇則害上 不登於明堂" 두 句는 ≪汲冢周書≫ 〈大匡篇〉에 보이는데, 則이 如로 되어 있다. 如는 而와 통용되니 여기의 則은 而의 뜻으로 쓰였다.(≪左氏會箋≫)
11) 〔역주〕 共用之謂勇 : 共用은 國家의 所用에 이바지해 죽는 것이다.〈杜注〉
12) 〔역주〕 無勇而黜 亦其所也 : 지금 의롭지 못하게 죽으면 다시 無勇이 되니, 물리침을 당한 것이 당연하다는 말이다.〈杜注〉
13) 〔역주〕 黜而宜 乃知我矣 : 지금 내가 물리침을 받은 것이 합당하니, 다시 先軫이 나를 모른다고 말할 수 없다는 말이다.〈杜注〉
14) 〔역주〕 以其屬馳秦師 死焉 : 屬은 자기에게 소속된 군대이다.〈杜注〉
15) 〔역주〕 詩曰……亂庶遄沮 : 詩는 ≪詩經≫ 〈小雅 巧言篇〉이다. 君子가 怒하면 반드시 난리를 그치게 한다는 말이다. 遄은 疾(빠름)이고, 沮는 止(그침)이다.〈杜注〉
16) 〔역주〕 王赫斯怒 爰整其旅 : 詩는 ≪詩經≫ 〈大雅 皇矣篇〉이다. 文王이 분노하면 군대

를 정돈하여 난을 討平하였다는 말이다.〈杜注〉

文公 2년, 봄에 秦나라 孟明視가 군사를 거느리고 와서 晉나라를 토벌하니, 秦軍이 大敗하였다. 晉 襄公이 포로로 잡은 秦軍을 묶어놓고서 萊駒에게 그 포로를 창으로 베어 죽이라고 하였는데, 그 포로가 소리를 지르니 萊駒는 놀라서 창을 떨어뜨렸다. 그러자 狼瞫이 그 창을 주워 포로를 베어 죽이고는 萊駒를 잡아끌고서 襄公의 수레를 따라가니 드디어 그를 車右로 삼았다.

箕의 전쟁 때 先軫이 狼瞫을 물리치고 續簡伯을 車右로 삼으니 狼瞫이 노하였다. 그의 벗이 말하기를 "어찌 죽지 않는가?"라고 하니, 狼瞫이 말하기를 "나는 아직 죽을 곳을 얻지 못하였다."고 하였다. 그 벗이 말하기를 "내가 그대를 도와〔與〕 난을 일으키겠다."고 하니, 狼瞫이 말하기를 "〈周志〉에 '용맹하다 하여 윗사람을 해친다면 〈죽어서〉 明堂에 오르지 못한다.'고 하였으니 의롭지 못하게 죽는 것은 용맹이 아니고, 나라를 위해 죽는 것을 용맹이라고 한다. 나는 용맹으로 車右가 되었다가 이제 용맹하지 못하여 물리침을 당하였으니 이는 당연한 바이다. 先軫이 나를 모른다고 여겼는데 나를 물리친 것이 합당하니 나를 정확히 안 것이다. 그대는 일단 기다려보라." 하였다. 〈얼마 후〉 彭衙의 전쟁에서 진을 친 뒤에 狼瞫이 자신의 부하를 거느리고 秦軍으로 달려가 싸우다가 죽으니, 晉軍이 그 뒤를 따라 공격하여 秦軍을 대패시켰다.

君子는 이에 대해 다음과 같이 논평하였다. "狼瞫은 이번 일에 있어 군자다웠다. 詩에 '군자가 怒하면 亂이 빨리 그친다.'고 하였고, 또 '王이 赫然히 노하여 그 군대를 整頓하였다.'고 하였다. 노하였으나 난을 일으키지 않고 從軍하였으니 군자라고 이를 만하다."

【主意】 狼瞫은 左氏之所譽也라 然瞫烈士也라 吾將轉譽爲責하야 而論其出位之罪하노라 想瞫之心은 必願聞人之責而不願聞人譽라

狼瞫은 左氏가 칭찬한 대상이다. 그러나 狼瞫은 烈士이니, 나는 칭찬을 질책으로 바꾸어 그가 분수를 넘을 죄를 논하려 한다. 생각건대 狼瞫의 마음은 반드시 사람들의 질책을 듣기를 원하고, 사람들의 칭찬을 듣기를 원하지 않을 것이다.

譽人之所毁者라하야 未必皆近厚也요 毁人之所譽者라하야 未必皆近薄也라 然君子常欲求善於衆毁之中하고 而不忍求惡於衆譽之外하니 是(變)〔文〕[1]毁爲譽者는 君子之

本心이요 **變譽爲毁者**는 **要非君子之得已也**라

1) 〔역주〕 (變)〔文〕 : 저본에는 '變'으로 되어 있으나, 四庫全書本·三民書局本에 의거하여 '文'으로 바로잡았다.

남들이 헐뜯는 자를 칭찬한다 해서 반드시 모두 厚德에 가까운 사람이 아니고, 남들이 칭찬하는 자를 헐뜯는다 해서 반드시 모두 刻薄에 가까운 사람이 아니다. 그러나 군자는 항상 衆人이 헐뜯는 속에서 善한 점을 찾고자 하고 차마 衆人이 칭찬하는 밖에서 惡한 점을 찾고자 하지 않으니, 바로 허물을 숨기고 칭찬해주는 것이 君子의 本心이고 칭찬을 바꾸어 헐뜯는 것은 군자가 부득이해서이다.

狼瞫之死[1]는 **左氏之所譽也**[2]라 **自左氏旣譽之後**로 **更千百年**히 **大不見排於君子**하고 **小不見嗤於衆人**이라 **共相保持其名而至於今日**이어늘 **我乃一(朝)〔旦〕**[3]**抉其隱**하고 **發其匿**하야 **墮毁其千百年所保持之名**이면 **是豈君子之所忍邪**아 **瞫爲戎右**나 **先軫不知其勇而黜之**하니라 **瞫不死於先軫而死於秦師**하야 **抑其怒於私讐**하고 **發其怒於公戰**이니 **是固世所共譽也**라 **苟以正義責之**면 **則瞫在所毁不在所譽**라 **何也**오 **瞫怒先軫不知其勇**하니 **其死於秦者**는 **所以彰先軫之不知人也**라 **名則忠晉**이나 **而實愧先軫也**라

1) 狼瞫之死 : 見本題註
본편의 주에 보인다.

2) 左氏之所譽也 : 譽其怒不作亂而以從師 可謂君子矣
〈狼瞫이〉 분노하였으나 반란을 일으키지 않고 從軍하였으니 군자라고 이를 만하다고 칭찬한 것이다.

3) 〔역주〕 (朝)〔旦〕 : 저본에는 '朝'로 되어 있으나, 四庫全書本에 의거하여 '旦'으로 바로잡았다. '朝'는 朝鮮 太祖 李旦을 避諱한 글자이다.

狼瞫이 戰死한 것은 左氏가 칭찬한 바이다. 左氏가 칭찬한 뒤로 千百 년이 지나는 동안 크게는 君子들에게 배척을 받지 않고, 적게는 衆人들에게 비웃음을 받지 않았다. 〈군자와 중인이〉 공동으로 그의 명예를 보호하고 지켜 오늘에 이르렀는데, 내가 만약〔乃〕 느닷없이 그의 隱匿(남에게 말할 수 없는 죄악)을 들추어내어 천백 년 동안 유지되어온 그의 명예를 무너뜨린다면 이 어찌 군자가 차마 할 수 있는 바이겠는가?

狼瞫이 戎右(車右)가 되었으나 先軫은 그의 용맹을 알아보지 못하고 그를 파면하였

다. 狼瞫이 선진의 〈면전에서〉 죽지 않고 秦軍의 〈陣中에서〉 전사하여 사적인 원한에는 분노를 억제하고 그 분노를 公戰에 드러냈으니, 바로 이 점이 세상 사람들이 함께 칭찬하는 바이다.

그러나 正義로써 추구하면 狼瞫은 질책할 대상이지 칭찬할 대상은 아니다. 어째서인가하면 狼瞫은 先軫이 자기의 용맹을 알아주지 않는 것에 분노하였으니, 그가 秦軍으로 달려가 전사한 것은 先軫이 사람을 알아보지 못한 것을 드러내기 위함이었다. 명색은 晉나라에 충성을 다한 것이지만 실상은 先軫을 부끄럽게 한 것이다.

嗚呼라 **是誠瞫過也**나 **同於爲過**에도 **有輕重焉**하고 **有小大焉**이라 **陽處父易賈季之班**[1)]과 **先軫黜狼瞫之右**는 **同是時也**며 **同是事也**며 **同是怨也**나 **賈季則積其忿而殺陽處父**하고 **狼瞫則移其忿而死秦師**하니라 **觀賈季之狠**이면 **則知狼瞫之賢矣**니 **雖曰不免於過焉**이라도 **其輕重大小**는 **非可以賈季竝論也**라

1) 陽處父易賈季之班：文六年[*)]

《春秋左氏傳》 文公 6년에 보인다.

*)〔역주〕文六年：賈季가 班次를 바꾼 陽處父에게 원한을 품고 시해한 것은 본서 〈18-01〉에 보인다.

아! 이는 참으로 狼瞫의 허물이지만 같은 허물에도 輕重이 있고 小大가 있다. 陽處父가 賈季의 班次를 바꾼 것과 先軫이 狼瞫을 車右에서 파면한 것은 같은 時機이고 같은 사건이고 같은 원한이었으나, 賈季는 그에 대한 분노를 쌓아 陽處父를 살해하였고, 狼瞫은 그에 대한 분노를 옮겨 秦軍의 〈陣中에서〉 전사하였다. 賈季의 사나움을 보면 狼瞫의 어짊을 알 수 있다. 비록 허물이 있음을 면하지는 못한다 하더라도 허물의 輕重과 大小는 賈季와 나란히 놓고 논할 바가 아니다.

自子文之無慍而視狼瞫이면 **則可責**이나 **自賈季之報怨而視狼瞫**이면 **則可嘉**니 **君子之待狼瞫**에 **當恕而不當嚴也**라 **必嚴以正義責之**하야 **奪其忠晉之譽**하야 **而歸以愧先軫之毀**니 **何其責人無已耶**아 **抑不知春秋諸臣**에 **憾於黜免**하야 **肆其悖逆**하야 **因收秩而逐王者**를 **吾於石速見之矣**[1)]요 **因奪政而逐君者**를 **吾於司寇亥見之矣**[2)]로라 **孰肯如瞫死敵以愧人耶**아

1) 吾於石速見之矣：莊十九年
《春秋左氏傳》 莊公 19년에 보인다.
2) 吾於司寇亥見之矣：昭二十五年
《春秋左氏傳》 昭公 25년에 보인다.

令尹 子文이 〈세 번 축출되었어도〉 노하는 기색이 없었던 일을 가지고 狼瞫을 비교하면 꾸짖을 만하지만, 賈季가 원한을 보복했던 일을 가지고 狼瞫을 비교하면 칭찬할 만하니 군자가 狼瞫을 대함에 있어 너그럽게 용서해야 하고 嚴酷하게 꾸짖는 것은 옳지 않다. 굳이 엄혹하게 正義로써 추구하여 晉나라에 충성을 다한 그의 명예를 빼앗아 선진을 부끄럽게 한 죄로 돌린다면, 어찌 사람을 꾸짖음에 끝이 없음이 〈아니겠는가?〉 그렇다면 또한〔抑〕 春秋時代의 신하들 중 파면된 것에 원한을 품고 방자하게 반항하여 俸祿을 몰수했다는 이유로 임금을 축출한 것을 우리는 石速에게서 보았고, 정권을 빼앗았다는 이유로 임금을 축출한 것을 우리는 司寇 華亥에게서 보았다는 것을 모르고서 〈이처럼 가혹하게 책망한 것이다.〉 누가 狼瞫처럼 敵陣에서 전사하여 윗사람을 부끄럽게 하려했던가?

使當時之臣被黜免者가 **皆如瞫死敵以愧人**이면 **則爲國者惟患愧人者之不多耳**라 **苟誠多焉**이면 **隣敵外寇將無容足之地矣**리라 **論者盍獎其死敵之功**하고 **而憐其愧人之情**가 **勿探其愧人之情**하고 **而掩其死敵之功也**하라 **吾故曰 君子之待狼瞫當恕**요 **而不當嚴也**로라

만약 당시에 黜免된 신하들이 모두 狼瞫처럼 敵陣에서 전사하여 윗사람을 부끄럽게 하였다면 나라를 다스리는 군주는 오직 윗사람을 부끄럽게 하는 자가 많지 않을까만을 근심하였을 것이다. 만약 그런 사람이 참으로 많았다면 隣敵과 外寇가 발을 붙일 곳이 없었을 것이다. 그런데 評論하는 사람은 어찌하여 적에게 죽은 그의 戰功만을 장려하고 윗사람을 부끄럽게 한 그의 심정은 가엽게 여기지 않는가? 그렇다고 윗사람을 부끄럽게 한 그의 심정만을 탐구하고 敵陣에서 전사한 그의 전공을 엄폐하지도 말라. 나는 이로 인해 "君子가 狼瞫을 대함에는 너그럽게 용서해야 하고 엄혹하게 꾸짖음은 옳지 않다."고 한 것이다.

然瞫烈士也[1)]라 回犯上之氣하야 而爲徇國之勇[2)]이 雖未中節[3)]이나 要非常人之所能望也[4)]라 待常人當以常法이어니와 待非常人不當以常法이라 恕는 常法也니 所以待常人也라 拊摩戲狎은 所以待孩孺니 加之成人則爲侮요 闊略優容은 所以待鄕隣이니 加之益(久)〔友〕[5)]則爲疏라 苟以待常人之恕로 而待非常之人이면 則恕之適所以辱之也라 以瞫之義烈로 豈僕僕乞憐而求人之恕者耶[6)]아 瞫雖往矣[7)]나 吾想其心必願受人之責이요 而不願受人之恕也[8)]ㄹ새 請得而備責之[9)]하노라

1) 然瞫烈士也 : 賦性英烈 非常人比

타고난 성품이 영웅스럽고 강렬하여 보통 사람과 같지 않았다는 말이다.

2) 回犯上之氣 而爲徇國之勇 : 先軫黜之而瞫怒 其友勸之作亂 不從 及彭衙之戰 死於秦師

先軫이 狼瞫을 〈車右에서〉 退黜하니 낭심이 분노하였다. 그의 벗이 반란을 일으키라고 권하였으나 따르지 않았다. 〈뒤에〉 彭衙의 전쟁 때에 미쳐 秦軍의 〈陣中에서〉 전사하였다.

3) 雖未中節 : 怒而死敵 不得中道

분노하여 〈달려가 싸우다〉 敵陣에서 전사하였으니 道義에 부합함을 얻지 못하였다.

4) 要非常人之所能望也 : 此所以爲烈士

이것이 烈士가 된 이유이다.

5) 〔역주〕 (久)〔友〕 : 저본에는 '久'로 되어 있으나, 四庫全書本 · 三民書局本에 의거하여 '友'로 바로잡았다.

6) 以瞫之義烈 豈僕僕乞憐而求人之恕者耶 : 就烈字轉 入責瞫之意

'烈'자를 가지고 문장을 전환하여 狼瞫을 꾸짖는 뜻으로 들어갔다.

7) 瞫雖往矣 : 其死已久

그가 죽은 지가 이미 오래되었다는 말이다.

8) 吾想其心必願受人之責 而不願受人之恕也 : 以其爲烈士 故想見其心如此

그가 烈士이기 때문에 그의 마음이 이러할 것을 상상해본 것이다.

9) 請得而備責之 : 責其出位如下文所云

그가 직위를 벗어난 것이 下文에 말한 바와 같다고 꾸짖은 것이다.

그러나 狼瞫은 烈士이다. 윗사람에게 대드는 怒氣를 돌려 徇國의 忠勇으로 삼은 것이 비록 절도에는 맞지 않으나, 요컨대 보통 사람이 바랄 수 있는 바는 아니다. 보통사람을 대우함에는 보통의 법도를 사용함이 마땅하지만 비상한 사람을 대우함에 보통의 법도를 사용하는 것은 옳지 않다. 恕(너그러이 용서함)는 보통의 법이니 보통 사람을 대우하는 방법이다. 어루만지며 장난침은 어린아이를 대우하는 방법이니 이를 成人에게

시행하면 모욕이 되고, 너그러이 용서함은 이웃을 대우하는 방법이니 이를 益友에게 시행하면 소원해진다. 만약 보통사람을 대우하는 恕로써 비상한 사람을 대우한다면 〈그를 대우한〉 恕가 마침 그를 모욕하는 것이 된다. 狼瞫의 義氣와 忠烈로 어찌 지저분하게 연민을 구걸하여 남들의 용서를 구하였겠는가? 狼瞫이 비록 죽었으나, 내 생각에 그의 마음은 반드시 사람들의 꾸짖음을 받기를 원하고 사람들의 용서를 받기를 원하지 않을 것이다. 그러므로 이 기회를 빌려 그를 책망하노라.

人心當知所止[1]니 職當戰則戰하고 當守則守하며 職當先則先하고 當後則後라 心止於事하고 事止於心이니 非可出其位也[2]라 惟各止其位[3]라 故冉有之用戈不爲讐齊[4]하고 顏回之後至不爲懼匡[5]하며 子思之守國不爲厚衛[6]하고 曾子之避寇不爲畏越[7]하니 皆止其所止而已矣[8]라 狼瞫前日爲右[9]엔 死敵可也[10]어니와 旣不爲右[11]니 固可以止[12]어늘 今乃無職而侵在職者之憂[13]하야 輕進而死於敵[14]하니 則是心不止於事하야 而思出其位矣[15]라 思不出位니 出位則邪라 思之所發旣邪면 雖所成之功壯偉勁厲[16]하야 外爲人之所歎譽[17]라도 而一心之間에 實忿懟怨恨之所集也[18]라 當瞫赴敵之時[19]에 忿懟怨恨[20]이 交衝競起[21]하야 含毒而沒[22]하니 雖得千百年之虛譽[23]나 豈能救其心之擾哉[24]리오 我實淸淵이면 人以我爲汙渠[25]라도 於我何損[26]이리오 我實丘垤이면 人以我爲岱華[27]라도 於我何加[28]리오 君子當自觀〔之〕吾之所以爲吾者如何耳[29]니 人之毁譽何有焉[30]이리오 九原可作[31]이면 吾意狼瞫樂聞吾之言이로되 未必不過於左氏之譽也[32]리라

1) 人心當知所止 : 易曰艮其止 止其所也

《周易》 艮卦 彖辭에 "艮은 그곳에 멈춘다는 것이니, 자기가 〈멈춰야 할〉 곳에 멈춤이다."고 하였다.

2) 非可出其位也 : 艮之象曰 君子以 思下出其位

艮卦 象辭에 "군자는 이를 본받아 생각함이 자기의 위치를 벗어나지 않는다."고 하였다.

3) 惟各止其位 : 承上文而言

윗글을 이어 말한 것이다.

4) 故冉有之用戈不爲讐齊 : 哀公十一年 郊之戰 冉有用戈於齊師 故能入其軍 此當進而進 止其所也

《春秋左氏傳》 哀公 11년 傳에 보인다. 魯나라 近郊에서 〈齊나라와〉 전쟁할 때에 冉有가 긴 창을 사용해 齊軍을 공격하였기 때문에 그 군중으로 쳐들어갈 수 있었다. 이것이 진격해

야 할 때를 당해서 진격한 것이니, 자기가 멈춰야 할 곳에 멈춘 것이다.

5) 顔回之後至不爲懼匡 : 論語 子畏於匡 顔淵後 此當退而退 止其所也

≪論語≫ 〈先進〉에 보인다. 孔子께서 匡에 拘禁되셨을 적에 顔淵이 뒤쳐졌던 것은 물러나야 할 때를 당해서 물러난 것이니, 자기가 멈춰야 할 곳에 멈춘 것이다.

6) 子思之守國不爲厚衛 : 子思居於衛 有齊寇 或曰 盍去諸 子思曰 如伋去 君誰與守 此當守而守 亦止其所也

子思가 衛나라에 계실 때에 齊軍의 침범이 있었다. 어떤 자가 말하기를 "적군이 쳐들어오니, 어찌 〈이곳을〉 떠나지 않으십니까?"라고 하자, 子思가 말하기를 "만약 내가〔伋〕 떠난다면 임금님이 누구와 함께 이곳을 지키겠느냐?"라고 하였다. 이는 지켜야 할 때를 당해서 지킨 것이니, 이 또한 자기가 멈춰야 할 곳에 멈춘 것이다.

7) 曾子之避寇不爲畏越 : 曾子居武城 有越寇 寇至則先去 寇退則反 此當去而去 亦止其所也

曾子가 武城에 거주할 적에 越軍의 침범이 있었다. 〈曾子는〉 적군이 이르자 먼저 달아났고, 적군이 물러가자 돌아왔으니, 이 또한 자기가 멈춰야 할 곳에 멈춘 것이다.

8) 皆止其所止而已矣 : 皆得艮卦止其所之義

〈이상의 경우는〉 모두 艮卦의 "止其所"의 뜻을 얻은 것이다.

9) 狼瞫前日爲右 : 因斬秦囚 得□*) 車右

〈殽山의 전투에서 창으로〉 秦나라 포로를 斬殺한 공으로 인해 車右의 자리를 얻은 것이다.

*)〔역주〕 □ : 저본에는 1자 빈칸으로 되어 있다.

10) 死敵可也 : 戰而死之 乃其職也

전쟁하다가 죽은 것은 바로 그의 직분이다.

11) 旣不爲右 : 爲先軫所黜

先軫에게 내침을 당한 것이다.

12) 固可以止 : 可以勿死

죽지 않아도 된다는 말이다.

13) 今乃無職而侵在職者之憂 : 有侵官之罪

〈권한을 넘어 다른〉 官員의 職權을 침범한 죄가 있다는 말이다.

14) 輕進而死於敵 : 見本題註

本題의 註에 보인다.

15) 則是心不止於事 而思出其位矣 : 違艮卦止其所思不出位之戒

자기가 멈춰야 할 곳에 멈추고, 생각함이 자기의 지위를 벗어나지 않아야 한다고 한 艮卦의 경계를 어긴 것이다.

16) 雖所成之功壯偉勁厲 : 彭衙之勝 皆狼瞫之功

彭衙의 승리는 모두 狼瞫의 공이다.

17) 外爲人之所歎譽 : 當時人翕然譽瞫爲君子

당시 사람들이 하나같이 狼瞫을 군자라고 칭찬한 것이다.

18) 而一心之間 實忿懟怨恨之所集也 : 爲不平之氣所使

불평스러운 기운의 부림을 받은 것이다.

19) 當瞫赴敵之時 : 馳秦師時

秦軍으로 달려갈 때를 이른다.

20) 忿懟怨恨 : 不平之氣

불평스러운 기운을 이른다.

21) 交衝競起 : 不能自遏

〈불평스러운 기운을〉 스스로 막을 수 없어서이다.

22) 含毒而沒 : 含蓄毒烈之氣以死

毒氣를 품고서 죽었다는 말이다.

23) 雖得千百年之虛譽 : 左氏譽之萬世不泯

左氏는 〈그의 공훈이〉 만세토록 泯滅되지 않을 것이라고 칭찬하였다.

24) 豈能救其心之擾哉 : 豈能〔救〕*)其不平之氣

어찌 그의 불평스러워하는 기운을 치료할 수 있겠냐는 말이다.

*)〔역주〕〔救〕: 저본에는 1자 빈칸으로 되어 있으나, 문맥에 의거하여 '救'를 보충하였다.

25) 我實清淵 人以我爲汙渠 : 此下言毁譽之無損益 以清淵爲汙濁之渠 毁之不以實也

이 이하는 헐뜯음과 칭찬함이 나에게 손익이 없다는 것을 말한 것이다. 맑은 연못을 더러운 도랑이라고 하는 것은 실제가 아닌 것으로 나를 헐뜯는 것이다.

26) 於我何損 : 豈足損吾之清

어찌 나의 맑음을 손상시킬 수 있겠느냐는 말이다.

27) 我實丘垤 人以我爲岱華 : 以丘垤爲泰華二山 譽之不以實也

작은 언덕을 높은 두 산인 泰山과 華山이라고 하는 것은 실제가 아닌 것으로 나를 칭찬하는 것이다.

28) 於我何加 : 豈足增吾之高

어찌 나의 고원함을 증가시킬 수 있겠느냐는 말이다.

29) 君子當自觀〔之〕*)吾之所以爲吾者如何耳 : 反觀內省 善者爲之 不善者去之

자신을 되돌아보고 內心으로 반성하여 착한 것은 행하고, 착하지 못한 것은 버리라는 말이다.

*)〔역주〕〔之〕: 저본에는 '之'가 없으나, 四庫全書本에 의거하여 보충하였다.

30) 人之毁譽何有焉 : 不以人之毁譽爲吾輕重*)

남들의 헐뜯음과 칭찬으로 나의 輕重으로 삼지 말라는 말이다.

*)〔역주〕不以人之毁譽爲吾輕重 : 남이 칭찬한다 하여 나의 권위가 무거워지고, 헐뜯는다 하여 나의 권위가 가벼워진다고 여기지 말라는 뜻이다.

31) 九原可作 : 九原 晉卿大夫之墓也 事見禮記檀弓 此言死者而可以興起

九原은 晉나라 卿大夫들의 墓이다. 이 일이 ≪禮記≫ 〈檀弓〉에 보인다. 이것은 '죽은 사람을 일으킬(살려낼) 수 있다면'이라는 말이다.

32) 吾意狼瞫樂聞吾之言 未必不過於左氏之譽也 : 首尾相應 ○言瞫烈士也 所以意其樂聞責之之言而未必樂聞左氏譽之之言也

首尾가 서로 호응한다. ○狼瞫은 烈士이다. 그러므로 그는 꾸짖는 말을 듣기 좋아하고, 반드시 左氏가 칭찬하는 말을 듣기 좋아하지 않을 것으로 생각한다고 말한 것이다.

사람의 마음은 마땅히 멈춰야 할 바를 알아야 하니, 職分으로 보아 전쟁함이 마땅하면 전쟁하고 지킴이 마땅하면 지키며, 職分으로 보아 먼저 함이 마땅하면 먼저하고 뒤에 함이 마땅하면 뒤에 한다. 마음은 일에서 멈춰야 하고 일은 마음에서 멈춰야 하니, 그 職位를 벗어나서는 안 된다.

각각 자기의 위치에 멈춰야 하기 때문에 冉有가 〈齊나라 군대에게〉 창을 사용한 것이 齊나라를 원수로 여긴 것이 아니고, 顔回가 〈孔子보다〉 뒤쳐진 것이 匡人을 두려워한 것이 아니며, 子思가 衛나라를 지킨 것이 衛나라를 후대한 것이 아니고, 曾子가 寇敵을 피한 것이 越나라를 두려워한 것이 아니니, 이 모두 자기가 멈춰야 할 위치에 멈춘 것뿐이다.

狼瞫이 전일에 車右가 되었을 때라면 적과 싸우다가 죽는 것이 옳지만 이미 〈내쫓겨〉

子思

曾參

車右가 아니니 본래 力戰하지 않는 것〔止〕이 옳았는데, 지금 도리어 그 직위에 있지도 않으면서 직위에 있는 자가 근심해야 할 일을 침범하여 경솔히 나아가 싸우다가 敵陣에서 죽었으니, 이는 마음이 職事(직위에 걸맞은 일)에 멈추지 않아 생각이 그 직위를 벗어났기 때문이다. 생각이 직위를 벗어나지 않아야 하니, 직위를 벗어나면 사악한 생각이 일어난다. 일어난 생각이 이미 사악하다면 비록 이룬 功勳이 거룩하고 강렬하여 밖으로 사람들의 감탄과 칭송을 받는다 해도 마음속에는 실제로 분노와 원한이 쌓였을 것이다. 狼瞫이 용감하게 적에게 달려갈 때에 분노와 원한이 번갈아 일어나 毒氣를 품고 죽었으니, 비록 천백 년 동안 헛된 명예를 얻었다 한들 어찌 그 마음속의 불평을 치료할 수 있겠는가?

내가 실제로 맑은 연못이라면 남들이 나를 더러운 도랑이라 하더라도 나에게 무슨 손해가 되겠으며, 내가 실제로 작은 언덕이라면 남들이 나를 높은 태산이라 하더라도 나에게 무슨 보탬이 되겠는가? 군자는 마땅히 스스로 자신의 사람됨이 어떠했는가를 보아야 할 뿐이니, 남들의 비방과 칭찬이 나와 무슨 관계가 있겠는가? 죽은 사람을 다시 살릴 수 있다면, 나는 '狼瞫은 나의 말(꾸짖음)을 듣기 좋아하고 반드시 左氏의 칭찬한 말을 듣기 좋아하지 않을 것'으로 생각한다.

21-05 楚人滅江 秦伯降服 楚人이 江나라를 擊滅하니 秦伯이 素服을 입다

【左傳】 文四年이라 楚人滅江하니 秦伯爲之降服出次不擧[1)]하다 大夫諫한대 公曰 同盟滅하니 雖不能救나 敢不矜乎아 吾自懼也라 君子曰 詩云 惟彼二國은 其政不獲일새 惟此四國이 爰究爰度(탁)이라하니 其秦穆之謂矣[2)]로다

1) 〔역주〕 秦伯爲之降服出次不擧 : 降服은 素服을 입는 것이고, 出次는 正寢을 피하는 것이고, 不擧는 盛饌을 들지 않는 것이다. 이웃 나라에 대한 禮에는 정해진 數(등급)가 있는데 지금 秦伯은 그 수보다 지나치게 한 것이다.〈杜注〉

2) 〔역주〕 詩云……其秦穆之謂矣 : 詩는 ≪詩經≫ 〈大雅 皇矣篇〉이다. 夏·商 두 나라 임금들의 정치가 인심을 얻지 못하여 나라가 멸망하였기 때문에 사방의 제후들은 그 멸망을 보고서 모두 두려워하여 자기 나라의 政事를 계획했다는 내용인데, 여기서는 秦穆公도 江나라의 멸망에 느낌이 있어 두려워하며 정치를 잘할 것을 생각했다는 말이다. 爰은 於(이에)이고, 究·度은 모두 계획하는 것이다.〈杜注〉

文公 4년, 楚人이 江나라를 滅하니 秦伯이 江나라를 위해 素服을 입고 正殿을 나와

다른 곳에 거처하며 盛饌을 들지 않았다. 大夫가 諫하자, 穆公이 말하였다. "同盟國이 滅亡하였으니 비록 구원할 수는 없다 하더라도 감히 가여워하지 않을 수 있겠는가? 이는 나 스스로를 경계하고 두려워하는 것이다."

君子는 이에 대해 다음과 같이 論評하였다. "詩에 '저 두 나라는 정치가 人心을 얻지 못해 망하였기 때문에 사방의 나라들이 〈이를 두려워하여〉 나라 보존하기를 계획하였다.'고 하였으니, 이 詩는 秦 穆公의 경우를 이름인 듯하다."

【主意】 滅國之禍는 天下之大變也라 時君不之懼로되 而秦穆自懼하니 盖出於危亂之外라야 乃能眞知夫事有可懼者也라

나라가 멸망하는 禍는 천하의 큰 事變이다. 〈그러나〉 당시 군주들은 두려워하지 않았으되 秦 穆公은 스스로 두려워하였으니, 이는 危亂 밖으로 벗어난 사람이라야 비로소 일에는 참으로 두려워할 만한 것이 있다는 것을 알 수 있기 때문이다.

天下之可懼者[1]는 **惟出乎利害之外**라야 **乃能知之**[2]라 **風濤浩蕩**[3]이라도 **舟中之人不知懼也**[4]나 **而舟外之人爲之懼**[5]하고 **酣醉怒罵**[6]라도 **席上之人不知懼也**[7]나 **而席外之人爲之懼**[8]니라 **狂之既瘳**에 **追思方狂之時**면 **不知何以自容**이며 **痛之既定**에 **追思方痛之時**면 **不知何以自處**라 **身游乎吉凶禍福之塗**[9]하고 **心戰乎搶攘爭奪之境**[10]에 **眩瞀顚錯**하고 **昏惑舛逆**하야 **未有知懼之爲懼者也**[11]라

1) 天下之可懼者 : 泛言天下可懼之事

두려워할 만한 천하의 일을 뭉뚱그려 말한 것이다.

2) 惟出乎利害之外 乃能知之 : 出利害之外 必有眞見 一篇主意在此

利害 밖으로 벗어나야 반드시 眞見(참으로 알고 확실히 봄)이 있다는 것이다. 이 한 편의 主意가 이 말에 있다.

3) 風濤浩蕩 : 譬如風波之險

비유하면 험한 풍파와 같다.

4) 舟中之人不知懼也 : 在利害之中

利害 가운데 있기 때문이다.

5) 而舟外之人爲之懼 : 出利害之外

利害 밖으로 벗어났기 때문이다.

6) 酣醉怒罵：譬如狂醉之人

비유하면 미쳤거나 술에 취한 것 같다.

7) 席上之人不知懼也：在利害之中

利害 가운데 있기 때문이다.

8) 而席外之人爲之懼：出利害之外

利害 밖으로 벗어났기 때문이다.

9) 身游乎吉凶禍福之塗：身爲利害所攻

몸이 이해의 공격을 받음이다.

10) 心*) 戰乎搶攘爭奪之境：心爲利害所伏

마음이 이해에 굴복당한 것이다.

*) 〔역주〕 心：四庫全書本에는 '志'로 되어 있다.

11) 未有知懼之爲懼者也：以其無眞見也

眞見이 없기 때문이다.

천하에 두려워할 만한 일은 오직 利害 밖으로 벗어난 자라야 비로소 알 수 있다. 드넓은 바다에 풍랑이 몰아쳐도 배 안의 사람들은 두려움을 모르지만 배 밖의 사람들은 배 안의 사람들을 위해 두려워하며, 술에 취해 성을 내며 욕질을 해대도 그 자리의 사람들은 두려움을 모르지만 그 자리 밖의 사람들은 그들을 위해 두려워한다. 狂病이 나은 뒤에 광병을 앓을 때의 일을 회상해보면 어떻게 〈그런 일을〉 스스로 용납했는지 알 수 없으며, 비통함이 진정된 뒤에 비통했을 때를 회상해보면 어떻게 〈그런 비통을〉 스스로 극복했는지〔自處〕 알 수 없다. 몸은 吉凶과 禍福의 길을 가고 마음은 분란과 약탈의 경지에서 交戰한다면, 눈이 어른거리고 정신이 어지러우며 혼란스럽고 도리를 어겨 두려움이 두려움이 된다는 것을 모를 것이다.

春秋之世[1)]에 **王澤旣竭**[2)]하야 **反道敗德**[3)]과 **亂倫悖理**[4)]를 **不可槪擧**[5)]라 **尊莫尊於王**이어늘 **而有如子頹之出王**[6)]하고 **有如子帶之出王**[7)]하니라 **此天下之大變也**니 **此事之大可懼者也**라 **親莫親於父**로되 **而有〔如〕商臣之弑父**[8)]하고 **有如蔡般之弑父**[9)]하니라 **此天下之大變也**니 **此事之大可懼者也**라

1) 春秋之世：入本題事

〈여기부터〉 본편의 일로 들어간다.

2) 王澤旣竭：王者德澤已盡

王者의 덕택이 이미 다하였다는 말이다.

3) 反道敗德 : 反其大道 敗其正德

大道를 위반하고, 正德을 파괴함이다.

4) 亂倫悖理 : 亂其人倫 悖其天理

인륜을 어지럽히고 천리를 거스름이다.

5) 不可槪擧 : 戕賊簒弑之事 盖不一端

戕賊(남을 해침)하고 簒弑(나라를 빼앗고 임금을 죽임)한 일이 한두 가지가 아니라는 말이다.

6) 有如子頹之出王 : 莊十九年

≪春秋左氏傳≫ 莊公 19년에 보인다.

7) 有如子帶之出王 : 僖二十四年

≪春秋左氏傳≫ 僖公 24년에 보인다.

8) 有〔如〕*) 商臣之弑父 : 文十四年

≪春秋左氏傳≫ 文公 14년에 보인다.

*) 〔역주〕〔如〕: 저본에는 '如'가 없으나, 三民書局本에 의거하여 보충하였다.

9) 有如蔡般之弑父 : 襄三十年

≪春秋左氏傳≫ 襄公 30년에 보인다.

春秋時代는 君王의 은택이 이미 고갈되어 大道를 위반하고 正德을 파괴하며, 인륜을 어지럽히고 天理를 거스르는 등의 일을 일일이 거론할 수 없었다. 존귀함으로는 군왕보다 더 존귀한 이가 없는데, 子頹는 惠王을 축출하였고 子帶는 襄王을 축출하였다. 이는 천하의 큰 변고이니, 이런 일이 크게 두려워할 만한 것이다. 가까움으로는 아버지보다 더 가까운 이가 없는데, 商臣은 아비(楚 成王)를 시해하고 蔡般도 아비(蔡 景侯)를 시해하였다. 이는 천하의 큰 변고이니, 이런 일이 크게 두려워할 만한 것이다.

自是而降으로 **則如滅國之禍**[1]가 **尤所謂慘烈而可懼者**[2]라 **國於天地**로 **有與立焉**[3]이라 **封殖於唐虞**[4]하고 **長育於夏商**[5]하며 **漑灌潤澤於文武成康之際**[6]하야 **廟陳四代之鼎彝**[7]하고 **府藏百世之典籍**[8]하며 **朝有世臣**[9]하고 **野有世農**[10]하며 **肆有世工**[11]하고 **市有世賈**(고)[12]하니 **雖蕞爾小國**[13]이라도 **不〔知〕幾人之力**과 **幾日之功**이 **扶持保衛**하여 **而至於斯也**[14]라 **一**(朝)〔旦〕**忽爲强暴之所陵滅**[15]하야 **係其君**하고 **俘其臣**[16]하야 **墟其宮**하고 **遷其社**[17]하며 **刋其木**하고 **堙其井**[18]하야 **聖賢千餘年之所培養者**가 **芟滅無餘**하니 **此豈**

小故也哉[19)]리오 凶威虐焰이 可駭可愕이요 可憫可傷이로되 而當時之君視之하고 恬不以爲懼하야 赴告之車未反에 而金石之樂已淫하고 簡冊之墨未乾에 而淫虐之令已下하니 此無他라 惟處於危亂之中하야 而不知懼之可懼也[20)]己새니라

1) 自是而降 則如滅國之禍 : 諸侯之國 自相呑滅

諸侯의 나라들이 각자 서로 倂呑해 멸망시킴이다.

2) 尤所謂慘烈而可懼者 : 其爲禍甚烈 其爲懼甚大

그 禍가 매우 매섭고 그 두려움이 매우 크다는 말이다.

3) 國於天地 有與立焉 : 用左傳句[*)] 自有天地 卽有封建

≪春秋左氏傳≫의 글귀를 인용한 것이니, 天地가 있을 때부터 바로 封建이 있었다는 것이다.

*) 〔역주〕 用左傳句 : ≪春秋左氏傳≫ 昭公 원년에 보인다.

4) 封殖於唐虞 : 如堯之叶和萬邦 舜之四朝群后 是也

이를테면 堯가 萬邦을 화합시키고, 舜이 네 차례에 걸쳐 제후들의 조회를 받은 것이 이것이다.

5) 長育於夏商 : 如禹之玉帛萬國 湯之萬邦惟懷 是也

이를테면 禹에게 萬國이 玉帛을 바쳤고, 湯을 萬邦이 그리워한 것이 이것이다.

6) 漑灌潤澤於文武成康之際 : 如周官大司馬 (皆)〔比〕小事大 以(利)〔和〕邦國[*)] 則周之家法也

이를테면 ≪周官≫ 〈大司馬〉에 "작은 나라를 친애하고, 큰 나라를 섬겨서 邦國을 화평하게 한다."라고 한 것은 周나라 王室의 법도였다.

*) 〔역주〕 (皆)〔比〕小事大 以(利)〔和〕邦國 : 저본에는 '皆'와 '利'로 되어 있으나, ≪周官≫ 〈夏官 大司馬〉에 의거하여 '皆'를 '比'로 '利'를 '和'로 바로잡았다. 比는 親比의 뜻이다.

7) 廟陳四代之鼎彝 : 宗廟陳虞夏商周之彝器[*)]

宗廟에 虞·夏·商·周의 彝器를 진열한 것이다.

*) 〔역주〕 彝器 : 고대에 종묘에 비치하였던 祭器를 이른다.

8) 府藏百世之典籍 : 府庫藏五帝三王之書籍

府庫에 五帝와 三王의 書籍을 간직한 것이다.

9) 朝有世臣 : 仕於朝者 世守其職

조정에 나가서 벼슬하는 자는 대대로 그 관직을 지킨다.

10) 野有世農 : 耕於野者 世守其業

들에서 밭을 가는 자는 대대로 그 직업을 지킨다.

11) 肆有世工 : 梓匠輪輿 世居於肆

梓匠(木工)과 輪輿(車工)는 대대로 그 공장에 거처한다.

12) 市有世賈(고) : 行商坐賈 世藏於市

行商과 坐賈는 〈物貨를〉 대대로 시장에 간직한다.

13) 雖蕞爾小國：如江黃之類

이를테면 江나라와 黃나라 같은 부류이다.

14) 不〔知〕*)幾人之力……而至於斯也：發明開國以來培埴之久

나라를 세운 이래로 배양한 지가 오래임을 드러내 밝힌 것이다.

*)〔역주〕〔知〕: 저본에는 '知'가 없으나, 四庫全書本·三民書局本에 의거하여 보충하였다.

15) 一(朝)〔旦〕*)忽爲强暴之所陵滅：無罪而受滅亡之禍

죄 없이 멸망하는 화를 당한 것을 말한다.

*)〔역주〕(朝)〔旦〕: 저본에는 '朝'가 있으나, 四庫全書本·三民書局本에 의거하여 '旦'으로 바로잡았다. '朝'는 朝鮮 太祖 李旦을 避諱한 글자이다.

16) 係其君 俘其臣：係累其國君 俘虜其群臣

그 나라의 임금을 拘禁하고, 그 나라의 신하들을 포로로 잡음이다.

17) 墟其宮 遷其社：丘墟其宮室 遷移其宗社

그 나라의 宮室을 허물고, 그 나라의 종묘와 사직을 옮김이다.

18) 刋其木 堙其井：斬伐其林木 堙塞其井泉

그곳의 林木을 베어내고, 그곳의 우물을 메움이다.

19) 此豈小故也哉：天下之大變也

천하에 큰 변고이다.

20) 此無他……而不知懼之可懼也：斷以主意

主意로써 論斷한 것이다.

이후로부터 나라를 滅한 禍가 더욱 참혹하여 두려워할 만하였다. 天地 사이에 나라가 존재하는 것은 그 나라를 세우도록 도와준 이(신하)가 있기 때문이니, 唐堯와 虞舜이 封地를 주어 나라를 세웠고, 夏禹와 商湯이 그 나라들을 성장시켰고, 文王·武王·成王·康王의 즈음에 은택을 입어서, 宗廟에는 4代의 鼎彝를 진열하고 府庫에는 百世의 典籍을 收藏하였으며, 조정에는 世臣이 있고 田野에는 世農이 있으며 가게에는 世工이 있고 시장에 世賈가 있었으니, 아무리 작은 나라라 하더라도 몇 사람의 노동력으로 며칠의 공력을 들여 부지하고 보호하여 오늘에 이르렀는지 알 수 없다. 그런데 하루아침에 갑자기 强暴한 자가 나라를 멸망시키고서 그 임금을 구금하고 그 신하들을 포로로 잡으며, 그 궁궐을 허물고 그 사직을 옮기며, 그 林木을 베어내고 그 우물을 메워서 천여 년 동안 聖賢들이 배양한 나라들을 남김없이 섬멸하였으니 이것이 어찌 작은 變故이겠는가?

흉악한 위세와 포학한 기세가 놀라고 두려울 만하며 연민하고 가슴아파할 만한데도, 당시 각국의 임금들은 이를 보고도 태연히 여겨 두려워하지 않아, 위급한 상황을 통고하기 위해 갔던 사신의 행차가 돌아오기도 전에 음악소리가 넘쳐나고, 簡冊에 기록한 먹물이 마르기도 전에 음란하고 포학한 政令을 이미 하달하였다. 이는 다름이 아니라 오직 그 몸이 危亂 속에만 있었으므로 이 두려움이 두려워할 만하다는 것을 몰랐기 때문이다.

秦穆公於江之滅[1)]에 **獨怵然戒**하고 **惕然悟**[2)]하야 **避朝貶食**[3)]하며 **不勝其憂**[4)]하니 **非出於危亂之外**면 **豈能深見可懼之眞者乎**[5)]리오 **天下諸侯皆處於危亂之內**로되 **而穆公獨出於危亂之外**는 **何也**오 **蓋自殽函一悔之後**[6)]로 **虛氣俱盡**하고 **正心徐還**하야 **回視前日之所誇者**면 **今皆可慙**하고 **回視前日之所安者**면 **今皆可怪**하야 **股慄於衆人熟寢之時**하고 **目眩於衆人交賀之際**하니라 **此避朝貶食之事**를 **秦之群臣以爲過**나 **而穆公猶以爲不足也**라

1) 秦穆公於江之滅：見本題註

本題의 註에 보인다.

2) 獨怵然戒 惕然悟：時君皆不知懼 而秦穆獨知之

당시의 군주들은 모두 두려워할 줄을 몰랐으나, 秦 穆公만이 홀로 알았다는 말이다.

3) 避朝貶食：避朝 謂聽政於野 貶食 謂減損(當)〔常〕[*)]饌

避朝는 野外에서 政務를 처리함을 이르고, 貶食은 평소 먹던 반찬의 가짓수를 줄임을 이른다.

*) 〔역주〕 (當)〔常〕：저본에는 '當'으로 되어 있으나, 문맥을 살펴 '常'으로 바로잡았다.

4) 不勝其憂：獨以同盟之滅爲憂

秦 穆公만이 홀로 동맹국이 멸망을 근심하였다는 말이다.

5) 非出於危亂之外 豈能深見可懼之眞者乎：言秦穆涉歷之深 聞見之熟 超乎利害之外而有眞見也

秦 穆公은 일을 거친 경험이 많고 보고들은 것이 熟悉(상세)하여, 利害 밖으로 벗어나서 眞見이 있었음을 말한 것이다.

6) 蓋自殽函一悔之後：僖三十三年

≪春秋左氏傳≫ 僖公 33년에 보인다.

秦 穆公만이 江나라의 멸망에 대해 홀로 놀라 두려워하는 듯이〔怵然〕 경계하고 警覺하는 듯이〔惕然〕 깨닫고서, 野外에서 政務를 처리하고 평소 먹던 반찬의 가짓수를 줄이

며 그 근심을 견디지 못하였으니, 그가 危亂 밖으로 벗어난 것이 아니라면 어찌 참으로 두려워할 만한 점을 깊이 알 수 있었겠는가?

〈그렇다면〉 천하의 諸侯들은 모두 위난 속에 있었는데 秦 穆公만이 홀로 위난 밖으로 벗어난 것은 어째서인가? 殽山과 函谷關에서 패배를 뉘우친 뒤로 虛勢가 모두 사라지고 純正한 마음이 서서히 돌아와서, 지난날에 誇示했던 것을 되돌아보면 지금은 모두 부끄럽고, 지난날에 편안했던 것을 되돌아보면 지금은 모두 괴이하여, 뭇사람(諸侯)들이 깊이 잠들었을 때에 〈秦 穆公은 홀로〉 두려움에 떨고, 뭇사람들이 서로 賀禮할 때에 〈秦 穆公은 홀로〉 눈이 어지러웠다. 〈秦 穆公이〉 야외에서 정무를 처리하고 평소 먹던 반찬의 가짓수를 줄인 일을 秦나라 신하들은 모두 〈禮數를〉 초과했다고 여겼으나, 秦 穆公은 오히려 부족하게 여겼다.

穆公信能推此懼心而(克)〔充〕[1]**之**[2]하야 **視天下之諸侯**[3]하야 **國一滅則心一警**[4]하고 **心一警則政一新**[5]이면 **是傷彼所以藥此**요 **損彼所以增此也**니 **固可〔以〕離危亡之門**하야 **而卜治安之基矣**[6]리라 **豈止西戎之霸耶**[7]리오

1) 〔역주〕 (克)〔充〕: 저본에는 '克'으로 되어 있으나, 四庫全書本에 의거하여 '充'으로 바로잡았다.

2) 穆公信能推此懼心而(克)〔充〕之 : 假使其能推此懼心 充而大之
'가령 그가 두려워하는 이 마음을 미루어 擴充해 키웠다면'의 뜻이다.

3) 視天下之諸侯 : 不獨恤一江國
江나라 하나만을 가여워했을 뿐이 아니라는 말이다.

4) 國一滅則心一警 : 以至於無一念之不警
한 생각도 경계하지 않음이 없는 데에 이르렀다는 말이다.

5) 心一警則政一新 : 以至於無一政之不新
한 정사도 혁신하지 않음이 없는 데에 이르렀다는 말이다.

6) 固可〔以〕[*]離危亡之門 而卜治安之基矣 : 可以轉危爲安 可以轉亂爲治
危難을 安全으로 돌릴 수 있고, 亂世를 治世로 돌릴 수 있다는 말이다.

*) 〔역주〕 〔以〕: 저본에는 '以'가 없으나, 四庫全書本・三民書局本에 의거하여 보충하였다.

7) 豈止西戎之霸耶 : 穆公自用孟明之後 遂伯西戎 此言不能充此懼心 故其成功止於如是也
秦 穆公이 孟明을 등용한 뒤부터 마침내 西戎의 霸者가 되었다. 이것은 〈秦 穆公이〉 두려워하는 이 마음을 擴充하지 못하였기 때문에 그 성공이 이와 같은 데에 그쳤음을 말한

것이다.

秦 穆公이 참으로 두려워하는 이 마음을 미루어 확충해 키워서, 천하 제후의 나라들을 관찰해 한 나라가 멸망하면 마음을 한 번 경계하고, 마음을 한 번 경계하면 정치를 한 번 혁신하였다면, 이는 저곳(제후)의 傷亡을 보고서 이곳(自國)을 치료하는 방법으로 삼고, 저곳의 減損을 보고서 이곳을 增益할 방법으로 삼는 것이니, 당연히〔固〕危亡의 門을 떠나 治安의 기반을 정할 수 있었을 것이다. 어찌 다만 西戎의 霸者에서 그쳤을 뿐이겠는가?

21-06 隨會能賤而有恥[1)] 隨會가 卑賤한 지위에 잘 처신하며 부끄러워하는 마음을 가지다

凡人之疾에 能仰而不能俯를 謂之籧篨(거저)요 能俯而不能仰을 謂之戚施라 二者均疾也라 彼之不能仰이 猶此之不能俯하니 其疾豈有深淺之辨哉아 形而有疾이면 心亦有疾이라 可貴而不可賤者는 籧篨之類也니 厥疾之證이 有餘於節廉而不足於勞苦하고 可賤而不可貴者는 戚施之類也니 厥疾之證이 有餘於勞苦而不足於節廉이라 證雖不同이나 同於爲疾而已矣라 世俗乃喜其一而惡(오)其一하야 能貴而不能賤者則謂之高라하고 能賤而不能貴者則謂之卑라 是說既行에 狷介之士가 競以高亢自喜하야 聞金穀米鹽之語면 則傲睨而不聽하고 視鞭扑箠(추)楚之事면 則嘔噦(얼)而不觀이라 清遠閒曠하야 夢寐於大庭尊廬之上[2)]하고 周旋於浮丘洪崖之間[3)]이라 方無事時하얀 非不可喜也나 一(朝)〔旦〕[4)]納之於浩攘叢劇[5)]之場하고 投之於迫急顚頓之地면 則虩然駭하고 怵然懼리라 雖輿臺皁隷로 平昔屛息避道仰望之於泥塗之下者라도 皆得而靳侮之리라 前日之高는 乃所以爲今日之卑(□)[6)]니 豈非世俗之說誤之乎아 身有俯仰而疾無淺深하고 疾有貴賤而名無高卑라 以籧篨之所有로 易戚施之所無면 是謂無疾之人이요 以貴者之所有로 易賤者之所無면 是謂無偏之士니 烏可喜其一而惡其一哉아

1) 隨會能賤而有恥[*)] : 註見前卷

《春秋左氏傳》에 대한 本註는 본서 20권 제3편에 보인다.

*) 〔역주〕能賤而有恥 : 《春秋左氏傳》 文公 13년에 "能賤而有恥 柔而不犯(卑賤한 지위에 있으면서도 廉恥가 있고, 유순하면서 남에게 침범을 당하지 않았다.)"이란 말이 보이는데, 《左

氏會箋≫에 "스스로 賤하게 구는 자는 간혹 廉恥가 없음에 이르는데 지금 隨會는 스스로 천하게 굴면서도 염치가 있고, 유순한 자는 남에게 모욕을 당하기가 쉬운데 지금 隨會는 유순하면서도 남의 침범을 받지 않으니, 이는 사람들이 능히 할 수 없는 일인데 隨會는 능히 하였다. '能'字는 마땅히 아래 두 句를 포괄해야 한다."고 하였다. ≪左氏會箋≫의 설에 의거하면 '能'자는 '할 수 있음'을 표현하니, 곧 '賤하되 염치가 있고, 柔하되 침범을 당하지 않을 수 있다.〔能〕'로 해석된다. 그런데 呂氏는 '能賤'이라 하여 能을 賤에 걸었으니, 原文에 없는 말을 보충하지 않고서는 해석이 되지 않는다. 그래서 譯者는 '能'에 '處於' 두 자를 보충해서 '能處於卑賤'으로 해석하였다.

2) 〔역주〕 夢寐於大庭尊盧之上 : 夢寐는 꿈에서도 잊지 못함이고, 大庭尊盧는 ≪史記≫ 〈三皇本紀〉에 의거하면 人皇氏・伏羲氏 사이에 있었던 上古의 帝王인 大庭氏와 尊盧氏이니, 곧 상고시대의 제왕을 항상 동경함이다.

3) 〔역주〕 周旋於浮丘洪崖之間 : 周旋은 서로 오가며 어울림이고, 浮丘와 洪崖는 옛날의 신선이니, 곧 두 신선 사이를 오가며 어울리기를 생각함이다.

4) 〔역주〕 (朝)〔旦〕 : 저본에는 '朝'로 되어 있으나, 四庫全書本・三民書局本에 의거하여 '旦'으로 바로잡았다.

5) 〔역주〕 浩攘叢劇 : 浩攘은 크게 약탈함이고, 叢劇은 번잡함이니, 곧 크게 약탈과 살육이 벌어지는 번잡한 곳을 이른다.

6) 〔역주〕 (□) : 저본에는 1자 빈칸으로 되어 있으나, 문맥에 의거하여 衍文으로 처리하였다. 四庫全書本에는 '受'로 되어 있다.

무릇 사람들의 질병에 위를 볼 수 있으나 아래를 볼 수 없는 것을 앞 꼽추〔籧篨〕라 하고, 아래를 볼 수 있으나 위를 볼 수 없는 것을 뒷 꼽추〔戚施〕라 한다. 이 두 가지는 균등한 질병으로 앞 꼽추가 위를 볼 수 없는 것이 뒷 꼽추가 아래를 볼 수 없는 것과 같으니, 그 질병에 어찌 深淺의 구별이 있겠는가?

사람의 신체에 질병이 있는 것처럼 마음에도 질병이 있게 마련이다. 尊貴를 좋아하고 卑賤을 싫어하는 것은 〈위만 보는〉 앞 꼽추와 비슷하니, 그 병의 증상은 節廉(고결하고 청렴함)은 넉넉하지만 勞苦(힘들고 수고로움)는 부족하다. 비천을 편히 여기고 존귀를 편히 여기지 않는 것은 〈아래만 보는〉 뒷 꼽추와 비슷하니, 그 병의 증상은 勞苦는 넉넉하나 節廉은 부족하다. 증상을 비록 다르지만 병을 앓는 것은 같다. 〈그런데〉 세속 사람들은 그중의 하나(尊貴)는 좋아하고 하나(卑賤)는 싫어하여, 존귀에 잘 거처하고 비천에 잘 거처하지 못하는 자를 고상하다 이르고, 비천에 잘 거처하고 존귀에 잘 거처하지 못하는 자를 비루하다 이른다.

洪崖道士

이런 말이 세상에 퍼진 뒤로 강직한 선비들은 경쟁하듯이 高亢(뜻을 높이 가져 남에게 굽히지 않음)만을 좋아하여, 사람들이 돈, 곡식, 쌀, 소금 등에 대해 말하는 소리를 들으면 오만하게 흘겨보고 들은 척도 하지 않으며, 사람이 笞刑을 당하는 일을 보면 구역질을 하면서 보려 하지 않는다. 〈스스로 자신을〉 淸高하고 광활하며 유유자적하는 호방한 사람으로 여겨, 上古의 大庭氏·尊盧氏를 꿈꾸고, 浮丘道士와 洪崖道士 사이를 오가며 어울리기를 생각한다. 泰平無事할 때에는 〈이런 방법으로 세상을 살아가는 것이〉 기쁘지 않을 것이 없겠으나, 하루아침에 그를 크게 약탈이 벌어지는 번잡한〔叢劇〕 장소에 들여보내고, 절박하고 위급하여 실패하고 좌절하는 환경에 던져 넣으면 얼굴빛을 바꾸며 놀라고 두려워하여 〈高亢했던 氣概는 찾아볼 수가 없다. 이렇게 되면〉 비록 흙으로 된 바닥에서 평소에 숨을 죽이고 길을 피해 엎드려 우러러보던 노복과 하인들도 모두 비웃으며 그를 모욕할 것이다. 〈그렇다면 이는〉 전일의 高亢이 바로 오늘의 卑屈을 만든 원인이니, 어찌 세속 사람들의 말이 그르친 것이 아니겠는가?

사람의 몸에는 아래만 보거나 위만 볼 수 있는 질병〔꼽추〕이 있으나 질병에는 深淺의 구별이 없고, 〈마음의〉 질병에는 저마다 존귀하고 비천하게 여기는 증상이 있으나 病名에는 高卑의 차이가 없다. 앞 꼽추가 가진 것을 뒷 꼽추에게 없는 것과 바꾼다면 이를 병이 없는 사람이라고 이를 수 있고, 〈세속의 사람들이〉 존귀하다 여기는 것을 비천하다 여기는 것과 바꾼다면 이를 치우침이 없는 人士라고 이를 수 있으니, 어찌 그중의 하나만을 좋아하고 하나는 미워해서야 되겠는가?

晉人稱隨會者前後相望이나 獨郤成子能賤而有恥一語가 非特可以見隨會之全德이라 亦可以起後世一偏之疾이니 此吾所以三復其言而不厭也라 負於途하고 販於肆하고 耕於野가 泯泯棼棼[1]하니 所謂賤者가 天下豈少哉리오 然彼皆當賤者니 非能賤者也라 以隨會之雅量曠識으로 乃不屑[2]不厭하야 下親勞苦之事하니 宜廊廟而安閭閻이라 是以謂之能賤이요 宜圭組而安布韋라 是以謂之能賤이요 宜鐘鼎[3]而安簞瓢[4]라 是以謂之能賤이라 〔旣甘賤〕[5]者之勞苦하고 而復(부)去賤者之卑汚하야 全人之所不能全하니 斯其所以爲全德歟ㄴ저

1) 〔역주〕 泯泯棼棼 : 많은 모양이다.

2) 〔역주〕 不屑 : 마음에 두지 않음이다.

3) 〔역주〕 鐘鼎 : 鐘鳴鼎食의 준말로, 종을 쳐서 식구들을 불러 모아 솥을 벌여놓고 밥을 먹음이다. 곧 富貴家의 풍요로운 생활을 이른다.

4) 〔역주〕 簞瓢 : 簞食瓢飮의 준말로, 한 도시락의 밥을 먹고 한 표주박의 물을 마시며 貧困하게 생활함을 이른다.

5) 〔역주〕 〔旣甘賤〕 : 저본에는 '旣甘賤'이 없으나, 四庫全書本·三民書局本에 의거하여 보충하였다.

晉나라 사람으로 隨會를 칭찬한 사람이 예로부터 지금까지 잇달았으나, 유독 "비천한 지위에 잘 처신하며 부끄러워하는 마음을 가졌다."고 한 郤成子의 한 마디 말이 隨會의 온전한 덕을 드러냈을 뿐만 아니라 또한 후세 사람들을 한쪽으로 치우친 병에서 낫게 하였으니, 이것이 내가 그 말을 세 번 반복해 외며 싫어하지 않는 까닭이다. 길에서 짐을 지고, 저자에서 물건을 팔고, 들에서 밭을 가는 사람이 수없이 많으니, 이른바 비천한 사람의 수가 천하에 어찌 적겠는가? 그러나 저들은 모두 〈종사하는 일이〉 비천함에 해당하는 자들이고, 비천에 잘 거처한 자들이 아니다.

隨會의 넓은 도량과 空前의 식견으로 介意하지도 싫어하지도 않고서 몸소 勞苦에 종사하였으니, 廊廟(高位)에 있음이 마땅한데 閭閻(鄕里)을 편히 여겼다. 그러므로 그를 '能賤'이라 이른 것이고, 圭組(印綬)를 차는 것이 마땅한데 布韋(빈한한 선비의 服飾)를 편히 여겼다. 그러므로 그를 '能賤'이라 이른 것이고, 鐘鳴鼎食함이 마땅한데 簞食瓢飮을 편히 여겼다. 그러므로 그를 '能賤'이라 이른 것이다. 이미 빈천자의 노고를 甘受하고 다시 빈천자의 비굴과 더러움을 제거하여, 사람들이 온전히 하기 어려운 것을 능히 온전히 하였으니, 이것이 그가 온전한 덕을 갖추게 된 까닭이다.

想隨會身親賤事之時에 趨則皆趨하고 役則皆役하니 焦焦然[1]一庸保[2]也라 至於臨之以利하고 迫之以害하야는 則勁厲之節이 凜然於冒沒爭奪之中[3]하고 淸微之風이 肅然於埃土氛翳之表[4]하며 昻屹湧溢[5]하고 挺拔而出하니 蓋有不可得而掩者라 隨會無賤者之所短하고 賤者無隨會之所長하니 其獨稱全人於晉國이 有以也哉ㄴ저

1)〔역주〕焦焦然 : 초조해하는 모양이다.

2)〔역주〕庸保 : 머슴을 이른다.

3)〔역주〕凜然於冒沒爭奪之中 : 凜然은 엄숙한 모양이고, 冒沒은 여러 訓이 있는데, 여기서는 서로 排擠하고 공격하는 '傾軋'의 뜻으로 쓰인 듯하다. 곧 그의 氣節이 서로 배제하며 쟁탈하는 세상에 엄숙히 드러난다는 말인 듯하다.

4)〔역주〕淸微之風 肅然於埃土氛翳之表 : 淸微之風은 사람들을 感化시킬 수 있는 隨會의 風致를 비유한 것이다. 肅然은 바람이 솔솔 부는 모양이고, 埃土는 塵土이고, 氛翳는 날씨가 흐려 어두컴컴함이니, 곧 隨會의 풍치가 어두운 세상을 감화시킬 것이라는 말이다.

5)〔역주〕昻屹湧溢 : 昻屹은 하늘 높이 솟음이니 높은 氣概를 이르고, 湧溢은 샘물이 솟아 넘침이니 計謀가 끊임없음을 이른다.

생각건대 隨會가 몸소 비천한 일을 할 때에 급히 달려갈 일에는 모두 달려갔고, 勞役할 일에는 모두 노역하였으니, 초조해하는 모습이 마치 庸保(머슴) 같았다. 그러다가 이해의 갈림길에 다다라서는 강하고 굳센 氣節이 서로 排擠하며 爭奪하는 가운데 엄숙하게 드러나고, 〈사람들을 감화시킬 수 있는〉 맑은 바람이 어두컴컴한 세상 밖에서 솔솔 불었다. 〈氣概는〉 하늘 높이 우뚝 솟고 〈計謀는〉 샘이 솟아 넘치듯이 끊임없어 무리에서 뛰어났으니, 이는 엄폐할 수 있는 방법이 없었다. 隨會에게는 비천한 자들에게 있는 결점이 없고, 비천한 자들에게는 수회가 가진 장점이 없었으니, 그만을 홀로 晉나라의 온전한 사람이라고 칭찬한 데에는 까닭이 있다.

抑嘗深味郤成子之語컨대 能賤者固難於有恥라 然所以無恥者는 實由乎不能賤也라 公卿大臣이 出入禁門하며 訏謨帝所[1]에 一有失節이면 則天下之責이 四面而至라 彼豈不知爲可恥哉리오 其所以忍愧負辱하야 徘徊而不敢發者는 正所以能貴而不能賤也ㄹ새니라 彼其心以謂一(朝)〔旦〕[2]忤旨면 譴責隨至하야 冕服褫矣요 徒馭散矣요 賓客落矣라 一聞其語라도 猶心悸而神泣이온 況身履之耶아 此所以寧受恥而不顧也라 向使其貴而能賤이면 則安能鬱鬱坐受天下之譙責耶아 故郤成子之語는 又當以馬文淵[3]

之說終之라

1) 〔역주〕 訏謨帝所 : 訏謨는 원대한 계책을 세움이고, 帝所는 황제가 있는 조정을 이른다.

2) 〔역주〕 (朝)〔旦〕 : 저본에는 '朝'로 되어 있으나, 四庫全書本·三民書局本에 의거하여 '旦'으로 바로잡았다.

3) 〔역주〕 馬文淵 : 東漢 光武帝의 신하 伏波將軍 馬援의 字가 文淵이다. 그는 일찍이 "대장부가 뜻을 세움에는 곤궁할수록 더욱 堅固해야 하고, 늙을수록 더욱 건장해야 한다.〔丈夫爲志 窮當益堅 老當益壯〕"라고 하고, 또 "무릇 남이 나를 貴하게 만들어주었으면 응당 그 사람이 다시 나를 賤하게 만들 수도 있다.〔凡人爲貴 當使可賤〕"고 하였다.

내 일찍이 郤成子의 말을 깊이 음미한 적이 있는데, 비천에 잘 처신하는 것이 본래 수치심을 가지기보다 어렵다. 그러나 수치심이 없는 것은 실로 비천에 잘 처신하지 못한 데서 유래한 것이다. 公卿大臣이 궁중의 禁門에 출입하며 帝王이 계시는 朝廷에서 원대한 계책을 세울 때에 조금이라도 節度를 잃음이 있으면 천하의 책망이 사방에서 이른다. 저 사람인들 어찌 〈절도를 잃음이〉 치욕이 된다는 것을 모르겠는가? 그런데 恥辱을 참고 모욕을 당하면서도 망설이고〔徘徊〕 감히 떠나지 못하는 것은, 바로 존귀에는 잘 처신하고 비천에는 잘 처신하지 못하기 때문이다. 저 사람은 마음속으로, 하루아침에 임금의 뜻을 거스르면 견책이 뒤따라서 冕服(官帽와 官服)이 벗겨지고, 부리는 下人들이 흩어지고, 빈객이 끊어진다고 생각했을 것이다. 한 번 이런 말을 들어도 오히려 心神이 두려워 눈물이 나올 지경인데 하물며 몸소 그런 일을 당한 경우이겠는가? 이것이 바로 차라리 치욕을 받을지언정 〈체면을〉 돌아보지 않는 까닭이다. 전에 가령 그가 존귀한 자리에 있으면서 비천에 잘 처신하였다면 어찌 답답하게 〈아무 말도 못하고〉 앉아서 천하 사람들의 꾸짖음을 받는 일이 있었겠는가? 그러므로 郤成子의 말은 또 馬文淵(馬援)의 說로 종결함이 마땅하다.

東萊博議 卷22

22-01 甯嬴從陽處父 甯嬴이 陽處父를 따르다

【左傳】文五年이라 冬에 晉陽處父聘於衛[1)]하고 反過甯하니 甯嬴從之[2)]라가 及溫而還하다 其妻問之한대 嬴曰 以剛[3)]이라 商書曰 沈漸剛克하고 高明柔克[4)]이라하야늘 夫子壹之하니 其不沒乎[5)]ㄴ저 天爲剛德이로되 猶不干時[6)]어늘 況在人乎아 且華而不實은 怨之所聚也[7)]라 犯而聚怨하니 不可以定身[8)]이라 余懼不獲其利而離其難이라 是以去之[9)]로라 六年에 賈季殺陽處父하다

1) 〔역주〕 晉陽處父聘於衛 : 文公 4년에 衛나라 甯兪가 晉나라에 와서 聘問하였기 때문에 處父가 答聘한 것이다.〈附注〉

2) 〔역주〕 反過甯 甯嬴從之 : 甯은 晉나라 邑으로 汲郡 脩武縣이다. 嬴은 逆旅의 관리를 맡은 大夫이다.〈杜注〉 處父의 사람됨을 좋아하여 그를 따라간 것이다.〈附注〉

3) 〔역주〕 以剛 : 處父의 사람됨이 순전히 剛만을 믿는다는 말이다.〈附注〉

4) 〔역주〕 商書曰……高明柔克 : 沈漸은 滯溺과 같고 高明은 亢爽과 같다. 각각 剛과 柔로 자기 本性에 부족한 점을 克服하여야 완전한 사람이 될 수 있다는 말이다. 이 말은 ≪書經≫ 〈洪範〉에 있는데, 지금은 〈周書〉라고 한다.〈杜注〉 沈漸이 ≪尙書≫에는 沈潛으로 되어 있다.〈附注〉 滯溺은 성격이 활달하지 못하고 가라앉은 것이고, 亢爽은 기상이 드높고 쾌활한 것이다.

5) 〔역주〕 夫子壹之 其不沒乎 : 陽處父의 성품은 순전히 剛뿐이라는 말이다.〈杜注〉 '壹之'는 陽處父가 剛에만 오로지 마음을 쓰고 沈潛의 意思가 부족하니 반드시 제명대로 죽지 못할 것이라는 말이다.〈附注〉

6) 〔역주〕 猶不干時 : 寒暑가 서로 범하지 않고 순서를 따른다는 말이다.〈杜注〉 四時의 順序를 犯하지 않는다는 말이다.〈附注〉 四時를 범하면 여름에 서리가 내리고, 겨울에 천둥이 치고, 가을에 꽃이 피고, 봄에 열매를 맺는 災變이 생긴다.

7) 〔역주〕 且華而不實 怨之所聚也 : 말이 그 행동보다 지나치다는 말이다.〈杜注〉

8) 〔역주〕 犯而聚怨 不可以定身 : 剛하면 남을 침범한다.〈杜注〉

9) 〔역주〕 余懼不獲其利而離其難 是以去之 : 文公 6년에 晉나라가 陽處父를 죽인 傳의 배경이다.〈杜注〉 離는 걸리는 것이다.〈附注〉

文公 5년, 겨울에 晉나라 陽處父가 衛나라에 가서 聘問하고 돌아올 때 甯에 들르니,

甯嬴이 따라오다가 溫에까지 와서는 되돌아갔다. 그 아내가 돌아온 까닭을 묻자, 甯嬴이 대답하였다. "〈그의 사람됨이〉 너무 剛하기 때문이다. 〈商書〉에 '성질이 가라앉고 柔弱한〔沈漸〕 자는 剛으로 그 柔弱을 극복하고, 성질이 강하고 쾌활한〔高明〕 자는 柔順으로 그 剛을 극복한다.'고 하였는데, 그분은 한결같이 〈剛만을 믿으니〉 아마도 壽命대로 살지 못할 것이다. 하늘은 剛을 德으로 삼는데도 四時의 運行을 犯하지 않는데 하물며 사람이겠는가? 또 말만 번지르르하고〔華〕 진실이 없는 것은 원망이 모이는 것인데 그는 남을 侵犯하여 원망을 모으고 있으니, 몸을 편안히〔定〕 保全하지 못할 것이다. 나는 그에게서 이익은 얻지 못하고 禍難에 걸릴 것이 두려웠기 때문에 그를 버리고 돌아왔다."

文公 6년에 賈季가 陽處父를 죽였다.

【主意】 陽處父之剛은 盡發於外하야 無復〔餘蘊〕[1]이라 故雖能速於感人이나 而不能久於晉人이라

1) 〔역주〕〔餘蘊〕: 저본에는 2자 빈칸으로 되어 있으나, 문맥에 의거하여 '餘蘊'을 보충하였다.

陽處父의 剛함은 밖으로 모두 드러나서 더 이상 속에 남아 있는 것이 없다. 그러므로 비록 사람(甯嬴)을 빠르게 감동시킬 수 있었을지라도 그를 晉나라에 오래 머물게 할 수는 없었다.

易(이)喜者는 必易厭이라 有書於此하니 一讀而使人喜者는 屢讀必厭하고 有樂於此하니 一奏而使人喜者는 屢奏必厭이라 蓋是書是樂之味가 盡發於一讀一奏之間이면 外雖可喜나 而中旣無餘矣ㄹ새니 其初之喜가 乃所以爲終之厭也라 善著書者가 藏其趣於無趣之中은 非欲掩人之目也라 得趣於無趣면 則其趣無時而窮也[1]요 善作樂者가 藏其聲於無聲之中은 非欲塞人之耳也라 得聲於無聲이면 則其聲無時而窮也ㄹ새니라 至書는 無悅人之淺效[2]나 而有化人之深功[3]하고 至樂은 無娛人之近音[4]이나 而有感人之餘韻[5]이라 〔凡〕天下之理[6]는 不能窺於未得味之前[7]이라야 必不能捨於旣得味之後也[8]라

1) 〔역주〕善著書者……則其趣無時而窮也 : 좋은 책은 책의 진정한 맛을 여러 번 읽어야 비로소 알 수 있고, 좋은 음악은 음악의 진정한 맛을 여러 번 들어야 비로소 알 수 있다는 말이다.

2) 至書 無悅人之淺效 : 善著書者 初讀其書 未必知喜

잘 저술된 책이라도 처음 그 책을 읽으면 기뻐할 만한 책인 줄 알 것을 기필하지 못한다는 말이다.

3) 而有化人之深功 : 愈讀而趣愈遠 則化人之功 至深矣

읽을수록 취미가 더욱 심원해지면 사람을 감화시키는 공이 지극히 깊어진다는 말이다.

4) 至樂 無娛人之近音 : 善作樂者 初聽其樂 未必知喜

잘 만들어진 음악이라도 처음 그 음악을 들으면 기뻐할 만한 음악인 줄 알 것을 기필하지 못한다는 말이다.

5) 而有感人之餘韻 : 感聽而音愈妙 則感人之韻有餘矣

느껴워 들을수록 樂音이 더욱 아름다우면 사람을 감동시키는 운치가 넉넉할 것이라는 말이다.

6) 〔凡〕*) 天下之理 : 承接上文

윗글(易喜者……而中旣無餘矣)을 이어받은 것이다.

*) 〔역주〕〔凡〕: 저본에는 '凡'이 없으나, 四庫全書本・三民書局本에 의거하여 보충하였다.

7) 不能窺於未得味之前 : 未得書樂之味 旣不可以卒窺

책과 음악의 취미를 얻지 못했으면 이미 끝까지 엿보지 못할 것이라는 말이다.

8) 必不能捨於旣得味之後也 : 旣得書樂之味 則好之而不能捨矣 起頭引喩 發得主意甚明

이미 책과 음악의 취미를 안 뒤에는 그것을 좋아하여 버릴 수 없다는 말이다. 글의 첫머리에 비유를 들어 主意를 드러낸 것이 매우 분명하다.

〈사람을〉 쉽게 기쁘게 하는 것은 반드시 쉽게 싫증나게 한다. 여기에 책이 있는데 한번 읽어 사람을 기쁘게 하는 책은 여러 번 읽으면 반드시 싫증이 나고, 여기에 음악이 있는데 한번 연주하여 사람을 기쁘게 하는 음악은 자주 연주하면 반드시 싫증이 난다. 이는 책과 음악의 趣味가 한번 읽고 한번 연주하는 사이에 다 발산되어 겉으로는 비록 〈사람들을〉 기쁘게 할 수 있으나 속에는 이미 남은 취미가 없기 때문이니, 처음에 기뻤던 것이 도리어 뒤에 싫증이 나는 원인이 된다.

책을 잘 쓰는 사람이 그 취미를 취미가 없는 가운데 간직하는 것은 사람들의 눈을 가리고자 해서가 아니라, 취미가 없는 가운데서 취미를 얻으면 그 취미가 다할 때가 없기 때문이고, 樂曲을 잘 쓰는 사람이 아름다운 소리를 소리가 없는 가운데 간직하는 것은 사람들의 귀를 막고자 해서가 아니라, 소리가 없는 가운데서 소리를 들으면 그 소리가 다할 때가 없기 때문이다. 좋은 책은 사람을 기쁘게 하는 얕은 효과는 없어도 사람을 감화시키는 깊은 공로가 있고, 좋은 음악은 사람을 즐겁게 하는 천근한 소리는 없어도 사람을 감동시키는 여운이 있다. 무릇 천하의 이치는 취미를 얻기 전에 엿볼 수 없는 것이라야 반드시 취미를 얻은 뒤에도 버리지 못하는 것이다.

昔吾夫子設敎於洙泗之間[1)]할새 **子貢初見**에 **挾其智而傲之**[2)]하고 **子路初見**에 **挾其勇而陵之**[3)]라 **夫以夫子之聖**으로도 **猶不能動物悟人於一日之速也**[4)]라 **彼陽處父何人耶**[5)]오 **甯嬴一見之於塗**[6)]하고 **遽棄其妻子**하야 躡屩(갹)擔簦(등)[7)]하고 **從之如不及**[8)]가 **自世俗觀之**컨대 **其移人之速**이 **若過於夫子矣**[9)]로다 **然夫子雖不能服由賜於一見**이나 **而能役由賜於終身**[10)]이요 **陽處父雖能致甯嬴於一朝**나 **而不能留甯嬴於數日**[11)]이라 **以一朝之功**으로 **而較終身之效**면 **孰勝孰負**며 **孰優孰劣**가 **必有能辨之者矣**[12)]리라

1) 昔吾夫子設敎於洙泗之間 : 洙泗魯二水名 孔子所居之地
　洙・泗는 魯나라의 두 강물 이름으로 孔子가 살던 지역이다.

2) 子貢初見 挾其智而傲之 : 家語 端木賜以口才著名 孔子每屈其辨
　≪孔子家語≫에 보인다. 端木賜(子貢)는 말재주로 이름을 떨쳤는데, 孔子가 매양 그의 구변을 억눌렀다고 하였다.

3) 子路初見 挾其勇而陵之 : 史記 子路好勇 冠雄雞 佩猳豚 陵暴孔子
　≪史記≫에 보인다. 子路는 용맹을 좋아하여 수탉의 깃을 꽂은 관을 쓰고 수퇘지 털을 패용하고서 孔子를 깔보고 난폭하게 굴었다고 한다.

4) 夫以夫子之聖 猶不能動物悟人於一日之速也 : 二子 初見夫子 猶且傲而陵之
　두 사람(子貢・子路)이 孔子를 처음 만났을 때에는 여전히 오만하고 남을 업신여겼다.

5) 彼陽處父何人耶 : 安敢望夫子之萬一
　어찌 감히 孔子의 만분의 일이라도 따라갈 수 있겠느냐는 말이다.

6) 甯嬴一見之於塗 : 偶然一遇見處父
　우연히 한번 陽處父를 만났다는 말이다.

7) 遽棄其妻子 躡屩(갹)擔簦(등) : 遽然穿屨於足 負擔於肩
　갑자기 발에 신을 신고, 어깨에 우산(짐)을 지고 길을 나섰다는 말이다.

8) 從之如不及 : 從處父遊 惟恐或後
　陽處父를 따라 유람하는데, 혹시라도 뒤쳐질까 우려한 것이다.

9) 自世俗觀之……若過於夫子矣 : 先揚後抑
　먼저는 치켜주고 뒤에는 억눌렀다.

10) 然夫子雖不能服由賜於一見 而能役由賜於終身 : 終身師事孔子 此猶至書之化人 至樂之感人也
　종신토록 孔子를 스승으로 섬겼으니, 이는 좋은 책이 사람을 교화시키고 좋은 음악이 사

람을 감동시키는 것과 같다.

11) 陽處父雖能致甯嬴於一朝 而不能留甯嬴於數日：甯嬴從處父 至溫而還 此猶書之不可屢讀 樂之不可屢奏者也

甯嬴이 陽處父를 따르다가 溫에 이르러 되돌아왔으니, 이는 여러 번 읽을 수 없는 책과 여러 번 연주할 수 없는 음악과 같다.

12) 以一朝之功……必有能辨之者矣：上文發明已盡 後段方說出處父之病根

윗글에 이미 〈논지를〉 충분히 밝혔기 때문에 아래 문단에서 비로소 陽處父의 病根(실패한 근원)을 설명한 것이다.

옛날에 우리 부자께서 洙水와 泗水 사이에서 敎化를 펴실 적에, 子貢은 처음 찾아와 만날 때 자신의 지혜를 믿고 오만하였고, 子路는 처음 찾아와 만날 때 자신의 용맹을 믿고 孔子를 능멸하였으니, 孔子와 같은 聖人으로도 오히려 단시일 안에 사람을 감동시켜 신속히 깨닫게 할 수는 없었던 것이다. 〈그런데〉 저 陽處父는 어떤 사람이기에 甯嬴이 길에서 한번 보고는 즉시 처자를 버리고 짚신을 신고 우산을 메고서 서둘러 따라 나섰는가?

세속의 안목으로 보면 〈陽處父가〉 사람의 마음을 바꾸게 한 신속함이 공자보다 뛰어난 것 같다. 그러나 孔子는 비록 子路〔由〕와 子貢〔賜〕을 처음 만났을 때 感服시키지 못했으나 子路와 子貢을 종신토록 門徒〔役〕가 되게 하였는데, 〈陽處父는〉 하루아침에 甯嬴을 따르게 할 수는 있었으나 단 며칠도 甯嬴을 머무르게 하지는 못하였다. 하루아침의 공로로 종신의 효험을 비교해보면 누가 이기고 누가 지겠으며, 누가 우세하고 누가 졸렬한가? 반드시 이를 구분할 수 있는 자가 있을 것이다.

子貢

子路

抑嘗深考甯嬴之言[1)]하고 然後知陽處父所以易使人喜하고 易使人厭者에 抑有由也[2)]라 蓋處父之剛이 盡發之於外하고 而中無留者[3)]ㄹ새 溢於聲音[4)]하고 浮於笑貌[5)]하며 泛於步趨[6)]하고 流於寢食하야 平生之神氣가 皆發露於衆人耳目之前[7)]하니 外雖震厲나 而中無所蓄[8)]이요 外雖暢茂나 而中無所根[9)]이라 其始見也에 其美易見(현)하고 其德易親[10)]일새 所以易使人喜也[11)]어니와 其旣見也에 索之易窮하고 探之易盡[12)]일새 所以易使人厭也[13)]라 發之爲春華[14)]는 曾不能斂之爲秋實[15)]이니 玩虛華而忘實味[16)]라 是豈爲腹而不爲目者가 所肯留哉[17)]아 此甯嬴所以乍喜乍厭하야 而不(辭)〔避〕往來之煩也[18)]라 雖然이나 甯嬴捨處父於數舍之邇하고 伯宗慕處父於數世之下[19)]하니 是甯嬴棄處父之華於芳烈方盛之時요 伯宗拾處父之華於顦顇(초췌)旣落之日이라 使伯宗居甯嬴之地하야 得事處父於未有禍敗之前이면 吾知其終身執鞭하야 與之同戮而不悔矣라 嬴之知幾하니 賢乎哉ㄴ저

1) 抑嘗深考甯嬴之言：此段發明處父用剛之失
이 문단은 陽處父가 剛을 쓰는 잘못을 설명한 것이다.

2) 易使人厭者 抑有由也：其失在於用剛
그의 잘못은 剛을 쓰는 데 있다는 말이다.

3) 蓋處父之剛……而中無留者：盡發於外 而使人易喜 中無所留 故使人易厭
밖에 다 드러나서 사람을 쉽게 기쁘게 하지만, 속에는 남은 것이 없기 때문에 사람을 쉽게 싫증나게 만든다는 말이다.

4) 溢於聲音：聞之可喜
들으면 기뻐할 만한 것이다.

5) 浮於笑貌：就之可喜
가까이 다가가면 기뻐할 만한 것이다.

6) 泛於步趨：見之可喜
보면 기뻐할 만한 것이다.

7) 皆發露於衆人耳目之前：無可玩索之味
완미하고 탐색할 만한 맛이 없다는 말이다.

8) 外雖震厲 而中無所蓄：無涵蓄之淵源
함축된 연원이 없다는 말이다.

9) 外雖暢茂 而中無所根：無培植之本根
심고 북돋아 가꾼 뿌리가 없다는 말이다.

10) 其始見也……其德易親：外貌震厲而暢茂 故如此
　　겉모습이 엄숙하고 왕성하기 때문에 이와 같은 것이다.

11) 所以易使人喜也：解前文
　　앞글을 해석한 것이다.

12) 其旣見也……探之易盡：其中無蓄無根 故如此
　　그 속에 축적도 없고 근원도 없기 때문에 이와 같은 것이다.

13) 所以易使人厭也：解前文
　　앞글을 해석한 것이다.

14) 發之爲春華：有可觀玩
　　감상하고 완미할 만함이 있다는 말이다.

15) 發之爲春華 曾不能斂之爲秋實：無可咀嚼 ○此二句 本左傳華而不實之語
　　씹어 먹을 만한 것이 없다는 말이다. ○이 두 구절은 ≪春秋左氏傳≫의 '말만 번지르르하고 진실이 없다.'는 말에 근거한 것이다.

16) 玩虛華而忘實味：發上句意
　　위 구절의 뜻을 드러내었다.

17) 是豈爲腹不爲目者 所肯留哉：爲腹指實味而言 爲目指虛華而言
　　'內實을 추구함〔爲腹〕'은 실제의 맛을 가리켜 말한 것이고, '外華를 추구함〔爲目〕'은 허황된 화려함을 가리켜 말한 것이다.

18) 此甯嬴所以乍喜乍厭 而不(辭)〔避〕[*)]往來之煩也：發得意盡
　　본의를 드러낸 것이 극진하다.

*) 〔역주〕 (辭)〔避〕：저본에는 '辭'로 되어 있으나, 四庫全書本·三民書局本에 의거하여 '避'로 바로잡았다.

19) 伯宗[*)]慕處父於數世之下：伯宗 晉大夫
　　伯宗은 晉나라 대부이다.

*) 〔역주〕 伯宗：춘추시대에 晉侯를 보좌하여 여러 차례 국제간의 정세를 현명하게 간언하였으나, 郤氏에게 피살당하였다.

일찍이 甯嬴의 말을 깊이 상고한 뒤에 陽處父가 사람을 쉽게 기뻐하게 하고 사람을 쉽게 싫증나게 한 것에 이유가 있다는 것을 알았다. 대체로 陽處父의 강함이 밖으로 모두 드러나고 속에 남은 것이 없었기 때문에 말소리에 흘러넘치고 웃는 모습에 드러나며 걸음걸이에 표현되고 자고 먹는 사이에 표출되어 평소의 神氣가 사람들의 이목 앞에 모두 드러나니, 겉은 비록 엄숙하지만 속에는 온축된 것이 없고, 겉은 비록 무성하지만 속에는 뿌리가 없다. 그러므로 처음 만났을 때 그 아름다움이 쉽게 드러나고 그 덕이 쉽게 가까이할 만하기 때문에 사람을 쉽게 기쁘게 하지만, 이미 만나본 뒤에 다시 그 美德을 탐색하면 〈사람으로 하여금〉 쉽게 곤궁하게 하고 쉽게 공허하게 하기 때문에 사람을 쉽게 싫증나게 한다.

봄에 피는 화려한 꽃은 가을에 열매를 맺지 못하니 한갓 공허한 꽃을 감상할 뿐이고, 〈맛을 볼 수 있는〉 열매의 맛은 없는 것이다. 이 어찌 내실〔腹〕을 추구하고 外華〔目〕를 추구하지 않는 자가 기꺼이 머무르려 하였겠는가? 이것이 甯嬴이 갑자기 기뻐했다가 갑자기 싫증이 나서 오고가는 번거로움을 마다하지 않았던 이유이다. 비록 그러나 甯嬴은 며칠 밤사이에 陽處父를 버렸고, 伯宗은 몇 세대 뒤에 陽處父를 사모하였으니, 이는 甯嬴은 陽處父의 꽃이 한창 흐드러지고 무성할 때에 버린 것이고, 伯宗은 陽處父의 꽃이 시들어 떨어질 때에 주운 것이다. 가령 伯宗이 甯嬴의 처지가 되어 陽處父가 災難을 만나 실패하기 전에 그를 섬겼다면, 내가 알기로는 종신토록 陽處父의 마부가 되어 그와 함께 災難을 만나 죽음을 당해도 후회하지 않았을 것이다. 甯嬴이 기미를 알았으니, 참으로 현명하다.

22-02 邾文公遷於繹 邾文公이 繹으로 도읍을 옮기다

【左傳】 文十三年이라 邾文公卜遷于繹[1]하다 史曰 利於民而不利於君이라한대 邾子曰 苟利於民이면 孤之利也라 天生民而樹之君은 以利之也니 民旣利矣면 孤必與焉하리라 左右曰 命可長也어늘 君何弗爲[2]닛가 邾子曰 命在養民하고 死之短長은 時也라 民苟利矣면 遷也니 吉莫如之[3]라하고 遂遷于繹하다 五月에 邾文公卒하다 君子曰 知命[4]이라하다

1) 〔역주〕 邾文公卜遷于繹 : 繹은 邾나라 邑이다. 魯나라 鄒縣 북쪽에 繹山이 있다.〈杜注〉 繹山은 일명 嶧山이다.
2) 〔역주〕 命可長也 君何弗爲 : 遷都하지 않으면 임금님의 壽命을 延長할 수 있는데, 임금님께서는 무엇 때문에 長壽의 計策을 생각하지 않느냐는 말이다.〈附注〉
3) 〔역주〕 左右曰……吉莫如之 : 左右는 한 사람의 수명을 가지고 말하였고, 文公은 백성들의 생명을 主題로 말하였다. 한 사람의 수명은 각각 短長이 있어 어찌할 수 없지만 백성들의 생명은 대대로 전해져 다함이 없기 때문에 遷都한 것이다.〈杜注〉
4) 〔역주〕 知命 : 天命이 백성에 있다는 것을 알고서 死生으로 그 마음을 바꾸지 않았으니 이것이 이른바 '知命'이다.〈附注〉

문공 13년, 邾文公이 〈太史에게〉 繹으로 도읍을 옮기는 것이 어떤지 점을 치게 하였

다. 太史가 말하기를 “백성에게는 이로우나 임금님께는 불리합니다.”라고 하자, 邾子가 말하기를 “진실로 백성에게 이롭다면 바로 나의 이로움이다. 하늘이 백성을 내고서 임금을 세운 것은 백성을 이롭게 하기 위함이니, 백성이 이미 이롭다면 나도 반드시 그 이로움에 同參〔與〕하게 될 것이다.”고 하였다. 左右가 말하기를 “〈遷都하지 않으면〉 임금님의 壽命을 연장할 수 있는데 임금님께서는 무엇 때문에 그렇게 하지 않으십니까?”라고 하니, 邾子가 말하기를 “임금의 使命은 백성을 養育하는 데 있고, 壽命〔死〕의 長短은 運命〔時〕이다. 백성에게 진실로 이롭다면 천도할 것이다. 이보다 더한 吉은 없다.”고 하고서 드디어 繹으로 천도하였다. 5월에 邾文公이 卒하였다. 君子는 “邾文公이 天命을 알았다.”고 하였다.

理之未明은 **君子責也**니 **置是責而不憂**면 **其責固不可逭**(환)이라 **惴惴然不勝其責**하야 **而亟求理之明**이면 **則天下之患**이 **必自此始**라 **自夫人之有亟心**[1]**也**로 **始求說於理之外**하야 **姑借世俗之所共信者**하야 **以明吾理**라 **樂其說之易行**하고 **忘其害之終及**이니 **夫豈知今日之快**가 **乃所以召他日之患耶**아 **嚚淫妖祥之說**은 **執左道以迷民者也**라 **辭而闢之**를 **不責之君子**하고 **將誰責**가 **然君子任是責者**가 **不亟於明理**하고 **而急於辨誣**하니 **謂以理告人**이면 **喩者十三**이요 **以事告人**이면 **喩者十九**니 **蚩蚩之氓**은 **難以是非動**이요 **易以禍福回**라 **於是**에 **俯取禍福之說**하야 **卽其共信者而曉之**라 **武王不避往亡而勝商**[2]하고 **明帝不避反支而隆漢**[3]하며 **太宗不避辰日而興唐**[4]이라 **汝謂必凶**이면 **我反得吉**하고 **汝謂必否**(비)면 **我反得亨**이니 **借是事以明是理**면 **向之溺於嚚淫妖祥之說者**가 **果何辭而對耶**아 **嗚呼**라 **是徒思其說之易**요 **而不思其害之及也**니라

1) 〔역주〕 亟心 : ‘급한 마음’을 이른다. ≪周易≫ 〈說卦傳〉에 “坎은……말에 있어서는 등마루가 아름다움이 되고, 마음이 급함이 되고, 머리를 아래로 떨굼이 되고, 발굽이 얇음이 되고, 끄는 것이 된다.〔坎……其於馬也 爲美脊 爲亟心 爲下首 爲薄蹄 爲曳〕”라는 말이 있다.

2) 武王不避往亡[*1]而勝商 : 見北史[*2]

≪北史≫ 〈魏本紀〉에 보인다.

*1) 〔역주〕 往亡 : 往亡日은 외출 또는 出征 등을 禁忌하는 凶日을 이른다.

*2) 〔역주〕 見北史 : ≪北史≫에 의하면 北魏 道武帝 皇始 2년(396) 가을에, 北魏가 기아로 곤궁하자 賀驎이 군대 3만을 이끌고 新市로 쳐들어가 노략질을 하였다. 賀驎은 16국 시대 後燕의 임금 慕容垂의 아들 慕容賀驎이다. 그믐 甲子日에 北魏 道武帝가 진군하여 이들을 토벌

하려 하자, 太史令 晁崇이 '紂王이 갑자일에 망하였으니 兵家에서는 꺼리는 날'이라고 아뢰니, 道武帝는 "周나라 武王이 갑자일에 이긴 것이 아닌가?"라고 하니 晁崇이 대답하지 못했다 한다.

3) 明帝不避反支而隆漢 : 見本紀*)

≪後漢書≫ 〈本紀〉에 보인다.

*) 〔역주〕 見本紀 : 反支日은 초하루의 干支에 따라 매달 정해지는 禁忌日로서 이날은 공무를 쉰다. 초하루가 戌·亥日일 때는 1일, 辛·酉日일 때는 2일, 午·未日일 때는 3일, 辰·巳日일 때는 4일, 寅·卯日일 때는 5일, 子·丑日일 때는 6일이 반지일이 된다.

4) 太宗不避辰日*1)而興唐 : 見張公瑾傳*2)

≪唐書≫ 〈張公謹傳〉에 보인다.

*1) 〔역주〕 辰日 : 辰日은 〈彭祖百忌日〉에서 조심해야 하는 사항을 규정한 날짜 중에 辰에 해당하는 날이다. 辰日에는 哭泣을 하지 않는데, 그 이유는 반드시 주인이 重服을 당하게 된다고 믿어서이다.(≪山林經濟≫ 〈選擇 彭祖百忌日〉)

*2) 〔역주〕 見張公瑾傳 : 張公謹(584~632)은 繁水 사람으로 자는 弘愼이다. 처음엔 王世充 밑에서 벼슬하다가 唐 太宗 李世民의 막하로 귀순하고부터 공을 세워 代州都督이 되었고, 정치의 득실에 관한 많은 계책을 올리고 突厥의 공략에 공이 많아 鄒國公에 봉해졌다.(≪唐書≫ 〈張公謹列傳〉)

이치를 밝히지 못하는 것은 군자의 책임이니, 이 책임을 방치하고 우려하지 않는다면 진실로 그 책임을 면할 수 없다. 그러나 그 책임을 감당하지 못하는 것을 두려워하여 서둘러 이치를 밝히기를 구한다면 천하의 근심이 반드시 이로부터 비롯할 것이다. 〈그 이유는〉 사람에게 급히 서두르는 마음〔亟心〕이 있음으로부터 비로소 이치에 벗어난 것에서 변명거리를 찾아, 우선 세속이 함께 믿는 것을 빌려 내가 가지고 있는 이치를 밝히기 때문이다. 이는 그 말이 쉽게 행해지는 것만을 즐거워하고 끝내 그 화가 미칠 것은 잊는 것이니, 어찌 오늘의 쾌락이 곧 훗날의 환란을 부르는 원인이 됨을 알겠는가? 〈세속에서〉 지나치게 떠벌리는 길조니 흉조니 하는 학설들은 邪道를 가지고 백성을 미혹시키는 것이니, 논리를 세워 반박하고 배척하는 일을 군자에게 요구하지 않고 누구에게 요구하겠는가?

그러나 이런 책임을 맡은 군자가 이치를 밝힘에는 서두르지 않고 무고를 변명하는 일에만 급급하니, 이는 〈옳고 그름의〉 이치로써 일러주면 깨닫는 자가 열에 셋이고, 〈禍福의〉 일로써 일러주면 깨닫는 자가 열에 아홉이니 어리석은 백성은 '옳고 그름의 이치로써 감동시키기는 어렵고, 화복의 일로써 마음을 돌리기는 쉽다'고 여겼기 때문이다. 이에 〈깨닫기 쉬운〉 화복의 설을 취하여 백성들이 함께 믿는 일을 가지고 밝게 일러준 것이니, 예컨대 周 武王은 출정할 때 往亡日을 피하지 않았으되 商나라를 이겼고, 漢 明帝는 反支日을 피하지 않았으되 漢나라를 융성하게 하였으며, 唐 太宗은 辰日을 피하지 않았으되 唐나라를 흥성하게 한 따위이다.

저들이 반드시 흉하다고 하면 나는 반대로 길함을 얻고, 저들이 반드시 否塞하다고 하면 나는 반대로 亨通함을 얻으니, 이 일을 빌려서 이 이치를 밝히면 앞서 세속에서 떠벌리는 길조니 흉조니 하는 夭說에 빠진 자들이 과연 무슨 말로 대답하겠는가? 아! 이는 한갓 말하기 쉬운 것만을 생각하고 그 화가 미칠 것은 생각하지 않았기 때문이다.

說以事立하고 亦以事隳하며 人以事信하고 亦以事疑라 君子所恃以闢囂淫妖祥之說者는 理在焉故也라 苟捨吾理하고 而屑屑然較事之中否면 則人雖今日以事而信吾說이라도 他日亦必以事而攻吾說矣리라 自古及今히 囂淫妖祥之說에 其不驗固衆이라 然幸而偶合者도 亦不乏也라 我專擧其不驗者하고 彼專擧其偶驗者하야 萬一彼之事多於吾之事면 則吾不戰而自屈矣라 至正之理는 不與事對어늘 今吾以欲亟之故로 捨理就事하야 下與異端竝立於爭奪之場하야 而僥倖於一勝하니 危矣哉라

학설은 일로 인해 확립되기도 하고 일로 인해 무너지기도 하며, 사람은 일로 인해 신임을 받기도 하고 일로 인해 의심을 받기도 한다. 군자가 자부하면서 지나치게 떠벌리는 길조니 흉조니 하는 학설을 배척하는 이유는 眞理가 존재하기 때문이다. 만일 나의 진리를 버리고 급급하게 사실에 맞느냐의 여부만 따진다면 사람들이 비록 오늘은 일로 인해 나의 학설을 믿을지라도 후일에는 또한 반드시 일로 인해 나의 학설을 공격할 것이다.

예로부터 지금까지 지나치게 떠벌리는 길조니 흉조니 하는 학설 가운데 들어맞지 않은 일이 진실로 많으나, 우연히 들어맞은 것도 적지 않다. 나는 오로지 들어맞지 않은 일만을 거론하고, 상대는 오로지 우연히 들어맞은 일만을 거론하여 만에 하나라도 상대가 거론한 사례가 내가 거론한 사례보다 많다면, 나는 싸우지 않고 스스로 굴복한다. 지극히 바른 진리는 일과 정확히 들어맞지 않는 것인데, 지금 나는 급히 〈이치를 밝히고자〉 하기 때문에 이치를 버리고 일에 나아가, 아래로 이단과 쟁탈하는 마당에 나란

히 서서 요행히 한번 이기기를 바라니 위태롭다.

善夫라 **左氏之論邾文公也**여 **文公卜遷于繹**에 **瞽史**[1]**以爲不利**나 **文公不從其言**이라 **賀遷者在門**이어늘 **弔喪者在閭**하니 **此固瞽史得以藉口**요 **而闢其說者之所諱避而不敢稱也**라 **今左氏不諱不避**하야 **明著之書**하고 **又從而以知命許之**하니 **獨何歟**오 **蓋左氏所主者**가 **在理不在事**ㄹ새라 **事之偶驗**도 **不足爲吾說之助**요 **其偶不驗**도 **亦不足爲吾說之疵也**라 **有是理然後有是驗**이니 **布筭以步**면 **星有是理也**라 **故驗不驗之說生焉**하고 **測圭**[2]**以視**면 **日有是理也**라 **故驗不驗之說生焉**이라 **乃若壽夭死生之正命**과 **嚚淫妖祥之邪說**은 **判爲二途**하야 **邈不相涉**하니 **安得以彼命之壽不壽**로 **爲此說之驗〔不驗〕**[3]**哉**아

1) 〔역주〕 瞽史 : 瞽는 樂官이며, 史는 太史로서 卜筮를 관장하였다. 여기에서는 太史를 폄하하여 瞽라 쓴 것이다.

2) 〔역주〕 測圭 : 圭는 천문을 관측하는 圭表를 이른다. 규표는 태양의 길이를 잴 때 사용하는 기구이다.

3) 〔역주〕 〔不驗〕 : 저본에는 '不驗'이 없으나, 四庫全書本・三民書局本에 의거하여 보충하였다.

훌륭하다, 左氏가 邾文公을 논평한 말이여! 文公이 繹으로 천도하는 것이 吉한 지의 여부를 점칠 적에 瞽史가 〈임금에게는〉 不利하다고 하였으나 文公은 그의 말을 따르지 않았다. 〈그 결과〉 천도를 慶賀하는 자들이 아직 宮門 안에 있는데 邾文公의 죽음을 조문하는 使者가 이미 국경 안에 당도하였으니, 이런 일이 발생함으로 인해 瞽史는 당연히 이를 구실로 삼게 되었으나, 瞽史의 설을 배척하는 자들은 이를 忌諱하여 감히 거론조차 하지 못하게 되었다. 그런데 지금 左氏는 꺼리지도 피하지도 않고 책 속에 분명히 기재하고, 또 이어 天命을 알았다고 文公을 칭찬하였으니 유독 어째서인가?

대체로 左氏가 주장하는 바는 이치에 있고 일에 있지 않기 때문이다. 일이 우연히 징험된 것도 나의 설에 도움이 되지 않고, 일이 우연히 징험되지 않은 것도 나의 설에 흠이 되지 않는다. 이런 이치가 있은 뒤에야 이런 징험이 있는 것이니, 산가지를 펼쳐 〈天體를〉 推步(계산)하면 星座(별자리)에도 일정한 이치가 있다. 그러므로 징험되고 징험되지 않은 학설이 생겨나고, 圭表로 측량하여 〈가는 해의 그림자를〉 관찰하면 해에도 일정한 이치가 있다. 그러므로 징험되고 징험되지 않은 학설이 생겨난 것이다. 장수하고 요절하며 죽고 사는 正命과 지나치게 떠벌리며 길조니 흉조니 하는 邪說은

두 길로 갈리어 아득히 멀어 서로 관련이 없으니, 어찌 邾文公의 수명의 長短을 가지고 이 설의 징험 여부를 따지겠는가?

當文公之既死에 指以爲瞽史之驗者는 固不足論이어니와 當文公之未死에 指以爲瞽史之不驗者도 亦不免捨理就事也라 左氏所以發知命之言於文公既死之後者는 良以事雖偶合이나 理本不然이라 違卜而終이 既不足以損文公之明이니 則言卜而驗者가 豈足以增瞽史之重哉아 吁라 瞽史所以能簧鼓[1]一世者는 不(遇)〔過〕[2]幸其事之驗耳라 自左氏知命之言立으로 則事雖偶驗이라도 人不復(부)言이니 瞽史之技至是而窮矣라 伐其本하고 塞其源하니 信矣라 左氏之善爲論也여

1) 〔역주〕 簧鼓 : 생황처럼 혀를 놀리고 북처럼 시끄럽게 떠벌림을 이른다.

2) 〔역주〕 (遇)〔過〕 : 저본에는 '遇'로 되어 있으나, 四庫全書本·三民書局本에 의거하여 '過'로 바로잡았다.

邾文公이 이미 죽은 뒤에 이 일을 가리켜 瞽史의 말이 징험되었다고 하는 것도 진실로 거론할 가치가 없지만, 邾文公이 〈이 일로 인해〉 죽지 않았는데 이 일을 가리켜 瞽史의 말이 징험되지 않았다고 하는 것 또한 이치를 버리고 일에 나아간 것이라는 비난을 면하지 못할 것이다. 左氏가 '天命을 알았다'는 칭찬을 邾文公이 죽은 뒤에 말한 것은 진실로 일은 비록 〈점에〉 우연히 들어맞았으나 이치는 본래 그러한 것이 아니라고 여긴 것이다. 점을 어기고 생을 마친 것이 이미 邾文公의 현명함을 깎아내릴 만한 것이 되기에 부족하다면, 점을 쳐서 징험된 것이 어찌 瞽史의 重任에 보탬이 되겠는가?

아! 瞽史는 듣기 좋은 말만을 하여 온 세상을 미혹하는 자인데, 요행히 그 일이 징험된 데 불과할 뿐이다. 左氏가 '天命을 알았다'는 말을 한 뒤로부터 일이 비록 우연히 징험되더라도 사람들은 더 이상 이것을 말하지 않았으니, 瞽史의 기술이 이에 이르러 궁색해졌다. 〈左氏의 설이 瞽史의 간사한〉 뿌리를 쳐서 끊어버리고 근원을 막아 흐르지 못하게 한 것이니, 左氏는 立論에 뛰어난 자임이 틀림없다.

22-03 齊公子商人驟[1]施於國 齊나라 公子 商人이 갑자기 나라 안에 은혜를 베풀다

【左傳】 文十四年이라 子叔姬妃齊昭公하야 生舍하다 叔姬無寵하니 舍無威하다 公子商人驟施於國[2]하고 而多聚士하다 盡其家에 貸於公有司以繼之[3]하다 夏五月에 昭公卒하니 舍

卽位하다 秋七月乙卯夜에 齊商人弑舍하고 而讓元[4]한대 元曰 爾求之久矣라 我能事爾어니와 爾不可리라 使多蓄憾[5]이면 將免我乎[6]아 爾爲之(也)[7]하라

1)〔역주〕驟：≪春秋左氏經傳集解≫에서 杜預는 '驟'를 '數(자주)'의 뜻으로 해석하였으나, 呂祖謙은 '갑자기'의 뜻으로 논술하였으므로, 이에 따라 번역하였다.

2)〔역주〕公子商人驟施於國：驟는 數(자주)이다. 商人은 齊 桓公의 아들이다.〈杜注〉

3)〔역주〕盡其家 貸於公有司以繼之：집안의 재산이 다 떨어지자, 公 및 나라의 有司와 富者에게 貸借한 것이다.〈杜注〉

4)〔역주〕齊商人弑舍 而讓元：元은 商人의 형인 齊 惠公이다.〈杜注〉

5)〔역주〕使多蓄憾：임금이 되지 못하면 恨이 많을 것이라는 말이다.〈杜注〉

6)〔역주〕將免我乎：장차 다시 나를 죽일 것이라는 말이다.〈杜注〉

7)〔역주〕(也)：저본에는 '也'가 있으나, ≪春秋左氏傳≫에 의거하여 衍文으로 처리하였다.

文公 14년, 子叔姬가 齊 昭公의 夫人이 되어 舍를 낳았다. 叔姬가 昭公의 총애를 받지 못하니 舍도 권위가 없었다. 公子 商人은 자주 國人들에게 은혜를 베풀고 많은 人才를 모았다. 이 일로 집안 財産이 바닥나자 公有司(公室의 財政을 담당한 官吏)에게 貸借하여 그 일을 계속하였다.

여름 5월에 昭公이 卒하니 舍가 즉위하였다. 가을 7월 乙卯日 밤에 齊나라 商人이 舍를 弑害하고서 임금 자리를 元에게 사양하자, 元이 말하였다. "그대가 임금 되기를 구한 지 오래이다. 나는 그대를 임금으로 섬길 수 있으나, 그대는 나를 섬길 수 없을 것이다. 만약 〈내가 임금이 되어〉 그대로 하여금 많은 恨을 품게 한다면 장차 나를 살려두겠는가? 그러니 그대가 임금이 되라."

自治之說은 古今論治者以爲根極이라 然固有名似而實非者하니 不可不深辨也라 自治之說에 曰 木〔有〕蠹而風摧之하고 隄有穴而水潰之하며 國有隙而姦乘之라 無蠹之木은 視風如吷(혈)하고 無穴之隄는 視水如陸하며 無隙之國은 視姦如愚라 吾苟自治其國을 渾全堅密하야 無間之可入이면 則雖有老姦巨猾이라도 亦將斂手縮頸하야 退就民伍리니 何變之敢生이리오하니 此固世俗所謂自治之說也라 (卽)〔抑〕[1]不知木與風相拒라 故常防其蠹하고 堤與水相拒라 故常防其穴이니 苟有國者가 惴惴然深閉固守하야 日與姦相拒면 則爲治者亦勞矣며 且彼未嘗察奸之所由生也라

1) 〔역주〕 (卽)〔抑〕 : 저본에는 '卽'으로 되어 있으나, 三民書局本에 의거하여 '抑'으로 바로잡았다.

君主가 직접 통치해야 한다는 학설〔自治說〕은 고금에 治道를 논하는 자들이 근본으로 삼는 것이다. 그러나 진실로 名義는 비슷하지만 실제가 같지 않은 것이 있으니, 깊이 변별하지 않을 수 없다. 自治說에 "나무에 좀이 슬어야 바람이 그 나무를 부러뜨릴 수 있고, 제방에 구멍이 나야 물이 제방을 무너뜨릴 수 있으며, 나라에 틈이 있어야 姦臣이 그 틈을 이용할 수 있다. 좀이 슬지 않은 나무는 바람 보기를 입으로 뿜어내는 숨처럼 여기고, 구멍이 없는 제방은 물 보기를 육지처럼 여기며, 틈이 없는 나라는 간신 보기를 바보처럼 여긴다. 만일 내가 스스로 나라를 완전하고 견실하게 다스려 들어올 수 있는 틈이 없게 한다면, 아무리 노련한 간신과 크게 교활한 자라 하더라도 아마 손을 오므리고 목을 움츠리고서 백성들 사이로 물러갈 것이니, 어찌 감히 변란을 일으키겠는가?"라고 하니, 이것이 진실로 세속에서 말하는 '自治說'이다.

그러나 이것은 나무는 바람과 서로 항거하기 때문에 항상 좀이 생기는 것을 방지하고, 제방은 물과 서로 항거하기 때문에 항상 구멍이 나지 않도록 방지한다는 것을 모른 것이다. 만일 나라를 다스리는 자가 두려워 불안해하며 國門을 닫아걸고 견고히 지키면서 날마다 간신과 서로 항거한다면 나라를 다스리는 자 또한 매우 피로하여, 장차 간신이 발생하는 이유를 살피지 못할 것이다.

惟皇上帝가 **降衷于下民**하니 **豈有生而惡者哉**리오마는 **物有以動之矣**라 **匹夫**가 **掉臂而行於道**에 **未有爲盜之心也**나 **少焉見道(傍)〔旁〕**[1]**之室**에 **珍貨溢目**하고 **而藩拔級夷**하며 **莫適爲主**면 **然後**에 **寇攘之計始興**이라 **未見是室**엔 **則無是心**이러니 **旣見是室**에 **則有是心**하니 **是其爲盜**는 **不出於心而出於室**이 **明矣**라

1) 〔역주〕 (傍)〔旁〕 : 저본에는 '傍'으로 되어 있으나, 四庫全書本·三民書局本에 의거하여 '旁'으로 바로잡았다.

위대한 上帝께서 〈과불급이 없는 中正한〉 性〔衷〕을 天下 萬民에게 내려주셨으니 어찌 출생한 자 중에 본성이 악한 자가 있겠는가마는, 외물이 〈유혹해 衷心을〉 흔들기 때문에 악이 생겨난 것이다. 〈예를 들면〉 한 사내가 팔을 흔들며 길을 갈 때는 도둑질할 생각이 없었으나, 잠시 뒤에 길가의 집에 진귀한 재화가 이루 다 볼 수 없을 정도로

많고 담은 무너지고 계단은 평평한데 마침 주인이 없는 것을 보면, 그 뒤에는 도둑질하고 싶은 생각이 비로소 일어난다. 이 집을 보기 전에는 이런 마음이 없었는데 이 집을 본 뒤에 이런 마음이 생겼으니, 그 사내가 도둑질을 한 것은 마음에서 나온 것이 아니라 그 집에서 나오는 것이 분명하다.

齊公子商人이 **弒其君舍而簒其國**하니 **議者**가 **皆追咎昭公嫡庶不嚴**하야 **使商人乘隙以騁亂**이나 **吾獨謂商人未嘗乘昭公之隙**이요 **而昭公實開商人之隙也**로라 **向若昭公之時**에 **國勢上尊**하고 **民志下定**이면 **則雖有悍戾過商人者**라도 **亦曷嘗有**覬覦(기유)**之念哉**리오 **惟其賤正妃而叔姬無寵**하고 **輕冢嗣而舍無威**하야 **邦本旣搖**하니 **商人始動其無君之心**하야 **而驟施之計行矣**니라 **施而謂之驟者**는 **見其昔未嘗施**라가 **而今驟施也**ㄹ새니라 **昔未施而今驟施**하니 **是昔未嘗有此心**이라가 **而今始有之也**라 **商人本心無惡**이나 **因昭公示之以利**하야 **而動於惡**하니 **然則簒弒之惡**이 **果生於商人耶**아 **果生於昭公耶**아

齊나라 公子 商人이 그 임금 舍를 시해하고 나라를 찬탈하니, 평론하는 자들은 모두 昭公이 嫡庶의 분수를 엄하게 밝히지 않아 商人이 그 틈을 이용해 방자하게 반란을 일으키게 하였다고 追咎하지만, 나는 홀로 商人이 昭公의 틈을 이용한 것이 아니라, 昭公이 실제로 商人에게 틈을 열어준 것이라고 생각한다.

가령 昭公이 執政할 때에 위로 나라의 형세가 존중되고 아래로 민심이 안정되었다면, 비록 商人보다 더 사나운 자가 있었다 하더라도 어찌 君位를 넘볼 생각을 가질 수 있었겠는가? 그런데 昭公이 正妃를 천대하여 叔姬를 총애하지 않고, 嫡子를 경시하여 舍에게 권위가 없어, 나라의 근본이 이미 흔들렸으므로 商人이 비로소 임금을 제거할 마음이 태동하여 갑자기 백성에게 은혜를 베푸는 계책을 시행한 것이다.

은혜를 베푸는데 '갑자기'라고 한 것은 그가 예전에는 은혜를 베푼 적이 없었는데 지금 갑자기 베푸는 것을 보았기 때문이다. 예전에 은혜를 베푼 적이 없는데 지금 갑자기 베푸는 것은, 예전에는 이런 마음을 가진 적이 없었는데 지금 비로소 이런 마음을 가졌기 때문이다. 商人의 본심에 惡念이 없었으나 昭公이 그에게 利를 보여줌으로 인해 惡念이 발동한 것이니, 그렇다면 簒弒의 惡念이 과연 商人에게서 나온 것인가, 昭公에게서 나온 것인가.

尙論古人者는 當追咎昭公之生姦이요 不當追(勸)〔咎〕[1]昭公之防姦也라 物來攻我는 我則防之어니와 自我致亂은 將何所防耶아 以木憂風則可어니와 以蠹憂風則不可하며 以堤憂水則可어니와 以沼憂水則不可하니 未有己招之而己防之也니라 不思己之生姦而反尤姦之攻己는 有見於人而無見於己니 其用心果如何耶아 此自治之論에 名似而實非니 不可不深察也라

1) 〔역주〕(勸)〔咎〕: 저본에는 '勸'으로 되어 있으나, 四庫全書本에 의거하여 '咎'로 바로잡았다.

古人의 행사를 추론하는 자들은 昭公이 간사한 일이 생기도록 조장한 것을 追咎함이 마땅하고 昭公이 간사한 일이 생기지 않도록 방지한 것을 추구함은 옳지 않다고 하나, 외물이 와서 나를 공격하는 것은 내가 방어하면 그만이지만, 내가 부른 화란은 장차 어떻게 방지하겠는가?

나무가 바람을 근심하는 것은 당연하지만 좀이 슬어버린 나무가 바람을 근심하는 것은 옳지 않고, 제방이 큰물을 근심하는 것은 당연하지만 늪이 물을 근심하는 것은 옳지 않으니, 자기가 부른 화란을 자기가 방어하는 경우는 있지 않았다. 자기가 간사한 일이 생기도록 조장한 것은 생각지 않고 도리어 간사한 무리가 자기를 공격함을 탓하는 것은, 남의 잘못만을 보고 자기의 잘못을 보지 못하는 것이니 그 마음 씀이 과연 어떠한가? 이것이 군주가 직접 통치해야 한다고 주장하는 논설 중에 명의는 유사하나 실제가 같지 않은 것이니 깊이 고찰하지 않을 수 없다.

雖然이나 天下固有元惡大憝하야 發釁端於無釁之中者矣니 殆未可專責人君之開隙也라 曰 人君以天下爲一體하니 萬物盈於天地間하야 闔散盈虛하고 往來起伏이 皆君心之發見也라 後世果眞有性惡之人이면 則君固不任其責矣어니와 惟惡不出於性而出於物이라 故雖君未嘗親誘之라도 苟爲物所誘면 是亦君誘之也요 雖君未嘗親陷之라도 苟爲物所陷이면 是亦君陷之也니 將何地以逃其責이리오 故曰 百姓有過는 在予一人[1]이라하니라

1) 〔역주〕百姓有過 在予一人 : ≪書經≫ 〈泰誓 中〉에 보인다. 백성은 임금이 敎化해야 할 대상인데, 백성들을 교화되지 않아 罪過가 있게 하였다면 그 책임이 임금 한 사람에게 있다는 말이다.

비록 그러나 천하에는 본래 釁端이 없는 가운데 흔단을 일으키는 크게 흉악한 자가 있으니, 오로지 임금이 틈을 열어주었다고 질책할 수만은 없을 듯하다. 나는 아래와 같이 생각한다.

임금은 천하를 한 몸으로 여기니 천지 사이에 가득 찬 만물의 聚散과 盈虛, 往來와 起伏이 모두 임금의 마음이 발현된 것이다. 후세에 과연 참으로 본성이 악한 사람이 있다면 임금이 굳이 그 책임을 질 필요가 없겠지만, 오직 惡念이 본성에서 나오지 않고 외물의 유혹에서 나오기 때문에 비록 임금이 직접 유혹한 적이 없다 하더라도 만일 외물에 유혹되었다면 이 또한 임금이 유혹되게 한 것이고, 비록 임금이 직접 해악에 빠뜨린 적이 없다 하더라도 만일 외물에 의해 해악에 빠졌다면 이 또한 임금이 해악에 빠지게 한 것이니, 장차 어떻게 그 책임을 피할 수 있겠는가? 그러므로 "백성에게 허물이 있는 것은 〈그 책임이〉 나 한 사람에게 있다."라고 한 것이다.

22-04 楚鬪克公子燮作亂 楚나라의 鬪克과 公子 燮이 변란을 일으키다

【左傳】 文十四年이라 楚莊王[1]立에 子孔潘崇將襲群舒하야 使公子燮與子儀守하고 而伐舒蓼[2]하다 二子作亂하야 城郢[3]하고 而使賊殺子孔이나 不克而還하다 八月에 二子以楚子出하야 將如商密[4]이러니 廬戢黎及叔麇誘之하야 遂殺鬪克及公子燮[5]하다 初에 鬪克囚于秦[6]에 秦有殽之敗[7]하야 而使歸求成[8]하다 〔成〕[9]而不得志하고 公子燮求令尹而不得이라 故二子作亂[10]하다

1) 〔역주〕 楚莊王 : 穆王의 아들이다.〈杜注〉
2) 〔역주〕 舒蓼 : 바로 群舒이다.〈杜注〉
3) 〔역주〕 二子作亂 城郢 : 楚나라의 首都 郢에 먼저 성을 쌓은 것이다.〈附注〉
4) 〔역주〕 二子以楚子出 將如商密 : ≪國語≫ 〈楚語〉에 蔡聲子가 "楚 莊王이 바야흐로 幼弱하니 子儀를 太師로, 王子 燮을 太傅로 삼으라."고 하였다.〈杜注〉 楚나라의 領土인 商密邑으로 가려 한 것이다.〈附注〉
5) 〔역주〕 廬戢黎及叔麇誘之 遂殺鬪克及公子燮 : 廬는 지금의 襄陽 中廬縣이다. 戢黎는 廬邑의 大夫이고, 叔麇은 그의 補佐이고, 鬪克은 子儀이다.〈杜注〉
6) 〔역주〕 鬪克囚于秦 : 일이 僖公 25년에 있었다.〈杜注〉
7) 〔역주〕 秦有殽之敗 : 일이 僖公 33년에 있었다.〈杜注〉
8) 〔역주〕 而使歸求成 : 秦나라가 晉나라에 敗北하였기 때문에 鬪克으로 하여금 楚나라로

돌아가서 和平을 요구하게 한 것이다.〈附注〉

9) 〔역주〕〔成〕: 저본에는 '成'이 없으나, ≪春秋左氏傳≫에 의거하여 보충하였다.

10) 〔역주〕故二子作亂 : 傳의 말은, 楚나라는 莊王이 幼弱하여 國內가 混亂하였기 때문에 晉나라와 霸權을 다투지 못하였다는 말이다.〈杜注〉

文公 14년, 楚 莊王이 즉위하자, 子孔(令尹 成嘉)과 潘崇은 群舒를 습격하기 위해 公子 燮과 子儀(鬪克)에게 나라를 지키게 하고는 군대를 거느리고 가서 舒蓼(群舒)를 토벌하였다. 〈그런데 公子 燮과 子儀〉 두 사람이 반란을 일으켜 郢에 성을 쌓고서 刺客〔賊〕을 보내어 子孔을 죽이게 하였으나 成功〔克〕하지 못하고 돌아왔다. 8월에 두 사람이 楚子를 데리고 國都를 나와 商密로 가려 하니, 廬戢黎와 叔麇이 그들을 유인하여 드디어 鬪克과 公子 燮을 죽였다.

楚 莊王

당초에 鬪克이 秦나라에 囚禁되어 있을 때에 秦나라가 殽山의 전쟁에서 晉나라에 패배하였다. 그러므로 秦나라는 鬪克을 楚나라로 돌려보내어 楚나라에 和平을 구하게 하였다. 鬪克은 두 나라의 화평을 成事시켰으나 뜻을 얻지 못하였고, 公子 燮은 令尹이 되기를 구하였으나 되지 않았다. 그러므로 두 사람이 반란을 일으킨 것이다.

理有常然하고 而事有適然하니 因適然之事하야 而疑常然之理는 智者不由也라 歷數天下之事컨대 出於常然者十之九요 出於適然者百之一이니 以一廢百이 奚可哉리오 父子는 天性也니 父不以嘗有商般으로 而疑其子[1]하고 兄弟는 天倫也니 兄不以嘗有蔡霍으로 而疑其弟[2]라 相雖有莽[3]이나 而古今之廊廟에 未嘗無相하고 將雖有卓[4]이나 而古今邊閫(곤)에 未嘗無將이라 苟持不必然之事하야 而奪必然之理면 則物物可畏하고 人人可防이니 其心焦然하야 無須臾寧矣리라

1) 父不以嘗有商般 而疑其子 : 商(人)〔臣〕[*1)]蔡般[*2)]

楚나라 太子 商臣과 蔡나라 태자 般을 이른다.

*1) 〔역주〕 (人)〔臣〕 : 저본에는 '人'으로 되어 있으나, 문맥에 의거하여 '臣'으로 바로잡았다.

*2) 〔역주〕 商臣蔡般 : 商臣은 楚 穆王으로 太子 자리를 위협받게 되자 아버지 成王을 시해하였고, 蔡般은 蔡 靈侯로 아버지 蔡 景侯가 자신을 위해 楚나라에서 맞이해온 여인과 간통하는 것에 분개하여 景侯를 시해하였다.

2) 兄不以嘗有蔡霍 而疑其弟 : 蔡叔霍叔[*)]

〈周公 아우인〉 蔡叔과 霍叔을 이른다.

*) 〔역주〕 蔡叔霍叔 : 이들은 周나라 武王의 아들로, 周公이 장차 成王에게 이롭지 못할 것이라는 유언비어를 퍼뜨리고 紂의 아들 武庚을 도와 반란을 일으켰다가 周公에게 살해되었다.

3) 相雖有莽 : 王莽[*)]

〈前漢 말의 宰相〉 王莽을 이른다.

*) 〔역주〕 王莽(B.C. 45~B.C. 23) : 字는 巨君이며 濟南 東平陵 출신으로, 前漢을 멸망시키고 新나라를 건국하였다. 어려서 불우하였으나 伯父 王鳳의 신임으로 정계에 진출하였다. 王氏가 外戚으로 漢나라 정권을 좌우할 때 쿠데타를 일으켜 정권을 잡았고, 漢 平帝를 독살한 후 宣帝의 玄孫 劉嬰을 세웠다가 폐위하고 직접 황제의 자리에 올랐다. 다양한 개혁을 시도하였으나 실패하고, 漢 光武帝에게 멸망당하여 죽었다.

4) 將雖有卓 : 董卓[*)]

〈後漢 말의 將帥〉 董卓을 이른다.

*) 〔역주〕 董卓(?~192) : 字는 仲穎이며, 隴西 지역 臨洮 출신이다. 凉州에서 羌族를 토벌하며 군세를 키우다가, 漢 昭帝 昭寧 원년(189)에 외척 何進이 환관 十常侍를 토벌하기 위해 군벌을 모집할 때 호응하여 洛陽에 진출했다. 昭帝를 폐위하고 獻帝를 옹립하여 권력을 잡았으며, 袁紹를 맹주로 한 토벌군의 압박에 못 이겨 長安으로 천도하였다가 司徒 王允이 놓은 美人計에 걸려 呂布에게 살해당했다.

이치에는 常然(변함없이 항상 그러함)이 있고, 일에는 適然(우연)이 있다. 適然의 일을 인하여 常然의 이치를 의심하는 것은 지혜로운 사람은 하지 않는다. 천하의 일을 일일이 세어보면 常然에서 나온 것이 열에 아홉이고 適然에서 나온 것이 백에 하나이니 하나(適然)로써 백(常然)을 폐기하는 것이 어찌 옳겠는가?

父子는 天性이기 때문에 〈천하의〉 아비들은 商臣과 蔡般이 있었다 하여 자기 아들을 의심하지 않고, 兄弟는 天倫이기 때문에 〈천하의〉 兄이 된 자들은 蔡叔과 霍叔이 있었다 하여 자기 아우를 의심하지 않는다. 재상 중에 비록 王莽 같은 자가 있었으나 고금

群弟流言圖

罪人斯得圖

의 조정에 재상이 없었던 적이 없고, 장군 중에 董卓 같은 자가 있었으나 고금의 변방에 장군이 없었던 적이 없다. 만일 필연이 아닌 일을 가지고 필연의 이치를 빼앗는다면 일마다 두려워해야 하고 사람마다 방비해야 할 것이니, 그 마음이 초조해서 잠시도 편안할 겨를이 없을 것이다.

君人者는 固有常體하니 操至公以格天下호대 合此者升하고 戾此者黜하며 向此者擢하고 犯此者刑이요 初未嘗容心於其間이라 故有譴怒而無猜嫌하고 有疏斥而無疑貳라 (朝)〔旦〕[1]見其惡이면 投之嶺海하고 暮見其善이면 列之朝廷하니 上無永廢之人이요 下無自絶之志라 此固君人者之常體也라 險薄之徒는 乃謂已疏者不可再親이요 已遠者不可再近이라하야 一經擯辱이면 卽爲仇怨이라 如鬪克公子燮之於楚에 特以結秦成이나 而功不酬하고 求令尹이나 而請不遂로 伺間投隙하야 卒成大變이어든 況於罷投放竄殛之刑者

乎아 故吾不廢之則已어니와 旣廢則使不能復興이 可也요 吾不退之則已어니와 旣退則使不能復進이 可也라 是說旣行에 世主之心術始蠱矣로다

1) 〔역주〕 (朝)〔旦〕: 저본에는 '朝'로 되어 있으나, 四庫全書本·三民書局本에 의거하여 '旦'으로 바로잡았다.

人民을 다스리는 國君은 본래 常體(불변의 準則)가 있으니, 지극히 공평한 마음을 가지고 천하를 감화〔感格〕시켜 준칙에 부합하는 자는 등용하고 거스르는 자는 퇴출하며, 준칙을 지향하는 자는 발탁하고 침범하는 자는 처벌한다. 애초에 그 사이에 사사로운 감정을 개재시킨 적이 없으므로 견책하여 꾸짖어도 〈신하는〉 혐오하거나 의심하지 않고, 소원하게 대하며 배척해도 〈신하는〉 의혹하거나 두 마음을 품지 않는다. 아침에 신하의 악행을 발견하면 〈즉시 내쫓아〉 險地로 유배하고 저녁에 선행을 발견하면 〈즉시 불러들여〉 조정의 반열에 세우니, 임금〔上〕은 영원히 버리는 사람이 없고, 신하〔下〕는 스스로 단절하려는 마음이 없다. 이것이 본래 인민을 다스리는 군주가 된 자의 常體이다.

그러나 사악한 무리들은 도리어 이미 소원해진 자는 다시 친해질 수 없고, 이미 멀리한 자는 다시 가까워질 수 없다고 하여, 한번 배척하는 치욕을 받으면 즉시 원수가 된다. 예컨대 鬪克과 公子 燮은 楚나라에 대하여, 〈鬪克은〉 秦나라와의 우호를 성립시켰으되 功을 보상받지 못하고, 〈公子 燮은〉 令尹이 되기를 구하였으되 청원을 이루지 못했다는 이유만으로 기회를 노려 마침내 큰 변란을 일으켰는데, 하물며 내쫓기고 유배당하는 형벌을 받은 자이겠는가? 그러므로 나는 사람을 폐기하지 않는다면 그만이지만 이미 폐기하였다면 다시 일어날 수 없게 함이 마땅하고, 나는 사람을 퇴출하지 않는다면 그만이지만 이미 퇴출하였다면 다시 나올 수 없게 함이 마땅하다고 생각한다. 이런 말이 널리 퍼진 뒤로 세상 군주들의 心術(심보)이 비로소 미혹되었다.

抑不知二子之變이 蓋出常理之外라 南嚮而治에 一日萬機하니 賞未直功하고 爵未滿志者가 駢肩交蹠[1]을 巧歷有所不能計라 苟皆如二子之爲면 則滔滔四顧에 孰非君之讐乎아 推而下之면 則嘗笞之僕에 不可荷囊橐이요 嘗叱之狗에 不可衛門闌也니 世寧有是理耶아 自古及今히 挈於鼎鑊(확)하고 起於礎質하며 釋於囹圄하야 任股肱心膂[2]之寄로대 閎大博碩하고 震耀彛鼎[3]者가 代不乏人하니 盍條陳彙擧하야 以開廣主意아 不當獨摘

二子之亂하야 敗其君恢然之度也라 二子之亂은 固不可以常理論이라 彼楚莊命之居守는 待以不疑요 無負於二子어늘 而二子則負之하니 無乃有君人之度乎아 是不然이라 守國은 重事也니 非臨大節不可奪者면 莫能也요 令尹은 非可求之官이니 而臣之有勞於國이라도 亦豈當如市人計物取直(치)哉아 二子之浮淺躁露如是하니 雖守一障이라도 猶難之온 況委之空宮而授之鑰乎아 吾見楚莊無君人之明이요 而未見其全君人之度也케라

1) 〔역주〕 駢肩交蹠 : 駢肩은 서로 어깨를 바싹 붙이고 나란히 있는 것이고, 交蹠은 서로의 발자국을 밟으며 걸어가는 것이니, 모두 그 수가 매우 많음을 형용하는 말이다.

2) 〔역주〕 股肱心膂 : 다리와 팔, 가슴과 등뼈를 이르는데, 좌우에서 보필하는 중요한 신하를 비유한다. ≪書經≫ 〈君牙〉에 "지금 그대에게 명하노니, 그대는 나를 도와 나의 다리와 팔, 심장과 脊骨이 되라.〔今命爾 予翼 作股肱心膂〕"는 말이 보인다.

3) 〔역주〕 彛鼎 : 宗廟에 쓰는 술그릇과 솥이다. 고인들은 큰 공이 있으면 잊지 않기 위해 彛鼎에 그 공적을 새겨 길이 기렸다.

그러나 이는 두 사람의 변란이 常理 밖에서 나온 것임을 모른 것이다. 임금이 남향해 앉아 천하를 다스림에 있어 매일 처리하는 정무가 번다하고 바쁘니, 〈그로 인해〉 褒賞이 功에 맞지 않고 작위가 뜻에 만족스럽지 못한 자가 수없이 많아〔駢肩交蹠〕 算數에 뛰어난 자도 계산할 수 없을 정도이다. 만약 그 사람들이 모두 두 사람처럼 변란을 일으킨다면 넓은 세상에 사방을 둘러보아도 임금의 원수 아닌 자가 누구이겠는가? 아래로 미루어 비유하면 일찍이 매를 친 노복에게 짐을 지우지 않고, 꾸짖은 개에게 다시 문을 지키게 하지 않는 것이니 세상에 어찌 이런 이치가 있는가?

예로부터 지금까지 烹刑을 하는 가마솥에서 발탁하기도 하고, 참수대에서 기용하기도 하고, 감옥에서 석방하기도 하여 君王을 보좌하는 중대한 직임을 맡긴 적이 있으니, 〈이들이〉 위대하고 뜻깊은 〈행위를〉 하여 彛鼎(祭器)에 새겨지는 빛나는 큰 공적을 세운 경우가 대대로 끊이지 않았다. 어찌 이런 사람들의 사례를 모아 조목조목 진술하여 군주의 마음을 넓히지 않을 수 있겠는가? 유독 이 두 사람(鬪克과 公子 燮)의 변란만을 추려 군주의 넓은 도량을 망가뜨려서는 안 되니, 두 사람의 변란은 본래 常理로 論斷할 수 있는 것이 아니다.

〈그렇다면〉 저 楚 莊王이 〈舒蓼을 치기 위해 출정할 때 두 사람에게〉 남아서 나라를 지키게 한 것은 의심 없이 대우하여 두 사람을 저버리지 않은 것인데, 두 사람은 莊王을 저버렸으니 이것이 바로 〈楚 莊王에게〉 군주의 도량이 있었던 것이 아닌가? 이렇게

말하면 옳지 않다. 나라를 지키는 것은 중대한 일이니 死生存亡의 關頭에서도 절개를 빼앗을 수 없는 자가 아니면 그 일을 담당할 수 없으며, 令尹은 마음대로 구할 수 있는 관직이 아니다. 신하가 나라에 공로가 있다 하더라도 어찌 상인이 물건을 계산하여 값을 받듯이 하겠는가? 두 사람의 경박하고 조급함이 이와 같으니 하나의 보루를 지키는 것도 어려울 것인데 하물며 빈 궁성을 맡기고서 열쇠를 쥐어준다는 말인가? 나는 楚莊王에게 군주로서 사람을 알아보는 밝은 눈이 없음만을 보겠고, 군주로서의 도량이 온전함은 보지 못하겠다.

信如是說인댄 **則人君號爲度有餘而(名)〔明〕**[1]**實不足者**를 **必將濟之以察歟**ㄴ저 **曰 是非兩物也**라 **道學不講**하야 **蔽者遂謂恢厚純誠**이 **不足以御末世之變**이라하야 **於是**에 **揣摩以鉤人之隱**하고 **臆度以料人之情**하니 **日求而日疏**라 **曾不知天理洞然**하야 **本無不燭**이어늘 **而吾乃揣摩以汨之**하고 **臆度以撓之**하야 **溷亂方寸**하야 **使之舛錯**하니 **其所以自智者**가 **乃所以自昏也**라 **揣摩臆度之私盡**이면 **則是非美惡之理彰**이라 **至明之地**는 **本在恢厚純誠中**이어늘 **世俗乃捨之**하고 **而競求於譎詐辨慧之際**하니 **何異買楚而屠燕哉**[2]아 **爾欲察**이면 **毋厭昏**하고 **爾欲巧**면 **毋厭拙**하라

1) 〔역주〕 (名)〔明〕: 저본에는 '名'으로 되어 있으나, 문맥에 의거하여 '明'으로 바로잡았다.
2) 〔역주〕 何異買楚而屠燕哉 : 買楚屠燕는 南轅北轍과 같은 뜻이다. 남쪽으로 가려다가 북쪽으로 간다는 말로, 하던 일이 목적과는 반대됨을 이른다.

진실로 이 말과 같다면, 임금으로서 도량은 넉넉하지만 사람을 알아보는 밝은 눈이 사실상 부족하다고 일컬어지는 자는 반드시 밝게 살핌으로써 보완해야 할 것이다. 〈그러나〉 나는 '도량〔度〕'과 '밝음〔明〕'은 서로 다른 두 건의 일이 아니라고 생각한다. 道學(性理學)을 講明하지 않아 어리석은 자들이 마침내 寬厚하고 순박한 정성으로는 말세의 변란을 다스리기 부족하다 하여, 이에 멋대로 마음속으로 헤아려〔揣摩〕 남의 비밀을 짐작하고, 멋대로 억측〔臆度〕하여 남의 생각을 가늠하니, 날마다 추측해 탐구할수록 더욱 사실과 멀어진다. 이는 곧 天理는 매우 밝아서 본래 비추지 않는 곳이 없는데, 내가 도리어 마음속으로 헤아려 천리를 湮滅시키고 멋대로 억측해 천리를 어지럽혀 스스로의 마음을 혼란스럽게 하여 잘못된 판단을 하게 하니, 스스로 지혜롭게 한다는 것이 도리어 스스로를 昏昧하게 함을 알지 못한다.

헤아리고 억측하는 사사로운 마음을 다 버리면 是非美惡의 이치가 밝아진다. 지극히 밝은 경지는 본래 관후하고 순박한 정성 가운데 있는데 세속 사람들은 도리어 이것을 버리고서 앞다퉈 간사한 속임수와 교활한 변론 사이에서 찾으니, 〈戰國時代에 유세객들이〉 오늘은 楚나라를 팔아먹고 내일은 燕나라를 도륙한 것과 무엇이 다르겠는가? 그대가 밝게 살피고자 한다면 혼매함을 싫어하지 말고 그대가 工巧해지고자 한다면 졸렬함을 싫어하지 말지어다.

22-05 單伯請子叔姬 單伯이 子叔姬를 돌려보내기를 청하다

22-05-01 單伯請子叔姬 單伯이 子叔姬를 돌려보내기를 청하다

【左傳】 文十四年이라 襄仲使告于王하야 請以王〔寵〕[1)]求昭姬于齊[2)]曰 殺其子[3)]하니 焉用其母릿가 請受而罪之하노이다 冬에 單(선)伯如齊[4)]하야 請子叔姬하니 齊人執之[5)]하고 又執子叔姬[6)]하다

1) 〔역주〕〔寵〕: 저본에는 1자 빈칸으로 되어 있으나, ≪春秋左氏傳≫에 의거하여 '寵'을 보충하였다.
2) 〔역주〕 襄仲使告于王 請以王〔寵〕求昭姬于齊 : 昭姬는 子叔姬이다.〈杜注〉 周王의 恩寵을 빌려 齊나라에 請求할 수 있도록 해주기를 청한 것이다.〈附注〉
3) 〔역주〕 殺其子 : 아들은 商人이 弑害한 舍이다.
4) 〔역주〕 單(선)伯如齊 : 周王은 魯나라의 요청에 따라 大夫를 齊나라에 보낸 것이다.〈附注〉
5) 〔역주〕 齊人執之 : 魯나라가 周王의 權勢를 믿고 딸을 돌려달라고 요청한 것에 怨恨을 품었기 때문이다.〈杜注〉
6) 〔역주〕 又執子叔姬 : 魯나라에 恥辱을 주고자 한 것이다.〈杜注〉 子叔姬가 單伯과 함께 魯나라로 돌아가려 하였기 때문에 齊人이 잡아 가둔 것이다.(朴致遠, ≪雪溪隨錄≫)

文公 14년, 襄仲이 使者를 보내어 王께 報告하고서 王의 恩寵으로 齊나라에서 昭姬를 데려올 수 있게 해주기를 청하며 말하기를 "그 아들을 죽였으니 그 어미를 어디에 쓰겠습니까? 그러니 魯나라로 데려다가 罪를 다스리려 합니다."고 하였다.

겨울에 單伯이 齊나라로 가서 子叔姬를 돌려주기를 청하니, 齊人은 單伯을 잡아 가두고 또 子叔姬도 잡아 가두었다.

22-05-02 季文子如晉 季文子가 晉나라에 가다

【左傳】 文十五年이라 春에 季文子如晉하니 爲單伯與子叔姬故也라 註云 因晉請齊라하다

文公 15년, 봄에 季文子가 晉나라에 갔으니, 單伯과 子叔姬의 일 때문이었다. 〈이에 대하여 杜預의〉 注에 "晉나라를 통해 齊나라에 요청하기 위해 간 것이다."라고 하였다.

22-05-03 齊人赦單伯歸子叔姬 齊人이 單伯을 사면하고 子叔姬를 돌려보내다

【左傳】 文十五年이라 齊人來歸子叔姬하니 王故也라 註云 單伯雖見執 能守節不移 終達王命 使叔姬得歸라하다

文公 15년, 齊人이 와서 子叔姬를 돌려주었으니 이는 周王의 명이 있었기 때문이다. 〈이에 대하여 杜預의〉 注에 "單伯은 잡히는 고난을 당하면서도 절개를 지켜 흔들리지 않고 끝내 王命을 전달하여 叔姬가 돌아올 수 있게 하였다."라고 하였다.

前人未決之訟은 **後人之責也**요 **前儒未判之疑**는 **後儒之責也**라 **吏職官府**하고 **儒職簡牘**하니 **官府有枉**하고 **簡牘亦有枉**이라 **辨今世之枉者**는 **屬之吏**하고 **辨異世之枉者**는 **屬之儒**하니라 **人雖有去有來**나 **然同一官府也**요 **事雖有久有近**이나 **然同一簡牘也**라 **吏不得以非己之時而却其訟**하니 **儒者亦豈以非己之時置其疑而不辨哉**아 **單伯爲魯請子叔姬於齊**에 **左氏無異辭**나 **公羊穀梁兩家以爲單伯淫於叔姬**라 **是以見執**이라하니 **從左氏耶**ㄴ댄 **則單伯無毫髮之愆**이어니와 **從公穀耶**ㄴ댄 **則單伯有丘山之惡**하니 **此千載未斷之獄**으로 **待後儒之閱實也**라 **吾請以經爲律**하고 **以傳爲按**[1]하며 **以同時之人爲左驗**하야 **平反而昭雪之**하노라

1) 〔역주〕 吾請以經爲律 以傳爲按 : 經은 ≪春秋≫를 가리키고, 傳은 春秋三傳인 ≪春秋左氏傳≫・≪春秋公羊傳≫・≪春秋穀梁傳≫을 가리킨다. 按은 案情이니, 사건의 내용이나 경위를 이른다.

前人이 판결하지 못한 訟事는 後人이 판결할 책임이 있고, 先儒가 판별하지 못한 의문은 後儒가 판별할 책임이 있다. 관리는 官府의 〈訟案을〉 맡고 儒者는 簡牘에 〈실린 疑事를〉 맡는다. 그러나 官府의 〈판결에〉 억울함이 있고 簡牘의 〈記載에도〉 오류가 있으니, 당세의 억울함을 밝히는 일은 관리에게 관계되고, 前世의 오류를 밝히는 일은

유자에게 관계되었다. 人事는 비록 변천이 있으나 〈판결하는 것은〉 동일한 관부이고, 사건은 비록 원근이 있으나 〈기재하는 것은〉 동일한 간독이다. 관리는 자기 시대의 사건이 아니라 하여 송사를 물리칠 수 없으니, 유자 또한 어찌 자기 시대의 일이 아니라 하여 의문을 버리고 분별하지 않을 수 있겠는가.

單伯이 魯나라를 위하여 齊나라에게 子叔姬를 돌려보내기를 요청한 것에 대해 左氏는 별다른 말이 없었으나, 公羊氏와 穀梁氏 두 사람은 單伯이 叔姬와 간음하였기 때문에 체포된 것이라고 하였다. 左氏를 따르면 單伯에게 털끝만한 허물도 없으나, 公羊氏와 穀梁氏를 따르면 單伯에게 태산 같은 큰 죄악이 있다. 이는 수천 년 동안 결단하지 못한 疑獄으로 後儒의 閱實(조사해 사실을 확인함)을 기다리는 〈사안이다.〉 나는 이제 한번 聖經으로 법률을 삼고, 三傳으로 案情을 삼으며, 동시대 사람으로 증거를 삼아, 잘못을 바로잡아 억울한 누명을 씻어주고자 한다.

今訴人之罪者가 所訴之諜其氏族爵位鄕土猶不能知면 則弗待訊鞫而知其爲誣라 單伯實周臣이어늘 而公穀乃以爲魯之大夫[1)]라하야 周魯之辨且復倒置하야 尙未辨其爲何國人하니 則所言之罪를 豈足信乎아 吾非據左氏而指單伯爲周臣也라 公穀方與左氏訟하면 左氏之言雖直이나 焉能折二家之口哉리오 吾之所以指單伯而爲周臣者는 蓋以經知之요 非以左氏知之라 畿內諸侯見於經者多矣하니 祭伯之來[2)]와 凡伯之伐[3)]과 毛伯之錫命[4)]과 召伯之會葬[5)]은 考其書法하면 與單伯無少異어늘 公穀何所據而以彼爲周하고 以此爲魯乎아 自周之外에 經未有書諸侯之臣爲伯者하니 犓(추)擧內大夫以明之라 翬挾柔溺과 豹婼(착)意如之類[6)]는 不氏而名者也요 叔孫得臣과 仲孫何忌之類[7)]는 兼氏而名者也며 公子慶父와 公弟叔肹之類[8)]는 配親而名者也요 仲遂叔老와 叔(兮)〔弓〕[9)]叔詣之類[10)]는 配仲叔而名者也라 二百四十二年之間에 不書名者는 獨季子來歸一語而已니 曷嘗聞內大夫不名而書伯者乎아 公穀之誣가 瞭然矣라 政使如公穀之說以單伯爲魯大夫면 則聖經不名而書伯이 亦當如季子之比라 季友有討亂之略하고 有託孤之忠하야 以身爲一國之安危라 故春秋不名以貴之하니라 若單伯果魯大夫어늘 聖經不名而書伯이면 必有大功大善이 居季子之右리니 安得反負淫齊之罪乎아 負甚大之罪어늘 而得甚美之褒면 則何以爲孔子며 何以爲春秋리오 孔子是則公穀非요 孔子非

則公穀是리니 **持二說以詰二家**면 **雖秦儀代厲**라도 **亦未必能〔置〕**[11]**對也**리라

1) 〔역주〕 公穀乃以爲魯之大夫 : ≪春秋公羊傳≫ 莊公 원년에 "여름에 單伯이 王姬를 맞이하였다. 單伯은 누구인가? 魯나라 大夫로서 天子에게 명을 받은 자이다.〔夏單伯逆王姬 單伯者何 吾大夫之命乎天子者也〕"라고 하였고, ≪春秋穀梁傳≫ 莊公 원년에 "여름에 單伯이 王姬를 맞이하였다. 單伯은 누구인가? 魯나라 大夫로서 天子에게 명을 받은 자이다. 대부를 명하였기 때문에 〈經에〉 이름을 쓰지 않은 것이다.〔夏單伯逆王姬 單伯者何 吾大夫之命乎天子者也 命大夫故不名也〕"라고 하였다.

2) 祭伯之來 : 隱元年*)

　隱公 원년의 일이다.

*) 〔역주〕 隱元年 : ≪春秋≫에 "겨울 12월에 祭伯이 聘問왔다.〔冬 十有二月 祭伯來〕"라고 하였다.

3) 凡伯之伐 : 隱七年*)

　隱公 7년의 일이다.

*) 〔역주〕 隱七年 : ≪春秋≫에 "겨울에 天王이 凡伯을 魯나라에 보내어 聘問하였다. 戎이 楚丘에서 범백의 길을 막고 공격하여 데리고 돌아갔다.〔冬 天王使凡伯來聘 戎伐凡伯于楚丘以歸〕"라고 하였다.

4) 毛伯之錫命 : 文元年*)

　文公 원년의 일이다.

*) 〔역주〕 文元年 : ≪春秋≫에 "天王이 毛伯을 보내 와서 文公에게 爵命을 내렸다.〔天王使毛伯來錫公命〕"라고 하였다.

5) 召伯之會葬 : 文五年*)

　文公 5년의 일이다.

*) 〔역주〕 文五年 : ≪春秋≫에 "王이 召伯을 보내 와서 장례에 참여하게 하였다.〔王使召伯來會葬〕"라고 하였다.

6) 〔역주〕 翬挾柔溺 豹婼意如之類 : 翬, 挾, 柔, 溺, 豹, 婼, 意如는 모두 魯나라 대부의 이름이다. 이 중 翬은 公子 翬이며, 溺은 公子 溺이고, 豹는 叔孫豹이며, 婼은 叔孫婼으로 叔孫豹의 庶子이다. 婼은 ≪春秋左傳注疏≫ 小注 '婼敕略反'에 의거하여 '착'으로 읽는다.

7) 〔역주〕 叔孫得臣 仲孫何忌之類 : 叔孫得臣은 魯나라 대부로 시호는 莊叔이고, 仲孫何忌는 魯나라 대부인 孟懿子이다.

8) 〔역주〕 公子慶父 公弟叔肹之類 : 公子 慶父는 魯 桓公의 아들이자 莊公의 아우이니 곧 共仲을 가리킨다. 公弟叔肹는 魯나라 宣公의 아우이다.

9) 〔역주〕 (兮)〔弓〕 : 저본에는 '兮'로 되어 있으나, 四庫全書本 · 三民書局本에 의거하여 '弓'으

로 바로잡았다.

10) 〔역주〕 仲遂叔老 叔(兮)〔弓〕叔詣之類 : 仲遂는 公子 遂이며, 叔老는 叔肸의 아들이다. 叔弓은 叔老의 아들이고, 叔詣는 ≪春秋左氏傳≫에 보이지 않으니, 아마도 '叔詣'의 오류인 듯하다.

11) 〔역주〕 〔置〕 : 저본에는 1자 빈칸으로 되어 있으나, 四庫全書本 · 三民書局本에 의거하여 '置'를 보충하였다.

지금 남의 죄상을 控訴하는 자가 그 訴牒에 〈기록할 상대방의〉 氏族 · 爵位 · 鄕土도 분명하게 알지 못한다면 신문할 필요도 없이 그 공소가 무고임을 알 수 있다. 單伯은 실제로 周나라 신하인데 公羊氏와 穀梁氏는 도리어 魯나라의 대부라고 하여, 周나라와 魯나라의 분별조차 전도시켜 오히려 單伯이 어느 나라 사람인지 분변할 수 없게 하였으니, 그들이 말한 죄상을 어찌 믿을 수 있겠는가.

나는 ≪春秋左氏傳≫에 근거해 單伯을 周나라 신하라고 지칭하는 것이 아니다. 公羊氏와 穀梁氏가 바야흐로 좌씨와 爭辯〔訟〕한다면 左氏의 말이 비록 옳다하더라도 어찌 公羊氏와 穀梁氏의 말을 〈일방적으로〉 꺾을 수 있겠는가? 내가 單伯을 지칭해 周나라 신하라고 한 것은 ≪春秋≫ 經文을 통해 안 것이고, ≪춘추좌씨전≫을 통해 안 것이 아니다. 畿內의 諸侯로 經에 보이는 자가 많으니, 예컨대 '祭伯之來(祭伯이 오다)' · '凡伯之伐(凡伯이 토벌을 당하다)' · '毛伯之錫命(毛伯을 보내어 와서 文公에게 爵命을 내리다)' · '召伯之會葬(召伯이 장례에 참석하다)' 등은 書法을 고찰해보면 單伯과 조금도 차이가 없는데, 公羊氏와 穀梁氏는 무엇에 근거하여 祭伯 · 凡伯 · 毛伯 · 召伯은 周나라 신하라고 하고 單伯은 魯나라 대부라고 하였는가? ≪春秋≫에 周나라 신하 이외에 제후의 신하를 '伯'이라고 기록한 경우는 없으니, 대략 魯나라 대부들의 예를 들어 밝혀보겠다.

翬 · 挾 · 柔 · 溺과 豹 · 婼 · 意如 등은 氏는 쓰지 않고 이름만 쓴 경우이고, 叔孫得臣과 仲孫何忌 등은 氏와 이름을 겸하여 쓴 경우이며, 公子慶父와 公弟叔肸 등은 군주와의 친족관계에 이름을 배속한 경우이고, 仲遂 · 叔老 · 叔弓 · 叔詣 등은 〈兄弟간의 次序인〉 仲과 叔에 이름을 배속한 경우이다. 春秋時代 242년 사이에 이름을 쓰지 않은 경우는 유독 "季子來歸(季子가 돌아오다)"라고 한 한 마디뿐이니, 언제 魯나라 대부의 이름을 쓰지 않고 伯이라고 썼다는 것을 들은 적이 있는가? 公羊氏와 穀梁氏의 왜곡이 분명하다.

가령 公羊氏와 穀梁氏의 말과 같이 單伯을 魯나라 대부로 여긴다면 성인이 지은 ≪春秋≫에 이름을 쓰지 않고 伯이라고 쓴 이유 또한 季子의 경우와 같아서일 것이다. 季友(季子)는 난리를 討平할 만한 지략이 있고 어린 임금을 맡길 만한 충심이 있어서 그 몸에 한 나라의 안위가 달렸기 때문에 ≪春秋≫에 그의 이름을 쓰지 않음으로써 그를 尊崇〔貴〕하였다. 만일 單伯이 과연 魯나라 대부인데 성인이 지은 ≪춘추≫에 이름을 쓰지 않고 伯이라고 썼다면 반드시 〈單伯에게〉 季子보다 더 훌륭한 큰 공적과 큰 선행이 있어서일 것이니 어찌 도리어 齊나라에서 〈叔姬와〉 사통했다는 罪名을 지웠겠는가? 매우 중대한 죄를 졌는데 매우 아름다운 褒奬을 받게 한 것이라면 어찌 孔子가 될 수 있으며, 어찌 ≪춘추≫가 될 수 있겠는가? 孔子의 말이 옳다면 公羊氏와 穀梁氏의 말이 그르고, 孔子의 말이 그르다면 公羊氏와 穀梁氏의 말이 옳다. 이 두 가지 말을 가지고 두 사람(公羊氏와 穀梁氏)을 힐문한다면 비록 蘇秦·張儀·蘇代·蘇厲라 하더라도 반드시 대답을 하지 못할 것이다.

左公穀者曰 單伯之列於經은 **自請叔姬以前**이니 **如逆王姬**와 **如伐宋**과 **如會鄄**(견)이 **不絶於簡**이라가 **至請叔姬之後**하얀 **則載於策者**에 **有單子而無單伯**하니 **庸詎知書伯者非魯**며 **書子者非周乎**아 **曰 爵列升降**은 **各隨其時**라 **如滕前侯而後子**나 **不聞其兩滕也**[1]요 **杞前伯而後子**나 **不聞其有兩杞也**[2]하니 **是何足以病吾說哉**아 **或者又曰 前古枉直未辨者**를 **何可勝數**리오 **單伯之事**는 **特牛一毛**요 **倉一粟耳**라 **浩浩塵編**을 **子能盡發而細辨之乎**아 **曰 人無故負寃**하야 **更百世而莫能雪**이어늘 **後之人**이 **又以爲瑣屑而不足問**이면 **是終天地而無伸眉之日矣**리라 **推是心以涖官臨政**이면 **則攬山積之文書**하고 **對麕至之黎庶**에 **必將厭其叢脞**하야 **漫不復經意**하리니 **抑不知我視之甚微**나 **彼視之甚重**하며 **我視之甚緩**이나 **彼視之甚急**이라 **亦何愛頃刻之勞**하야 **而使彼賫沒身之恨乎**아 **肄於塾**하고 **聽於府**하며 **執筆之際**에 **皆不可不思**라

1) 如滕前侯而後子 不聞其兩滕也：隱十一年 滕侯卒 威[*]二年 滕子來朝

隱公 11년에 滕侯가 卒하였다. 桓公 2년에 滕子가 와서 朝見하였다.

*) 〔역주〕 威：'威'는 '威公'이니, 바로 魯 桓公을 가리킨다. 宋나라 欽宗의 이름 '桓'을 諱하기 위해 '威'자로 바꿔 쓴 것이다. 이하 威公은 별도의 설명 없이 桓公으로 번역하였다.

2) 杞前伯而後子 不聞其有兩杞也：僖十七年 杞伯來朝 僖二十三年 杞子卒

僖公 17년에 杞伯이 와서 朝見하였다. 僖公 23년에 杞子가 卒하였다.

公羊氏와 穀梁氏를 편드는 자들이 "單伯을 經文에 기재한 것은 叔姬를 요청하기 이전부터이니 이를테면 '逆王姬(王姬를 호송하다)'·'伐宋(宋나라를 토벌하다)'·'會鄄(鄄에서 회맹하다)' 등의 일이 簡冊에 끊이지 않다가, 〈齊나라에〉 叔姬를 요청한 뒤에 와서는 간책에 실린 것 중에 單子만 있고 單伯은 없으니, 伯이라고 쓴 것이 魯나라 대부를 가리킨 것이 아니며 子라고 쓴 것이 周나라 신하를 가리킨 것이 아님을 어찌 알겠는가?"라고 말하기에, 내가 "작위의 升降은 각각 시대에 따라 변경이 있었다. 예컨대 滕나라 임금을 앞에는 '侯'로 칭하고 뒤에는 '子'로 칭하였으나 두 개의 滕나라가 있다는 말은 듣지 못했고, 杞나라 임금을 앞에서는 '伯'으로 칭하고 뒤에는 '子'로 칭하였으나 두 개의 杞나라가 있다는 말은 듣지 못하였으니, 어찌 이로써 나의 말을 반박할 수 있겠는가?"라고 대답하였다.

그러자 或者가 또 "고대의 일 중에 是非를 변별할 수 없는 것을 어찌 이루 다 셀 수 있겠는가? 單伯의 일은 다만 九牛一毛요, 太倉一粟일 뿐이다. 세간에 많은 서적에 실린 〈억울한 일들을〉 그대가 다 들춰내어 자세히 변별할 수 있는가?"라고 묻기에, 내가 "어떤 사람이 까닭 없이 억울한 일을 당해 백 세대가 지나도록 억울함을 풀지 못했는데, 후세 사람이 또 '자잘한 일이라 따질 만한 가치가 없다.'고 한다면 이는 세상이 다하도록 원한을 풀 날이 없을 것이다."라고 대답하였다.

이 마음을 미루어 관직을 맡아 정무를 처리한다면 山積한 문서를 열람하거나 무리지어 오는 백성들을 대할 때에 반드시 자잘한 것을 싫어하여 전혀 마음을 쓰지 않을 것이다. 이는 내가 보기에는 매우 하찮으나 백성들이 보기에는 매우 중요하고, 내가 보기에는 매우 느긋하나 백성들이 보기에는 매우 다급함을 모르는 것이니, 또한 어찌 잠시의 수고를 아껴 백성에게 終身의 恨을 주어서야 되겠는가. 학교에서 課業을 익히고 관부에서 송사를 聽斷하면서 붓을 들고 글을 쓸 즈음에는 언제든지 깊이 생각하지 않아서는 안 된다.

22-06 宋華耦辭宴 宋나라 華耦가 연회를 사양하다

【左傳】 文十五年이라 宋華耦來盟에 其官皆從之하다 書曰 宋司馬華孫은 貴之也[1]라 公與之宴[2]하니 辭曰 〔君〕[3]之先臣督이 得罪於宋殤公하야 名在諸侯之策이어늘 臣承其祀하니

其敢辱君[4)]이릿가 請承命於亞旅[5)]하노이다 魯人以爲敏[6)]이라하다

1) 〔역주〕 書曰……貴之也 : 옛날의 盟會에는 반드시 威儀를 갖추고 贊幣를 隆崇히 하여 賓主가 禮를 이루는 것을 공경으로 여겼다. 그러므로 定公 4년 傳에 "卿의 出行에는 旅(五百人)가 따른다."고 하였다. 春秋時代에는 대부분 威儀를 갖추지 않았는데 華孫만이 그 官屬을 거느리고 와서 古典을 따랐다. 그러므로 일을 공경하여 言行을 신중히〔自重〕 한 것이다. 使臣이 自重하면 魯나라를 尊敬하는 것이고, 일에 신중하면 禮를 돈독히 행하는 것이다. 그러므로 그를 尊貴하게 여겨 이름을 기록하지 않은 것이다.〈杜注〉
2) 〔역주〕 公與之宴 : 與는 賜의 뜻이다. 賜宴은 임금이 宴會를 열어 臣下를 접대하는 것이다.
3) 〔역주〕 〔君〕 : 저본에는 '君'이 없으나, ≪春秋左氏傳≫에 의거하여 보충하였다.
4) 〔역주〕 辭曰……其敢辱君 : 耦는 華督의 曾孫이다. 督이 殤公을 弑害한 일은 桓公 2년에 있었다. 耦는 스스로 罪人의 자손이기 때문에 감히 임금의 연회에 참석하여 魯君을 욕되게 할 수 없다고 한 것이다.〈杜注〉
5) 〔역주〕 請承命於亞旅 : 上大夫의 宴會를 받겠다는 말이다.
6) 〔역주〕 魯人以爲敏 : 아무 까닭 없이 자기 先祖의 罪를 드러내는 것은 敏捷하지 못한 것인데 魯人은 그를 민첩하다고 하였으니, 이는 君子가 인정한 바가 아님이 분명하다.〈杜注〉

文公 15년, 宋나라 華耦가 와서 結盟하였는데 그의 官屬이 모두 따라왔다. 經에 "宋司馬華孫"이라고 기록한 것은 그를 貴하게 여긴 것이다. 公이 宴會를 열어 그를 접대하려 하니, 華耦가 사양하기를 "우리 宋君의 先臣 督이 宋 殤公께 죄를 얻어 그 이름이 諸侯國의 史策에 기록되어 있는데, 그 제사를 받드는 臣이 어찌 감히 임금님을 욕되게 할 수 있겠습니까? 亞旅의 宴會〔命〕를 받기를 청합니다."고 하였다. 魯人은 그를 敏捷하다고 하였다.

【主意】 華耦無故揚其先人之惡以辭宴하니 少知禮義者면 皆知賤之로되 而左氏槪稱魯人以爲敏이라 是謂魯空國無君子者니 果何待魯之薄也아

華耦가 까닭 없이 선대의 악행을 드러내어 연회를 사양하였으니, 조금이라도 禮義를 아는 자라면 모두 그를 천하게 여길 줄을 아는데, 左氏는 "魯人은 그를 敏捷하다고 하였다."고 뭉뚱그려서 칭찬하였다. 이는 魯나라가 텅 비어 군자가 없음을 이르니, 과연 어찌 그리도 魯나라를 야박하게 대접하였는가.

君子之立言[1)]엔 待天下甚尊하고 期天下甚重[2)]이라 雖至奧至邈之理라도 未嘗〔敢〕[3)]輕視天下하야 逆料其不能知라 故識雖在一世之先[4)]이나 而心常處一世之後[5)]라 是非推遜不伐而自(記)〔託〕於(慊)〔謙〕退也[6)]라 降衷在天[7)]이요 秉彝在民[8)9)]하니 凡具耳目鼻口하야 號爲人者[10)]는 罔不備參(참)贊化育之神[11)]과 經緯幽明之用[12)]일새라 吾其敢以淺心隘量으로 大棄之於罷冗無能之地乎[13)]리오 至於父母之邦하얀 尤君子之所祇畏而不敢忽者也라 維桑與梓도 必恭敬止라하니 於一草一木에도 猶嚴如是하니 況於人乎아

1) 君子之立言 : 著書立言以垂後世

책을 짓고 말을 실어 후세에 전함이다.

2) 待天下甚尊 期天下甚重 : 不敢自尊而輕人

감히 스스로를 높이고 남을 경시하지 않는다는 말이다.

3) 〔역주〕〔敢〕: 저본에는 '敢'이 없으나, 四庫全書本·三民書局本에 의거하여 보충하였다.

4) 故識雖在一世之先 : 見識雖高於人

'식견이 비록 다른 사람보다 높지만'의 뜻이다.

5) 而心嘗處一世之後 : 處心每下於人

매양 다른 사람에게 낮추는 것으로 마음을 쓴다는 말이다.

6) 非推遜不伐而自(記)〔託〕[*1)]於(慊)〔謙〕[*2)]退也 : 辨明君子所以尊重天子之意

군자가 천자를 존중하는 뜻을 설명하였다.

*1) 〔역주〕(記)〔託〕: 저본에는 '記'로 되어 있으나, 四庫全書本·三民書局本에 의거하여 '託'으로 바로잡았다.

*2) 〔역주〕(慊)〔謙〕: 저본에는 '慊'으로 되어 있으나, 四庫全書本·三民書局本에 의거하여 '謙'으로 바로잡았다.

7) 降衷在天 : 衷善也 書曰 惟皇上帝 降衷于下民

衷은 善함이다. ≪書經≫ 〈商書 湯誥〉에 "위대하신 上帝께서 백성에게 善을 내리셨다."고 하였다.

8) 秉彝在民 : 彝常也 詩曰 民之秉彝

彝는 떳떳함이다. ≪詩經≫ 〈大雅 烝民〉에 "백성들이 가지고 있는 常性이다."라고 하였다.

9) 〔역주〕降衷在天 秉彝在民 : '降衷在天'은 하늘이 善한 性을 부여하는 것이고, '秉彝在民'은 백성이 자신에게 부여된 常性을 지키는 것이다.

10) 凡具耳目鼻口 號爲人者 : 凡具人之□[*)]者 均此降衷之性 同此秉彝之理

무릇 사람의 □을 갖추고 있는 자는 똑같이 降衷의 性을 받았고, 똑같이 秉彝의 이치를 가졌다는 말이다.

*) 〔역주〕 □ : 저본에는 1자 빈칸으로 되어 있다.

11) 罔不備參贊化育之神 : 無不可以贊天地之化育而與天地參者
천지의 化育을 도와 천지와 함께 참여할 수 있다는 말이다.

12) 經緯幽明之用 : 明有禮樂 幽有鬼神 無不能貫而通之 使相爲經緯者
이승〔明〕에 있는 禮樂과 저승〔幽〕에 있는 鬼神이 관통하여 서로 經緯가 되게 한다는 말이다.

13) 吾其敢以淺心隘量 大棄之於罷冗無能之地乎 : 君子所以尊重天下之人 意蓋如此
군자가 천하의 사람들을 존중하는 이유는 그 뜻이 대략 이와 같다는 말이다.

君子가 후세에 전할 만한 교훈을 남김〔立言〕에는 천하 사람들을 매우 높이 대우하고, 천하 사람들에게 매우 정중하게 기대한다. 비록 지극히 심오하고 지극히 심원한 이치라도 감히 천하 사람들을 가벼이 보아 〈저들은 이 이치를〉 알지 못할 것이라고 예측한 적이 없다. 그러므로 식견은 비록 世人의 선두에 있으면서도 마음은 항상 世人의 후미에 있는 것으로 자처한다. 이는 미루어 겸손하고 자랑하지 않아 스스로 겸양한다고 핑계 대는 것이 아니라, 降衷은 하늘이지만 秉彝는 백성이니 무릇 이목구비를 갖추어 사람으로 호칭되는 자들은 천지의 化育에 동참하여 돕는 신묘함과 이승과 저승〔幽明〕을 경영하는 작용을 갖추지 않음이 없기 때문이다. 내 어찌 감히 얕은 마음과 좁은 도량으로 대담하게 백성을 잔약하고 용렬하여 무능한 경지로 버리겠는가. 부모의 나라인 경우에는 군자가 더욱 敬畏하여 감히 소홀히 할 수 없는 바이다. 〈≪詩經≫에〉 "뽕나무와 가래나무를 대해도 반드시 공경한다네."라고 하였으니, 풀 한 포기 나무 한 그루에도 오히려 이처럼 엄중하게 보았는데 하물며 사람이겠는가.

左氏世傳以爲魯史[1)]라하니 則魯其父母之邦也[2)]라 其載華耦來聘[3)]에 無故揚其先人之惡以辭宴[4)]하고 乃繫之曰 魯人以爲敏[5)]이라하니 左氏之意[6)]는 豈不以耦之辭令은 魯人之所誇니 而非君子之貴乎[7)]아언마는 耦之言[8)]은 少知禮義者면 皆知賤之[9)]라 雖當時二三浮薄輩妄相矜衒[10)]이나 然曲阜龜蒙七百里之封[11)]에 寧無一人知其非者[12)]아 今概稱魯人以爲敏[13)]이라하니 果哉라 左氏之論也[14)]여 概稱魯人以爲敏은 是謂魯空國無君子[15)]니 抑不思所謂魯人者[16)]가 誰非爾之黨友乎[17)]며 誰非爾之姻戚乎[18)]며 誰非爾之師長乎[19)]니라 一出言而盡置黨友姻戚師長於庸鄙之域[20)]하야 倨傲暴慢之氣勃然可(鞠)〔掬〕[21)]하니 歸之以不孫不弟之名[22)]이라도 吾意左氏不能辭也[23)]리라

1) 左氏世傳以爲魯史：左氏不知何人 古今以爲左丘明先儒遜下之[*]矣 然世傳以爲魯史 則魯之史官也

左氏는 어떤 사람인지 모르겠으나, 古今에 左丘明은 '先儒遜下之矣'라 하였다. 그러나 세상에 전하는 말에 그를 '魯史'라고 하였으니 그렇다면 魯나라의 사관이다.

*) 〔역주〕 遜下之：未詳이다. 굳이 해석한다면 '先儒도 遜(양보)하여 그에게 자신을 낮추었다.'라고 풀 수 있다.

2) 則魯其父母之邦也：旣爲魯之史官 則是魯人無疑

이미 魯나라 사관이 되었다면 바로 魯나라 사람임이 틀림없다.

3) 其載華耦來聘：入本題事

〈여기부터〉 본편의 일로 들어간다.

4) 無故揚其先人之惡以辭宴：威公二年 宋督弑其君與夷及其大夫孔父 餘見本題註

桓公 2년에 宋督(華父督)이 그 임금 與夷(殤公)와 大夫 孔父를 죽였다. 나머지는 본편의 註에 보인다.

5) 乃繫之曰 魯人以爲敏：言魯人稱華耦應對之敏

魯나라 사람들이 華耦의 응대가 敏捷했다고 칭찬했다는 말이다.

6) 左氏之意：原其立言之意

'立言'한 뜻을 추구함이다.

7) 豈不以耦之辭令……而非君子之貴乎：料得左氏譏笑 魯人無見識如此

左氏의 비웃음으로 생각했으니 魯나라 사람의 식견 없음이 이와 같다는 말이다.

8) 耦之言：辭宴之言

〈魯君이 주관하는〉 연회를 사양한 말이다.

9) 少知禮義者 皆知賤之：賤其暴揚先世罪惡

先代의 죄상을 폭로한 것을 천시한다는 말이다.

10) 雖當時二三浮薄輩妄相矜衒：魯人稱華耦爲敏者 必是此等人

華耦가 민첩하다고 칭찬한 魯나라 사람들은 반드시 이러한 사람들이었을 것이라는 말이다.

11) 然曲阜龜蒙七百里之封：此言魯地之廣也 記明堂位曰 封周公於曲阜地方七百里 詩魯頌閟宮篇云 奄有龜蒙 龜蒙二山名

이는 魯나라 땅이 넓음을 말한 것이다. 《禮記》〈明堂位〉에 이르기를 "周公을 사방 7백리 되는 땅인 曲阜에 봉하였다."라고 하였다. 《詩經》〈魯頌 閟宮篇〉에 이르기를 "문득 龜山과 蒙山을 소유하여"라고 하였는데, 龜·蒙은 두 산의 이름이다.

12) 寧無一人知其非者：其中豈無人能知華耦之言繆

그 가운데 어찌 華耦의 말이 잘못되었음을 알 수 있는 사람이 없겠느냐는 말이다.

13) 今槪稱魯人以爲敏：槪猶今言一例

槪는 요즘 말의 '一例'와 같다.

14) 果哉 左氏之論也 : 深責左氏

심하게 左氏를 질책하는 말이다.

15) 槪稱魯人以爲敏 是謂魯空國無君子 : 是謂魯無一人知禮義者

이는 魯나라에 禮義를 아는 자가 한 명도 없음을 이른다.

16) 抑不思所謂魯人者 : 轉責左氏毁薄鄕里

문장을 전환하여 左氏가 故國을 헐뜯음을 질책하였다.

17) 誰非爾之黨友乎 : 其疏者則左氏之鄕黨僚友也

소원한 자는 左氏의 고향 동료이다.

18) 誰非爾之姻戚乎 : 其親者則左氏姻婭親戚也

친근한 이는 左氏의 친인척이다.

19) 誰非爾之師長乎 : 其尊者則左氏之師長也

높이는 자는 左氏의 스승과 어른이다.

20) 一出言而盡置黨友姻戚師長於庸鄙之域 : 魯人一言 是盡以其黨友姻戚師長爲無見識之人

'魯나라 사람이 華耦를 민첩하다고 칭찬하였다.'라는 左氏의 한마디는 그(左氏)의 고향 동료와 친인척과 스승·어른을 전부 식견이 없는 사람으로 여긴 것이라는 말이다.

21) 倨傲暴慢之氣勃然可(鞠)〔掬〕*1) *2) : 形於魯人以爲敏之一語

'魯나라 사람이 민첩하다고 하였다.'는 한마디에 〈오만하고 포학한 기세가〉 드러났다는 말이다.

*1) 〔역주〕 (鞠)〔掬〕 : 저본에는 '鞠'으로 되어 있으나, 四庫全書本에 의거하여 '掬'으로 바로잡았다.

*2) 〔역주〕 勃然可掬 : 勃然은 갑작스러운 모양이고, 可掬은 드러남이다.

22) 歸之以不孫不弟之名 : 孫弟竝去聲 ○加此惡名以責左氏

孫과 弟는 모두 去聲으로 읽어야 한다. ○이러한 惡名을 씌워 左氏를 질책한 것이다.

23) 吾意左氏不能辭也 : 無辭以解不孫不弟之罪

겸손하지 못하고 공손하지 못하다는 죄를 해명할 수 있는 말이 없다는 말이다.

左氏는 세상에 전하는 말에 '魯史(魯나라 사관)'라고 하니, 그렇다면 魯나라는 그의 부모의 나라이다. 〈그런데 左氏는〉 華耦가 와서 빙문할 때에 까닭 없이 그 先人의 죄악을 드러내어 연회를 사양한 일을 기재하고, 이어 "魯人은 그를 敏捷하다고 하였다."는 말을 기재하였다. 左氏의 뜻은 어찌 華耦의 辭令(응대하는 사신의 言辭)을 魯나라 사람들이 자랑스러워하니 군자가 귀하게 여겨야 할 바가 아니겠느냐는 생각이 아니었겠는가마는, 華耦의 말은 조금이라도 禮義를 아는 자라면 모두 〈그의 말을〉 천하게 여길 줄을 알 것이다.

비록 당시에 몇몇 경박한 무리들이 함부로 뽐내고 자랑하였지만 曲阜에서 龜山과 蒙山까지 〈魯나라〉 칠백 리 땅에 어찌 한 사람도 그 잘못을 안 자가 없었겠는가. 그런데 지금 '魯나라 사람들이 그를 민첩하다고 여겼다.'고 뭉뚱그려 말하였으니, 과감하도다. 左氏의 논설이여. '魯나라 사람들이 민첩하다고 여겼다.'고 뭉뚱그려 말한 것은 魯나라가 텅 비어 군자가 없음을 이른 것이니, 이는 이른바 '魯나라 사람'이 누군들 제 동료가 아니며, 누군들 제 인척이 아니며, 누군들 제 스승과 어른이 아닌가를 생각하지 못한 것이다. 左氏는 한 번 발언하여 동료와 인척과 스승과 어른을 모두 용렬하고 비루한 영역으로 버려, 오만하고 사나운 기세가 갑자기 드러났으니, 겸손하지 못하고 공손하지 못하다는 惡名을 그에게 돌리더라도 나는 左氏가 사양할 수 없을 것으로 생각한다.

昔吾夫子亦嘗稱魯矣[1)]하야 **曰魯無君子**면 **斯焉取斯**[2)]리오하니라 **是夫子一言而待魯爲君子**요 **左氏一言而待魯爲小人**[3)]이니 **人心之不同如是哉**[4)]ㄴ저 **魯**는 **一魯耳**라 **夫子以夫子之心觀之**라 **故見其可稱**하고 **左氏以左氏之心觀之**라 **故見其可鄙**하니 **所存易於內**면 **而所觀變於前也**라 **或謂左氏之言魯人**[5)]은 **特蚩蚩之流耳**[6)]요 **至於閎達博雅之君子**[7)]히 **敢名之以魯人哉**[8)]리오 **曰**[9)] **閎達博雅之君子**는 **其材雖出人千百等**[10)]이나 **然履魯地**하고 **啜魯泉**하며 **服魯藥**하고 **食魯粟**[11)]하니 **苟不名之以魯人**[12)]이면 **豈九夷八蠻之人乎**[13)]아 **一爲君子而背鄕閭**하고 **蔑名敎**하야 **不以魯人自命**[14)]이면 **是外父兄**하야 **而恥與同類也**[15)]라 **夫豈君子之所敢安哉**[16)]리오 **吾益見左氏之誤也**[17)]로다

1) 昔吾夫子亦嘗稱魯矣：如下文所云
   아래 글에 말한 바와 같다.
2) 曰魯無君子 斯焉取斯：出論語 孔子稱宓子賤爲君子人 又言假使魯國無君子 則此人何所取以成此德乎 言魯之多君子也
   ≪論語≫에 나온다. 孔子가 宓子賤이 君子다운 사람임을 칭찬하고, 또 "가령 魯나라에 군자가 없다면 이 사람이 어디에서 이러한 德을 성취했겠느냐"고 말하였으니, 魯나라에 군자가 많음을 말한 것이다.
3) 是夫子一言而待魯爲君子 左氏一言而待魯爲小人：左氏之罪 愈不可逃
   左氏의 죄는 더욱 피할 수 없는 것이라는 말이다.
4) 人心之不同如是哉：總結孔子左氏

孔子와 左氏의 차이를 총결한 것이다.

5) 或謂左氏之言魯人 : 前面已罵倒左氏 此又設或人爲他分疏

앞부분에서 左氏를 매도하였고, 여기에서는 또 어떤 이가 좌씨를 위해 변명해줌을 가설하였다.

6) 特蚩蚩之流耳 : 稱魯人者 自是一輩愚俗之人

'魯나라 사람'이라고 일컬은 것은 본래 한 무리의 어리석은 사람을 가리킨다는 것이다.

7) 至於閎達博雅之君子 : 若是此等好人

'이렇게 훌륭한 사람일 경우에는'의 뜻이다.

8) 敢名之以魯人哉 : 則左氏必不敢目之爲魯人矣

左氏는 반드시 감히 그들을 지목하여 '魯나라 사람'이라고 하지 않았을 것이라는 말이다.

9) 日 : 又與或人卞

또 或人의 말에 변론하는 말이다.

10) 閎達博雅之君子 其材雖出人千百等 : 君子雖有過人之材

'군자가 비록 남보다 뛰어난 재주가 있더라도'의 뜻이다.

11) 然履魯地……食魯粟 : 步趨飮食 皆出於魯

걷고 먹고 마시는 일상이 모두 魯나라에서 나오는 것이라는 말이다.

12) 苟不名之以魯人 : 雖君子亦只是魯人

비록 군자일지라도 다만 魯나라 사람이라는 것이다.

13) 豈九夷八蠻*)之人乎 : 議論精采

의론이 정밀하고 다채롭다.

*) 〔역주〕 九夷八蠻 : ≪書經≫ 〈周書 旅獒〉에 "商나라를 이기니 마침내 九夷와 八蠻에 길이 통하였다.〔惟克商 遂通道于九夷八蠻〕"라고 하였는데, 이에 대하여 蔡沈은 "'九夷八蠻'은 많음을 칭한 것이다. ≪周禮≫ 〈職方氏〉에 '四夷八蠻'이라 하였고, ≪爾雅≫에 '九夷八蠻'이라 하였으니, 이는 단지 그 하나가 아닐 뿐임을 말한 것이다.〔九夷八蠻 多之稱也 職方言四夷八蠻 爾雅言九夷八蠻 但言其非一而已〕"라고 하였다. 여기에서도 아홉 또는 여덟 종류의 蠻夷를 가리킨 것이 아니라, 魯나라 이외 지역의 존재로 泛稱한 것이다.

14) 一爲君子而背鄕閭……不以魯人自命 : 假使君子而恥名曰魯人

'가령 군자이면서 魯나라 사람이라고 불리는 것을 부끄러워한다면'의 뜻이다.

15) 是外父兄 而恥與同類也 : 是謂我自爲君子 而鄕里父兄皆非吾徒也

이는 나는 본래 군자이니 향리의 부형은 모두 나의 무리가 아니라고 함을 이른다.

16) 夫豈君子之所敢安哉 : 果是君子其心必不如此

과연 군자라면 그 마음을 반드시 이렇게 쓰지는 않을 것이라는 말이다.

17) 吾益見左氏之誤也 : 深得反難非擊之體

공격적이지 않으면서도 반론을 제기하는 문체를 깊이 터득하였다.

예전에 우리 夫子(孔子)께서도 일찍이 魯나라를 칭찬하여 "魯나라에 군자가 없다면 이 사람이 어디에서 이런 德을 취하였겠는가?"라고 말한 적이 있다. 이는 夫子는 한마디 말씀으로 魯나라 사람들을 군자로 대우하고 左氏는 한마디 말로 魯나라 사람들을 소인으로 대우한 것이니, 인심이 같지 않음이 이와 같다. 魯나라는 하나의 魯나라일 뿐이다. 夫子는 夫子의 마음으로 관찰하셨기 때문에 칭찬할 만한 것을 보았고, 左氏는 左氏의 마음으로 관찰하였기 때문에 천시할 만한 것을 본 것이다. 내면에 보존된 것이 다르면 관찰하는 것도 눈앞에서 변하는 것이다.

어떤 자가 말하기를 "左氏가 말한 '魯人'은 단지 어리석은 무리들을 가리킨 것뿐이고, 식견이 뛰어나고 사리에 통달한 점잖은 군자들까지 감히 '魯人'으로 명칭하였겠는가?"라고 하기에 나는 이렇게 말하였다. "식견이 뛰어나고 사리에 통달한 점잖은 군자는 그 재능이 사람들보다 천백 배 뛰어나지만 魯나라 땅을 밟고 魯나라 물을 마시며 魯나라 약을 복용하고 魯나라 곡식을 먹으니, 만일 그들을 '魯人'으로 명칭하지 않는다면 九夷八蠻의 사람이란 말인가. 한번 군자가 되어서 고향을 저버리고 名教를 멸시하고서 '魯人'으로 스스로 命名하지 않는다면 이는 父兄을 外人으로 여겨 父兄과 同類가 되기를 부끄러워함이니, 어찌 군자가 감히 편안하게 여길 수 있는 바이겠는가. 나는 더욱 左氏의 잘못을 알겠다."

雖然이나 衆不可盡言也며 本不可忘也라 左氏之失을 固不可復蹈也라 迺若十人之聚와 三家之市는 凡鄙汚下하니 皆無足取로 斷之一言이 不亦可乎아 曰至理均賦로되 先覺者爲聖爲賢하고 未覺者는 爲庸爲鄙라 彼雖未覺이라도 然是理洋溢往來於眉睫步趨間하니 屈伸俯仰無非動人悟物者라 吾方左酬右酢之不暇은 慢心何自而生이리오 人見吾與庸鄙接이요 而不知吾常與天理接也라 終日與天理接하니 敢輕乎哉아

비록 그러나 많은 사람들을 일률적으로 말할 수 없고, 사람은 근본을 잊어서는 안 되니, 左氏의 잘못을 진실로 다시 답습해서는 안 된다. '열 사람이 사는 취락이나 세 家戶가 보는 시장 사람들의 말이라면 평범하고 비루하니 모두 취할 만하지 못하다'고 한마디로 분명히 밝히는 것이 옳지 않겠는가.

나는 다음과 같이 생각한다. 하늘이 지극한 이치〔性〕를 똑같이 부여하였으나, 먼저 깨달은 자는 聖賢이 되고 깨닫지 못한 자는 평범하고 비루한 자가 된다. 저 사람이 비록 아직 깨닫지 못했을지라도 이 이치는 용모〔眉睫〕 사이에 드러나고 왕래하는 보행〔步趨〕 중에 표현되니, 몸을 굽히고 펴는 등 움직이는 일체의 행위〔屈伸俯仰〕가 사람을 감동시키고 만물을 깨우침이 아님이 없다. 내가 바야흐로 좌우로 대응하기에도 바빠 겨를이 없는데 오만한 마음이 어디에서 생기겠는가? 사람들은 내가 평범하고 비루한 사람과 교유하는 줄만 알고 내가 항상 天理와 교접하는 줄은 모른다. 종일 천리와 교접하니 감히 경시할 수 있겠는가.

22-07 公孫敖二子 公孫敖의 두 아들

【左傳】 文十五年이라 齊人歸公孫敖之喪이라 襄仲欲勿哭[1]한대 惠伯曰 喪은 親之終也[2]니 雖不能始나 善終可也라 史佚[3]有言曰 兄弟致美[4]하야 救乏賀善弔災하고 祭敬喪哀[5]하야 情雖不同이나 毋絶其愛가 親之道也[6]라하니 子無失道면 何怨於人가 襄仲說(열)하야 帥兄弟以哭之하다 他年에 其二子來[7]하니 孟獻子[8]愛之가 聞於國하다 或譖之曰 將殺子라하니 獻子以告季文子하다 二子曰 夫子以愛我聞이어늘 我以將殺子聞하니 不亦遠於禮乎[9]아 遠禮不如死라하고 皆死[10]하다

1) 〔역주〕 襄仲欲勿哭 : 敖(穆伯)가 자기의 아내 될 여자를 가로챈 것을 원망했기 때문이다.〈杜注〉
2) 〔역주〕 惠伯曰 喪親之終也 : 惠伯은 叔彭生이다.〈杜注〉 이는 親戚과 영원히 이별하는 것이다.〈附注〉
3) 〔역주〕 史佚 : 武王 때의 史官으로 이름이 佚이다.〈附注〉
4) 〔역주〕 兄弟致美 : 각각 그 아름다운 友愛를 다하여야 親族 사이의 의리를 마치는 것이라는 말이다.〈杜注〉
5) 〔역주〕 祭敬喪哀 : 죽은 형제의 제사를 공경히 지내고 형제의 죽음을 슬퍼하는 것이다.
6) 〔역주〕 毋絶其愛 親之道也 : 天性에서 우러나는 형제간의 지극한 우애를 단절하지 않는 것이 친족을 親愛하는 도리라는 말이다.〈附注〉
7) 〔역주〕 其二子來 : 敖(穆伯)가 莒나라에 있을 때 낳은 아들이다.〈杜注〉
8) 〔역주〕 孟獻子 : 穀(穆伯의 아들)의 아들 仲孫蔑이다.〈杜注〉
9) 〔역주〕 不亦遠於禮乎 : 은혜를 입으면 보답하는 것이 禮이니 이미 獻子의 사랑을 받았으면 은혜를 보답하는 것이 당연하다. 그런데 지금 보답하지 못했을 뿐만 아니라 장차 獻子를 죽일 것이라는 汚名을 받았으니, 禮와의 거리가 멀다. 그러므로 '不亦遠於禮乎'

라고 한 것이다.(≪左氏會箋≫)

10) 〔역주〕 皆死 : 句鼆(구맹)과 戾丘는 魯나라 邑이다. 성문을 공격하는 敵軍을 막다가 죽은 것이다.〈杜注〉 본서에 제시된 ≪春秋左氏傳≫ 인용문에는 '皆死' 앞에 "一人門於句鼆 一人門于戾丘(한 사람은 句鼆의 城門을 지키다가, 또 한 사람은 戾丘의 성문을 지키다가)"가 생략되었다.

文公 15년, 齊人이 公孫敖(穆伯)의 喪柩을 돌려보냈다. 襄仲이 哭하려 하지 않자, 惠伯이 말하였다. "喪禮는 親族을 마지막〔終〕으로 보내는 儀式이니, 비록 生時〔始〕에는 잘 지내지 못했다 하더라도 마지막으로 보내는 일은 잘하는 것이 옳습니다. 史佚의 말에 '형제 사이에는 아름다운 友愛를 다하여 窮乏을 구제하고 좋은 일을 축하하고 災難을 위로하며 제사를 공경하고 喪事를 애도하여, 비록 情이 화목〔同〕하지 못하다 하더라도 우애를 단절하지 않는 것이 친족의 도리이다.'고 하니, 당신께서〔子〕 도리를 잃지 않으면 그만이지 남을 원망할 게 뭬 있습니까?" 襄仲은 이 말을 듣고 기뻐하며 형제들을 거느리고 가서 哭하였다.

後年에 〈穆伯(公孫敖)의〉 두 아들이 莒나라에서 魯나라로 오니, 孟獻子가 이들을 사랑하는 것이 온 나라에 소문났다. 어떤 자가 孟獻子에게 "〈저 두 사람이〉 장차 당신을 죽일 것이다."고 참소하니, 孟獻子는 이 말을 季文子에게 告하였다. 이 소문을 들은 두 사람은 "夫子(孟獻子)는 우리를 사랑하는 것으로 소문이 났는데 우리는 장차 夫子를 죽일 것으로 소문이 났으니, 禮와 거리가 멀지 않은가? 예와 거리가 멀면 죽는 것만 못하다."고 하고서, 모두 죽었다.

物之移人者莫如權位라 **仰視其冠**이면 **昔鶡**(갈)**今貂**요 **俯視其服**이면 **昔縕今貉**(락)이요 **飢視其食**이면 **昔簞今鼎**이요 **渴視其飮**이면 **昔瓢今卮**(치)니 **是孰使之然哉**아 **權位移之也**라 **其移有大者焉**하니 **卑者可使踞**하고 **重者可使浮**하며 **樸者可使華**하고 **愘者可使慢**이라 **其移又有大者焉**하니 **貴者自處於尊**은 **未足駭**어니와 **使尊者反安於卑**는 **可駭也**요 **尊者反安於卑**는 **未足駭**어니와 **使貴者併忘其尊**은 **可駭也**라 **吾是以知權位之移者**가 **不特其人而又且及他人**하고 **不特移當時而又且及後世**하니 **居權位之間者**가 **可輕乎哉**아

사람을 바뀌게 하는 것으로는 권위만한 것이 없다. 그가 쓴 冠(모자)을 쳐다보면 예전엔 鶡冠이더니 지금은 貂冠이고, 그가 입은 옷을 굽어보면 예전엔 솜옷이더니 지금은 담비 갖옷이며, 주릴 때에 그가 먹는 것을 보면 예전엔 대그릇에 담은 거친 밥이더

니 지금은 鼎器에 삶아 조리한 음식이며, 목마를 때에 그가 마시는 그릇을 보면 예전엔 표주박이더니 지금은 옥술잔이다. 무엇이 그를 그렇게 만든 것인가? 권위가 바꿔놓은 것이다.

이보다 더 크게 바뀐 것이 있으니, 겸손〔卑〕한 자를 거만한 자로 바뀌게 하고 신중한 자를 경박한 자로 바뀌게 하며, 질박한 자를 화려한 자로 바뀌게 하고 삼가는 자를 태만한 자로 바뀌게 한 것이다. 또 이보다 더 크게 바뀐 것이 있으니, 존귀한 자가 존귀한 체하는 것은 놀랄 것이 못되지만 존귀한 자로 하여금 도리어 비천에 안주하게 하는 것은 놀랄 만하고, 존귀한 자가 도리어 비천에 안주하는 체하는 것은 놀랄 것이 못되지만 존귀한 자로 하여금 자기의 존귀함을 모두 잊게 하는 것은 놀랄 만하다.

나는 이로 인해 권위가 바꾸는 것이 본인뿐만 아니라 또 다른 사람까지 바꾸고, 당시를 바꿀 뿐만 아니라 후세까지 바꾼다는 것을 알았다. 권위 가운데 있는 자들이 가벼이 여겨서야 되겠는가.

始公孫敖生穀與難(나)而出奔하야 復(부)生二子于莒하니라 孟獻子實穀之子니 其視公孫敖면 則祖廟也요 其視在莒之二子면 則叔父季父也라 二子還魯에 傳稱孟獻子愛之聞于國이러니 及有戕伐之譖에 二子則曰 夫子以愛我聞이어늘 我以將殺子聞하니 不亦遠於禮乎아하고 乃皆犯寇而死라하니라 味二子之言컨대 反視孟獻子若大父行(항)하고 自處於孺子之列이어늘 左氏從而載之하니 亦忘二子之爲叔父也라 獻子雖地居宗主하고 位列國卿이나 然天屬尊卑는 要有常分하니 愛而不敬이면 固已非禮라 二子見人爵之尊하고 而忘天屬之重이어늘 後人之載筆者도 亦從而忘之하니 權位之移人可畏哉ㄴ저 本宗之親의 長幼高下는 雖牧圉皁隷甚戇(당)而昏者라도 猶能數之어늘 今一移於權位하야 卑者自視若尊하고 尊者自視若卑하야 繆亂舛錯하야 不復能記하니 則他事遺落者可勝計乎아 父兄之所訓과 師友之所詔를 其廢忘者不知其幾也며 稚幼之所志와 壯大之所習을 其廢忘者不知其幾也며 邦國之所係와 朝廷之所紀를 其廢忘者不知其幾也라 凡吾前日之所學所聞과 所講所畫이 棊布派別하야 羅列胸次어늘 皆坐聲利而汨陳之하니 可不深懼耶아

당초에 公孫敖가 穀과 難를 낳은 뒤에 出奔하여 莒나라에서 다시 두 아들을 낳았다.

孟獻子는 실제로 穀의 아들이니, 公孫敖 보기를 그의 조부처럼 하고 莒에서 낳은 두 아들 보기를 그의 叔父와 季父처럼 해야 한다. 〈그런데〉 두 사람이 魯나라로 돌아왔을 때 ≪春秋左氏傳≫에 "孟獻子가 그들을 사랑하는 것이 온 나라에 소문났는데 그들이 孟獻子를 죽일 것이라는 참소가 있음에 미쳐, 두 사람은 '夫子(孟獻子)는 우리를 사랑하는 것으로 소문이 났는데 우리는 장차 夫子를 죽일 것으로 소문이 났으니, 禮와 거리가 멀지 않은가.'라고 하고 〈성문에서〉 적을 막다가 죽었다."라고 하였다. 두 사람의 말을 음미해보면 도리어 孟獻子를 아버지뻘로 보고 자신들은 아들뻘로 자처한 듯한데, 左氏가 그대로 따라서 기록하였으니, 左氏도 두 사람이 〈孟獻子의〉 叔父가 됨을 잊은 것이다.

孟獻子가 비록 宗家의 적장자이고 지위가 國卿의 반열에 있으나 天屬의 尊卑에는 반드시〔要〕 정해진 분수가 있으니, 사랑하기만 하고 공경하지 않는 것은 본래 이미 예가 아니다. 두 사람이 人爵의 존귀함만 보고 天屬의 중요함을 잊었는데, 후대에 역사를 기록하는 자 또한 그대로 따라 〈기록하고 숙질 관계임을〉 잊었으니 권위가 사람을 바꾸는 것이 참으로 사람을 두렵게 한다.

本宗(同宗) 친속의 長幼와 高下는 비록 마소를 치는 목동이나 노복으로 매우 어리석은 자들도 오히려 항렬을 계산할 수 있는데, 지금 일단 권위의 영향을 받자 항렬이 낮은 자는 마치 자기가 높은 것처럼 보고, 항렬이 높은 자는 마치 자기가 낮은 것처럼 보아, 뒤섞이고 어지러워 다시 기억조차 할 수 없으니 그밖에 유실된 일들을 이루다 셀 수 있겠는가. 父兄이 훈계한 것과 師友가 일러준 것들을 버리고 잊은 것이 얼마인지 모르겠고, 어린 시절에 뜻한 바와 장성한 뒤에 학습한 것들을 버리고 잊은 것이 얼마인지 모르겠으며, 나라에 관계되고 조정에 기강이 될 만한 것들을 버리고 잊은 것이 얼마인지 모르겠다. 내가 지난날 배우고 들었던 것과 강구하고 계획했던 〈수많은〉 것들이 바둑판의 조밀한 돌처럼 갈라지고 펼쳐져서 가슴속에 벌여 있는데, 지금은 모두 名利로 인해 어지러이 흩어졌으니, 깊이 두려워하지 않을 수 있겠는가.

嗚呼라 **孟獻子之沒**이 **至于今將二千祀矣**라 **其聲華寵利**가 **蕩爲太虛**하야 **不可控搏**하니 **焉有氣焰之能移人哉**아 **然讀其書者**는 **習其章句**하고 **安其訓**詁하야 **尙有不寤二子之爲叔父**요 **獻子之爲兄子者**어든 **況於身處其時**하야 **親當其地**면 **乃欲卓然自覺於沈**酣**膠擾**

之中인들 **難矣哉**ㄴ저

아! 孟獻子가 죽은 지가 지금 거의 이천 년에 가까워 그 화려했던 명성과 이로운 은총이 모두 허공중에 흩어져서 다시 붙잡을 수 없으니 어찌 사람을 바꿔놓을 수 있는 기세가 있겠는가. 그러나 ≪春秋左氏傳≫을 읽는 자들은 그 章句를 익히고 그 훈고를 편안히 여겨 여전히 두 사람이 숙부가 되고 孟獻子가 조카가 됨을 깨닫지 못하는 자가 있는데, 하물며 몸이 그 시대에 살면서 직접 그러한 처지에 놓였다면 술에 흠뻑 취해 어지러운 가운데 탁월하게 자각하고자 한들 어려웠을 것이다.

〔附 錄〕

1. ≪東萊博議 4≫ 圖版目錄

2. ≪東萊博議≫ 解題

QR코드를 스캔하면 ≪韓非子集解≫ 解題를 볼 수 있습니다.

3. ≪東萊博議≫ 總目次

QR코드를 스캔하면 ≪韓非子集解≫ 總目次를 볼 수 있습니다.

責任飜譯者

鄭太鉉

慶北 尙州 化北 出生
止山 林聖武 先生과 鳳西 吳禹善 先生 師事
民族文化推進會 國譯硏修院 卒業
國譯部長, 國譯硏修院 敎授
韓國古典飜譯院 附設 古典飜譯敎育院 名譽漢學敎授
傳統文化硏究會 顧問
국민훈장 모란장 受賞

論文 및 譯書

〈栗谷의 改革思想〉
譯書 ≪春秋左氏傳≫ ≪孝經大義≫ ≪同春堂集≫
共譯 ≪五洲衍文長箋散稿≫ ≪星湖僿說≫ ≪宋子大全≫
≪茶山詩文集≫ ≪陽村集≫ ≪高峯集≫ ≪寒水齋集≫
≪朝鮮王朝實錄≫ 등 多數

共同飜譯者

金炳愛

京畿 驪州 出生
弘益大學校 師範大學 國語敎育科 卒業
高麗大學校 大學院 古典飜譯協同科程(文學博士)
民族文化推進會 國譯硏修院 常任硏究員
傳統文化硏究會 校務委員 및 講師
서울市立大, 檀國大, 弘益大, 韓國古典飜譯院 講師 歷任
成均館大學校 儒敎文化硏究所 首席硏究員 歷任
現) 韓國傳統文化大學校 哲學硏究所 專任硏究員
교육부장관상 受賞
국사편찬위원회장상 受賞

論文 및 譯書

〈蘇軾散文의 文藝美 硏究〉 〈≪律呂新書≫의 번역・교감・주석 고찰〉
〈折中義例에 보이는 신후담 역학요소의 개념 분석과 성호문인의 周易折中 논변〉
〈화서 이항로의 斥邪衛正思想에 대한 이론적 근거와 실천〉 등
〈河濱 愼後聃 ≪周易象辭新編≫ 譯註〉
譯書 ≪마음 속의 대나무 - 蘇軾散文評說≫
共譯 ≪한국주역대전≫ ≪承政院日記≫ 등 多數

東洋古典譯註叢書 65

譯註 東萊博議 4　　　정가 37,000원

2019년 10월 30일 초판 발행
2024년 01월 10일 초판 3쇄

著　　者 呂祖謙
責任飜譯 鄭太鉉
共同飜譯 金炳愛
常任原文校閱 吳圭根
潤文校訂 南賢熙 郭成龍 田炳秀 李孝宰
諮問委員 吳圭根
編　　輯 東洋古典飜譯編輯委員會
發 行 人 郭成文
發 行 處 社團法人 傳統文化研究會
　등록 : 1989. 7. 3. 제1-936호
　서울시 종로구 삼일대로 428 낙원빌딩 411호
　전화 : (02)762-8401　전송 : (02)747-0083
　전자우편 : juntong@juntong.or.kr
　홈페이지 : juntong.or.kr
　사이버書堂 : cyberseodang.or.kr
　온라인서점 : book.cyberseodang.or.kr

인쇄처 : 한국법령정보주식회사(02-462-3860)
총　판 : 한국출판협동조합(070-7119-1750)

ISBN 979-11-5794-254-1 94910
　　978-89-85395-71-7(세트)

※ 이 책은 2019년도 교육부 고전문헌 국역지원사업 지원비에 의해 초판(비매품) 간행.